KB212682

중관학특강
색즉시공의 논리

김 성 철

도서
출판 오타쿠

이 책을 쓰게 된 계기

내가 '중관학'이라는 이름을 걸고 대학 강의를 처음 시작한 곳은 서울 안암동 개운사(開運寺)에 있었던 중앙승가대학이었다. 동국대 인도철학과 교수를 역임하셨고, 필자의 대학원 석사과정 지도교수이셨던 원의범(元義範, 1922~2017) 교수님께서 당신께서 담당하시던 중관학 강의를 맡겨주셨다. 1997년 2월 동국대 대학원 인도철학과에서 중관학으로 박사학위를 받은 직후의 일이었다. 내가 공부한 분야를 전문적으로 강의할 수 있다는 게 너무나 기뻤기에 매 강의마다 정성을 다하여 수업(授業)을 준비하였다. 학인스님들도 항상 필자의 강의를 진지하게 경청(傾聽)해주셨다.

1999년 말까지 3년 동안 정성을 다했던 중앙승가대학에서의 강의가 큰 공덕이 되었는지, 2000년 3월에 동국대 경주캠퍼스 불교학과 교수로 부임하였다. 그리고 얼마 지나지 않아서, 조계종 산하 사찰의 승가대학에, 현대불교학의 교과목 가운데 '불교학개론, 인도불교사, 중국불교사, 한국불교사, 중관학, 유식학'의 여섯 과목이 외부 강사를 부를 수 있는 특강과목으로 개설되었는데, 그 당시 중관학 전공자가 흔치 않았기에 많은 승가대학에서 중관학 특강 강사로 나를 불러주었다. 나는 매 학기 방학만 되면 2박3일 정도씩 대가람 여러 곳에 머물면서 10시간 정도 분량으로 중관학을 강의하였다. 청암사 승가대학을 시작으로 봉녕사, 통도사, 해인사, 운문사, 송광사, 동학사, 쌍계사, 범어사, 불국사 승가대학 등에서 강의하였는데, 이때의 강의영상 또는 녹음파일들 몇 가지가 누군가에 의해 유튜브에 올려져있다.

그리고 몇 년 후, 조계종 교육원에서 승가대학의 교과과정을 개편하면서 특강과목들이 모두 정규과목에 편입되었다. 그런데 전국에 산재한 모든 승가대학에서 중관학을 매주 1회 강의하게끔 편성하였기에, 나는 더 이상 승가대학의 중관학 강의를 담당할 수 없었다.

2, 3년이 지나서 다시 조계종 교육원의 요청으로 2012년 7월 2일에서 10일까지, 서울 장충동에 있는 참여불교재가연대의 '만해NGO교육센터' 강의실을 빌려서 총 24회의 중관학 강의를 녹화하였다. 정보통신기기의 보급에 순응하여 조계종 교육원에서도 사이버 공간을 통한 승가교육 시스템을 개발했던 것이다. 처음 몇 년간은 조계종 스님에 한하여 승가교육 사이트에 로그인하여 이 강의를 수강할 수 있었는데, 지금은 누구나 수강할 수 있도록 개방되어 있다. 대한불교조계종에서 개설한 '이러닝 학습센터'(http://edu.buddhism.or.kr/) 사이트의 '경율론 과정'에서 '중관사상' 강의영상을 찾을 수 있다.

이렇게 근 20년 동안 불교관련 교육기관에서만 중관학을 강의하였는데, 증산도(甑山道) 산하 상생문화연구소의 요청으로 2016년 8월에 대전에 있는 상생방송국에서 10회에 걸쳐서 중관학을 강의하였다. 불교계 밖에서 들어온 첫 강의 요청이었다. 매회 1시간 정도 강의했는데, 50분 내외의 분량으로 편집되어 2017년 1월부터 상생방송 채널에서 방영하였다. 그리고 방송 종료 후 강의 전체가 유튜브에 업로드 되었다. 나는 증산도와 전혀 인연이 없지만, 존경하는 탄허 큰스님의 부친께서 증산교의 일파인 보천교(普天敎)의 핵심 인물로서 항일독립운동에 일조하셨고, 탄허 스님 역시 보천교에 대해 호의적이셨다는 점에서, 우리민족의 사명을 강조하고 우리나라의 미래를 낙관하는 증산도에 친근감이 느껴졌다. 어쨌든 상생방송 덕분에, 보다 많은 사람들이 유튜브를 통해서 나의 중관학 강의를 시청할 수 있게 되었다.

그러던 중 작년 5월경에 필자가 근무하는 동국대 경주캠퍼스 불교학과에 재학 중인 만학도(晚學徒) 이창우 선생이 불쑥 전화를 하였다. 상생방송의 중관학 10강을 모두 들었는데, 본인이 공부할 겸 해서 강의 전체를 녹취해서 한글파일로 만들어 놓았다는 것이었다. 전혀 예상치 못했던 일이었지만 너무나 고마웠다. 중관학 관련하여 『중론, 논리로부터의 해탈 논리에 의한 해탈』(불교시대사, 2004)과 『중관사상』(민족사, 2006)을 출간했지만, 내가 강의한 내용을 그대로 옮겨 적어서 별도의 책으로 만드는 것도 의미가 있고 유용할 것 같았다. 원고를 받아놓긴 했지만, 다른 여러 가지 일로 바빠서 손을 대지 못하다가, 지난 2월 초부터 윤문과 주석 작업에 들어갔다. 녹취한 한글파일이 있기에 일이 수월할 줄 알았는데 그게 아니었다. 방송용으로 편집하는 과정에서 누락되었던 내용을 보완하고, 중언부언(重言復言)하는 구어체 문장을 논리 정연한 문어체로 정리하는 것이 여간 어려운 일이 아니었다. 어쨌든 근 두 달 정도 윤문과 보완과 주석 작업에 몰두하여 최종 원고를 완성하였다.

필자가 중관학 공부를 시작할 때에는 일본이나 서구 학자들의 저술과 논문의 도움을 많이 받았지만, 그로부터 2, 30년이 흐른 지금 중관학에 대한 필자의 생각은 그들과 많이 다르다. 중관학의 핵심은 사구 비판의 논법에 있고, 중관학은 지식이 아니라 우리의 인지(認知)를 세척하는 일종의 테크닉이며, 중관학은 암기가 아니라 훈련을 통해 체득하는 학문이다. 중관학은 불교 내의 수학(數學)과 같다.

본서가 상생방송에서 있었던 총 10회의 강의 녹취를 보완하여 정리한 것이긴 하지만, 그 내용은 이전에 여러 승가대학에서 있었던 강의와 크게 다르지 않을 것이다.

머리글을 마무리하면서, 강의를 녹취하여 전해 준, 유발비구(有髮比丘) 이창우 선생에게 다시 감사의 마음을 전하며, 이 책에 법보시(法布施)의 공덕이 있다면, 올해 초로 만(滿) 40년째 동거동락(同居同樂)하면서 나의 학문을 응원하고 조언해 준 길상화(吉祥華) 보살에게 드린다.

아무쪼록 이 책과 인연을 맺게 된 모든 분들의 마음이 보다 편안해지고 삶에 활력이 가득하길 바란다.

2022년 4월 4일 慶州 東川洞 寓居에서

圖南 金星喆 合掌 頂禮

차례

제4강 - 화엄학의 일즉일체에 의한 개념의 실체성 비판

제5강 - 판단의 사실성 비판: 증익, 손감, 상위, 희론

제6강 - 추론의 타당성 비판, 중관논리 연습, 귀경게 풀이

제7강 - 『중론』 관인연품과 관거래품의 게송 해설

제8강 - 『중론』 게송 해설 및 화엄과 집합론

제9강 - 집합론의 역설, 논리적 정당방위, 낙서금지의 비유

제10강 - 불립문자의 효용, 공의 위험성과 실천, 성철 스님

제1강
중관학의 취지와 초기불전의 중도

중관학이란 학문 분야

저는 불교학자입니다. 말이 불교학이지 불교학으로 들어가면 그 안에 전공 분야가 많습니다. 전공분야가 여럿으로 나누어집니다. 초기불교, 부파불교, 중관학, 유식학, 불교인식논리학, 여래장사상, 밀교, 정토학, 화엄학, 천태학, 선학, 인도티벳불교, 남방상좌부불교, 한국불교, 일본불교, 중국불교 등 사상과 지역, 언어에 따라서 전공분야가 갈라집니다. 그 가운데 제 전공은 '중관학(中觀學)'이란 분야입니다. 아마 여러분 가운데 '중관학'이란 말을 처음 들어 보는 분이 많이 계실 것입니다. 현재 가장 큰 설득력을 갖고 서구사회에 전파되고 있는 티벳불교의 경우는 어느 종파든 불교교학 가운데 중관학을 가장 중시합니다.

우리나라의 중관학 연구

이렇게 중관학이 불교학에서 상당히 중요한 분야인데도, 우리나라에서는 신라시대까지만 연구가 됐고 고려, 조선시대에는 중관학과 관련한 저술이 단 한 권도 없습니다. 아예 언급자체가 없습니다. 신라시대의 원효스님 저술 중에는 『중관론종요』, 『삼론종요』, 『장진론종요』 등 서너 가지가 중관학에 관련된 것인데, 이나마 그 제목만 남아 있을 뿐입니다. 그 후 약 천 년 동안 연구가 끊어졌던 학문이 중관학입니다. 불교를 소승과 대승으로 나눌 때 대

승불교 사상 가운데 가장 중요한 것이 중관학입니다. 그러면 중관학이란 무
엇인지, 이제부터 하나하나 풀어가면서 설명해 보겠습니다.

색즉시공과 중관학

중관학은 용수(龍樹, 150-250경) 스님이 창시하셨습니다. 고대 인도의 학
문 언어인 산스끄리뜨어로는 '나가르주나(Nāgārjuna)'라고 부릅니다. 이 분
이 석가모니 부처님의 가르침에 근거해서 창안한 학문이 중관학입니다. 여러
분들이 중관학은 몰라도 '색즉시공(色卽是空)'이라는 경구(經句)는 아실 겁
니다. 아마 이 경구가 실린 『반야심경』을 봉독(奉讀)한 적이 있기 때문에 이
경구를 아는 게 아니라, 영화제목을 통해서 알게 된 분이 더 많을 겁니다.
임창정씨가 주연했던 영화 〈색즉시공〉 말입니다. 그런데 이 영화가 색즉시공
이라는 경구를 우리사회에 퍼트리는 데 일조하기도 했지만, 거꾸로 색즉시공
이란 말의 의미를 곡해하는 데도 일조했습니다. 이 영화에서는 색(色)을 성적
(性的)인 매력을 의미하는 것으로 표현한 것 같은데, 불교적 의미에서 색즉
시공이라고 할 때의 '색'은 성적인 매력과는 아무 관계가 없습니다. 색은 '형
상, 물질'을 의미합니다. 따라서 색즉시공은 "형상에 실체가 없다."는 뜻입니
다. 그래서 이 얘기부터 풀어보면서 중관학에 대해 이야기해 보겠습니다.

중관학은 공의 논리학이다

누군가가 중관학을 아주 쉽고 간단하게 설명하라고 하면 "색즉시공에 대
해서 논리적으로 해명하는 학문이다."라고 대답할 수 있습니다. 즉 색즉시공
에서 말하는 공(空)의 의미를 논리적으로 이해하게 해 주는 학문이 중관학입
니다. 이런 의미에서 우리는 중관학을 '공의 논리학'이라고 부를 수 있습니

다. 공의 논리학, 즉 반야중관학의 공사상(空思想)은 유식(唯識)사상과 함께 대승불교사상의 양대 축을 이룹니다. 공사상은 문자 그대로 "모든 것이 텅 비었다."는 사상입니다. 달리 말해 "이 세상에 아무것도 존재하지 않는다."는 점을 폭로하는 사상이 공사상입니다. 이 세상에 존재하는 그 어떤 것도 실체가 없습니다. 모든 것은 우리 머릿속에 있고 마음이 만든 것이지 실재 세계에는 아무것도 없습니다. 이것이 바로 공사상입니다. 그런데 여러분이 느끼기에는 이런 공의 가르침이 너무나도 이상할 수 있습니다. 왜냐하면 우리가 살고 있는 이 세계는 분명히 존재하는데, 불교의 공사상에서는 "이게 다 허상이다, 허구다, 가짜다, 착각이다."라고 가르치기 때문입니다. 그런데 그 이유에 대해 '따따부따' 거리면서 논리적으로 해명하는 학문이 중관학입니다. 앞으로 열 차례에 걸쳐 이어질 제 이야기를 기대를 하고서 들어도 됩니다. 나중에 강의 끝날 무렵이 되면 "왜 지금 이 세상에 아무것도 없는지, 왜 삶이 없고 죽음이 없는지, 왜 눈이 없고 코가 없는지?"에 대해서, 이 강의를 시청한 모든 분들이 논리적으로 명확하게 자각할 수 있을 것입니다. 또 이를 남에게 설명도 할 수 있는 그런 지적 능력이 생길 것입니다.

중관학은 해탈의 논리학이다

중관학은 모든 것이 텅 비었다는 공사상에 대해서 논리적으로 해명하는 학문이기 때문에, '공의 논리학'이라고 부를 수 있습니다. 또 다른 말로는 '해탈(解脫)의 논리학'이라고 불러도 됩니다. 해탈과 반대되는 말이 속박인데, 우리는 누구나 생각에 속박되어 있습니다. 여러 가지 고정관념에 속박되어 있다는 말입니다. 그런데 중관학을 공부할 경우 우리는 갖가지 고정관념에서 해방됩니다. 그런데 '남녀차별'이나 '인종차별'과 같은 우리가 흔히 알고 있는 고정관념뿐만 아니고, "나는 지금 살아 있는데, 언젠가 죽을 것이다."라거나 "나는 인간이다."라든지 "하늘은 위에 있고 땅은 밑에 있다."는 등의 생각들, 너무나 당연한 것처럼 보이는 이런 생각들 역시 다 고정관념이라는 점을 드러내어 그런 생각에서 우리를 해방시킵니다. 중관논리를 훈련한 다음에 이런 생각들의 의미를 면밀히 분석해 보면 모든 고정관념들이 다 무너져 버립니다. "원래 삶도 없고, 죽음도 없고, 하늘도 없고, 땅도 없구나!"라는 사실을 철저하게 자각하게 됩니다. 중관학은 이렇게 우리의 머릿속 생각에 매듭져 있는 모든 고정관념들을 하나하나 풀어 주기 때문에 '풀어서(해) 벗어나게 (탈) 해 준다'는 의미에서 '해탈의 논리학'이라고 부를 수 있는 것입니다.

중관학은 열반의 논리학이다

또 중관학을 '열반(涅槃)의 논리학'이라고도 부를 수도 있습니다. 열반의 산스끄리뜨 원어는 '니르바나(nirvāṇa)'입니다. 니르바나를 한문으로 음사한 용어가 '열반'인데, 니르바나는 산스끄리뜨어로 '불다(blow)'는 의미를 갖는 동사 어근 '바(vā)'에 작용(action)을 의미하는 접미사 '아나(ana)'와 어의(語義)를 강조하는 접두사 '니르(nir)'가 결합된 단어로, '[훅!] 불어서 [불을] 꺼 버리는 작용'을 의미합니다. 영어로는 'Blowing away'라고 번역할 수 있습니다. 그러니까 니르바나, 즉 열반은 번뇌의 불길이 꺼졌다는 의미입니다.

번뇌는 다양한 방식으로 분류할 수 있습니다. 세 가지로 분류하면 '탐욕, 분노, 우치(愚癡)'의 삼독(三毒)이 되고, 여기에 교만(憍慢)을 덧붙이면 4번 뇌가 되며, 우치를 더 세분하면 '탐욕, 분노, 교만, [불교에 대한] 의심, 무명 (無明), 견(見)'의 6번뇌가 되기도 합니다. 이런 번뇌들을 크게 두 가지로 나눌 수도 있습니다. 즉, 감성적(感性的)인 번뇌와 인지적(認知的)인 번뇌입니다. 삼독 가운데 우치, 6번뇌 가운데 '의심, 무명, 견'이 인지적인 번뇌인데 이는 앞에서 말했던 고정관념에 다름 아닙니다. 그리고 감성적인 번뇌는 '탐

욕, 분노, 교만'과 같은 것들입니다. 불교수행의 목표는 이런 번뇌들을 모두
제거하는 것입니다. 일반적으로 먼저 인지적인 번뇌, 즉 고정관념을 제거하
게 되는데 이로써 머리가 시원해집니다. 그 다음에 감성적 번뇌인 탐욕, 분
노, 교만을 모두 다 청소하여 가슴도 시원해집니다. 인지적으로도 세상에 대
한 의문이 없고 감성적으로도 세상에 맺힌 한(恨)이 없어지면, 더 이상 세상
에 미련이 없습니다. 그런 사람은 죽음을 맞이할 때 두려움이 없습니다. 요컨
대 "죽어도 좋다."는 마음이 듭니다. 왜냐하면 세상만사에 대한 무지(無知)와
한이 모두 사라졌기 때문입니다. 다시 말해, 인지정화를 통해 머리가 시원해
지고 감성정화를 통해 가슴이 시원해졌기 때문입니다. 이렇게 인지와 감성이
모두 정화된 분들을 불교에서는 '아라한'이라고 부릅니다. 아라한은 인지와
감성에 맺혀 있던 갖가지 번뇌를 모두 제거한 분입니다. 중관학은, 마치 불을
끄듯이 이들 번뇌 가운데 인지적 번뇌의 불길을 꺼버림으로써 궁극적으로
우리를 열반에 이르게 하기 때문에 '열반의 논리학'이라고도 부를 수도 있습
니다.

중관학은 연기(緣起)의 논리학이다

또, 중관학을 '연기의 논리학'이라고 부를 수도 있습니다. 여러분들 중에
'연기'라는 말을 처음 들어보는 분도 계실 겁니다. 우리나라에 불교신도가 근
1,000만 명에 이릅니다. 그런데 불자들 중에도 연기가 무엇인지 모르는 사람
이 태반일 것입니다. 왜냐하면 지금의 우리나라 사람들에게 불교의 근본 가
르침이 거의 알려져 있지 않기 때문입니다. 불교의례, 불교문화만 전승되고
있지 가장 중요한 불교사상에 대해서는 미국인들보다 더 모르는 것 같습니
다. 수년 전에 불교TV의 PD 한 분이 미국의 뉴욕의 맨해튼(Manhattan) 거
리 한복판에서 마이크를 들고서 무작위적으로 만나는 사람마다 "불교에 대

해서 아느냐?"하고 물었다고 합니다. 그러니까 열이면 열이 다 안다고 대답했답니다. 그 다음에 그럼 "무아(無我)에 대해서 아느냐?", "무명(無明)이 뭔지 아느냐?" 아니면 "사성제(四聖諦), 연기(緣起)에 대해서 아느냐?"고 물으니 열에 일곱 명이 제대로 대답을 했다고 합니다. 아마 우리나라 사람들 중에는 연기, 사성제, 무명, 무아를 아는 사람이 거의 없을 겁니다. 그래서 그 PD가 미국인들에게 "그런 가르침을 어디에서 배웠는가?"하고 물어보니까 많은 사람들이 "고등학교 때 종교학 시간에 배웠다."고 대답하더랍니다. 심지어 서양인들조차 불교에 대한 기본지식을 가지고 있는데, 우리나라의 경우 민족종교는 물론이고 역사가 오래된 불교에 대해서 기본 지식 교육이 전혀 안 이루어지고 있는 것이 지금의 실정입니다. 전통을 무시하고, 고리타분하다고 생각하여 배우려고 하지 않고, 얼마나 소중한지 모르는 그런 최면에 빠져 있는 곳이 지금의 한국사회입니다. 그러나 앞으로 사대주의적인 서구숭배 풍조가 점차 사라지고 우리 것에 대해 자긍심을 갖게 되어 민족종교가 다시 일어나서 모든 사람의 마음에 긍지를 심어주고 전통종교인 불교의 가르침이 우리 사회 구성원들의 삶의 지침이 되어 이 세상이 보다 평화롭고 행복해지는 그런 미래가 되기를 기대해 봅니다.

연기(緣起)에 대한 정의

어쨌든 연기가 불교의 핵심교리인데, '연기(緣起)'의 '연'자는 '인연(因緣)'이라는 말의 '연(緣)'자입니다. 전문용어로 '조건'이라고 번역할 수 있겠습니다. '기(起)'는 일어날 '기'자입니다. '기(起)'자의 산스끄리뜨어 원어는 우뜨빠다(utpāda)인데 '생(生)'이라고 번역해도 됩니다. 그래서 연기란 '조건적 발생'이라고 풀 수 있습니다. 또는 '의존적 발생'이라고 해도 됩니다. '연기'는 부처님 깨달음의 핵심입니다. "세상만사는 실체가 있는 것이 아니다. 모든 것이

다 의존적으로 발생한다."라는 뜻입니다. 우리에게 "실제로 있다."고 생각되
는 모든 것이 실제로 있는 것이 아니며 다 의존해서 생깁니다. 그리고 이런
의존은 우리의 생각 속에서 일어납니다.

공(空)이란 무엇인가?

'연기'라는 말과, 앞에서 말했던 '공'이란 말은 동전의 양면과 같습니다.
"모든 것은 연기하기 때문에 다 공하다."라고 말할 수 있습니다. 간단히 설명
하자면 다음과 같습니다. 여러분이 이 방에 들어왔는데, 이 방이 큰 방인가
요, 작은 방인가요? 어떤 분은 이 방이 크다고 생각할 것이고, 다른 어떤 분
은 작다고 생각할 것입니다. 왜 그럴까요? 작은 방을 염두에 두고서 방문을
연 사람은 "이 방이 크다."라고 생각할 겁니다. 머릿속에 염두에 둔 작은 방
과 비교할 때 크기 때문입니다. 반면에, 큰 방을 염두에 두었던 사람은 "이
방이 작다."라고 생각할 겁니다. 그럼 이 방의 원래 크기는 큰가요, 작은가
요? 원래 크기는 크지도 작지도 않습니다. 즉 이 방의 크기에 실체가 없습니
다. 그래서 이 방의 원래 크기는 공하다고 말하는 것입니다. "크지도 작지도
않다."는 것을 한문으로 바꾸면 비대비소(非大非小)라고 쓸 수 있습니다. 불
경에서 많이 보던 "이것도 아니고 저것도 아니다."라는 식의 표현입니다. 또
는 무대무소(無大無小)라고 쓸 수도 있습니다. 방에 원래 큰 것도 없고 작은
것도 없습니다.

그런데 어떻게 크다거나 작다는 판단이 만들어진 것일까요? 비교를 통해
서 만들어 집니다 그러니까 머릿속에 염두에 뒀던 작은 방에 의존하면 커지
는 것이고, 큰 방에 의존하면 작아집니다. 그래서 이제 '크다, 작다'는 것은
다 외부세계에 실재하는 것이 아니고 모두 생각 속에 있다는 것을 알았을
것입니다. 크다거나 작다는 것은 "뇌 속에 있다."고 해도 되고 "마음속에 있

다"고 해도 됩니다. 불교 전문 용어로는 '일체유심조(一切唯心造)', 즉 "모든 것은 오로지 마음이 만든다."라고 말할 수 있습니다. 이것이 공의 의미를 설명하는 가장 쉬운 예 중의 하나입니다. 방을 '크다, 작다'라고 판단할 때 그것이 실제 바깥에 있는 줄 알았는데 가만히 따져보니까 바깥에 있는 것이 아닙니다. 그러니까 실제 세계에 있는 것이 아니라, "아! 머릿속에 있었구나!"라고 알게 되었습니다. 이렇게 어떤 빙의 크기가 크다거나 자다는 생각이 의존적으로 발생했다는 사실을 자각함으로써 방의 크기에 실체가 없다는 사실을 알게 되는 것입니다. 이렇게 방의 크기는 연기(緣起)한 것입니다. 머릿속에 염두에 두었던 큰 방이라는 조건에 의지하면 눈앞의 방이 작은 방이 되고, 머릿속에 염두에 두었던 작은 방이라는 조건에 의지하면 눈앞의 방이 큰 방이 됩니다. 그런데 방의 크기만이 아니고 삶, 죽음, 눈, 코, 입, 하늘, 땅과 같은 모든 개념들이 다 연기합니다. 그러니까 실제로 바깥에 있는 것이 아니고 다 우리 생각이 만든 것들입니다. 이런 개념들이 다 연기한 것이라서 실체가 없고 공하다는 점에 대해서는 나중에 다시 설명하겠습니다. 어쨌든 용수 스님께서 중관학에서 공을 말씀하시고, 해탈을 말씀하시고, 열반을 말씀하시는데 중관학은 용수 스님의 창안이 아니고 석가모니 부처님께서 깨달으신 연기(緣起)의 법칙입니다. 그래서 중관학을 '연기의 논리학'이라고 말할 수도 있습니다.

중관학은 반(反)논리학이다

또 다른 표현으로 이 중관학을 '반(反)논리학'이라고 말할 수 있습니다. 영어로 '카운터 로직(Counter Logic)'이라 번역할 수 있습니다. 로직(Logic)은 '논리학' 또는 '논리'입니다. 논리학이란 우리의 생각이 작동하는 원리 또는 법칙에 대해서 연구하는 학문입니다. 그런데 중관학은 논리적으로 작동하여 만들어진 우리의 생각을 다 해체시키는 논리이기 때문에 반논리학, 즉 카운터 로직(Counter Logic)인 것입니다. 영어에서 '클럭와이즈(Clockwise)'는 '시계 방향으로'라는 뜻입니다. 여기에 카운터가 붙은 '카운터클럭와이즈(Counterclockwise)'는 '시계 반대 방향으로'라는 뜻이 됩니다. 그런데 중관학은 Logic이 아니고 Counter Logic입니다. 다시 말해서 우리의 '생각'을 건립, 구축, 구성하는 논리가 아니고 '생각'을 해체하는 논리가 바로 중관학입니다. 그래서 '반논리학'인 것입니다.

중관학은 중도(中道)의 논리학이다

또, 중관학은 '중도(中道)의 논리학'이라고도 말할 수 있습니다. 우리가 생각하는 것, 머리 굴리는 것이 전부 다 엉터리라고 앞에서 말했습니다. 예를 들어서 큰 방이나 작은 방이 실제로 외부에 있는 것이 아니고 머리 굴려서 생각이 만든 것입니다. 큰 방이나 작은 방은 생각 속에 있는 것이지 실재하는 것이 아니라고 자각하는 것은 '생각의 흑백논리'를 비판하는 일입니다. 흑백논리란 무엇일까요? 우리 생각의 작동방식입니다. 우리의 생각은 이분법적(二分法的)으로 작동합니다. '큰 것'이 아니라면 '작은 것'을 떠올리고 '살아 있지 않다'면 '죽은 것'을 떠올립니다. 이렇게 '크다'거나 '작다'는 생각, '삶'이나 '죽음'이라는 생각 또한 흑백논리적인 생각입니다. 큰 방과 작은 방이 생각 속에만 있듯이, 삶이나 죽음 역시 생각 속에만 있습니다. 이렇게 '큼과 작음', '삶과 죽음'과 같은 흑백논리적 생각이 실재하지 않는다는 점을 논증하는 학문이 중관학이기에 중관학을 중도의 논리학이라고 부르는 것입니다. 여기서 말하는 중도는 "흑도 아니고 백도 아닌 가운데의 길을 가라."라는 의미가 아니고 "흑과 백의 양극단을 배격하라."라는 의미입니다. "흑도 틀리고 백도 틀리다."는 통찰이 중도의 통찰입니다.

공사상을 공부할 때 '연기, 공, 중도'의 세 가지 개념에 대한 이해가 중요합니다. 그러니까 불교의 지적인 깨달음을 추구할 경우에는 '연기, 공, 중도', 이 세 가지 개념을 반드시 알아야 한다는 것입니다. 사상적으로 볼 때 이 세가지 개념은 동의어입니다. 연기가 공이고, 공이 곧 중도입니다.[1]

예를 들어서, 어떤 방에 들어가서 '큰 방'이라는 생각이 떠오를 때, 그 생각은 머릿속에 염두에 두었던 '작은 방'에 의존해서 발생합니다. 큰 방을 염두에 두고서 그 방에 들어간 사람에게는 "방이 작다."는 생각이 떠오를 겁니다. 이렇게, 하나의 방에 대해 어떤 사람은 '큰 방'이라고 생각하고, 다른 사람은 '작은 방'이라고 생각할 수 있는데, 이런 생각은 각자 머릿속에 염두에 두었던 다른 방의 크기와 비교해서 발생한 생각입니다. 즉, 연기(緣起)한 것입니다. 따라서 원래 그 방에 크다거나 작다는 크기가 있는 게 아닙니다. 원래 그 방의 크기에는 실체가 없다는 말입니다. 그래서 그 방의 크기가 공(空)한 것입니다. 이렇게 그 방의 크기는 크다거나 작다는 이분법적 생각에서 벗어나 있기에 중도(中道)인 것입니다. 중관학에서 '연기, 공, 중도'의 세 가지 개념이 동의어인 이유입니다.

중관학은 해체의 논리학이다

또 중관학은 '해체의 논리학'이라고도 부를 수 있습니다. 중관학에서는 우리의 모든 생각을 해체시키기 때문입니다. 현대 서양철학 중에 프랑스에서 일어난 해체주의의 사상이 중관학의 방식과 유사합니다. 양자를 비교한 논문이나 저술도 많이 있습니다. 그러니까 이성에 의해서 구성된 것을 낱낱이 분

---

1) "공성과 연기와 중도가 하나의 의미임을 선언하셨던 분, 함께 견줄 이 없는 붓다이신 그 분께 [나는 이제] 예배 올립니다.// (yaḥ śūnyatāṃ pratītyasamutpādaṃ ma dhyamāṃ pratipadaṃ ca/ ekārthāṃ nijagāda praṇamāmi tamapratimabuddham //)", 『회쟁론』, 제71게.

석하여 그 허구성을 드러내기 때문에 해체의 논리학이라 말할 수 있는 것입니다. 해체가 탈이분법입니다. 이분법에서 벗어나는 것입니다. 따라서 중관학은 해체의 논리학이고 탈이분법의 논리학입니다.

말로써 말을 버리는 중관학

지금까지 중관학을 '공의 논리학, 열반의 논리학, 해탈의 논리학, 연기의 논리학, 반논리학, 중도의 논리학, 해체의 논리학' 등 다양하게 정의해 보았습니다. 이런 다양한 정의를 통해서 중관학이 무엇인지 짐작할 수 있을 겁니다. 요컨대 "우리의 생각은 실재와 무관하다.", 즉 "우리의 생각은 다 가짜다."라는 점을 알려주는 것이 바로 중관학입니다.

그런데 무엇을 통해서 이를 알려줄까요? '생각'과 '말'을 통해서 알려줍니다. 생각과 말을 통해서 생각과 말의 허구성을 드러냅니다. 선가의 격언으로 '이언견언(以言遣言)'이라는 말이 있습니다. "말로써 말을 버린다."는 뜻입니다. 비유한다면 장작을 불에 태울 때 장작을 잘 타게 하기 위해서 장작 하나를 꺼내어 그걸로 들쑤셔줍니다. 그러면 장작 사이에 공기가 공급되어 장작에 붙은 불길이 세집니다. 이렇게 장작에 불이 붙어서 활활 타오르면 불쏘시개로 사용한 장작을 어떻게 할까요? 불길 속에 던져서 그것도 태워 버립니다. 장작더미에 불을 붙일 때 그 장작더미를 모두 태우는 것이 목적이지만, 장작더미에서 꺼낸 장작 하나가 장작더미를 태우는 도구로 쓰입니다. 이와 마찬가지로 우리가 생각과 말의 속박에서 벗어나야 하지만, 우리로 하여금 생각과 말의 속박에서 벗어나게 해주는 것이 바로 우리의 생각과 말인 것입니다. 이렇게 말을 버리기 위한 말이 중관학의 말들입니다. 중관학 관련 문헌에 실린 엄청난 말들이 모두 말의 속박에서 벗어나게 하기 위한 불쏘시개들입니다. 이런 역설적(逆說的) 구조의 효용성에 대해서는 나중에 다시 상세하게 설명하겠습니다.

종교적, 철학적 의문을 해결하는 중관학의 방식

그러면 용수 스님께서 이런 중관학을 창시하신 이유는 뭘까요? 물론 중관학의 토대는 석가모니 부처님의 가르침입니다. 중관학이 우리 생각의 허구를 폭로하는 그런 학문인데 용수 스님께서 왜 이것을 창시했을까요? 불교의 종교적 목적은 괴로움에서 벗어나는 것입니다. 모든 생명체는 괴로움 속에서 살아갑니다. 괴로움에는 여러 가지가 있습니다. 크게 본다면 감성의 괴로움과 인지(認知)의 괴로움으로 구분할 수 있습니다. 감성의 괴로움 중에는 생존의 괴로움도 있습니다. 굶주림과 질병의 괴로움과 같은 것입니다. 중관학의 목표가 괴로움에서 벗어나게 해주는 것이긴 하지만, 중관학이 이러한 배고픈 괴로움, 질병의 괴로움에서 벗어나게 해주는 것은 아닙니다. 중관학은 생각의 괴로움, 분별의 괴로움과 같은 인지의 괴로움에서 우리를 해방시켜 줍니다.

"나는 누굴까?, 이 세상이 도대체 왜 존재하는가?, 내가 왜 태어났나?, 전생이 있나, 없나?, 죽으면 어떻게 될까?" 등과 같은 철학적, 종교적 의문들로 인해서 인지의 괴로움이 발생합니다. 잠을 자다가 새벽에 눈을 떴을 때 불현듯 이런 철학적, 종교적 의문이 밀려오기도 합니다. 그런데 이런 의문에는 확증할 수 있는 뚜렷한 답이 없습니다. 대부분의 사람들은 이러한 인지의 괴로움을 심각하게 겪지 않습니다. 일반적으로 사람들은 "어떻게 하면 돈을 많이 벌 수 있을까?, 어디로 이사를 할까?, 집은 뭐로 꾸밀까?"와 같은 의문을 떠올리고 그 답을 추구합니다. 이런 의문은 소크라테스와 같이 지적으로 뛰어난 사람들에게만 드는 의문일 수 있습니다.

"너 자신을 알라(Know Thyself)!"는 소크라테스의 가르침을 잘 아실 겁니다. "내가 누구인지, 나란 무엇인지?" 참으로 궁금하지 않을 수 없습니다. 그러나 쉽게 답을 낼 수 없는 문제입니다. 그래서 이런 의문은 우리가 죽을 때까지 평생을 따라다닙니다. 극소수의 사람들은 이런 의문의 해결을 위해 출가, 구도의 삶을 살기도 합니다. 사람의 경우 짐승과 달라서 먹는 것만으로 모든 고통이 해결되지 않습니다. "배부른 돼지보다 배고픈 소크라테스가 낫다."라는 제임스 스튜어트 밀(James Stuart Mill, 1806-1873)의 격언에서 보듯이 정신적 의문의 해결을 추구하며 살아가는 것이 보다 가치 있는 삶입니다.

"너 자신을 알라!"는 명제는 소크라테스의 죽을 때까지 들고 있던 화두(話頭)였습니다. 먹고 사는 것보다 이런 의문을 풀기 위해 노력하는 것이 더 가치 있는 삶입니다. 이런 의문은 정신적으로 뛰어난 사람들에게만 떠오릅니다. "내생이 있나 없나?, 나는 누굴까?, 도대체 죽음이 뭘까?, 죽으면 어떻게 될까?, 세상에 끝이 있나 없나?, 이 세상은 도대체 왜 존재하는가?" 참으로 궁금합니다. 어떻게 하면 이런 의문을 해결할 수 있을까요? 이에 대한 답이 바로 불교의 중관학에 있으며 이제부터 이에 대해 설명해 보겠습니다.

이런 종교적, 철학적 의문들에는 공통점이 있습니다. "나는 누굴까?, 죽으면 어떻게 될까?, 세상은 왜 존재하는가?" 등과 같은 의문들이 우리에게 떠오르는데 이런 의문들의 공통점은 모두 우리의 생각이 만들어낸 것이란 점입니다. 다시 말해 우리가 머리를 굴려서 만든 의문이란 점입니다. 그런데 우리가 머리를 굴리는 일이 세상에서 일어나는 일들을 있는 그대로 묘사할 수 있다면 이런 의문들은 다 진짜 의문들일 것입니다. 그런데 우리가 머리 굴리는 방식을 아주 면밀하게 연구해 보면 우리의 생각이 세상과 무관하게 작동한다는 점을 알게 됩니다. 바로 이 점을 폭로하는 것이 불교의 중관학입니다. 엄밀히 보면 머리 굴려서 만들어낸 생각이 다 가짜라는 것입니다. "나는 누구인가?", "세상은 왜 존재하는가?" 등과 같은 의문들이 모두 우리의 생각이 만들어 낸 허구의 의문이라는 것입니다. 왜냐하면 '나'라는 것이 원래 없기 때문입니다. 불전 도처에서 '무아(無我)'를 얘기합니다. "진정한 나는 없다." 는 가르침입니다. 그런데 "나는 누구인가?"라고 묻는 것은 "내가 있다."고 설정한 다음에 그 정체를 추구하는 행동이기에 애초에 잘못된 물음입니다. "나는 누구인가?"라는 의문은 죽을 때까지 그 답을 찾을 수가 없습니다. 그렇기 때문에 이런 의문이, 불교수행의 소재인 '화두(話頭)'가 될 수 있는 것입니다. 불교에서는 이런 종교적, 철학적 의문들을 '화두'라고 부릅니다. 가부좌 틀고 앉아서 이런 화두를 떠올리면서 그 답을 구하는 수행을 간화선(看話禪)이라고 부릅니다. 문자 그대로 화두(話)를 보는(看) 선(禪)이란 뜻에서 간화선입니다. 간화선 수행의 궁극에 화두를 타파(打破)하게 됩니다. 화두타파란 화두를 그냥 버려버리는 것입니다. 종교적, 철학적 의문을 포함하여 내가 풀어보고자 했던 형이상학적 의문들이 모두 "가짜 의문이구나!"라는 걸 자각하는 것입니다. "나는 누굴까?, 죽은 다음에 어떻게 될까?, 세상이 도대체 뭘까?" 등등의 의문들이 모두 가짜 의문입니다. 이분법적으로 작동하는, 다시 말해 흑백논리로 작동하는 우리의 생각이 만들어낸 허구의 의문들입니다. 이렇게 "우리가 머리 굴려서 만들어낸 생각들이 모두 다 실재와 무관한 허구다."라는 사실을 자각할 때 모든 철학적, 종교적 의문이 해소가 됩니다.

철학적, 종교적 의문을 '지적(知的)인 번뇌'라고 부를 수 있을 겁니다. 또는 '분별의 고통'이라고 말해도 좋을 겁니다. 철학적, 종교적 의문의 경우 그 의문을 가만히 놔두고서 답을 추구해도 답이 나오지가 않습니다. 혹여 누군가가 답을 알았다고 주장한다고 해도 전 세계의 철학자, 사상가, 종교인 마다 자기 나름대로 각양각색의 해답을 제시합니다. 왜 그럴까요? 우리의 생각이 그렇게 생겨먹었기 때문입니다. 서양의 철학자 가운데 이를 처음으로 폭로한 사람이 바로 임마누엘 칸트입니다. 칸트가 저술한 『순수이성비판』은 문자 그대로 인간 '이성(理性)'의 능력에 대해 비판적으로 검토하고 분석하는 책입니다. 이성은 순수 우리말로 '따지는 힘'이라고 풀 수 있습니다. 이성은 영어로 리즌(Reason)이라고 쓰는데, 리즌은 '이유, 근거'라는 뜻입니다. 어떤 일의 근거를 따지는 힘이 바로 이성입니다. 따라서 칸트의 '순수이성비판'은 우리 인간의 '따지는 힘'에 대한 비판입니다. 칸트 당시 서양 철학계는 인간 지식의 근원에 대해 상반된 이론이 대립하고 있었습니다. 버클리, 로크, 흄 등 영국 철학자들의 경험론(Empiricism)과 데카르트가 대표하는 유럽대륙 철학자들의 합리론(Rationalism)입니다. 그런데 양측 이론을 모두 비판하면서 이성의 능력의 한계를 지적한 책이 바로 칸트의 『순수이성비판』입니다. 인간이 철학이나 종교의 소재인 형이상학적 문제에 대해 머리 굴려서 이론을 만들어 내 보았자 이쪽으로 굴러가든지(경험론), 저쪽으로 굴러가든지(합리론) 하여 '이율배반(Antinomy)'에 빠질 뿐이라는 것이 『순수이성비판』의 요점입니다. 인간의 사유를 비판하는 중관학의 방식도 이와 유사합니다. 그런데 중관학의 경우 칸트보다 더 철저합니다. 칸트는 형이상학적 문제만을 소재로 삼았지만, 중관학의 경우 형이상학적 문제는 물론이고 인간의 언어와 사유가 일상사조차도 있는 그대로 포착할 수 없다는 점을 폭로합니다. 즉, "비가 내린다."거나 "바람이 분다."거나 "내가 세상에서 살아간다."라는 생각이나 말조차 모두 실재와 무관한 허구라는 점을 폭로합니다.

우리가 종교적, 철학적 의문에 대해서 답을 구하려고 할 때, 중관학에서는 그런 의문들에 대한 답을 제시하는 것이 아니고 그런 의문 자체가 다 허구의 의문이라는 사실을 자각하게 해 줍니다. 이 때 그런 의문이 해소됩니다. 바로 이것이 종교적, 철학적 의문에 대한 최고의 해결방안입니다. 이런 '해소의 깨달음'을 불교에서는 아뇩다라삼먁삼보리(Anuttarasamyaksaṃbodhi)라고 부르며 한자로 번역하여 무상정등정각(無上正等正覺)이라고 씁니다. '더 이상 위의 것이 없는 바르고 완전한 깨달음'이라는 뜻입니다. 이런 자각, 생명으로서 알 수 있는 최고의 자각, 존재로서 알 수 있는 최고의 자각은 "우리가 머리 굴리는 것이 다 허구다."라는 자각입니다. 이는 공성(空性)에 대한 자각이기도 합니다. 그런데 이론 공성을 "직관하라!"고 명령하는 것이 아니고 논리를 통해서, 말을 통해서, 말만 이해할 수 있는 사람이라면 누구나 이해할 수 있게끔 설명해 주는 학문이 바로 중관학입니다.

이제부터 설명할 내용이 바로 이런 중관학에 대한 것입니다. 앞에서 살펴보았듯이 우리 생각의 허구를 폭로하는 것이 중관학인데 그 목표는 '우리를 생각의 고통에서 벗어나게 해주는 것'입니다. 물론 일반적인 생각이 아니라 '고상한 생각'의 고통에서 해방시켜 주는 것입니다. '배고픈 소크라테스'와 같이 삶에 대해서 의문을 품을 수 있는 철학자, 종교인들, 최고의 지성인들에게만 떠오를 수 있는 '생각의 고통'을 말합니다. 이런 의문이 떠오르면 자다가도 새벽에 벌떡 일어납니다. "삶이 도대체 뭔지?, 내가 누군지?" 너무나 궁금합니다. "세 끼 밥을 다 챙겨 먹지 못해도 좋은데 이 문제를 해결했으면 좋겠다."는 마음이 들 정도입니다. 그런데 이런 의문을 해결해 주는 것이 바로 중관학입니다. 중관학에서는 어떤 사유, 분별, 이론을 제시해서 해결해 주는 것이 아니고 "그런 생각 자체가 다 허구다."라는 것을 자각하게 해서 우리의 마음을 편안하게 해줍니다. 불교전문용어로 이런 통찰을 회광반조(回光返照)라고 부릅니다. 빛(光)을 돌려서(回) 거꾸로(返) 비춘다(照)는 뜻입니다. 예를 들어서 손전등을 가지고서 무엇을 비출 때 바깥이 아니라 자신을 비추란 것입니다. 너 자신을 보라는 얘깁니다. 종교적, 철학적 의문이 들었을 때 그에 대해 답을 내려고 할 것이 아니라, 그런 의문이 올바른 의문인지 검토해 보라는 얘깁니다. 그래서 내가 품었던 의문이 진짜인지 분석하고 검토해 보다가, "아! 가짜 의문이구나!"라고 알 때 모든 의문이 해소가 됩니다.

다른 예를 들어보겠습니다. 중, 고등학교 수학시간에 선생님이 아주 어려운 문제를 내서 학생들이 풀게 했는데, 아무도 못 풀고 헤매고 있을 때 어떤 학생 하나가 손을 들고서 선생님에게 "선생님 문제가 잘못되었어요."라고 이야기 합니다. 그래서 선생님이 검토해 보니까 진짜 자기가 문제를 잘못내서 학생들이 못 풀었던 것입니다. 이 때 이 학생은 너무나 수학을 잘하는 학생인 것입니다. 이와 같은 것이 중관학의 방식입니다. 종교적, 철학적 의문에 답을 내주는 것이 아니고 그런 문제 자체가 잘못 구성됐다는 것을 자각하게 해주는 것, 그런 문제들은 "흑백논리로 작동하는 우리의 생각이 만들어낸 허구의 의문이구나."라는 사실을 자각하게 해서, 우리로 하여금 모든 인지(認知)의 고통에서 벗어나게 해주는 것이 바로 중관학인 것입니다.

중관(中觀, Madhyamaka)의 어원과 의미

그럼 흑백논리를 비판하는 논리학, 공의 논리학에 도대체 왜 '중관'이란 말을 붙였을까요? 일단 한자 용어에서 보듯이 가운데 '중(中)'자에다가 볼 '관(觀)'자를 씁니다. 중도에 대한 관찰이라고 풀 수 있습니다. 중관학이란 말은 동아시아에서 원래 사용하던 말이 아닙니다. 동아시아에서는 중관학을 삼론이라고 불렀습니다. 중관학 관련 문헌 가운데 구마라습 스님이 번역한 『중론(中論)』, 『백론(百論)』, 『십이문론(十二門論)』의 세 가지 논서에 의거한 학문이라는 의미에서 삼론이라고 불렀던 것입니다. 중관학이란 근대 불교학이 시작되면서 일본학자들이 인도 고전어인 산스끄리뜨어 '마디야마까(Madhyamaka)'를 현대어로 번역을 하면서 채택한 말입니다. 원래 인도 내에서는 중관학파가 있었습니다. 학파, 즉 하나의 종파가 있었는데 대승불교에서 이 학파를 '마디야마까'라고 불렀고 여기에 소속된 사상가들을 '마디야미까(Mādhyamika)'라고 불렀습니다. 티벳어로는 중관학파나 중관사상을 '우마(dBu Ma)'라고 부릅니다. 그리고 중관논사를 '우마빠'라고 부릅니다. (재미있는 얘기로 할리우드 여배우 '우마 써먼(Uma Thurman)'의 이름 '우마'가 티벳어 '중관'에서 유래합니다. 티벳불교 전문가로 컬럼비아대학 교수를 역임한 아버지 로버트 써먼(Robert Thurman, 1941-)이 지어준 이름이랍니다.)

중관을 의미하는 산스끄리뜨어 '마디야마까'에서 '마디야'는 '가운데'라는 뜻입니다. 같은 인구어(印歐語) 계통인 영어의 Middle, Medium에 '중간'이란 뜻이 들어 있는데 두 단어 모두 '마디야'와 발음이 비슷합니다. '마디야' 뒤에 이어지는 '마(ma)'는 산스끄리뜨어에서 형용사의 최상급을 표시합니다. 그래서 '마디야마'라고 하면 '가장 가운데의'라는 뜻이 됩니다. 이어지는 '까(ka)'는 형용사를 만들거나, 축소를 의미하는 접미사인데 여기서는 '학파'나 '논사'라는 뜻이 됩니다. 그래서 '마디야마까', '마디야미까'는 '가장 가운데를 추구하는 학파', 또는 '가장 가운데의 것을 추구하는 논사'라는 뜻이 됩니다. 그런데 이 단어를 현대 일본의 불교학자들이 '중관(中觀)'이라고 번역했습니다. 중관의 '중(中)'자는 중관학의 전범인 『중론(中論)』의 제목에서 유래한다고 볼 수 있습니다. 『중론』은 총 27장으로 이루어져 있는데, 각 장의 제목은 는 '제1 관인연품(觀因緣品), 제2 관거래품(觀去來品), 제3 관육정품(觀六情品)'과 같이 '관(觀)'자로 시작하기에 중관의 '관'자는 『중론』 내 각 장의 제목에서 유래한다고 볼 수 있습니다. 또 승조의 『조론(肇論)』에서 『중론』을 거론할 때 중관(中觀)이라는 용어를 사용합니다. 이런 문헌들을 전거로 삼아서 현대의 일본 학자들이 마디야마까 또는 마드야미까를 중관이라고 번역한 것으로 추정됩니다.

중관학의 중도(中道)란 무엇인가?

앞에서 말했듯이 중관을 문자 그대로 풀면 '중도적 관찰'인데, '중도'는 초기불교 이후 현대 한국의 간화선 수행에까지 면면히 이어지는 불교사상의 핵심입니다. 앞서 '연기, 공, 중도'가 동의어라고 말했듯이 중도는 대소승을 포괄한 불교사상의 핵심입니다. 부처님께서 깨달음을 얻으신 후 첫 번째 설하신 내용이 바로 중도의 설법입니다. 부처님의 첫 설법을 '초전법륜(初轉法輪)'이라 말합니다. '처음 가르침(法)의 바퀴를 굴리셨다'라는 의미인데 그때 중도의 설법을 베푸십니다.

그런데 불교에서 중도라고 할 때 그 의미는 크게 두 가지로 나뉩니다. 하나는 실천적 중도이고, 다른 하나는 사상적 중도입니다. 먼저 실천적 중도는 석가모니 부처님께서 보드가야에서 깨달음을 얻으신 다음에 사르나트, 즉 녹야원까지 가셔서, 이전에 같이 수행했던 다섯명 의 친구들에게 베푸신 첫 번째 가르침으로, "불교 수행자는 고행(苦)도 하지 말고 즐거움(樂)도 추구하지 말라."고 가르치시면서 팔정도의 수행을 중도의 수행으로 제시하셨습니다.

고행과 삼매는 번뇌를 뿌리뽑지 못한다

종교 수행자 가운데 고행자가 있습니다. 자기를 괴롭히는 수행에 몰두하는 사람들입니다. 지금도 인도에 가면 고행하는 수행자들을 볼 수 있습니다. 자이나교(Jaina敎) 수행자 같은 경우에는 스님들처럼 삭발을 하고 결가부좌를 하고 수행하는데 벌거벗고 다니기도 합니다. 불전에서는 이들을 '나형(裸形)외도'라고 부르는데, 현대에도 자이나교 수행자들은 세 달에 한 번씩 머리털을 제거하는데, 삭발이 아니고 한 움큼씩 쥐어뜯습니다. 그때 눈물을 흘리면 안 된다고 합니다. 하루 종일 걸어 다니면서 하루에 한 끼만 먹는데, 공양물에 머리칼이나 불순물이 들어 있으면 공양을 중단하고 굶습니다. 부처님 당시에도 그랬고 지금도 그렇고 이렇게 자신을 괴롭힘으로써 성취감을 느끼는 종교인들이 있습니다. 부처님 역시 출가 초기에 바가반(Bhagavān)이라는 선인(仙人)에게 고행을 배우신 적이 있고, 보리수 아래 앉기 직전에 다섯 비구와 함께 했던 수행도 고행이었습니다. 그런데 고행을 해도 번뇌는 제거되지

않기에 이를 버리신 후, 마을로 내려가 수자따(Sujatā)라는 마을 처녀에게 우
유죽을 얻어 드시고 기운을 차리신 후 보리수 아래 앉아 '곰곰이 생각'하는
선 수행에 들어가셨습니다.

또 부처님께서는 "수행자는 세간락(世間樂)에도 탐닉하지 말라."고 하셨
는데, 이 때 말하는 세간락은 '먹이와 섹스, 음주, 가무'와 같은 세속적 쾌락
이 아니라 삼매의 즐거움을 의미한다고 보아야 합니다. 이미 세속을 떠나 수
행에 전념하는 다섯 비구에게 굳이 다시 세속적 쾌락에 탐닉하지 말라고 가
르치실 리 없기 때문입니다. 또 부처님께서 성도하시기 전에 알라라 깔라마
(Āḷāra Kālāma)라는 수행자에게 무소유삼매(無所有三昧)를 배우셨고, 웃다
까 라마뿟따(Udaka Rāmaputta)에게 비상비비상삼매(非想非非想三昧)를
배우셨다고 하는데, 삼매에 들어가면 편안한 것은 그 때뿐이고, 삼매에서 나
오면 다시 번뇌가 일어나기에 이런 삼매의 수행도 버리셨다고 합니다. 부처
님 성도(成道) 전의 이런 수행 이력에 비추어 볼 때, 녹야원에서 다섯 비구에
게 "세간의 즐거움(樂)도 추구하지 말라."설하셨을 때, 세간의 즐거움은 '삼
매의 즐거움'을 의미한다고 보아야 할 것입니다.

중도의 수행 - 팔정도 = 지계(持戒)에 토대를 둔 선(禪)

부처님께서 녹야원에서 설하신 '실천적 중도'는 이렇게 고행과 삼매락을
모두 배격하라는 가르침이었습니다. "자신을 괴롭히는 것도 바른 수행이 아
니고, 삼매의 즐거움을 추구하는 것도 바른 수행이 아니다."라는 의미에서
'고락중도의 설법'입니다. 그럼 무엇이 바른 수행일까요? 바로 팔정도(八正
道)입니다. 여덟 가지 바른 길을 가라는 가르침입니다. 팔정도는 단순하게
표현하면 "올바르게 살면서 선(禪) 수행을 하라."는 뜻입니다. 여기서 올바르
게 산다는 것은 계(戒)를 지키는 것이고, 계의 본질은 식욕이나 성욕과 같은

동물성에서 벗어나는 것입니다. 그리고 선(禪)은 지(止)와 관(觀)을 병행하는 수행입니다. 즉, 지관(止觀)수행입니다. 지관에서 지는 '멈출 지(止)'자이고 관은 '볼 관(觀)'자입니다. 빠알리어로 '지'를 사마타(samatha)라고 쓰고 '관'은 '위빠싸나(vipassanā)'라고 씁니다. 지와 관이 함께하는 수행인 '선'은 빠알리어로는 자나(jhāna)라고 씁니다. 산스끄리뜨어로는 댜나(dhyāna)라고 씁니다. 산스끄리뜨어는 표준어, 빠알리어는 사투리라고 보면 됩니다. 현재 남방상좌부 불교에 전승되는 삼장은 모두 빠알리어로 쓰여 있습니다. 선은 이 가운데 '자나'의 한문 음사어인 '선나(禪那)'를 줄인 말입니다. 불교수행법의 핵심입니다.

이렇게 선은 '지'와 '관'으로 이루어져 있습니다. '지'는 '마음을 멈추는 것', '관'은 '보는 것'입니다. 그래서 '마음을 멈추고서 보는 것'이 바로 선입니다. 선을 구체적으로 '지관쌍운(止觀雙運)의 수행'이라고 표현합니다. 즉 지와 관을 함께 운행한다는 뜻입니다. 요즘 말로 쉽게 표현하면 '곰곰이 생각하는 것'입니다. '곰곰이'가 '지'에 해당하고 '생각하는 것'이 '관'에 해당합니다. 혹은 '가만히 보는 것'이라고 풀어도 됩니다. '가만히'가 '지', '보는 것'이 '관'입니다. 비단 불교수행만이 아니라 수학문제 풀 때에도 지관쌍운을 해야 합니다. 생각을 수학문제에 가만히 집중하고서 '해답이 뭘까?'하고 생각하는 것이 지관쌍운에 다름 아닙니다. 다만 불교수행의 경우 지관쌍운의 소재, 즉 곰곰이 생각하는 대상이 수학문제가 아니라 삶과 죽음의 문제, 인생과 우주의 문제라는 점이 다를 뿐입니다.

부처님께서 출가하신 후 보리수 아래 앉기 전까지 몰두했던 고행이나 삼매는 전부 어떤 테크닉에 의한 수행이었습니다. 이 모두 삶과 죽음의 문제를 해결하지 못한다는 점을 아신 부처님께서는, 고행과 삼매를 버리고 보리수 아래 앉아 선(禪)수행에 들어가셨고 이를 통해 대각을 이루셨던 것입니다.

삼매와 고행은 번뇌의 뿌리를 뽑지 못한다

다시 정리해 보겠습니다. 녹야원에서 이루어진 석가모니 부처님의 첫 번째 설법은 바로 고락중도의 설법인데, "올바른 수행자는 고행을 해서도 안 되고 삼매의 즐거움에 빠져도 안 된다."는 가르침이었습니다. 삼매는 '탐욕, 분노, 어리석음'과 같은 번뇌를 누르기만 할 뿐이지 제거하지 못합니다. 삼매의 상태에 들어가면 탐욕, 분노, 어리석음, 교만 등이 사라집니다. 너무나 평온합니다. 온 세상과 내가 하나가 된 것 같을 수도 있습니다. 그런데 삼매에서 나오니까 다시 마찬가지입니다. 화가 나는 분노심, 욕심이 나는 탐욕, 잘난체 하는 교만도 다시 스멀스멀 일어나고, 세상에 대해 품었던 지적인 의문도 그대로입니다. 즉, 치심(癡心)도 전혀 해결되지 않는 것입니다. 부처님께서는 주관과 객관이 모두 사라진 '아무 것도 없는 삼매', 즉 '무소유삼매'와 '아무 것도 없다는 생각조차 없지만(비상), 그렇다고 해서 아예 생각이 없는 것은 아닌(비비상) 삼매'인 비상비비상삼매까지 다 닦아보시지만 이들 삼매는 번뇌를 누르기만 할 뿐이지 번뇌의 뿌리를 뽑지 못한다는 점을 아시고 이들 삼매를 더 이상은 추구하지 않으셨습니다.

종교인들이 고행을 하는 이유

또, 고행이 올바른 수행일 수 없는 이유에 대해 설명해 보겠습니다. 종교인들이 왜 고행을 할까요? 앞에서 자이나교의 고행을 소개했지만, 셈족의 종교(Semitic Religion)인 이슬람교, 기독교 등의 종교에서도 고행을 합니다. 이들 종교인들이 죄책감이 사라져서 마음이 편안해지기 때문입니다. 이에 대해 합리적으로 설명해 보겠습니다. 우리 인간에게는 '죄책감'이란 것이 있습니다. 왜 그럴까요? 진화생물학적으로 설명해 보겠습니다. 모든 동물들 가운데 가장 사회성이 강한 것이 인간입니다. 사람은 항상 다른 사람들과 협력하고 함께 사는 존재입니다. 선(善)과 악(惡) 자체도 사회성에서 나온 것입니다. 선이나 악이 원래 있는 것이 아니고 인간의 사회성에서 연기(緣起)한 것입니다. 선과 악의 의미는 분명합니다. 남에게 잘하면 선이고 나만 잘 되려고 하면 악입니다. 진화생물학적으로 볼 때, 개체(Individual)만을 위하여 살 경우에는 악이 되고 동족의 유전자(Gene)를 위해 살 경우에는 선이 됩니다. 어떤 행동으로 나를 희생하더라도 동족의 유전자가 번성할 때 그 행동은 선입니다. 애국열사 같은 분들의 행동이 선인 이유입니다.

다른 예를 들어 암이나 간경화, 심근경색과 같이 죽을병에 걸렸다가 고비를 넘기고 나은 사람들은 대개 "죽을 때까지 남을 위해 착하게 살겠다."고 다짐합니다. 또 "사람이 죽을 때가 되면 착해진다."는 속설도 있습니다. 왜 그럴까요? 과거에는 '나'라는 개체 중심의 삶을 살았는데 개체의 경우는 죽으면 사라집니다. 그런데 동족의 유전자 중심으로 살 경우에는 내가 죽어도 나와 유사한 유전자를 갖는 동족은 살아있기 때문에 죽음이 두렵지 않은 것입니다. 따라서 죽을 때가 되면 착해지는 것이 아니라 착해져야 죽음이 두렵지 않습니다. 다시 말해 죽음의 공포에서 벗어나기 위해서 착해지는 것입니다. 죽음을 체험한 다음에, 또는 죽음이 가까워질 때 사람이 착해지는 이유는, 죽어도 무섭지 않은 길이 바로 남을 위해 사는 것이기 때문입니다.

그런데 지극히 사회적 동물인 사람에게만 이렇게 선이나 악이 있기 때문에, 누군가가 악을 행했을 경우에는 그 사람의 양심이 자신을 처벌합니다. 정신분석의 창시자 지그문트 프로이트(Sigmund Freud, 1856-1939)를 아실 겁니다. 프로이트의 정신분석학에서는 사람의 마음이 '이드(Id), 에고(Ego), 슈퍼에고(Superego)'의 3원 구조로 이루어져 있다고 설명합니다. 차례대로 '본능, 자아, 초자아'라고 번역할 수 있습니다. 이 가운데 양심에 해당하는 것이 초자아인데, 양심에 어긋나는 일을 했을 때 바로 이 초자아가 무의식적으로 자기를 처벌한다고 합니다. 프로이드는 이것을 '자기처벌(Self Punishment)'이라고 불렀습니다. 내가 양심에 어긋나는 일을 하면, 즉 악을 행하면 나도 의식하지 못하게 나 스스로를 자꾸 파멸로 몰아가는 것입니다. 양심의 가책이 있을 경우 뜻하지 않게 다치든지, 일을 하다가 스스로를 곤란한 궁지에 빠뜨립니다. 심지어 골절과 같은 상해를 입는 것도 다 초자아의 자기처벌이라고 설명합니다. 양심에 어긋나는 일을 해서 죄책감이 있을 경우에는 그 사람의 앞날이 순탄하지 못합니다. 왜? 내가 자꾸 나를 처벌하기 때문입니다. 알코올중독, 질병, 사고, 실수 등이 모두 죄책감으로 인해 발생합니다. 죄책감이 없어져야만 앞날이 편안해집니다. 화를 당하지 않습니다. 그리고 죄책감을 없애는 방법 중에 하나가 미리 벌을 받는 것입니다. 앞으로 언젠가 화를 당하기 전에 나 스스로 나에게 미리 벌을 주는 것입니다. 종교인 가운데 고행을 즐기는 분들의 경우 그 무의식의 심연에는 이런 죄책감이 강하게 자리 잡고 있다고 보아야 합니다. 남이 알든 모르든 내가 저질렀던 부끄러운 일들이 많이 있는데, 나에게 벌을 주듯이 고행을 하면 마음이 편안해집니다. 고행에 대해 프로이드의 심리학으로 분석해 보았습니다.

석가모니 부처님 이전까지 인도의 수행자는 두 부류가 있었습니다. 수행을 하면서 자기를 괴롭히는 사람들과 삼매를 추구하는 사람들입니다. 부처님께서는 이들이 가르치는 고행과 삼매의 극한까지 체험하셨는데, 출가 전에 품었던 의문들, 즉 "모든 생명에게 왜 죽음이 닥칠까?", "이 세상에 어째서 약육강식과 같은 부조리가 있을까?"와 같은 의문들이 하나도 풀리지 않았기에 결국에는 이런 양 극단의 수행을 모두 다 버리셨습니다.

선(禪)수행의 기원 - 12세 싯다르타 태자의 염부수 하(下) 정관(靜觀)

그 후 부처님께서는 보리수 밑에 마른 풀을 깔고 앉으셔서 새로운 방법으로 수행에 들어가셨습니다. 고행과 삼매를 모두 버린 부처님께서는 그때 어떤 수행을 하셨을까요? 바로 선 수행이었습니다. 그러면 이런 선 수행의 기원은 어디에 있을까요? 석가모니 부처님의 일대기를 보면 싯다르타 태자가 열두 살 때 겪었던 우연한 사건에 선 수행의 시작이 있다는 점을 알 수 있습니다. 모든 생명이 겪어야 하는 생로병사의 고통과 생명 세계의 부조리로 인해 항상 수심에 차 있던 싯다르타 태자를 위로하기 위해서 아버지 정반왕은 태자와 함께 농경제에 참석합니다. 그런데 농경제를 관람하던 싯다르타 태자는 농부의 곡괭이질에 파헤쳐진 흙더미에서 노출된 벌레들이 꿈틀거리는 모습과, 곧이어 작은 새가 날아와 그 벌레를 쪼아 먹는 모습을 보았으며, 다시 어디선가 큰 새가 날아와 그 작은 새를 잡아 채가는 광경을 목격하고선 비감에 사로잡힙니다. 약육강식의 세계의 비정함을 절감하신 겁니다. 싯다르타 태자는 그 모습을 차마 더 이상 보지 못하고 자리를 옮겨 인근의 염부수 나무 그늘 아래 앉아서 깊은 사색에 들어가셨습니다. 불전에서는 시간이 지나면서 싯다르타 태자의 얼굴이 너무나 맑아졌고, 후대에 정리된 불교 수행론에 비추어 볼 때 초선(初禪)의 경지에 오르셨다고 기술하고 있습니다. 초선이란 욕계, 색계, 무색계의 삼계 가운데 욕계에서 막 벗어나서 색계에 진입한 첫 단계입니다. 교학적 설명을 종합하면 초선이란 동물적 욕망에서 완전히 벗어난 상태이고, 부정관(不淨觀)이나 자비관(慈悲觀) 수행을 통해서 오를 수 있는 경지입니다.

　인간이든 짐승이든 모든 생명은 육신(肉身)을 갖고 있습니다. 육신이란 문자 그대로 고기(肉)로 된 몸뚱이(肉)입니다. 그래서 모든 생명은 남의 고기를 먹든지 그 몸이 고기가 되어 남에게 먹힙니다. 그야말로 '고기몸의 비극'입니다. 싯다르타 태자께서 벌레와 새들이 먹고 먹히는 장면을 목격하신 후 염부수 아래로 자리를 옮기셨는데, 그 때 '고기몸의 비극'에 대해 깊이깊이 숙고하셨을 겁니다. 벌레나 새도 고기몸을 갖고 살아가지만, 인간 역시 그 몸이

고기이기에 남의 몸을 먹어야 살고, 내 몸이 남에게 먹힐 수 있습니다. 이런 통찰이 깊어질 때, 자신의 몸에 대해서 정나미가 뚝 떨어집니다. 불교수행론에서 이런 통찰을 부정관이라고 부릅니다. 이런 부정관의 통찰이 깊어질 때 그 마음은 동물성을 벗어나서 형상의 세계인 색계로 올라가며, 색계의 첫 단계가 바로 초선인 것입니다.

그런데 이렇게 비극적인 고기몸을 갖고 사는데도 불구하고 고기몸의 세계를 벗어나지 못하는 놈들이 있습니다. 왜냐하면 고기몸으로 즐길 수 있는 먹이와 섹스에 대한 집착 때문입니다. 욕계의 몸뚱이인 고기몸이 고통의 원천인데, 먹이와 섹스의 즐거움에 얽매여 그곳을 벗어나지 못하는 것입니다. 싯다르타 태자는 이런 중생들에 대해서, 참으로 가련한 마음이 들었습니다. 욕망으로 인해 약육강식의 세계를 벗어나지 못하는 생명체들이 불쌍하게 여겨졌던 것입니다. 이런 통찰을 불교전문용어로 '자비관(慈悲觀)'이라고 부릅니다. 자비관이 깊어질 때에도 수행자의 마음이 색계로 올라갑니다. 자비희사(慈悲喜捨)의 사무량심(四無量心)을 사범주(四梵住)라고도 부릅니다. '범천의 세계에 머물게 하는 네 가지 마음'이라는 뜻입니다. 자심(慈心)은 남에게 즐거움을 주고자 하는 마음이고, 비심(悲心)은 남의 괴로움을 제거해 주고하자는 마음이며, 희심(喜心)은 남의 행복을 함께 기뻐하는 마음이고, 사심(捨心)은 가깝건 멀건 모든 생명체에 대해서 '자, 비, 희'의 마음을 동등하게 발휘하는 평등심입니다. 수행자에게 이런 마음이 깊어질 때 그 마음이 욕계를 벗어나서 색계 초선천의 범천의 세계에 오릅니다.

염부수 아래 앉아서, 조금 전에 농경제에서 목격했던 약육강식의 현장을 떠올리던 싯다르타 태자는 자연스럽게 부정관과 자비관에 들어갔던 것입니다. 먹이와 섹스를 추구하는 욕계의 중생에 대한 염리심(厭離心)과 자비심은 그 마음이 욕계에서 벗어난 경지에서 일어날 수 있는 감성입니다. 그게 바로 초선의 경지입니다. 이때 동물적인 마음에서 벗어나기 때문에 마음에 흔들림이 없습니다. 모든 것을 '있는 그대로' 볼 수 있고, 모든 것에 대해서 잡념 없이 '곰곰이 생각'할 수가 있습니다. 스님들이 일반인이 감당할 수 없는 계를 수지하면서 음욕을 끊고 독신수행을 해야 하는 이유가 이에 있습니다. 욕계의 고기몸에 대한 집착이 남아있을 경우에 겉으로 결가부좌하고 명상을 하는 시늉을 하더라도 자꾸 잡념이 일어납니다. 먹을 것이 생각나고 이성(異性)이 생각납니다. 이런 욕망을 다 끊어 버려야 마음에 흔들림이 없이 모든 것을 있는 그대로 볼 수 있습니다. 아주 명료하게 볼 수 있습니다. 그게 바로 선(禪) 수행입니다. 동물적 욕망이 있는 상태에서는 선 수행하는 시늉만 할 수 있을 뿐입니다.

녹야원에서 있었던 첫 설법에서, 부처님께서는 고행과 삼매락의 극단적 수행을 버리고 중도의 수행인 팔정도를 닦을 것을 가르치셨는데, 팔정도는 계정혜(戒定慧) 삼학에 다름 아닙니다. 정견(正見), 정사유(正思惟), 정어(正語), 정업(正業), 정명(正命), 정정진(正精進), 정념(正念), 정정(正定)의 팔정도 가운데 '정사유, 정어, 정업, 정명'은 계학, '정념과 정정'은 정학에 해당하며, '정견'은 혜학에 해당하고, '정정진'은 계정혜 삼학 모두에 해당합니다. 따라서 중도의 수행인 팔정도는 지계행의 토대 위에서 이루어지는 지관쌍운(止觀雙運)의 선(禪)입니다. 풀어서 말하면 동물적 욕망에서 벗어나서(계학) 곰곰이(止, 정학) 생각하는 것(觀, 혜학)이 선입니다. 고행이나 삼매와 같은 테크닉을 이용한 수행이 아니라 종교적, 철학적 의문을 풀기 위해서 '곰곰이 생각하는' 너무나 상식적이고 건전한 수행이 선입니다. 35세 싯다르타 태자가 보리수 아래 앉아 들어갔던 마지막 수행이 바로 선이었고 그 기원은, 싯다르타 태자가 12세에 농경제에 참석했을 때 약육강식의 현장을 목격하고서 염부수 아래 앉아 자연히 들어갔던 초선에 있다고 보겠습니다.

실천적 중도를 통해 깨달은 사상적 중도

아무튼 부처님께서는 보리수 아래 앉으셔서 12세 때의 기억을 되살려서 그때의 방식 그대로 모든 생명을 관찰하신 것입니다. 일단 당신 자신부터 관찰의 대상으로 삼으셨습니다. "왜 나에게 죽음이 있는가?"에 대해서 먼저 생각하기 시작합니다. 이것이 깨달음을 향한 첫 번째 의문의 시작이었습니다. "왜 나에게 죽음이 있는가? 왜 나에게 죽음이 있는가?" 이렇게 곰곰이 생각하다가 대발견을 하십니다. "이! 살아있기 때문이다."라고 아신 것입니다. 즉 "탄생했기에 죽음이 있다."는 어찌 보면 너무나 단순한 통찰입니다. 이는 후대에 정리된 12연기(緣起)에서 끝의 두 지분(支分), 즉 "생(生)이 있기에 늙어 죽음(노사, 老死)이 있다."는 경구로 표현됩니다. 이런 통찰이 선 수행을 통해서 발생한 것입니다. 즉, 곰곰이 생각하는 지관쌍운의 수행을 통해서 발생한 것입니다. "내가 왜 죽는가? 나에게 왜 죽음이 있는가? …" 마음이 산란하지 않게 가만히 생각해 보니까 답이 명확했던 것입니다. "아! 살아있기 때문이다."라고 아신 것입니다. 앞에서 말했듯이 첫 번째 설법에서 '고락중도(苦樂中道)'의 수행인 팔정도, 즉 지계의 토대 위에서 선을 닦을 것을 가르치시는데, 그 이유가 이렇게 건전하고, 정직한 수행을 해야지만 답이 나오기 때문입니다. 불교수행은 정말 건전하고, 정직합니다. 어떤 테크닉이 아닙니다. 고행도 테크닉이고 삼매도 테크닉입니다. 이런 테크닉을 써서 어떤 경지에 오르면 마음이 편안해질 수는 있어도, 그런 경지에서 나오면 다시 마찬가지가 됩니다. 종교적, 철학적 의문이 전혀 해결되지 않습니다. 그러나 '곰곰이 생각'하는 선 수행은, 세상에 대해서 '있는 그대로' 보는 것입니다. 그래서 제행무상(諸行無常), 연기(緣起)한 모든 것이 변한다는 점을 발견하고, 제법무아(諸法無我) 그 모든 것에 실체가 없다는 점을 발견하게 되어, 그 어떤 것에 대해서도 마음을 두지 않고, 그 어떤 경지도 추구하지 않습니다. 그래서 진정으로 마음이 편안해집니다. 열반적정(涅槃寂靜)입니다.

이렇게 실천적 중도인 선 수행을 통해서 궁극적으로 '사상적(思想的) 중도'를 발견합니다. 사상적 중도란 "지금까지 머리 굴려서 고민했던 것이 다 가짜구나."라는 점에 대한 자각입니다. 앞에서 말했듯이 "큰 방이 있다거나, 작은 방이 있다는 이분법적(二分法的)인 생각들이 다 가짜구나." 하는 자각이 바로 '사상적 중도'이고 그런 사상적 중도는 '실천적 중도'를 통해서만 발견될 수 있습니다. 다시 말해 곰곰이 생각해야지만 발견될 수 있습니다. 실제 세계에 큰 것이나 작은 것이 원래 없다는 것을 대소중도(大小中道)라고 표현할 수 있을 겁니다. 그런데 초기불전에서는 유무중도(有無中道), 일이중도(一異中道), 단상중도(斷常中道) 등을 사상적 중도의 대표적인 예로 듭니다. 유무중도에서 유(有)는 '있다', 무(無)는 '없다'는 뜻인데, '있다'거나 '없다'는 개념에서 벗어나기 때문에 유무중도라고 합니다. 또, 일이중도에서 일(一)은 '동일하다', 이(異)는 '다르다'는 뜻인데 이런 양극단의 개념에서 벗어나기 때문에 일이중도라고도 합니다. 단상(斷常)중도는 '끊어짐(斷)'과 '이어짐(常)'의 개념에서 벗어난 통찰입니다. 몇 가지 예가 더 있지만 나중에 다시 설명하겠습니다. 요컨대 불교의 핵심인 중도에는 두 가지 종류가 있습니다. 하나는 실천적 중도인 선 수행이고 또 하나는 사상적 중도인 이분법 비판입니다. 앞으로 설명할 중관학은 이 가운데 사상적 중도에 대해서 논리적으로 해명하는 학문입니다.

　지금까지 중관학의 취지에 대해서 개관을 했고, 중관학에서 가르치는 사상적 중도를 초기불전의 가르침과 연관시켜 보았습니다. 다음 시간에는 중관학에 대해서 보다 더 구체적으로 설명하도록 하겠습니다.

제2강
중관학의 인물과 반논리학 개관

용수라는 이름과 활동시기

중관학은 유식학(唯識學)과 더불어 대승불교사상을 받치는 두 기둥입니다. '중관학'이란 문자 그대로 '중도에 대해 관찰하는 학문'입니다. 이번 강의에서는 중관학의 창시자인 용수(龍樹) 스님의 생애에 대해 간단히 소개하고, 그 다음 중관학의 반(反)논리적 논법에 대해 차근차근 풀어서 설명해보도록 하겠습니다.

제1강에서도 언급했지만 중관학의 창시자는 용수 스님입니다. 범어(梵語), 즉 산스끄리뜨어로는 '나가르주나(Nāgārjuna)'라고 부릅니다. 여기서 '나가(Nāga)'는 '용(龍)'이라고 번역하고 '아르주나(Arjuna)'는 '수(樹)'라고 번역하데, '용'이라는 이름이 붙은 것은 이 분이 용신(龍神)의 인도(引導)에 의해서 대승불교도가 되었기 때문입니다. 구마라습 스님이 번역한 『용수보살전』에 의하면 용수가 용신을 따라 용궁으로 가서 대승경전을 열람하고 대승불교도가 되었다고 합니다. 그런데 '나가'는 인도에서 원래 '코프라 뱀'을 의미합니다. 북방의 동아시아에 코프라가 없기에, 역경승들은 나가를 용(龍)으로 번역하였습니다. 그리고 '아르주나'를 '수(樹)'라고 번역한 것은, 아르주나라는 이름의 나무(樹) 밑에서 탄생하셨기 때문이라고 합니다. 그런데 현대불교학자 중에는 '수'가 '아르주나'의 음사어라고 해석하는 사람도 있습니다. 용수 스님의 생존 연대는 불명확하지만 기원후 150년에서 250년경에 생존하셨던 분으로 추정합니다.

중관학은 현교 가운데 최고의 가르침이다

티벳의 탱화(幀畫)인 탕카(Thang Ka)에서 우리는 용수 스님의 모습을 많이 볼 수 있습니다. 왜냐하면 용수 스님이 티벳불교에서 가장 중시하는 분이기 때문입니다. 티벳불교라고 하면 '밀교'가 생각납니다. 그런데 밀교라고 할 때 '비밀'을 의미하는 '밀(密)'자가 붙어 있어서 그런지 몰라도, 남 몰래 은밀하게 이루어지는 성적(性的)인 불교 수행이라는 이미지가 널리 퍼져 있습니다. 그러나 이는 오해입니다. 밀교란 '남 부끄러워서 몰래 알려주는 가르침'이라는 의미가 아니고 '스승이 제자에게 비밀스럽게 전수하는 가르침'이라는 뜻입니다. 밀교는 가치중립적인 수행법입니다. 수행법 그 자체가 선이나 악과 무관하다는 말입니다. '염력(念力)'을 키우는 것 같이 신비한 힘을 키우는 수행이 밀교입니다. 그런데 아직 심성이 무르익지 못한 사람들이 밀교를 익힐 경우에는 강력하게 악행을 하여 극도로 괴로운 과보를 받을 수도 있습니다. 그렇기 때문에 밀교는 아무에게나 가르쳐서는 안 됩니다. 이기심이 전혀 없고 자비심이 철철 넘치고 항상 남을 위해 살아가는, 보살심이 무르익은 사람만을 잘 선별하여 가르치기 때문에 밀교인 것입니다. 다양한 불교 교파 가운데 지금 세계적으로 가장 큰 영향력을 갖는 것이 티벳불교입니다. 그런데 그 힘의 원천이 바로 밀교에 있다고 생각합니다. 밀교는 심신을 변화시키는 테크닉을 가르치기 때문에 방편의 불교입니다. 밀교를 익히는 목적은 보다 많은 중생을 강력하게 제도, 구제하기 위한 것입니다.

티벳불교에서 최정상을 점하는 것이 밀교이지만, 그 이전에 기초공부로서 '현교(顯敎)'를 충분히 익혀야 합니다. 현교에서 '현'은 드러날 '현(顯)'자입니다. 따라서 현교는 문자 그대로 '드러난 가르침'이란 뜻입니다. 현교는 소승과 대승을 총망라한 가르침이며 누구든지 배울 수 있습니다. 이와 달리 밀교는 비밀스런 가르침으로 현교를 모두 익히고 보살로서의 심성이 무르익은 사람에게만 전수됩니다. 티벳의 불교는 이렇게 현교와 밀교의 두 단계로 나누어지는데, 지금 제가 강의하고 있는 중관학은 현교에 속합니다. 누구나 익힐 수 있는 가르침인 현교 중에서 가장 최고의 가르침이 바로 중관학입니다. 티벳에서는 어떤 종파든 현교의 최정상에 중관학을 위치시킵니다.

부처님에 버금가는 용수 스님

또 티벳에서 석가모니 부처님 다음으로 중시하는 인물이 바로 용수 스님입니다. 용수 스님은 인도 남부 지방에서 바라문(婆羅門, Brāhman) 계급으로 태어났다고 합니다. 바라문은 인도의 4성(四姓) 계급 중 가장 최고의 카스트인 사제(司祭) 계급입니다. 대승과 소승을 포함한 불교역사에서 '석가모니 부처님 이후에 가장 위대한 인물이 누구냐?'고 물으면 단연코 용수 스님이라고 답할 수 있습니다. 물론 대승불전을 보면 문수보살, 관세음보살과 같은 분들이 등장하지만 이 분들은 실존인물이라기보다 영적(靈的)인 존재들입니다. 우리같이 몸을 가지고 활동했던 분들이 아니고, 불교신행자가 기도(祈禱)하는 세계에서 만나는 분들입니다. 실제 우리와 같이 몸을 가진 분들 중에서 석가모니 부처님 다음으로 가장 위대한 분이 누구냐고 물을 경우에는 바로 용수 스님을 듭니다. 용수 스님은 대승불교의 아버지라고 불리기도 합니다. 또 용수 스님의 제자로 '아리야 제바(阿梨耶 提婆)'라는 분이 계셨는데 이 두 분을 티벳에서는 '성(聖)스러운 부자(父子)', 즉 '성스러운 아버지와 아들'이라고 부릅니다. 일본 불교계에서는 전통적으로 용수 스님을 '팔종(八宗)의 조사(祖師)'라고 불렀습니다. 여덟 가지 종파를 개창한 큰 스승이라는 뜻입니다. 심지어 '나무아미타불'을 염하는 정토교에서 조차도 용수 스님을 '조사'로 모십니다. 용수 스님의 저술 중에 『십주비바사론(十住毘婆沙論)』이란 것이 있습니다. 『화엄경』에서 가르치는 보살의 십지(十地)에 대해 설명한 논서입니다. 여기서 불교 수행을 '어려운 수행의 길'인 난행도(難行道)와 '쉬운 수행의 길'인 이행도(易行道)로 구분하는데, 아미타불에 의지한 불교수행을 이행도로서 소개합니다. 용수 스님의 이런 가르침이 씨가 되어 동아시아의 정토사상이 성립합니다. 용수 스님하면 공사상, 중관학이 떠오르는데, 이렇게 공사상과 전혀 상관이 없을 것 같은 믿음의 불교, 즉 타력(他力) 신앙인 정토종에서도 용수 스님을 으뜸의 스승으로 모시는 것입니다.

중관학의 교과서 『중론』

용수 스님의 저술 가운데 대표적인 것이 바로 『중론(中論)』입니다. 앞으로 강의할 내용이 모두 『중론』에 근거한 것입니다. 『중론』은 문자 그대로 '중도에 대해 논의'하는 저술입니다. 중도를 가르치는 논문집입니다. 『중론』은 총 27장으로 이루어져 있는데, 그 가운데 제1장의 제목은 관인연품(觀因緣品)으로 '인연에 대해 관찰하는 장(章)'이라는 뜻이고, 제2장은 관거래품(觀去來品)으로 거와 래, 즉 '가고 옴에 대해 관찰하는 장'이란 뜻입니다. 관거래품에서는 우리가 쓰는 '간다', '온다'는 생각은 이 세상에 실재하는 게 아니라는 점을 논증합니다. 그런 생각은 다 머리가 만든 것이라는 점을 논리적으로 구명합니다. 이에 대해서는 나중에 다시 『중론』 관거래품의 게송 몇 수를 제시하면서 자세히 설명하겠습니다.

구마라습이 번역한 『중론』의 경우 총 455수의 게송(偈頌)으로 이루어져 있습니다. 즉, 『중론』 전체가 다 '시(詩)'입니다. '슐로까(Śloka)'라는 이름의 산스끄리뜨 시입니다. 슐로까는 우리나라의 시조와 같은 음절시입니다. 슐로까는 4×4조의 시이기 때문에 한 수는 총 16음절로 이루어져 있습니다. 이런 슐로까 두 수가 『중론』의 게송 하나가 됩니다. 『중론』이 참으로 심오한 내용을 담고 있는데, 슐로까의 시 형식에 맞추기 위한 단어의 도치와 생략과 치환이 많아서 더욱더 이해를 어렵게 합니다. 우리나라에서『중론』연구가 고려 시대 이후 근 천 년 간 맥이 끊어진 이유가, 이렇게 그 내용을 이해하기가 너무나 어렵기 때문이라고 볼 수도 있습니다. 그러나 또한 그 요점만 제대로 파악하면 너무나 단순한 책이『중론』이기도 합니다. 불교 교학 중에서 공부 하기 가장 쉬운 게 중관학일 수 있습니다. 아비달마교학이나 유식학과 같은 다른 불교 교학의 경우, 완전한 이해를 위해서 암기할 내용도 많고 전문용어 의 실천적 의미를 파악하기도 쉽지 않습니다. 그러나『중론』은 암기할 것이 없습니다. 논법만 익히면 공부가 끝납니다.『중론』은 1시간만 강의해도 완벽 하게 얘기할 수 있고 10분만 이야기해도 그 요점을 파악할 수 있습니다. 핵심 만 파악하려면 10분이면 충분합니다. 그러나『중론』에서 구사하는 반논리적 논법인 중관논리를 완전히 체득하려면『중론』의 각 게송들을 숙독하면서 마 치 수학 공부할 때 연습문제 풀 듯이 오래 훈련해야 합니다.

용수의 저술과『회쟁론』

『중론』은 총 450여 수의 슐로까로 이루어진 철학적 게송 모음집입니다. 용수의 저술 가운데『중론』은 반야계 경전에서 설하는 '공(空)'이 무엇인지 논리적으로 해명하는 문헌입니다. 용수는『중론』외에『회쟁론(廻諍論)』,『 육십송여리론(六十頌如理論)』,『공칠십론(空七十論)』,『광파론(廣破論)』,『 대지도론(大智度論)』,『십이문론(十二門論)』등 40여 가지 저술을 남겼는 데, 이들 저술 중에서『중론』다음으로 중요한 것 하나만 꼽으라면 단연『회 쟁론』을 들 수 있습니다. 중관학을 단시간에 효율적으로 공부하려면 딱 두 가지 책만 보면 됩니다.『중론』과『회쟁론』입니다.『중론』은 공의 의미에 대 해 해명하는 논서이고『회쟁론』은 공에 대한 오해를 시정하는 논서입니다. 『회쟁론』의 '회'는 돌릴 '회(廻)'자입니다. 한역 제목을 그대로 해석하면 '(논적이 걸어오는) 논쟁을 되받아 치는 논서'입니다. 『중론』의 저술을 통해 공(空)사상이 널리 알려집니다. "모든 것이 공하다.", "모든 것이 실체가 없다.", 다시 말해 "모든 말과 생각이 다 틀렸다."라는 공사상이 널리 보급되니까 논적이 바로 이 말을 소재로 삼아서 "모든 것이 공하다."라는 말이 범하는 자가당착을 지적합니다. 즉, "모든 말이 틀렸다면 그 말도 말에 포함되기에 틀린 말이어야 한다."라며 시비를 거는 것입니다. 즉 "모든 것이 공하다."면 "모든 것이 공하다."는 그 말도 모든 것에 포함되기에 공해야 할 것이라고 비판하면서 공사상을 패러독스(Paradox)에 빠뜨리는 것입니다.

　　제1강 서두에서 중관학의 방식에 대해 설명하면서 "말로써 말을 버린다."고 했는데 『회쟁론』에서 논적의 비판에 대해 용수 스님께서 바로 이와 같이 대답합니다. 즉, 언어와 생각에 대한 중관학적인 비판도 역시 언어와 생각으로 이루어져 있습니다. 따라서 자가당착에 빠져 있습니다. 즉 공사상 역시 틀린 겁니다. 그러나 공사상의 틀린 말로 "세상만사에 실체가 있다."는 더 틀린 생각을 시정하기에 공사상은 효능이 있습니다. 이게 『회쟁론』에서 공사상에 대한 논적의 비판을 반박하는 용수 스님의 논리입니다. 이 논법에 대해서는 '낙서금지'라는 예를 통해 나중에 다시 상세하게 설명하겠습니다.

　　『회쟁론』은 총 71수의 게송으로 이루어져 있는데, 앞의 20수는 공사상에 대한 논적의 비판이고, 뒤의 70수는 이에 대한 용수 스님의 반박입니다. 그리고 마지막 한 수는 연기(緣起)와 공성(空性)과 중도(中道)가 같은 의미임을 가르치셨던 부처님을 찬탄하는 게송입니다. 중관학을 공부할 때 반드시 읽어야 할 용수 스님의 저술 두 가지가 『중론』과 『회쟁론』입니다. 『중론』은 공에 대해서 해명을 하고 『회쟁론』은 공에 대한 오해를 시정하는 책입니다.

나란다의 열 일곱 스승과 용수

앞에서 티벳에서 용수 스님을 매우 존중한다는 이야기를 했습니다. 티벳불교가 대승불교이고 더 구체적으로는 대승 중에 밀교를 중시하는 불교인데, 티벳불교 겔룩(dGe Lugs)파 스님들의 방에 가면 아래와 같은 탕카가 걸려 있습니다. '나란다(Nalanda)의 열 일곱 스승'이라는 이름의 탕카입니다. 여기서 말하는 나란다는 인도에 있었던 불교교육기관인 나란다 대학을 의미합니다.

나란다의 17 스승

가운데 계신 분이 물론 석가모니 부처님이시고 왼쪽에 여덟 분의 스님들의 앉아 계신 모습이 보이고, 오른쪽에도 여덟 분의 스님들이 앉아 계십니다. 아래의 가운데에는 아띠샤(Atiśa, 982 - 1054) 스님이 앉아 계십니다. 대승불교사상을 받치는 양대 교학은 중관학과 유식학(唯識學)인데, 상기한 탕카에

서 석가모니 부처님을 제외한 열일곱 분 가운데 여덟 분은 중관학 전통의
스승들이고 여덟 분은 유식학 전통의 스승들입니다. 그리고 이 양대 전통을
종합한 분이 아래의 가운데에서 설법인(說法印)을 하고 앉아 계신 아띠샤 스
님입니다. 서력기원 후 1,000년 경 인도의 아띠샤 스님이 티벳으로 들어와
불교를 정화하고 재정립하셨습니다. '나란다 열일곱 스승' 탕카에 모셔진 각
논사들의 법명은 다음과 같습니다.

Āryadeva 아리야 제바	Nāgārjuna 용수		Asaṅga 무착	Vasubandhu 세친
Guṇaprabha 덕광				Śākyaprabha 석가광
	Dignāga 진나	Buddha Śākyamuni 석가모니 부처님	Dharmakīrti 법칭	
Bhāvaviveka 청변				Haribhādra 사자현
	Buddhapālita 불호		Ārya Vimuktisena 성해탈군	
Candrakīrti 월칭	Śāntideva 적천	Atiśa 아저협(阿底峽)	Kamalaśīla 연화계	Śāntarakṣita 적호

이 분들 가운데 중관학파 소속 논사들은 개창자인 용수(龍樹, Nagarjuna)
스님을 위시하여 그 직제자인 아리야 제바(阿梨耶 提婆, Aryadeva), 그리고
불호(佛護, Buddhapalita), 청변(淸辯, Bhavaviveka), 월칭(月稱, Chandraki
rti), 적천(寂天, Shantideva), 적호(寂護, Śāntarakṣita), 연화계(蓮華戒, Ka
malaśīla)와 같은 분들이고, 유식학파는 무착(無着, Asaṅga), 세친(世親 Vas
ubandhu), 진나(陳那, Dignāga), 법칭(法稱, Dharmakīrti) 등으로 이어집니

다.

 인도불교사상사를 보면 중관학에 대한 오해를 보완하기 위해서 곧이어 무착(Asaṅga)에 의해서 유식학이 성립하는데, 후기중관학파에서는 중관학과 유식학을 사상적으로 결합합니다. 그래서 이들의 중관학파를 '유식중관학파' 혹은 '유가행중관파'라고 부릅니다. 유식학파는 사상적 측면에서 부르는 이름이고, 실천적 측면에서는 유가행파(瑜伽行派)라고 부릅니다. 유식학의 교리가 유가(Yoga) 수행을 통해 정립되었기 때문입니다. 또 양자를 종합하여 유가행유식학파라고 부르기도 합니다. 그래서 중관학과 유식학을 종합한 '후기 중관학파'를 유가행중관파라고 부르는 것입니다. 탕카 우측 아래에 모셔져 있는 산따락시따(Śāntarakṣita, 적호)와 카말라쉴라(Kamalaśīla, 연화계)가 바로 후기중관학파, 즉 유가행중관파의 사제(師弟)입니다.

 산따락시따(적호)와 카말라쉴라(연화계)는 서력기원 후 8세기경에 활동하셨던 분들입니다. 이 두 분의 스님이 티벳에 들어가기 전까지 티벳에는 중국의 선불교가 널리 퍼져 있었습니다. 이 분들이 티벳으로 들어가서 불교를 전한 이후 티벳에서는 중국불교를 배격하고 인도불교를 정법으로 삼습니다. 티벳에 인도불교가 정착하는 데 큰 역할을 한 분이 제자인 까말라쉴라 스님입니다. 까말라쉴라는 삼예(bSam Yas) 사원에서 마하연(摩訶衍) 화상(和尚)이라는 선승과 깨달음과 관련한 교리 논쟁을 벌입니다. 이를 '삼예 사원의 돈점(頓漸) 논쟁'이라고 부릅니다. 까말라쉴라가 저술한 『수습차제』에서는 자신이 논쟁에서 승리했고 이 어전(御前) 논쟁 이후 마하연의 무리가 티벳에서 추방되었다고 쓰고 있습니다. 마하연 화상을 티벳의 불교인들은 '하샹(Ha Shang, Hva Shang)'이라 부르면서, 지금까지도 잘못된 불교관을 가진 대표적인 인물로 비판합니다.

삼예 사원의 건립과 티벳불교 4대 종파의 기원

까말라쉴라 스님과 마하연 화상이 논쟁을 벌였던 삼예 사원은 문화혁명 때 파괴되긴 했지만 1988년에 복원되었습니다. 이 절은 샨따락쉬따 스님이 건립을 시작했으나 토속 신령들의 훼방으로 제대로 진행이 안 되다가 인도에서 들어온 빠드마삼바바(Padmasambhāva) 스님이 사찰 건축을 방해하는 토속 신령들을 모두 제압하고 완성한 사찰이라고 합니다.

삼예 대사원

토속 신령들이란 티벳 샤머니즘의 신들을 의미합니다. 티벳에는 전통적으로 샤머니즘이 널리 퍼져 있었는데, 불교가 전해지면서 샤먼적 의례와 용구, 신격 모두를 불교적으로 개조합니다. 티벳불교는 외견상 샤머니즘과 비슷합니다. 티벳의 사찰이나 기도처에 가면 우리나라 성황당에 걸려있는 오색의 천 조각 같은 깃발들이 펄럭이는데 이를 타르초(Tarcho〉 Dar lCog)라고 부릅니다. 성황당의 오색천과 다른 점은 타르초에 불경이 인쇄되어 있거나 '룽따(rLung rTa)'라는 '바람의 말'의 형상이 찍혀 있다는 점입니다. 불경이 새겨진 오색의 깃발들은 바람이 불 때마다 펄럭이는데, 이 모습으로 "부처님 가르침이 온 세상에 널리 퍼지기를 바란다.”는 기원을 나타낸다고 합니다. 성황당에서 귀신을 부르던 오색 천 조각들이 불교 홍포의 원(願)을 담은 종교적 성물로 탈바꿈한 것입니다. 티벳인들은 전통 샤머니즘, 또는 힌두 밀교의 용구에 불교적 의미를 부여하여 티벳적인 불교를 창출해 내었습니다.

티벳은 원래 우리나라의 무속과 그 뿌리가 같은 샤머니즘이 지배하던 나라였습니다. 티벳에는 샤머니즘이 독립된 종교로 남아 있는데 ‘뵌교(Bon敎)’ 라고 부릅니다. 그리고 이 뵌교를 제압하면서 삼예 사원의 건립을 완성한 분이 바로 빠드마삼바바 스님입니다.

빠드마삼바바

이 삼예 사원에서 벌어진 삼예 대논쟁에서 까말라씰라 스님이 마하연 스님을 제압하였고, 그 사건 이후 티벳에 인도불교가 정착됩니다. 그러나 밀교에 대한 오해로 인해 티벳불교는 윤리, 도덕적으로 점차 타락합니다. 그때 티벳의 왕이 인도의 고승 아띠샤(Atiśa, 982-1054) 스님을 초빙해서 티벳불교를 윤리, 도덕적으로 정화하고 삼사도(三士道) 체계에 의해서 교학을 정리합니다. 티벳불교 내에서 일대 개혁이 일어난 겁니다. 이를 계기로 아띠샤 스님의 가르침을 계승하는 까담(bK' gDams)파가 탄생하면서, 그 이전의 불교를 닝마(rNying Ma, 옛날)파라고 부르게 됩니다. 곧이어 까담파의 윤리적 엄격주의에 대한 반발로 사꺄(Sa sKya)파와 까규(bKa' brGyud)파가 분지하였고, 약 400년 후 쫑카빠 스님의 영향으로 까담파가 겔룩(dGe Lugs)파로 재탄생합니다. 현대 티벳불교의 유력한 4대 종파의 기원입니다. 각 종파의 이름을 풀어 보면, 까담파는 아띠샤의 가르침(bKa' gDams)을 계승하는 교시파(敎示派), 닝마파는 옛(rNying)부터 내려오던 석고파(昔古派), 사꺄파는 그 중심 사원이 회색(sKya)의 땅(Sa)에 건립된 회토파(灰土派), 까규파는 말(bKa')에 의해 전승(brGyud)하는 구전파(口傳派), 겔룩파는 공덕(dGe Lugs)을 중시하는 공덕파(功德派)라고 한역(漢譯)할 수 있습니다.

대승불교사상의 두 기둥 - 중관과 유식

대승불교 사상을 떠받치는 두 기둥은 중관학과 유식학입니다. 쉽게 이야기하면, 중관학에서는 "모든 것이 없다."는 공을 가르칩니다. 그런데 중관논리로 분석하면 틀림없이 아무것도 없어야 하는데, 지금 내 눈에 온 세상이 보입니다. 그러면 중관학에서 아무것도 없다는 말은 무슨 의미일까요? 모든 것이 실재하는 것이 아니라 다 꿈처럼 있다는 뜻입니다. "실제로 아무것도 없다."는 것은 역으로 "허깨비처럼 있다."는 뜻입니다. 그리고 허깨비가 존재하는 방식이 뭐냐고 물을 때, 이에 대해 낱낱이 해명하는 교학이 바로 유식학입니다. "마음이 어떻게 세상만사를 만들어 내는가?" 예를 들어서 "어떻게 큰 방, 작은 방이라는 허깨비 생각이 만들어 지는가?"에 대해서 장황하게 설명하는 것이 유식학입니다.

모든 것을 부정하는 듯이 보이는 중관학과, 모든 것이 허깨비처럼 나타나 보이는 긍정의 세계를 설명하는 유식학이 동아시아에서는 '여래장(如來藏) 사상'으로 종합됩니다. 그리고 여래장 사상을 체계적으로 설명하는 논서가 바로 『대승기신론(大乘起信論)』입니다. 『대승기신론』에서는 마음을 일심 (一心)이라고 표현합니다. 이런 마음은 두 측면이 있습니다. '진여(眞如)', 즉 '참된 진리의 측면'이 있고, '생멸(生滅)' 즉, '마구 출렁이는 측면'이 있습니다. 이 두 가지가 종합이 되면 바로 '일심'이 됩니다. 그런데 그 중 진여, 즉 참된 측면이 바로 중관학의 가르침입니다. 공의 측면, 아무 것도 없는 것, 깨끗한 것을 말합니다. 그리고 마구 출렁이는 것은 세상만사가 돌아가는 생멸의 세계입니다. '바닷물과 파도'에 비유할 때, 출렁거리는 파도는 유식, 그 근본이 되는 바닷물은 중관이 됩니다. 『대승기신론』 성립 당시에 동아시아에 유포된 중관학은 '삼론(三論)'이라고 불렸고, 유식학은 '섭론(攝論)'이라고 불렸습니다. 중관학의 경우 『중론』, 『백론』, 『십이문론,』의 세 가지 논서에 근거한 학문이기에 삼론이라고 명명하였고, 유식학의 경우 그 당시 진제 스님이 번역한 유식학 문헌인 『섭대승론(攝大乘論)』에 근거한 학문이기에 '섭론'이라고 명명하였습니다. 동아시아의 경우 중관학인 삼론과 유식학인 섭론이 『대승기신론』의 여래장 사상으로 종합되었는데, 인도의 경우는 후기중관학파인 유가행중관학파에서 유식과 중관이 종합됩니다.

반야 공사상의 취지

석가모니 부처님께서 45년 동안 베푸신 가르침에는 체계가 없었습니다. 교화 대상의 근기에 따라서 낮은 가르침을 주시기도 했고 높은 가르침을 주시기도 했으며, 수행법을 가르치시기도 했고 지적인 내용을 설하시기도 했습니다. 초기불전에는 이렇게 다양한 가르침이 순서 없이 섞여 있습니다. 그런데 부처님께서 돌아가시고 나니까 모든 가르침을 체계적으로 정리할 필요가 있었습니다. 초심자부터 나중에 깨달을 때까지 어떤 과정을 밟아야 하는지, 또 불교의 세계관이 무엇인지, 수행은 어떻게 해야 하는지 정리할 필요가 있었습니다. 그래서 초기불전에 근거해서 부처님의 가르침을 체계적으로 정리하는 작업이 시작되었습니다. 바로 아비달마(阿毗達磨, Abhidharma) 교학입니다. 아비달마는 한문으로 '대법(對法)'이라고 번역하기도 합니다. '가르침(法)에 대(對)한 것'이리는 의미입니다. 아비달마 불교가 부처님의 가르침을 체계적으로 정리했다는 점에서 큰 역할을 했지만, 문제가 있었습니다. 부처님의 가르침을 정리하는데 방식이 논사마다 조금씩 달랐기 때문입니다. 물론 대부분의 내용은 거의 같지만, 몇 군데에서 해석에 차이가 있었던 것입니다. 그러다 보니까 서로 자기가 정리한 방식이 옳다고 주장하면서 대립이 일어났습니다. 불교의 종파가 갈리기 시작한 것입니다. 그래서 아비달마 불교는 동시에 부파(部派)불교이기도 합니다.

그런데 이렇게 부처님의 가르침에 대해 정리한 내용을 두고서 이것이 옳다, 저것이 옳다 하며 다투는 것은 부처님께서 의도하신 것일 수 없습니다. 부처님의 근본 가르침은 해탈, 열반을 위한 것인데, 이를 위한 가르침에 대한 해석을 두고서 서로 자기 부파의 해석이 옳다고 싸우고 있었기 때문입니다. 그래서 부처님 가르침의 근본 취지를 되살리기 위해서, 아비달마 교학자들의 법에 대한 집착을 다 쓸어버리는 '반야 공사상'의 대승불교가 출현합니다. 법의 공성(空性)을 강조하고, 수행 목표를 아라한에서 부처로 높임으로써 보다 많은 사람들이 불교신행의 주역이 되었습니다. 수행의 목표가 이전보다 원대하기에 대승이고, 동참하는 대중의 수가 이전보다 훨씬 많기에 대승입니다. 이렇게 부파불교의 아비달마 교학을 비판한 반야 공사상의 주창자들은 스스로를 대승이라고 부르면서, 이전 시대의 불교를 소승이라고 격하시켰습니다.

반야 공사상의 핵심 사상은, 부처님 가르침을 기술한 '말'을 가지고 싸우지 말라는 것입니다. 부처님의 가르침을 '법'이라고 부르는데, 법에 대해 집착하지 말라는 점을 가르칩니다. 법은 강을 건널 때 사용하는 뗏목과 같이 깨달음에 이르는 수단일 뿐이기 때문입니다. 예를 들어 누군가가 이쪽 언덕인 차안(此岸)에서, 세찬 물살이 흐르는 강을 건너서, 저쪽 언덕인 피안(彼岸)에 도달하고자 할 때, 뗏목에 의지하면 편안하게 건너갈 수 있습니다. 부처님의 가르침도 이와 같습니다. 차안인 약육강식의 세속에서 고통 속에 살아가는 중생들이, 편안한 열반인 피안에 이르기 위해서는 부처님의 가르침인 법의 뗏목에 의지해야 합니다. 그런데 뗏목을 타고서 강을 건너 피안에 도달했는데 피안에 오르진 않고 뗏목에 가만히 앉아서 서로 "내 뗏목이 옳고, 네 뗏목은 그르다." 하고 싸우고 있는 꼴이 부파불교의 모습이라는 것입니다. 강을 건너서 피안에 도달하면 뗏목에서 내려야 합니다. 이와 마찬가지로 부처님 가르침의 뗏목을 타고서 열반의 언덕에 도착했으면 가르침의 뗏목을 벗어나야 합니다. 그런데 아비달마 불교도, 부파불교도, 소승불교도들은 자신들이 엮은 뗏목에 그냥 앉아서 서로 자신들의 뗏목이 올바른 것이라고 다투고 있습니다. 그래서 대승 반야 공사상에서는 소승불교도들을 향하여 "제발 뗏목에서 내리라."고 하는 것입니다.

반야 공사상을 표명하는 불전으로 『대품반야경』, 『소품반야경』, 『대반야경』『금강경』등 여러 가지가 있지만, 그 분량이 가장 짤막한 것이 『반야심경』입니다. 그런데 『반야심경』에는 다음의 인용문에서 보듯이 '무(無)'자가 많이 등장합니다.

… 공중(空中) 무(無)색 무(無)수상행식 무(無)안이비설신의 무(無)색성향미촉법 무(無)안계 내지 무(無)의식계 무(無)무명 역무(無)무명진 내지 무(無)노사 역무(無)노사진 무(無)고집멸도 무(無)지역무(無)득 …

색수상행식의 오온(五蘊)도 없고, 여섯 지각기관인 안이비설신의와 여섯 지각대상인 색성향미촉법의 십이처(十二處)도 없으며, 안계, 이계 … 색계, 성계 … 안식계, 비식계 … 의식계에 이르기까지 십팔계(十八界)도 없고, 무명에서 시작하여 노사에서 끝나는 십이연기의 유전문(流轉門)도 없고, 무명이 사라짐에 행이 사라지고 결국 노사까지 사라지는 십이연기의 환멸문(還滅門)도 없으며, 고집멸도의 사성제 도 없고, 지혜도 없으며, 얻을 것도 없다는 가르침입니다. 십이연기나 사성세 모두 부처님 기르침의 핵심인데, 이것조차 없다고 천명하는 경전이 바로『반야심경』입니다. 석가모니 부처님께서 중시하셨던 가르침들을 모두 부정하는 듯이 보입니다. 외견상 훼불의 선언인 듯하지만, 그게 아닙니다. 열반의 언덕 위에는 이런 부처님의 가르침조차 모두 없다는 것입니다. 열반의 언덕에는 오온, 십이처, 십팔계, 십이연기, 사성제 등등의 법들조차 없습니다. 이는 그런 법들을 부정하는 것이 아니라, 그런 법들을 통해서 "열반의 언덕까지 왔으면 법의 뗏목에서 내리라!"는 가르침입니다. 열반의 언덕에는 그런 방편의 가르침도 전혀 없기 때문입니다.

위의 인용문 서두의 '공중(空中)'이라는 말에서 보듯이, '공의 경지에는(공중)' 그런 것이 없기 때문에 "부처님의 가르침인 모든 법들에 대한 속박에서도 벗어나라."는 것이 바로『반야심경』의 가르침입니다. 그래서 "무안이비설신의, 무색성향미촉법 …"이라고 노래하면서 법의 공성을 설합니다. 다시 정리하자면, 석가모니 부처님의 초기불전의 가르침이라는 뗏목을 타고서 강 건너까지 왔는데 뗏목에서 내리지 않고 서로 자기가 옳다고 싸우는 것이 소승불교, 부파불교, 아비달마불교입니다. 그래서 법에 대한 집착을 다 쓸어버리고서 법의 뗏목에서 끌어내리는 것이 대승의 반야 공사상입니다.

이렇게 반야경과 중관학에서 공을 이야기하지만 그렇다고 해서 아비달마 교학의 효용을 부정하는 것이 결코 아닙니다. 우리가 명심해야 할 점이 바로 이것입니다. 현대의 불교학 개론서를 보면 반야중관학에서 아비달마, 소승불교를 다 부정했다고 쓰고 있는데 큰 오해입니다. 철저하게 아비달마 교학의 토대 위에서 공을 말하는 것입니다. 용수 스님의 저술을 보면 아비달마 교학을 강조한 내용이 많습니다. 『보행왕정론』이나 『권계왕송』, 『인연심송』, 그리고 『대지도론』과 같은 저술들입니다. 『대지도론』에서 용수 스님은 공의 가르침은 소승의 가르침을 부정하는 것이 아니라 교법을 대하는 태도, 즉 부처님의 가르침을 대하는 태도를 시정하는 것이라고 말씀하십니다. 법에 실체가 있다는 착각을 시정하는 것이란 설명입니다. 소승불교, 아비달마불교는 우리를 깨달음으로 가게 해주는 아주 훌륭한 뗏목의 역할을 합니다. 공사상에서는 "가르침의 뗏목을 엎어라."는 것이 아니라, 가르침의 뗏목을 타고서 열반의 피안까지 온 사람에 한하여 "가르침의 뗏목에서 내리라."는 것입니다. 강변의 이쪽 언덕인 차안에서 아직 뗏목도 타지 않았는데 뗏목을 버릴 경우 강을 건너가지도 못합니다.

공사상이 참으로 중요하긴 하지만 조심해야 할 점은 초심자는 절대 공부하면 안 된다는 것입니다. 반야중관학의 공사상이 너무나 그럴 듯하지만, 아직 불교의 기초수행도 안 된 사람의 경우 생각만 타파되어 허무주의에 빠져버립니다. 그래서 열심히 공에 대해서 공부했는데 오히려 폐인이 될 수도 있습니다. 동아시아와 티벳불교 초전기에 그런 수행자가 많았습니다. 티벳불교 초기에도 공을 오해를 해서 폐인이 되는 사람들이 있었는데 그런 스님들을 '크레이지 라마(Crazy Lama)'라 부릅니다. '미친 라마'란 뜻입니다. 공사상, 중관학 공부할 때 정말 조심해야 합니다. 논리적으로 너무나 그럴듯하기 때문에 감성정화 없이 공에 집착하면 가치 판단 상실 상태에 빠집니다. 선(善)도 악(惡)도 없고, 하늘과 땅이 뒤집히는 체험을 하지만 무얼 해야 할지 모르는 아노미(Anomie) 상태에 빠집니다. 공사상을 포함하여 불교를 공부하면서 우리가 명심해야 할 점은 세속에서 생활할 때는 철저하게 분별을 해야 한다는 것입니다. 내 양심껏, 상식적으로 가장 합당한, 최고의 분별을 내면서 살아가야 합니다. 그런 분별에 대한 고정관념만 씻어주는 것이 공사상이지, 이것도 좋고 저것도 좋다거나 이것도 틀리고 저것도 틀리다는 공(空)이 행동지 침이 될 수 없다는 사실을 명심해야 합니다. 나중에 『중론』에 대해 소개하면서 이에 대해서는 다시 상세하게 설명하도록 하겠습니다.

중관학의 반논리학

중관학에는 두 가지 측면이 있습니다. 하나가 특수학문의 측면이고 다른 하나가 보편학문의 측면입니다. 불교사상사에서 아비달마 교학에 대한 비판이라는 점에서는 특수학문이고, 인간 사유의 한계에 대한 반성적 통찰이라는 점에서는 보편학문입니다.

보편학문으로서의 중관학은 현대용어로 반논리학(反論理學, Counter-Logic)이라고 규정할 수 있습니다. 우리의 논리적 사유는 3단계에 걸쳐서 일어납니다. 가장 간단한 생각은 '개념'입니다. 돌, 바람, 인생, 우주, 기쁨, 파랑, 노랑, 회전, 낙하, 물, 불 등과 같이 하나의 단어로 이루어진 생각이 개념입니다. 어린 아이들이 말을 배울 때 먼저 하나의 단어로 자기 의사를 표시합니다. "엄마, 아빠, 까까, 맘마, 지지, 싫어 …" 하듯이. 이것이 개념입니다. 그리고 개념 두 개 이상이 합해지면 '판단'이 됩니다. 예를 들어 "사람은 죽는다."는 판단은 '사람'과 '죽음'이라는 두 개의 개념이 결합한 것입니다. "비가 내린다."는 판단은 '비'라는 개념하고 '내림'이라는 개념이 합해진 것입니다. 그런데 사람의 생각은 이것으로 끝나는 것이 아니고 한 단계가 더 있습니다. '추리'입니다. 판단 세 개가 합해지면 추리가 됩니다. 예를 들면 다음과 같은 삼단논법의 추리입니다.

대전제: 모든 사람은 죽는다.

소전제: 그런데 소크라테스는 사람이다.

결　론: 그러므로 소크라테스는 죽는다.

이렇게 '개념 → 판단 → 추리'의 3단계 과정을 통해 우리의 머리가 굴러갑니다. 머리 굴리는 법칙에 대해서 연구하는 학문이 논리학(Logic)입니다. 그런데 우리의 사유가 올바르게 작동할 때도 있고 잘못 작동할 때도 있습니다. 일반논리학 책에서 우리의 사유가 올바르게 작동하는 방식에 대해 논의하는 부분이 '개념론', '판단론', '추리론'입니다. 그리고 잘못 작동하는 경우들에 대해서 설명하는 부분이 '오류론'입니다. 그래서 일반논리학 책을 보면 개념론, 판단론, 추리론, 다음에 마지막으로 오류론이 배치되어 있습니다.

그런데 중관학의 경우 오류론이라는 부분이 따로 있는 것이 아닙니다. 개념, 판단, 추론으로 진행되는 논리적 사유 그 자체가 다 틀렸다는 점을 논증하는 학문이 중관학인 것입니다. 모든 개념은 실체가 없습니다. 어떤 개념이든 이 세상에 실재하지 않고 다 허구입니다. 그 다음에 어떤 판단도 세상에서 일어난 사실과 무관합니다. 또 어떤 추리도 다 논리적으로 타당하지 않습니다. 이렇게 '개념의 실체성'과 '판단의 사실성'과 '추론의 타당성'을 비판하는 논리가 바로 중관학의 반논리학입니다. 사람의 머리가 굴러가서 어떤 결론을 도출하는 것을 다 부수어 버립니다. 정확히 말하면 사유를 부순다기보다 모든 사유가 근거 없다는 점을 폭로합니다. 이것이 중관학입니다. 엄밀히 보면 모든 개념에 실체가 없고, 모든 판단은 사실과 다르며, 어떤 추리도 타당하지 않습니다.

개념의 실체성을 비판할 때는 연기(緣起), 공(空)사상에 의해서 비판합니다. 앞에서 큰 방, 작은 방을 예로 들면서 '크다', '작다'가 실재하지 않는다고 설명한 바 있습니다. '크다'는 것은 '작다'에 의존하며, '작다'는 것은 '크다'에 의존해서 생각에 떠오르는 것이라고 말했습니다. 여기서 말하는 의존이 연기(緣起)입니다. 이렇게 '크다'거나 '작다'는 생각이 외부에 실재하지 않는다는 것을 가르치는 것이 바로 공사상입니다. 그래서 "큼과 작음은 공하다."라고 말할 수 있습니다.

그 다음에 판단 비판에 대해 설명하겠습니다. 중관학에서는 모든 판단을 네 가지로 구분합니다. 불교전문용어로 '사구(四句)'라고 부릅니다. 그 다음에 사구로 분류되는 판단 하나하나가 왜 논리적으로 문제가 되는지 낱낱이 지석합니나. '사구 비판의 논리'입니다. 이에 대헤서는 나중에 다시 상세히 설명하겠지만, 여기서 간단히 예를 들어 보겠습니다. 우리의 마음과 뇌는 같은가? 다른가? 아니면 뇌와 마음이 같으면서 다른가? 또는 뇌와 마음이 같지도 않고 다르지도 않은가? 뇌와 마음의 관계에 대해서 이론을 구성하고자 할 때 이렇게 네 가지 판단이 가능합니다. 그러니까 뇌와 마음에 대해 철학자나 과학자들이 연구할 때 '①마음과 뇌는 같다(제1구), ②마음과 뇌는 다르다(제2구), ③마음과 뇌는 같으면서 다르다(제3구), ④마음과 뇌는 같지도 않고 다르지도 않다(제4구).'는 사구 판단 가운데 어느 하나로 결론을 내립니다. 이 네 가지 판단 중에 하나를 택한다는 말입니다.

그러면 ②마음과 뇌는 다르다고 결론을 내린 철학자는 누굴까요? 바로 데카르트(Descartes, 1596-1650)입니다. "뇌 속의 송과선에 영혼이 깃들어 있다."라고 데카르트는 주장합니다. 영혼의 거주처라고 생각되는 뇌를 보니까, 마치 호두처럼 두 쪽으로 나누어져 있습니다. 대뇌피질도 두 쪽이고, 소뇌도 두 쪽이며, 대뇌 중앙의 시상(視床, Thalamus)도 두 쪽입니다. 그런데 인간의 영혼은 단일하기에 이렇게 두 곳으로 나누어진 기관에 영혼이 존재할 리 없다고 분석한 데카르트는 뇌 속에서 단일한 기관을 찾다가 뇌 뒤쪽 중앙에 소나무(Pine tree)의 솔방울처럼 매달려 있는 아주 작은 송과선(松果腺, Pineal gland)을 발견합니다. 그래서 단일한 송과선이야말로 영혼의 거주처라고 결론을 내립니다. 물론 현대의 의학지식으로 볼 때 이는 엉터리입니다. (현미경으로 보면 송과선도 둘로 나누어져 있다고 합니다.) 데카르트의 심신이원론은 어쨌든 물질인 뇌와 다른 영혼이 송과선에 거주한다는 이론이기에 "마음과 뇌는 다르다."는 제2구적 판단입니다.

"마음과 뇌는 같다."는 제1구적인 주장을 펼친 이들은 누굴까요? 바로 유물론자들입니다. 마음이 따로 없고 뇌에서 만들어진 것이 마음이라고 주장합니다. 유물론자에게는 뇌가 그냥 마음입니다. 마음은 뇌의 소산입니다.

또 마음과 뇌의 관계에 대한 제1구나 제2구적인 판단이 오류에 빠지니까 "마음과 뇌는 같으면서 다르다."라는 제3구적인 이론을 제시하기도 합니다. 신비하고 멋져 보입니다. 철학자, 사상가들입니다. 뭔가 그럴 듯이 보이긴 하지만, '같음'과 '다름'은 상반된 의미이기 때문에 논리적으로 모순되기에 옳지 않습니다.

더욱 신비하게 보이려면 "마음과 뇌는 다르지도 않고 같지도 않다."라고 말하면 됩니다. 제4구적인 판단입니다. 말은 참 멋있는데, 그 의미를 확정할 수 없는 '말장난'입니다. 어쨌든 마음과 뇌의 관계에 대해 네 가지 이론을 구성할 수 있습니다. 마음과 뇌의 관계뿐만 아니라 철학적, 종교적, 과학적 의문에 대해 우리는 이렇게 네 가지 이론을 구성할 수 있습니다. 이게 사구 판단입니다.

다른 예를 들어서, "우주에 끝이 있을까? 없을까?" 참으로 궁금합니다. 이에 대해서 "①끝이 있다. ②끝이 없다. ③끝이 있으면서 없다. ④끝이 있지도 않고 없지도 않다."의 네 가지 대답이 가능한데, 이것이 바로 사구입니다. 궁금한 모든 문제에 대해서 사구의 방식으로 네 가지 이론을 구성할 수 있는데 중관학에서는 이 네 가지 판단이 다 오류에 빠진다는 점을 폭로합니다.

개념의 실체성 비판의 논리적 토대 - 환멸연기

그러면 이제부터 "모든 개념에 실체가 없다."는 점에 대해서 보다 자세하게 설명하겠습니다. 개념의 실체성을 비판하는 근거는 석가모니 부처님의 가르침 중에서 연기설(緣起說)입니다. 연기설 중에서 '환멸연기(還滅緣起)'라는 것입니다. 연기가 부처님께서 발견하신 진리입니다. 물리학에서 상대성원리가 물질세계를 다 포괄하는 법칙이긴 하지만 마음의 세계에는 적용되지 않습니다. 또 삶과 죽음의 세계에 대해서도 설명하지 못합니다. 더 나아가서 상대성원리는 전자기파에 대해서 설명하지 못합니다. 거시세계의 문제는 상대성 원리에 의해서 다 해결할 수 있습니다. 그런데 전자기파의 세계 즉, 미시세계일 경우에는 그 원리가 통하지 않습니다. 이론 물리학자들은 거시세계와 미시세계를 하나의 이론으로 통합하려는 노력을 해 왔습니다. 그것이 '통일장(統一場)이론'입니다. 그래서 드디어 '초끈(Superstring)이론'이라는 통일장이론이 고안됩니다. 물질의 최소단위는 '끈과 같은 2차원적인 선분(線分)'이라는 주장으로 수학적으로 11차원 이론을 도입을 하여 상대성원리와 전자기파 이론을 결합한 것입니다. 이론적으로는 정합적이지만, 그 타당성을 증명할 방법이 없기에, '초끈이론'을 '수학공식으로 기술된 현대판 신화(Myth)'라고 비판하기도 합니다.

어쨌든 만유인력의 법칙이든, 상대성이론이든, 통일장이론은 물질세계를 지배하는 법칙일 뿐입니다. 그런데, 물질세계는 물론이고 마음의 세계까지, 삶과 죽음의 문제까지 지배하는 법칙이 있습니다. 바로 석가모니 부처님께서 발견하신 연기(緣起)의 법칙입니다. 인류역사상 연기법의 발견자는 오직 석가모니 부처님 한 분 뿐이었습니다. 그럼 그 법칙이 뭐냐? 아주 간단합니다. "이것이 있으면 저것이 있고, 이것이 없으면 저것이 없다.", "이것이 생하기에 저것이 생하고, 이것이 멸하기에 저것이 멸한다." 이 네 구절이 전부입니다. 이를 연기 공식(公式)이라고 부르기도 합니다. 이것이 석가모니 부처님의 발견입니다. 예를 들어서 큰 방을 떠올리면 작은 방이 생기고, 큰 방이 사라지면 작은 방도 사라집니다. 큰 방, 작은 방 만이 아니고 모든 것에 연기의 법칙이 적용됩니다. 윤리, 도덕에서 "악을 행하면 고통이 오고, 선을 행하면 즐거움이 온다."고 하는 인과응보의 법칙 역시 "이것이 있으면 저것이 있고, 이것이 없으면 저것이 없다."는 연기법의 각론입니다.

　그런데 중관학에서는 연기 공식 중에서 "이것이 없으면 저것이 없다."는 부정적 통찰만을 토대로 삼습니다. 연기법에는 "이것이 있으면 저것이 있다."는 긍정적 표현이 있고, "이것이 없으면 저것이 없다"는 부정적 표현이 있습니다. 이 가운데 긍정적 표현을 '유전(流轉)연기'라고 합니다. "흘러서 굴러 간다."는 뜻입니다. 이와 반대되는 부정적 표현을 '환멸(還滅)연기'라고 부르는데 "돌이켜 소멸시킨다."는 뜻입니다. 중관학에서 이 환멸연기만을 논리적 토대로 삼는 이유는 논리적 모순을 범하지 않기 때문입니다. 만일 유전연기를 도입하게 되면 논리적 모순에 빠집니다. 악순환의 오류입니다. 예를 들어 "작은 것이 있기에 큰 것이 있다."고 긍정적으로 표현하면서, '큰 것'이 세상에 있는 이유가 '작은 것' 때문이라고 말할 경우, '큰 것'의 근거인 '작은 것'은 원래 존재했어야 하는데, 곰곰이 생각해 보면 '작은 것' 역시 그 이전에 '큰 것'을 염두에 두었어야 존재할 수 있습니다. 즉, '큰 것'과 '작은 것'의 서로 간에 선후를 규정할 수 없는 것입니다. 마치 "닭이 먼저냐, 달걀이 먼저냐?"라는 식의 의문에 어떤 답을 하더라도 악순환에 빠지는 것과 같습니다. 그러나 "작은 것이 없기에, 큰 것이 없다."와 같이 연기법을 부정적 방식으로 표현할 경우 논리적 오류가 발생하지 않습니다. 그래서 중관학에서는 연기공식 가운데 부정적 표현 '환멸연기'만을 중관논리의 근거로 삼습니다.

'판단의 사실성 비판'은 '개념의 실체성 비판'에 근거한다

　다른 예를 들어서 설명해 보겠습니다. 우리가 흔히 "비가 내린다."는 말을 하지만, 세상에서 실제로 '비'라는 것이 내리지 않습니다. 왜냐하면 '비'라고 말할 때의 '비'는 벌써 내리고 있는 것이기 때문입니다. 그런데 "비가 내린다."라고 말하면서 그런 '비'에 대해서 다시 '내린다'는 술어를 붙이게 되면, '내리고 있는 비'가 또다시 '내린다'는 말이 됩니다. "비가 내린다."고 할 때, 주어인 '비'에도 내림이 내재하고 술어인 '내린다'에도 내림이 내재하기에 내림의 의미가 중복됩니다. '역전앞'이라고 할 때 '앞(전)'의 의미가 중복되고, '저가집'이라고 할 때 '집(가)'의 의미가 중복되는 것처럼, '내림'이라는 의미가 주어와 술어에서 중복되는 오류를 범합니다. 실제 '강우'는 하나의 현상인데, 우리가 그에 대해서 말을 할 때에는, 생각의 가위질로 자릅니다. '비'라는 주어와 '내림'이라는 술어의 두 개념으로 나누어 버리는 것입니다. 그러나 '비'가 다시 '내리는' 일은 없습니다. '내리는 비'인데 그것이 또 내리는 일은 없으니까요.

그러면 이와 반대로 '내리지 않는 비'가 저 하늘에 있어서 그것이 내린다고 하면 되지 않느냐고 반문할 수 있습니다. 그러나 하늘 위에 올라가서 아무리 찾아봐야 '내리지 않는 비'는 있을 수 없습니다. '내리지 않는 것'은 비가 아니고 구름이기 때문입니다. 구름의 수증기가 응결되어 낙하해야 비로소 비가 되는데, 그렇게 '비'가 되는 순간 '내림'을 갖게 됩니다. 즉, 하늘 위에도 '내리는 비'만 있을 뿐입니다. 내 눈 앞에서 '내리는 비'는 이미 내리고 있기에 다시 내릴 수가 없고, 하늘 위에 있는 '내리지 않는 비'는 있을 수가 없기에 내릴 수가 없습니다. 이럴 수도 없고 저럴 수도 없습니다.

또 "꽃이 핀다."고 할 때 '꽃'이라고 하면 이미 피어있는 것인데, 거기에 대해서 '핀다'는 술어를 갖다 붙입니다. 그러나 어떻게 피어있는 꽃이 다시 피는 일이 있겠습니까? 꽃은 피어 있기에 다시 필 수 없고, 피지 않은 것은 아직 꽃이 아니기에 필 수가 없습니다. 이럴 수도 없고, 저럴 수도 없습니다. 이것이 중관학에서 가르치는 '판단비판'의 방식입니다.

이렇듯이 우리가 쓰는 말들은 세상에서 일어나는 일들과 무관합니다. 이상과 같은 중관학의 '판단비판'은 연기법에 근거합니다. '비'나 '내림'이 외따로 실재하는 것이 아니라 의존하여 발생하며, '꽃'과 '핌'이 독립적으로 실재하는 것이 아니라 의존하여 발생한다는 것이 연기법입니다.

'개념의 실체성 비판'의 토대는 유전연기가 아니라 환멸연기

그런데 여기서 연기의 법칙 가운데 유전연기로 "비가 있기 때문에 내림이 있고, 내림이 있기 때문에 비가 있다."와 같이 표현하면 악순환의 오류에 빠지기 때문에 "비가 없으면 내림이 없고, 내림이 없으면 비가 없다."와 같이 부정적인 방식의 표현만 중관학의 반논리적 논법의 토대가 될 수 있습니다.

또, 『중론』제1장 관인연품(觀因緣品) 제12게에서는 연기공식 가운데 "이것이 있으면 저것이 있다."는 유전연기의 긍정적 표현이 오류를 범한다는 점을 지적합니다. 구마라습의 한역과 산스끄리뜨 원문의 번역을 병치하면 아래와 같습니다.

> 한역: 제법[諸法]은 무자성하므로 '있다'는 상(相)이 없다. "이것이 있기에 이것이 있다."고 설함은 옳지 않다.[2]

> 범문: 무자성한 존재물들의 경우 존재성이 없기 때문에 "이것이 있다면 이것이 있다."라고 하는 이 점은 결코 성립하지 않는다.[3]

『중론』이 연기의 진정한 의미를 체득하게 하는 논서인데, 이 게송에서 보듯이 긍정적으로 표현된 유전문의 연기공식에 논리적 문제가 있다는 점을 지적합니다. 무엇이 있다고 하려면 실체가 있어야 합니다. 즉 자성이 있어야

---

2) 諸法無自性 故無有有相 說有是事故 是事有不然.
3) bhāvānāṃ niḥsvabhāvānāṃ na sattā vidyate yataḥ/satīdamasmin bhavatītyetan naivopapadyate//.

합니다. 그러나 모든 것은 공하기에 자성이 없으며, 실체가 없습니다. 모든 것의 존재성이 없기에, 모든 것에 대해서 "있다."고 단정하지 못합니다. 따라서 "이것이 있다."는 말도 옳은 말이 아닙니다. 그래서 "이것이 있다면 …"으로 시작하는 연기공식의 유전문은 애초에 문제가 있다는 지적입니다.

이상에서 보듯이 『중론』에서 구사되는 중관논리의 토대는 석가모니 부처님께서 발견하신 연기법이며, 연기법 중에도 "이것이 없기에 저것이 없다."와 같이 부정적으로 표현된 환멸연기입니다.

개념의 실체성 비판 예시 - 눈은 실재하지 않는다.

『반야심경』을 보면 없을 '무'자가 많이 나오는데 그중 '무안이비설신의'라는 경문이 있습니다. "눈도 없고, 귀도 없고, 코도 없고, 혀도 없고, 몸도 없고, 의식도 없다."라는 뜻입니다. 중국 선승 중에 조동종의 종조인 동산 양개(洞山 良价, 807-869) 스님이라는 분이 계십니다. 조동종은 조산 본적(曹山 本寂, 839-901)과 동산 양개, 두 분 스님이 창시하신 종파입니다. 동산 스님은 어릴 때 출가를 했습니다. 동진(童眞) 출가하신 분입니다. 그런데 갓 출가한 어린 동산 스님께서 『반야심경』을 봉독하다가 '무안이비설신의'라는 대목에서 의문이 듭니다. 그래서 은사 스님에게 여쭙니다. "스님, 눈이 여기 있는데, 왜 없다고 합니까?"라고 물은 겁니다. 그런데 은사 스님은 답을 하지 못했습니다. 평생 『반야심경』을 봉독했지만 한 번도 그 경문의 의미를 따져보지 않은 것입니다. 그래서 은사 스님은 "나는 너의 스승이 될 수 없구나."라고 생각하고서 어린 양개 스님을 오설산(五洩山)의 예묵 선사(禮默 禪師)에게 보냅니다. 큰 인물은 어린애와 같은 순수한 마음을 가진 사람입니다. 맹자도 "대인이란 어린이의 마음을 잃지 않은 사람이다(大人者 不失其赤子之心者也)."라고 했습니다. 대개 나이가 들면서 마음이 '어떤 체 하기'를 좋아합니다. 없어도 있는 체, 몰라도 아는 체, 못나도 잘난 체 등등. 그런데 항상 순수한 마음을 가지고 있으며, 자신에 대해 정직한 사람은 학문적으로도 대가가 되고, 수행자로서도 큰 도인이 됩니다. 동산양개 스님은 어릴 때부터 순직(純直)한 마음을 가진 분이셨다.

그러면 지금부터 눈이 왜 없는지 중관논리에 의해서 설명해 보겠습니다. 『반야심경』에서는 어째서 눈이 없다고 했을까요? 『중론』에서 그 답을 찾을 수 있는데, 답은 의외로 간단합니다. 눈이 스스로를 보지 못하기 때문입니다. 이것이 답입니다. 여러분이 자기 눈을 보려고 해보세요. 자기 눈이 보이는가요? 안 보입니다. 그래서 눈이 없다는 것입니다. 아주 명확합니다. 나의 손, 발 그리고 바로 아래 콧날은 보이지만 내 눈은 안보입니다. 그래서 눈이 없습니다. '무안 …'인 이유에 대한 논증의 전부입니다. 비유한다면, 우리는 칼로 여러 가지를 자릅니다. 무도 자르고, 두부도 자르고, 감자도 자릅니다. 그러나 칼로 자르지 못하는 것이 딱 하나 있습니다. 뭘까요? 바로 그 칼의 칼날입니다. 또, 손가락으로 천장, 마루, 벽 등 온갖 사물을 가리키는데 가리키지 못하는 것이 딱 하나 있습니다. 뭘까요? 바로 그 손가락 끝입니다. 마찬가지로 내 눈은 절대로 내 눈을 볼 수 없습니다. 그래서 눈이 없다는 것입니다. 이상의 설명은 『중론』 제3장 관육정품(觀六情品) 제2게송에 근거하는데 이를 인용하면 다음과 습니다.

한역: 눈이란 것은 스스로 자기 자신[= 눈]을 볼 수 없다. 스스로 보지 못한다면 어떻게 다른 것을 보겠는가?[4]

범문: 실로 보는 작용[능견(能見)] 그것은 자기 스스로인 그것을 보지 않는다. 자기 자신을 보지 않는 것, 그것이 어떻게 다른 것들을 보겠는가?[5]

---

4) 是眼則不能 自見其己體 若不能自見 云何見餘物.
5) svamātmānaṃ darśanaṃ hi tattameva na paśyati/ na paśyati yadātmānaṃ kat

한역에서 "눈이란 것은 스스로 자기 자신을 볼 수 없다."는 것이 눈이 실재하지 않는다는 『반야심경』의 경문 '무안(無眼) …'인 이유입니다. 너무나 간단한 말이지만, 그 의미는 명료합니다. 아무리 둘러보아도 내 눈이 보이지 않기 때문에 내 눈은 존재하지 않습니다.

그러나 이에 설득되지 않고, 아마 "거울에 비춰 보면 되지 않느냐?"라고 반박하는 분이 계실 겁니다. 거울에 얼굴을 비추면 검고 하얀 내 눈동자가 비춰 보이기에 눈의 존재가 확인되는 듯합니다. 그러나 거울에 비친 것은 눈이 아니고 색(色)입니다. 안근이 아니라 색경(色境)입니다. 다시 말해, 시각작용이 아니고 시각대상입니다. 십이처(十二處) 가운데 안이비설신의(眼耳鼻舌身意)의 육근(六根)은 지각기관이고 색성향미촉법(色聲香味觸法)의 육경(六境)은 지각대상입니다. 그래서 거울에 비친 눈은 시각대상인 색(色, 형상)이지 시각기관인 안(眼, 눈)이 아닙니다.

안(眼, 눈) — **색(色, 형상)**
이(耳, 귀) – 성(聲, 소리)
비(鼻, 코) – 향(香, 냄새)
설(舌, 혀) – 미(味, 맛)
신(身, 몸) – 촉(觸, 감촉)
의(意, 생각작용) – 법(法, 생각내용)

십이처

다시 설명해 보겠습니다. 불교용어로 풀면 눈은 능견(能見)이고 시각대상은 소견(所見)입니다. 여기에서 능(能)은 작용, 소(所)는 대상을 의미하는데, "눈이 자기 스스로를 볼 수 없다."는 것은 "능견은 능견을 보지 못한다."는 말입니다. 진짜 눈은 능견이고 거울에 비친 눈은 소견입니다. 이와 마찬가지

ham drakṣyati tatparān//

로 다른 사람의 눈도 나에게는 시각대상인 소견일 뿐입니다. 진정한 '불'이기 위해서는 뜨거워야 하고, 진정한 '물'이기 위해서는 축축해야 하듯이, 진정한 '눈'이기 위해서는 '보는 힘'이 있어야 합니다. 그러나 거울에 비친 눈에는 보는 힘이 없습니다. 시체의 눈에도 보는 힘이 없고, 남의 눈의 보는 힘 역시 나에게 무의미합니다. 그런데 "눈이 자기 스스로를 볼 수 없다."고 하듯이 보는 힘을 갖는 눈은 그 존재가 확인되지 않습니다. 그래서 없다는 말입니다.

그리고 이렇게 눈이 사라지기 때문에, 앞에 보였던 대상에 대해서도 시각대상이라고 이름 붙일 것도 없습니다. 그래서 소견도 사라집니다. 큰 방을 염두에 두면 내 앞의 방이 작아지지만, 큰 방을 떠올리지 않으면 그 방에 대해 작다고 말할 것이 없듯이, 능견의 존재가 확인되어야 그 대상에 대해 소견이라고 이름 붙일 텐데, 능견이 존재하지 않기에 소견 역시 사라집니다. 그 전까지 시각대상이라고 확고하게 생각했던 것이, 중관논리적으로 분석해 보니까 시각대상이랄 것도 없다는 말입니다. 위에 인용한 『중론』제3 관육정품 제2게(한역)에서 "스스로를 보지 못한다면 어떻게 다른 것을 보겠는가?"라고 반문하는 이유가 이에 있습니다. 이런 식으로 『반야심경』의 '무색성향미촉법'이라는 경문 가운데 '무색 …', 즉 "시각대상도 없다."라는 논리가 성립하는 것입니다.

또, 다른 방식으로 시각작용에 대해 논파해 보겠습니다. 우리가 무엇을 본다고 하지만 사실은 보는 것도 아닙니다. 실제로 있는 것은 콸콸 흘러가는 변화일 뿐입니다. 우리는 흔히 이 책상을 봤다가 저 천장을 봤다가 다시 이 책상을 본다고 말합니다. 그러나 이는 너무나 굵게 본 것입니다. 엄밀히 본다면, 이 책상을 봤다가 저 천장을 봤다가 다시 이 책상을 보지 못합니다. 왜냐하면 나중에 본 책상이 아까 그 책상이 아니기 때문입니다. 책상이 조금(2, 3초 정도) 낡았기 때문입니다. 왜냐하면 제행무상의 가르침에서 보듯이, 모든 것이 과거로, 과거로 흘러가기 때문입니다. 거꾸로 말하면 항상 새로운

것이 나타나기 때문입니다. 그런데 책상의 모습이 아까 본 것과 유사하기 때
문에 같은 책상으로 착각하고서, 아까 그 책상을 다시 본다고 생각합니다.
이렇게 삼법인(三法印) 가운데 제행무상의 이치에 비추어 보아도 "내가 무엇
을 본다."는 말을 못합니다.

  우리가 "눈이 있다."고 알고 살았는데, 중관논리로 따져 보니까 눈이 눈을
보지 못하기 때문에 눈의 존재가 확인되지 않고, 눈의 존재가 사라지니까 시
각대상도 무의미해지는 것입니다. 또 제행무상의 가르침에 비추어서 통찰하
더라도 "무엇을 본다."는 말을 할 수 없겠다는 사실을 알게 됩니다.

제3강
중관학과 화엄학에 의한 개념의 실체성 비판

『중론』은 중관논리를 익히는 연습문제집이다

지난 시간까지 중관학이 무엇인지, 중관학을 창시한 용수 스님과 인도 중관학을 중시하는 티벳불교에 대해서, 중관학이 어떤 문헌에 의해서 성립한 학문인지 설명했고, 중관학에서 구사하는 중관논리를 개관했습니다. 원래 중관학은 체계가 없는 학문입니다. 『중론』의 경우 논적의 주장 또는 비판과 그에 대한 용수 스님의 비판 또는 반박으로 이루어져 있는데, 용수 스님의 답변 속에서 중관논리가 구사됩니다. 저희 어린 시절 초등학교 때 학교 공부를 보조하는 참고서에 두 가지 종류가 있었습니다. 하나는 '전과(全科)'이과 다른 하나는 '수련장(修練帳)'입니다. 『동아전과』, 『동아수련장』도 있었고 『표준전과』, 『표준수련장』이 기억나는데, 전과는 교과서를 보충하는 상세한 설명이 실린 참고서인 반면, 수련장은 시험에 대비하기 위한 연습문제집이었습니다. 불교 저술 가운데 설일체유부의 아비달마교학을 집대성한 세친의 『아비달마구사론』, 또 세친의 『유식삼십송』에 대한 주석 가운데 호법의 주석을 중심으로 편집한 『성유식론』의 경우 '전과'와 같은 책입니다. 그런데 중관학의 전범(典範)인 『중론』은 수련장과 같은 책입니다. 문답형식을 통해 중관학의 정수(精髓)인 중관논리를 습득하게 해 주는 연습문제집인 것입니다. 따라서 중관논리를 파악하기 위해서는 『중론』 등 중관학 문헌을 숙독하면서 그 반논리적 논법을 익혀야 합니다. 그래서 단 시간에 중관논리의 전모를 파악하기가 쉽지 않습니다.

서양의 논리학 체계와 비교한 중관학의 반논리학

그런데 중관학의 반논리학을 서양의 논리학 체계와 대조해 보면 중관학의 전모를 쉽게 파악할 수 있습니다. 서양의 전통적인 논리학은 아리스토텔레스(384-322 B.C.E.) 한 사람에 의해서 완성되었습니다. 아리스토텔레스는 『오르가논(Organon)』을 지술함으로써 자신의 논리사상을 집대성했는데, 이를 계승한 서양의 일반논리학에서는 개념론, 판단론, 추리론, 오류론을 핵심 주제로 삼습니다. 인간의 논리적 사유는 '개념→ 판단→ 추론'의 3단계 과정을 거쳐 일어납니다. 일반논리학에서는 올바른 개념, 판단, 추리가 있으며 그렇지 못한 것은 오류를 범한다고 보지만, 중관학의 반논리학에서는 모든 개념의 실체성을 비판하고, 모든 판단의 사실성을 비판하며, 모든 추론의 타당성을 비판합니다. 이에 대해서 앞으로 하나하나 자세히 설명하겠지만, 먼저 서양의 일반논리학 체계에 대응시켜서 중관학의 반논리적 방식을 간략히 정리하면 다음과 같습니다.

서양의 일반논리학	중관학의 반논리학
개념론	모든 개념은 연기한 것이기에 공하다.
판단론	모든 판단은 증익, 손감, 상위, 희론의 오류에 빠진다.
추리론	모든 추론은 상반된 추론이 가능하다.

서양의 일반논리학에서는 삶, 죽음, 인생, 우주, 비, 바람 등과 같은 모든 개념에 실체가 있다고 보지만, 중관학의 반논리학에서는 모든 개념은 연기(緣起)한 것이기에 공(空)하여 실체가 없다는 점을 폭로합니다. 일반논리학에서는 판단을 분석판단과 종합판단으로 구분하며 올바른 판단의 경우 사실과 일치한다고 보지만, 중관학에서는 사구(四句)라는 이름으로 판단을 분류

한 후 제1구는 증익견(增益見), 제2구는 손감견(損減見), 제3구는 상위견(相違見), 제4구는 희론견(戱論見)이기에 옳지 않다는 점을 논증합니다. 또 일반논리학에서는 타당한 추론과 잘못된 추론을 구분하지만, 중관학에서는 모든 추론에 대해서 상반된 추론이 가능하기에, 추론 자체가 타당하지 않다는 점을 논증합니다. 논리학에서는 개념론, 판단론, 추리론의 3단계에 의해서 인간의 사유를 설명하지만 중관학의 반논리학에서는 이와 상반되게 개념의 실체성을 비판하고, 판단의 사실성을 비판하며, 추론의 타당성을 비판하는 것입니다.

그러면 이런 3단계 중에서 첫 단계인 개념의 실체성이 중관논리에 의해 어떻게 비판되는지 설명하겠습니다. 앞에서 눈에 실체가 없다는 것과 큰 방, 작은 방의 실체가 없다는 예를 들었는데 이런 통찰을 불교적으로 '공의 통찰'이라고 합니다. 이런 통찰은 중관학에 국한된 게 아니고 후대의 선불교에까지 크게 영향을 미칩니다. 우리 불교계에서도 중관학이라고 표방하지는 않지만 스님들의 수행과 깨달음의 저변에는 중관사상이 깔려 있습니다. 중관학적 방식으로 개념의 실체성 비판을 비판하기 전에, 선승들이 개념의 실체성을 어떤 방식으로 비판하는지 예를 들어서 설명해 보겠습니다.

효봉 스님의 간화선과 오도송

근대 우리나라 선승 중에 효봉(曉峰, 1888-1966) 스님이라는 분이 계셨습니다. 1888년 평양 출생인데 이 분은 일제강점기 때 최초의 우리나라 판사로 활동했던 분으로 유명합니다. 그런데 나이 30대 후반에 갑자기 판사직을 버리고서 사라집니다. 나중에 알게 된 이야기지만 본인이 사형선고를 내린 후 그 죄책감 때문에 판사직을 내려놓고 몇 년 간을 엿장수가 되어 전국을 방랑하셨다고 합니다. 그러다가 금강산 신계사 보운암에서 출가하여 스님이 되셨습니다. 그때 부인과 자식 등 가족이 있었는데 그들에게도 알리지 않고 출가하셨다고 합니다. 어쨌든 세속에서도 최고의 명예와 권력을 가졌던 분인데 그걸 하루아침에 버리고서 출가하여 현대 한국불교의 토대를 다지신 분입니다. 전라도 송광사에 오래 계셨는데, 상좌 가운데 법정(法頂, 1932-2010) 스님과 시인 고은(高銀, 1933-) 선생이 유명합니다. 효봉 스님께서는 출가하자마자 무문관(無門關)에 들어가셨다고 합니다. 무문관이란 그 뜻 그대로 '문이 없는 선방(禪房)'입니다. 들어가면 나오지 못합니다. 작은 암자를 무문관으로 삼아서 문을 벽으로 바르게 한 다음 대소변을 내보내고 먹을 것 들어오는 구멍만 남겨놓고서 혼자서 2년 정도 수행하셨다고 합니다. 그때 수행 방법이 뭐냐 하면 간화선(看話禪)이었습니다.

간화선 수행이란 선종 가운데 임제종 계통의 수행 방식인데, 가부좌 틀고 앉아서 화두(話頭)를 계속 떠올리면서 이에 대해 의심을 품는 것입니다. 소위 '화두를 참구'하는 것입니다. 화두는 공안(公案)이라고도 하는데 그 종류가 1,700가지나 됩니다. 옛날 부처님이나 선승들의 언행 가운데 의미심장한 것들이 화두가 됩니다. 선승들의 언행은 독특합니다. 세간에서는 누가 어떤 질문을 할 때 동문서답과 같은 답변을 할 경우 "선문답과 같다."고 말합니다. 선승들의 언행에는 그런 게 많습니다. 예를 들면, 제자가 "부처님은 어떤 분이십니까?"라고 여쭈면 스승은 "삼베 세 근(마삼근, 麻三斤)"이라고 대답합니다. 보통 이런 질문을 할 때 "부처님은 자비를 갖추고 지혜가 출중한 분입니다."라는 대답을 기대했는데 엉뚱하게 "삼베 세 근"이라고 답하는 것입니다. 왜 그런 답을 했는지 참으로 궁금합니다. 또 어떤 선승은 "부처님은 어떤 분이십니까?"라고 여쭈었는데 스승이 "마른 똥 막대기(간시궐, 乾屎橛)"라고 대답합니다. 그야말로 동문서답입니다. 또는 "달마 스님께서 서쪽의 천축국에서 동쪽으로 오신 뜻이 어디에 있습니까(달마서래의, 達摩西來意)?"라고 여쭈면 "뜰 앞의 잣(측백)나무다(庭前栢樹子)."라고 대답하는 것입니다.

이와 같은 방식으로 묻고 답하는 것이 선문답입니다. 또 구자무불성(狗子無佛性)이라는 유명한 선문답이 있습니다. 조주 (趙州, 778-897) 스님께 "개에게도 부처님 성품이 있습니까?"라고 여쭈니까 조주 스님께서 "무(無)!"라고 대답하십니다. 원래는 개에게도 불성이 있어야 합니다. 왜냐하면 『대반열반경』이라는 경전에서는 "모든 생명에게 불성이 있다."고 가르치기 때문입니다. 그래서 질문자는 "있다."는 대답과 그에 이어지는 설명을 기대했는데, 조주 스님이란 분은 "없다."라고 대답하십니다. 전혀 기대 밖의 대답을 하십니다. 왜 그런 대답을 하셨는지 참으로 궁금합니다. 이런 것들이 화두가 됩니다. "왜 (개에게 불성이) 없다(無)고 답하셨을까?" 또는 "왜 (부처님을) 마른 똥 막대기라고 했을까?" 또는 "왜 (달마스님이 서쪽에서 오신 뜻이) 뜰 앞의 잣나무일까?" 이런 의심이 화두입니다. 우리나라 조계종단의 선방에서 스님들께서 가부좌 틀고 앉아서 하시는 수행의 주종이 바로 이렇게 화두에 의심을 품는 간화선입니다.

그런데 효봉 스님께서 무문관에서 들고 계셨던 화두는 "개에게도 불성이 있습니까?"라는 물음에 "무(無)!"라고 대답하신 조주 스님의 '무자화두(無字話頭)'입니다. 지난 강의에서 선(禪)을 '곰곰이(止, 지) 생각하는 것(觀, 관)'이라고 말했는데 간화선에서는 이런 화두에 대해서 곰곰이 생각합니다. 아무튼 효봉 스님께서 사용하신 화두는 '조주무자' 화두였는데 간화선 전통에서 '조주무자' 화두를 통해서 깨달은 분들이 제일 많다고 합니다. 효봉 스님은 이렇게 구자무불성을 화두로 삼아서 근 2년 동안 참구하신 것입니다. 무문관 수행이 무르익어서 2년 가까이 되었을 무렵 드디어 화두를 타파하셨다고 합니다. 그런데 무문관에 들어올 때 입구를 막아버렸기에 나가는 문이 없었습니다. 그래서 발로 벽을 차서 부수어버리고 밖으로 나오셨다고 합니다. 그 다음에 부르신 노래가 있습니다. 선승들은 깨닫고 나서 시를 짓습니다. 그런 시를 '도를 깨달은 노래'라는 의미에서 오도송(悟道頌)이라 부릅니다.

보통 선불교를 언어를 초월한 종교라고 이야기 하는데 불교학자 입장에서 통찰하면 선(禪)은 '언어의 종교'입니다. 깨달을 때도 화두와 같은 언어를 사용하고, 깨달은 다음에도 오도송을 짓고, 돌아가실 때에도 열반송을 지어 남깁니다. 제자의 깨달음을 점검할 때에도 '법거량'의 언어를 사용하고, 선승들의 언행을 기록한 선어록이 방대한 선장(禪藏)으로 남아 있습니다. 선불교를 언어를 초월한 종교라고 하지만, 역설적(逆說的)으로 간화선은 철저한 언어의 종교라고 볼 수 있습니다. 어쨌든 효봉 스님은 근 2년에 걸쳐 무자 화두를 들고 간화선 수행을 한 끝에 깨달음을 얻었고, 그 감흥을 다음과 같이 노래했습니다.

> 바다 밑 제비집에 사슴이 알을 품고
> 타는 불 속 거미집에 고기가 차를 달이네.
> 이 집안 소식을 뉘라서 알랴
> 흰 구름은 서쪽으로 달은 동쪽으로[6]

일반 독자 분들은 아마 전혀 이해가 안 될 것입니다. 앞에서 말했듯이 "부처님은 어떤 분인가? 마른 똥 막대기다!", "달마스님이 서쪽에서 오신 까닭은? 뜰 앞의 잣나무다!", "개에게도 부처의 성품이 있는가? 없다!"와 같은 선승들의 언행이 간화선에서 후대에 화두로 사용되었는데, 이런 간화선은 대혜 종고(大慧 宗杲, 1089~1163) 스님이라는 분이 송나라 초기에 처음 창안한 수행법입니다. 그 전까지 스님들은 간화선 수행을 한 분들이 아니었습니다. 그런데 이렇게 화두를 참구하는 간화선 수행법이 한국불교 조계종 수행의 주류가 되었습니다. 그럼 화두에는 왜 동문서답과 같은 언행이 등장할까요? 선문답을 어불성설이라거나 의아해 할 수도 있을 겁니다. 또 위와 같은

---

6) 海底燕巢鹿胞卵 火中蛛室魚煎茶 此家消息誰能識 白雲西飛月東走(해저연소록 포란 화중주실어전다 차가소식수능식 백운서비월동주).

오도송은 무엇을 의미할까요? 화두와 같이 도대체 알 수가 없습니다. 그러나 본 강의 가운데 '개념의 실체성 비판' 강의가 끝날 무렵에는 "아! 그럴 수 있겠구나.", "그렇구나!"라고 공감하면서 선문답이나 오도송의 취지와 맥락을 짐작할 수 있을 것입니다.

선불교 전통에서 가장 으뜸 되는 스승은 당나라의 혜능(慧能, 638-713) 스님입니다. 동아시아에 처음으로 선을 전한 달마스님 이후의 여섯 번째 스승이기에 이 분을 육조(六祖) 혜능이라고 부릅니다. 이 분 이후에 선불교가 크게 활성화 되었기에, 부처님에 버금가는 분으로 추앙하여 이분의 어록에는 '경(經)'이라는 말이 붙습니다. '경'이라는 말은 부처님 말씀을 기록한 문헌에만 붙이는 것인데, 선승 중에 유일하게 '경'이라는 말이 붙은 어록은 혜능스님의 어록뿐입니다. 바로 『법보단경(法寶壇經)』입니다. 그런데 이 분의 가르침 중에도 '본래무일물(本來無一物)'이란 말이 있습니다. "본래 아무것도 없다."는 뜻입니다. 이 세상이 잡다해 보여도 원래는 아무 것도 없습니다. 선승의 궁극적 통찰입니다. 그럼 이렇게 잡다하게 나타나 보이는 현상은 다 무엇일까요? 다 우리들의 마음속에 있습니다. 현대적으로 풀면 나의 뇌 속에 있다고 해도 됩니다. 밖에는 아무것도 없습니다. 실재 세계에는 나도 없고 여러분도 없고 아무 것도 없습니다. 다 뇌에 있고 마음에 있습니다. 다 허구로서 있는 것이지 실재하지 않습니다. "모든 것이 마음속에 있다."는 통찰은 '본래무일물'의 가르침과 동전의 양면을 이룹니다.

그러면 다시 중관학의 '개념의 실체성 비판'으로 돌아가겠습니다. 앞에서 소개했지만 『반야심경』에서는 '무안이비설신의', "눈도 없고 귀도 없고 코도 없고 … 생각도 없다."라고 노래합니다. 눈이 없는 이유에 대해서는 앞에서 설명한 바 있습니다. 왜 눈이 없는가? 눈이 눈을 못 보기 때문입니다. 참으로 쉽습니다. 깨달아서 아라한이 되는 데 몇 달 몇 년 걸리지 않습니다. 초기불전에는 잠깐 동안 부처님 말씀만 듣고서 아라한이 된 예화를 많이 볼 수 있습니다. 순식간에 그냥 끝까지 가는 겁니다. 부처님 제자 중에 바히야(Bāhiya)라는 분이 계셨는데, 가르침을 받은 직후 길을 가다가 소의 뿔에 받혀서 유명(幽明)을 달리합니다. 이를 본 다른 제자가 부처님께 여쭈었습니다. "저 바히야는 어디에 태어나고 내세는 어떠합니까?" 부처님께서는 "바히야는 완전한 열반에 들었다."라고 대답하십니다. 즉 부처님의 가르침을 잠깐 듣고도 끝까지 가는 사람이 있다는 이야기입니다. 물론 평생, 몇 십 년 수행해도 깨달음의 자취도 못 보는 사람도 있지만, 바히야의 예에서 보듯이 불교의 깨달음은 원래 지극히 쉽다는 말입니다. 가르침을 받아들일 경우에는 순간적으로 인지와 감성이 끝장을 보는데 그것이 바로 돈오돈수(頓悟頓修), "단박에 깨친다."는 것입니다. 그러나 가르침을 제대로 수용하지 못하거나, 여러 가지 번민이 많고, 옛 습관에 대한 집착이 많으면 깨달음까지 오래 걸립니다. 번민과 습관들을 하나하나 다 제거해야하기 때문입니다.

『중론』을 처음 접하는 분들은 그 논리를 종잡을 수 없어서, "이것 궤변이 아닌가?"라며 의심하기도 하는데 절대 안심해도 됩니다. 현대의 논리학자들이 중관논리를 분석해보았는데 단 한마디도 논리적으로 어긋난 것이 없습니다. 간혹 『중론』의 몇몇 게송이 논리적으로 '전건부정(前件否定)의 오류'를 범한다고 주장하는 학자가 있었지만,[7] 이 역시 논리학에 대한 이해 부족에서 비롯된 오해였다는 점이 판명되었습니다.[8]

해탈이라는 것이 별다른 게 아닙니다. 여러분은 지금까지의 강의를 통해서 '큰 방', '작은 방'에서 해탈했을 것입니다. 이제 큰 방이나 작은 방이 바깥 세계에 실재하지 않는다는 점을 알았습니다. 그리고 '긴 것', '짧은 것'에서도

---

7) Richard H. Robinson, "Some Logical Aspects in Nāgārjuna's System", *Philosophy East and West* 6, p.297 ff.
8) 이에 대해서는 '김성철, 『용수의 중관논리의 기원』, 2019, 도서출판 오타쿠, pp.305-307' 참조.

해탈했을 것입니다. 또 '눈', '시각대상', '보는 작용' 이 세 가지에서도 해탈했을 것입니다. 이렇게 총 일곱 가지 '개념들'이 여러분 삶의 세계에서 열반에 들어갔습니다. 아예 없어진다는 말은 아닙니다. 우리의 언어생활에서 이런 개념들을 사용하긴 합니다. 그러나 이제는 이것들이 다 허깨비와 같다는 것을 압니다. 내 머리 속에 있을 뿐이란 말입니다. 그런데 이것만이 아닙니다. 혜능 스님의 가르침에서 보듯이 본래무일물(本來無一物)이기 때문에 일체가 다 없어야 합니다. 컵도 없고, 책상도 없고, 나도 없고, 너도 없고, 삶도 없고, 죽음도 없어야 합니다. 그러면 이런 여러 가지 개념에 실체가 있는지 하나하나 검토해 보겠습니다.

연료 없는 불은 없다

먼저 '불'을 예로 들어보겠습니다. 반야 공사상에서는 모든 것에 실체가 없다고 하고, 선불교에서는 어떤 것도 실재하지 않는다고 가르치지만, 아무리 생각해 봐도 활활 타는 '불'은 절대 없을 리가 없어 보입니다. 그러면 이제 '불의 실체성'에 대해 검토해 보겠습니다. 불이 뭘까요? 활활 타는 것입니다. 예를 들어서 캠프파이어 할 때 장작을 쌓아 놓고서 불을 붙입니다. 이 때 장작이 연료가 됩니다. 성냥불을 켜서 연료인 장작에 불을 붙입니다. 보통 '성냥불'은 불이고 '장작'은 연료라고 생각합니다. 그러나 '성냥불'에 불만 있을까요? 그렇지 않습니다. 연료도 있습니다. 성냥불의 연료는 성냥개비입니다. 성냥개비의 나무 조각이 없으면 성냥불을 켤 수가 없습니다. "불이 실재하지 않는다."는 것이 무슨 뜻인가 하면 "불은 외따로 실재하지 않는다."는 것입니다. "불은 홀로 존재하지 않는다."는 뜻입니다. 불이 있기 위해서는 반드시 연료가 수반되어야 합니다. 연료 없는 불은 없습니다. 연기공식 중에 "이것이 없으면 저것이 없다."는 환멸연기처럼 "연료가 없으면 불이 없다."는 것입니다.

말로 "불 가져 와."라고 하듯이 연료가 따로 있고 불이 따로 있는 것처럼 생각하면서 살아가지만, 그게 세상의 진상과는 아무 상관없는 엉터리 생각이란 것입니다. 불이 따로 있고 불과 무관한 연료가 따로 있어서, 그런 연료에 그런 불을 붙이는 일은 있을 수 없습니다. 성냥을 긋는 순간에 벌써 연료가 개입이 돼서 불이 타는 것입니다. 연료가 없는 불을 찾아보시기 바랍니다. 밤에 모닥불이 타오를 때, 바람이 불면 불꽃이 허공으로 날아가다가 꺼집니다. 잠깐이지만 그 때 허공에서 너울거린 불꽃에는 불만 있을까요? 그렇지 않습니다. 그런 불꽃조차 장작에서 떨어져 나와 허공으로 날아간 미세한 탄소(C) 알갱이들이 달궈져서 밝은 빛을 내는 것입니다. 그 탄소 알갱이가 더 타면, 즉 더 산화되면 일산화탄소(CO)나 이산화탄소(CO_2)가 되어 시야에서 사라집니다. 불꽃의 윤곽을 구성하는 것입니다.

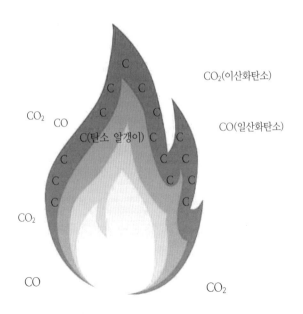

이렇게 아무리 미세하게 분석해 보아도 '연료 없는 불'은 이 세상에 없습니다. 그래서 불은 홀로 존재하는 것이 아닙니다. 마치 큰 방이 실재하지 않듯이, 마치 눈이 이 세상에 실재하지 않듯이, 불은 실재하지 않습니다. 『중론』 청목소에서는 이에 대해 "불을 떠나서 연료가 없고, 연료를 떠나서 불이 없다 (離燃無可燃 離可燃無燃)"라고 표현합니다. 연기공식 가운데 환멸연기입니다. 즉 "이것이 없으면 저것이 없다."라는 방식으로 표현되어 있습니다.

불 없는 연료는 연료가 아니다

그러면 불 없는 연료는 있는가요? 그런 것 같습니다. 헛간에 쌓아놓은 장작, 아직 불 붙지 않은 성냥과 같은 것이 불 없는 연료 같습니다. 그러나 이는 옳지 않습니다. 장작의 경우 불이 붙어야 비로소 연료가 됩니다. 불이 붙기 전에 장작은 정체불명입니다. 장작을 헛간에 쌓아놓았는데, 갑자기 지붕 한 귀퉁이가 무너지면, 지붕을 수리하면서 헛간에 있는 장작을 가져다 서까래로 쓸 수 있습니다. 그럼 헛간에 쌓여있던 장작은 연료가 아니라 건축 재료가 됩니다. 결과가 성립하니까, 비로소 원인이 규정됩니다. 일반적으로 원인 때문에 결과가 발생한다고 하지만, 중관학에서는 원인 역시 결과가 발생해야 비로소 성립한다고 가르칩니다. "원인 때문에 결과가 있고, 결과 때문에 원인이 있다."는 것입니다. 이렇게 쌍조건(↔)적인 것이 중관학적인 연기(緣起)입니다. 존재론적으로는 원인 때문에 결과가 발생하지만, 인식론적으로는 결과가 발생해야 원인이 성립합니다.

이 세상에 존재하는 어떤 사물이든지 그 쓰임이 있고 나서 정체가 생기는 것이지 쓰임이 있기 전에는 모두 정체불명입니다. 우리는 불과 연료의 관계에 대한 분석을 통해서 이에 대해 알 수 있었습니다. 중관학 공부는 마치 수학 공부와 같습니다. 수학 공부를 할 때 답을 암기하는 것이 아니라, 문제를 푸는 방식을 익힙니다. 중관학을 공부할 때도 이는 마찬가집니다. 어떤 개념에 대해 연기법을 적용하여 그것이 실재하지 않는다는 점을 논증하는 훈련을 되풀이해야 합니다. 어떤 개념이든 중관논리의 세척을 거치면 모두 "없다, 공하다, 실재하지 않는다."는 결론에 이르게 됩니다. 그러나 '공'이나 '무'는 중관학의 주장이나 결론이 아닙니다. 그런 결론이 중관학의 핵심으로 파악하고서 이를 암기하고 다닐 경우 어무주의에 빠집니다. 중관학은 우리의 사유를 어떤 개념이나 판단이나 추론에 적용하여 공(空), 무(無)에 이르게 하는 테크닉입니다.

중관논리를 구사할 때 연기법을 적용하여 공성에 이르게 하는데, 이 때 연기법을 적용하여 공성을 도출하기 쉬운 개념이 있고 어려운 개념이 있습니다. 적용하기 쉬운 것은 큰 방, 작은 방과 같은 것입니다. 또 "눈이 없다."는 점 역시 조금 어렵긴 하지만 설명을 들어보면 이해가 됩니다. 또 '불'이나 '연료'도 실체가 없다고 할 때 이 역시 어렵긴 하지만 이해할 수 있습니다. 이렇게 중관논리를 구사할 때 수학 문제처럼 풀기 쉬운 문제도 있고 어려운 문제도 있습니다.

중관논리로 분석한 삶과 죽음

그러면, 조금 고난도 문제를 내 보겠습니다. 여러분 지금 살아 있습니까 아니면 죽어 있습니까? 너무 쉬운 질문이라서 혹시 다른 답이 있는지 머뭇거리는 분도 계실 겁니다. 불교 공부 할 때는 어린아이처럼 솔직해야 합니다. 누구나 자신이 살아있다고 생각하실 겁니다. 그러면 내가 살아있는 이유는 뭘까요? 안 죽었으니까, 즉 내가 없지 않고 있기 때문입니다. 그러면 다시 묻겠습니다. 내가 태어나기 전에 있었는가요? 없었습니다. '무(無)'였습니다. 그러면 죽은 다음엔 어떻게 될까요? '무가 될 것입니다. 물론 불전에서 윤회한다고 가르치기에 많은 사람들이 윤회를 믿고 살아가지만, 그런 믿음 말고 그냥 내가 아는 한도 내에서 정직하게 대답해야 합니다. 대부분의 종교에서 내생에 천당이 있다거나 지옥이 있다고 하지만 우리는 그것을 모릅니다. 가장 정직하게 생각할 때 전생이 있는지, 없는지 우리는 모릅니다. 또 가장 정직하게 생각하면, 내가 태어나기 전에는 '무'였습니다. 그리고 죽은 다음도 '무'입니다. 그래서 이렇게 내 삶의 앞과 뒤를 장식하는 '무'를 염두에 두고서, 내가 지금은 '유'이다, 즉 존재한다고 말을 합니다. 말은 그렇게 할 수 있습니다. 틀림없이 내가 태어나기 전에는 무, 즉 없었고 죽은 다음도 무, 즉 없어질 것입니다. 그래서 지금은 유, 즉 존재한다고 말을 합니다.

그러면 다시 묻겠습니다. 내가 태어나기 전의 '무'를 체험한 적이 있나요? 그런 '무'가 기억나는가요? 내가 없다가 "자, 이제 태어나자."라고 하면서 태어난 사람이 있는가요? 물론 없습니다. 또, 죽은 다음에 내가 없어지는데, 즉 '무'가 되는데 그런 '무'를 체험할 수 있는가요? 이 역시 불가능합니다. 그러면 지금 이 순간의 '유'를 체험한다고 볼 수 있나요? 아니라는 겁니다. '생각'의 차원이 아니라 '체험'의 차원에서 따져봐야 합니다. 생각의 차원에서는 탄생 전의 '무'를 떠올릴 수 있고 죽음 후의 '무'도 떠올릴 수 있기 때문에, 그런 두 가지 '무'와 대비시켜서 지금 이 삶에 대해서 '유'라고 말할 수 있습니다. 그러나 체험의 차원, 실재의 세계에서는 탄생 전의 '무'를 내가 대면한 적이 없고, 죽음 후의 '무'도 대면할 수 없습니다. 따라서 체험의 차원에서는 지금의 이 삶이 '유(有)'라고 할 것도 없다는 것입니다. 내가 지금 살아있다고 할 것도 없습니다. 생각의 세계에서는 '토끼 뿔'도 떠올릴 수 있고 '거북이 털'도 떠올릴 수 있습니다. 그러나 그것들은 실재의 세계에 없습니다. 불전에서는 이렇게 실재하지 않는 거북이 털을 '구모(龜毛)', 토끼 뿔을 '토각(兎角)'이라 말합니다. 우리가 "나는 살아있다."는 생각을 당연한 듯이 여기지만, 나의 '있음'이나 '없음'은 거북이 털과 같고 토끼 뿔과 같은 허구입니다.

제행무상으로 분석한 삶과 죽음

　다음은 제행무상(諸行無常)의 이치에 비추어 보면서 삶과 죽음에 대해 분석해 보겠습니다. 현대의학에서 방사성동위원소로 음식물에 마킹을 하여 음식물이 몸이 되었다가 사라지는 기간을 측정해 보니까 1년 정도 지나면 사람 몸의 기의 전부가 새로운 원소로 대체된다는 사실을 알게 되었습니다. 여러분들의 얼굴이든 손발이든 몸뚱이든 1년 전의 것은 없다는 말입니다. 지금의 내 몸은 전부 다 새로 먹은 음식이 변한 것입니다. 근육과 살은 1달만 지나면 완전히 바뀐다고 합니다. 뼈는 6개월, 뇌가 약 1년이 걸린다고 합니다. 가장 빨리 바뀌는 것이 위장 벽입니다. 위장 벽은 4, 5일이면 다 바뀐다고 합니다. 그러니까 우리 몸은 최소 4일에서부터 길게는 1년까지 사이에 다 새로운 원소로 바뀐다는 이야기입니다. 그래서 "내가 살아있다."고 말은 하지만 원래 살았다고 할 것도 없습니다. 수명이 한 달밖에 안 되는 세포들이 다닥다닥 붙어서 마스게임하고 있는 것이 내 몸의 모습입니다. 그럼 내가 살아있는 것인가요, 죽은 것인가요? 말할 수 없습니다. 대충 보니까 "지금 이 사람과 어제 그 사람이 같구나, 10년 전에 봤던 사람과 같은 사람이구나."라고 내 멋대로 규정을 하고서 살아있다거나 죽었다고 생각하는 겁니다. 이렇게 모든 것이 변하기에 우리는 살아있다거나 죽었다는 생각이 사실과 일치하지 않는다는 점을 알게 됩니다. 엄밀히 보면 우리는 매순간 죽고 있습니다. 나쁜만이 아닙니다. 지금 이 순간에 모든 것이 다 종말을 고합니다. 아까 있던 것이 지금은 하나도 없습니다. 사물은 모두 약간 낡았고, 나는 약간 늙었습니다. 왜 그럴까요? 시간이 항상 흘러가기 때문입니다. 지금 이 책상도 아까부터 있던 그 책상 같아 보이지만 실제로는 조금 낡았습니다. 어떻게 알까요? 우리가 한 300년 정도 지난 다음에 여기에 와서 보면 이 책상은 누렇게 퇴색되어 있을 것입니다. 지금도 찰나, 찰나 퇴색되고 있는데 우리의 눈이 포착하지 못할 뿐입니다.

삶도 없고 죽음도 없다

요컨대 중관학적인 관점에서는 삶과 죽음이라는 '개념'의 연기관계에 의해서 삶과 죽음의 실체성을 논파할 수 있으며, '제행무상', 즉 모든 것이 다 변한다는 부처님 가르침에 비추어 볼 때 삶과 죽음이라는 개념을 설정하는 것 자체가 실재와 무관한 허구라는 사실을 알 수 있습니다.

지금까지 "삶과 죽음은 실재하지 않는다. 살았다고 생각하기에 죽음이 있다고 착각한다."라고 설명했는데, 누군가가 "그럼 지금 당신을 죽여도 돼?"라고 대들 때 내가 기꺼이 죽을 수 있을까요? 그럴 순 없습니다. 왜냐하면 "삶과 죽음이 실재하지 않는다."는 것은 생각 속 얘기일 뿐이기 때문입니다. 우리의 인지(認知)만 정화되었기 때문입니다. 삶과 죽음이 원래 없다는 통찰을 인지적으로 다 이해했어도, 감성적으로는 아직 삶이 좋고 죽음이 싫습니다. 하고 싶은 게 많기 때문에 지금 죽을 수는 없습니다.

실제로 "죽어도 좋아!"라는 마음이 되려면, 머리가 시원해짐과 아울러 감성적으로도 한(恨)이 다 풀려야 합니다. 세상에 미련이 없어야 합니다. 모든 번뇌가 사라져야 합니다. 탐욕, 분노, 교만과 같은 감성적 번뇌들을 다 쓸어버리면 그때 "죽어도 좋다."는 마음이 듭니다. 죽음이 닥쳐도 감성적으로는 세상에 대한 미련이 없고 인지적으로는 종교적, 철학적 의문도 없습니다. 왜냐하면 머리 굴려서 종교적, 철학적 의문을 떠올려봤자 다 엉터리인 걸 알았기 때문입니다. 내가 살았던 세상에 대해서 모호한 점이 없습니다. 궁금한 것도 없습니다. 모든 것의 실상을 다 알기 때문입니다. 즉, 공성을 알기 때문입니다. 그래서 머리가 시원합니다. 또, 감성적으로 마음에 맺힌 것도 없습니다. 왜냐하면, 고기 몸뚱이를 가지고 먹고 먹히는 세계에서 살아가는 것이 얼마나 비참한 일인지 알기 때문입니다. 그래서 가슴도 시원합니다. "아, 이제 내가 드디어 쉴 수 있겠구나."라는 마음이 됩니다. 이것이 바로 대열반입니다. 이런 분들이 불교의 깨달은 성자 아라한(阿羅漢)입니다. "죽어도 좋아." 이게 죽음을 대하는 아라한의 태도입니다. 죽음이 무섭다면 아라한이 아닙니다. 아직도 세상에 감성적으로 미련이 있고, 아직도 종교적, 철학적 의문이 있으면 죽을 때 무섭거나 찝찝합니다.

아라한과 관련하여 농담 같은 얘기가 있습니다. 태국에서 스님들 수행하실 때 어떤 분이 "깨달았다."라고 말하면, 그 스님을 호랑이가 드글드글 하는 밀림에 모셔놓는다고 합니다. 그리고 하룻밤을 지내시게 한답니다. 그때 무서워서 도망치면 깨달은 분이 아니고, 가만히 계시면 깨달은 분이라고 합니다. 잡아 먹혀도 두려움이 없어야 아라한입니다.

어쨌든 '삶'과 '죽음'이 너무나 엄청난 말인데 논리적으로 분석해보니까, 이 두 개념이 실재하는 것이 아니라 연기한 것이라는 점을 알게 됩니다. 큰 방과 작은 방처럼 두 개념이 서로 의존해서 연기한 개념, 머리가 만든 개념이지 실재하는 것이 아니라는 점을 알 수 있었습니다. 중관학적으로 분석해도 있을 수 없고, 제행무상의 가르침에 비추어 보아도 있을 수 없는 개념입니다.

화엄의 일즉일체의 통찰을 통한 개념의 실체성 비판

지금까지 큰 방과 작은 방, 길고 짧은 것, 눈과 시각대상, 불과 연료, 삶과 죽음과 같은 개념들이 실재하지 않는다는 점에 대해서 분석해 보았습니다. 이런 개념들이 연기한 것이라는 점을 통찰할 때, 그 실체성이 해체됩니다. 그런데 우리의 생각이 사용하는 개념들의 수는 너무나 많습니다. 국어사전엔 단어가 몇 십만 개가 수록되어 있습니다. 그러니까 그런 단어들이 의미하는 개념 하나하나를 분석하여 논리적으로 그 실체성을 비판하려면 10년 이상 강의해야 할 겁니다.

　그래서 어떤 개념이든 그 개념의 실체성을 비판하는 좀 더 쉬운 테크닉을 소개하겠습니다. 이제부터 공식을 알려 주는 것입니다. 국어사전에 실린 단어 수만큼의 개념들을 중관논리적으로 분석하여 하나하나 허물어뜨리려면 너무나 오랜 시간이 걸리기 때문에, 어떤 개념이든지 그 실체를 해체시킬 수 있는 방법을 알려드리는 겁니다. 어떤 개념이라고 하더라도 그 의미와 범위에 대해서 가만히 생각해 보면 그 개념의 적용 범위가 무한히 확장됩니다. 불교교학 가운데 화엄학의 일즉일체(一卽一切), 일중일체(一中一切)의 가르침에 근거하여 개발된 방식입니다.9)

우주란?

　먼저 '우주'라는 개념을 분석해 보겠습니다. 우주가 뭘까요? 어디가 우주인가요? 저 하늘에 구름이 떠 있는 곳도 우주인가요? 물론 거기도 우주입니다. 그러면 여기 강의실도 우주에 속하나요? 우주인가 아닌가, 곰곰이 생각해 보시기 바랍니다. 지구가 태양 주위를 돌고 있는데, 이 강의실은 지구 위에 있기에 이 강의실 속의 모든 공간이 우주입니다. 지구의 내부도 우주이고, 나의 배 속도 우주이고, 내 입 안도 우주입니다. 그럼 우주가 어디인가요?

---

9) 『화엄경문답』(대정장45), p.598c에서도 이런 통찰에 대해 다음과 같이 설명한다. "'마음[心]'으로 말하면 일체법에 '마음' 아닌 것이 없으며, '물질[色]'로 말하면 일체법에 물질 아닌 것이 없다. 다른 모든 인(人)과 법(法)의 교의 등을 구별하는 법문의 경우 다 그렇다. 그 까닭이 무엇인가? 연기 다라니의 장애 없는 법에서는 하나의 법을 듦에 따라서 일체가 남김없이 포함되어 걸림 없이 자재하기 때문이고, 하나가 없으면 일체가 없기 때문이다(以心言一切法而無非心 以色言一切法而無非色 餘一切人法教義等差別法門皆爾 所以者何 緣起陀羅尼無障礙法 隨擧一法盡攝一切無礙自在故 一無一切無故 三乘即不爾 廢理但事言一向不雜事 事中不自在故 一相教門隨情安立不盡理故)."『화엄경문답』은 법장의 저술로 포장되어 있었으나, 김상현의 연구를 통해 의상의 저술임이 확인되었다.

밤하늘의 허공만 우주가 아니라, 우리 주변의 모든 곳이 다 우주입니다. 그렇지 않은가요? 이 세상에 우주 아닌 곳이 있는가요? 없습니다. 우리가 흔히 우주라고 하면 지구 밖의 먼 공중을 떠올리지만 가만히 생각해보니까 이곳도 우주입니다. 바로 우리가 우주인입니다. 우리 모두가 우주 속에 사는 사람들이라는 말입니다. 이제 우주에 대한 고정관념에서 벗어났습니다. 우주라는 개념에 실제가 없음을 일게 되었습니다. 우주라는 개념에서 해탈했습니다.

제가 이렇게 설명했을 때, 혹시 납득이 안 되는 점이 있으면 즉각 반박을 해야 합니다. 왜냐하면, 반박하는 사람들은 '우주'에 대해서 무엇인가 고정관념을 갖고 있다는 것이고, 그의 반박을 비판하여 모든 곳이 우주임을 자각시킬 때, 그가 갖고 있던 우주에 대한 고정관념이 사라지기 때문입니다. 혹시 상대가 수긍하지 않으면, 아득바득 싸워서라도 그의 고정관념을 해체시켜줘야 합니다. 그러나 지금은 일방적인 강의이기 때문에 그렇게 하지 못합니다. 일대일로 만나서 대화할 때에는 몇 박 며칠이 걸리더라도 수긍할 때까지 논쟁을 벌여야 합니다. 이러면서 해체를 시켜야지만 낱낱의 개념에 대한 실체성 비판을 체득할 수 있습니다. 우주가 어디인지 집요하게 추구해 보니까 세상에 우주 아닌 곳이 없다는 사실을 알게 됩니다. 모든 곳이 우주입니다. 우주가 모든 곳입니다. 우주라는 개념 하나가 일체에 적용됩니다. 일즉일체(一卽一切)입니다.

시계란?

그 다음으로 시계의 정체에 대해 묻겠습니다. 뭐가 시계일까요? 시계에 대한 정의를 내려 보시기 바랍니다. 저기 보이는 벽시계엔 시침과 분침이 있습니다. 그러면 이렇게 시침, 분침, 초침과 같은 바늘이 있어야 시계인가요? 바늘이 없는 시계도 있나요? 그렇습니다. 디지털시계처럼 숫자만 변하는 시계도 있습니다. 그럼 1, 2, 3 … 12까지 숫자가 적혀 있어야 시계인가요? 아닙니다. 모래시계도 있습니다. 그러면 시계가 뭘까요? 해나 달도 시계인가요? 당연히 그렇습니다. 해나 달이 하늘에 떠 있는 위치를 보면 시간을 짐작할 수 있습니다. 별도 시계인가요? 그렇습니다. 북극성을 중심으로 성좌가 회전하기에 각 별자리의 위치를 보면 시간을 짐작할 수 있습니다. 나무도 시계인가요? 나무를 잘라보면 나이테가 있습니다. 나이테가 시간을 나타내기에 이 역시 시계라고 말할 수 있습니다. 이렇게 시간을 나타내는 것이 시계라고 한다면 몇 시, 몇 분, 몇 초까지 정확히 나타내야 시계일까요? 시간이 약간 틀려도 시계인가요? "몇 시 몇 분 몇 초까지 정확하지 않으면 시계가 아니다."라는 규정이 있나요? 그런 규정은 없습니다. 그러면 오차의 범위가 어느 정도 되어야 시계인가요? 그런 규정 역시 없습니다. 또, 물고기도 시계인가요? 물고기의 비늘을 떼어보면 나무의 나이테와 같은 결이 있습니다. 겨울에는 성장이 더디기에 색깔이 진하고 여름에는 성장이 빠르기에 넓어지고 해서 결이 생기는데, 그 결의 수를 세면 물고기 나이가 몇인지 알 수 있습니다. 그럼 저도 시계인가요? 제 나이는 만으로 쉰아홉 살입니다(강의 당시). 역시 시간을 나타내기에 시계라고 볼 수 있습니다. 모든 사람이 다 시계입니다. 이 분은 63세, 저 분은 25세 등 모두 살아온 시간을 나타내는 시계입니다. 그렇지 않은가요? 또, 이 건물도 시계인가요? 이 건물이 어제 새로 지은 건물인가요, 아니면 이 건물은 3,000년 전에 지은 것인가? 둘 다 틀립니다. 그럼 이 건물은 어제보다 이전, 3,000년 전보다 이후에 지어진 것입니다. 이 건물의 나이가 나온 겁니다. 이런 나이는 너무 범위가 넓기에 부정확한가요? 아닙니다. 억겁 우주의 세월에 비교하면 이 건물의 나이를 굉장히 정확하게 맞춘 것입니다. 그렇지 않은가요? 이 정도 예를 들었으면, 이제 주위에 시계 아닌 것을 찾아보시기 바랍니다. 단 하나도 없습니다. 천장, 형광등 … 모든 것이 다 시간을 나타내는 시계입니다. 그러니까 "시계가 뭐냐?"고 물을 때 얼핏 생각하면 벽시계, 손목시계, 탁상시계 등만 떠올랐는데, 막상 곰곰이 생각해 보니 "세상만사가 다 시계다."라는 결론에 도달합니다. 이렇게 되어 버리는 것입니다. 시계라는 개념의 테두리가 무너져서 모든 것이 시계라는 사실을 자각하게 됩니다. 시계라는 개념 하나가 일체에 적용됩니다. 일즉일체입니다.

욕심이란?

다른 개념 한 가지를 더 분석해보겠습니다. 우주나 시계는 눈에 보이는 것입니다. 이번에는 눈에 보이지 않는 것의 정체를 추구해보겠습니다. '욕심'이 뭘까요? 맛있는 음식을 먹고 싶은 게 욕심입니다. 돈 많이 벌고 싶은 것도 욕심입니다. 중고등학교 때 시험에서 1등하고 싶은 것도 욕심입니다. 이름을 날리고 싶은 것도 욕심입니다. 그러면 남에게 많이 베풀고 싶은 것도 욕심인가요? 그렇습니다. 슈바이처 박사가 반평생을 아프리카에서 의료봉사 활동을 하면서 살았는데 왜 그랬을까요? 하고 싶으니까 그랬겠죠. 이것도 욕심입니다. 물론 좋은 욕심입니다.

여러분이 공사상에 대해서 공부할 때 조심할 점이 있습니다. 공성의 통찰에는 윤리, 도덕이 없습니다. 그러니까 공성의 통찰에서 선이나 악을 판단하면 안 됩니다. 인간의 도덕적 기본이 안 된 악인들이 중관학을 공부하면 강력한 악행을 할 수 있습니다. 왜 그럴까요? 생각에서 고정관념이 사라지기에 아주 강력한 악을 저지를 수 있습니다. 그래서 티벳불교에서는 불교수행의 길에서 기본적인 감성훈련을 다 마치고 나서 끝에 가서 중관학을 공부합니다. 감성적으로 기본이 된 사람들이 현교(顯敎)의 마지막에 생각을 열 때 공부하는 것이 중관학입니다. 중관학이나 공사상에는 선악(善惡) 판단이 안 들어가 있다는 점을 명심해야 합니다. 중관학의 반논리적 논법이 너무나 절묘하기 때문에 누구나 심취하게 되지만, 아직 복덕을 축적하지 않았거나, 착함이 몸에 배지 않은 사람들이 중관학을 공부하게 되면 가치판단상실 상태에 빠지기 쉽습니다. 티벳불교에서 출현한 크레이지 라마(Crazy Lama), 동아시아에서 가끔 나타나는 막행막식하는 스님들은 모두 공을 오해하고, 공에 집착한 분들이라고 볼 수 있습니다. 티벳이나 동아시아에서 이런 분들이 생긴 이유는 티벳의 밀교와 동아시아의 선불교의 수행법이 유사하기 때문입니다.

감성 정화 없이 관념만 깨버리기 때문입니다. 슈바이처 박사가 아프리카에서 열심히 봉사한 것 역시 그 분의 '욕심'이라고 통찰할 때, 혹시 오해가 있을까 봐 말이 길어졌습니다.

테레사 수녀가 반평생을 인도에서 열심히 봉사한 것도 그 분의 욕심입니다. 기독교의 창시자 예수님이 3년 동안 그렇게 설교를 하고 다니신 것도 그 분 욕심입니다. 부처님이 보리수 밑에 앉아서 목숨을 걸고 수행하신 것도 그 분 욕심입니다. 그렇지 않은가요? 또, 이 강의를 듣는 것도 욕심입니다. 물론 "듣기 싫어"라고 생각하면서 안 듣는 것도 욕심입니다. 또, 걸어가는 것도 욕심이고 멈추는 것도 욕심입니다. 그러니까 하루 종일 욕심이 작용하지 않을 때가 없습니다. "욕심이 뭐냐?"로 물을 때, 곰곰이 생각해 보면 우리의 일거수일투족에 욕심 아닌 것이 없습니다. 욕심 역시 그 개념의 테두리가 없습니다. 모든 것이 욕심입니다. 욕심이 모든 것입니다. 일즉일체입니다.

시작이란? 종말이란?

이번에는 '시작'이 무엇인지 분석해 보겠습니다. 무엇이 시작인가요? 제 강의가 조금 전부터 시작했습니다. 오늘 하루가 아침부터 시작했습니다. 그러나 엄밀히 보면 지금 이 순간에 모든 것이 시작하고 있습니다. 지금 이 순간이 모든 것이 시작하는 순간입니다. 일체가 다 그렇습니다. 이 강의실의 모습도 그렇고, 제 몸도 마찬가지입니다. 아까 있던 모습은 지금 전혀 없습니다. 내 몸을 이루는 세포는 매 찰나 새롭게 신진대사 하고 있고, 엄밀히 보면 이 책상의 모습도 아까와는 다른 모습일 겁니다. 우리의 시각능력이 둔하기에 포착하지 못할 뿐입니다. 지금 이 순간에 우주 전체가 다 새롭게 시작하고 있습니다. 종교 신화에 '천지창조'라는 말이 있는데 그 순간이 언제일까요? 몇 천 년 전, 혹은 몇 만 년 전일까요? 아닙니다. 엄밀히 보면 사실 지금 이 순간이 천지창조의 순간입니다. 하늘과 땅을 포함한 온 우주가 새롭게 창조되는 순간입니다.

인도의 힌두교에 '깔리(Kālī)'라는 이름의 여신이 있습니다. 시간의 신입니다. 파괴의 신인 절대자 쉬바신(Śiva神)의 배우자입니다. 힌두 신화에 의하면 깔리 여신이 매 순간 세상을 파괴하시기에 시간이 흘러갑니다. 거꾸로 보면 매 순간 세상이 파괴되기에, 온 세상이 계속 새롭게 만들어진다고 볼 수 있습니다. 곧 세상의 종말이 오고, 자기 종교를 믿는 사람만 서로 손 잡고서(携) 공중으로 들어 올려져서(擧) 구원받는 휴거(携擧)가 일어날 것이라고 주장하는 종교단체가 있었는데 엄밀히 보면 바로 지금 이 순간이 천지가 종말을 고하는 순간입니다. 언젠가 휴거가 일어나거나 하는 일은 없습니다. 지금 이 순간에 지구만이 아니라 온 우주가 완전히 무(無)로 돌아갑니다.

이렇게 지금 이 순간이 모든 것이 다 창조되는 순간이고, 지금 이 순간이 모든 것이 종말을 고하는 순간입니다. 창조의 순간이 바로 종말의 순간입니다. 지금 이 순간에 창조와 종말이 겹쳐 있습니다. 다시 말해서 나타남이 곧 사라짐입니다. 발생이 그대로 소멸입니다. 생즉멸(生卽滅)입니다. 언어가 다 무너져 버립니다.

이번의 제3강 초입에 소개한 "바다 밑 제비집에 …"로 시작하는 효봉 스님의 오도송에서 언어가 다 무너져 있는 것을 보았는데, 지금 창조와 종말에 대해 집요하게 추구해 들어가니까 언어가 다 무너져 버립니다. 실재의 세계에서는 "생긴다, 멸한다, 나타난다, 사라진다, 창조다, 종말이다."라는 개념들이 다 무의미하다는 뜻입니다. 이런 개념들이 다 '없다'고 해도 되고 다 '겹쳐 있다'고 해도 됩니다. 이것이 제법실상(諸法實相)입니다. 모든 존재의 참모습을 보면 이렇게 모든 언어가 무너지든지 모든 언어가 다 중첩됩니다.

가위질하듯이 분별하는 우리의 생각으로 실재의 세계를 재단(裁斷)할 수 없습니다. 생각의 허구성을 가르치는 것이 바로 불교의 중관학이고 모든 불교사상의 기초가 됩니다. 창조나 종말이 있다는 얘기가 아니라 창조나 종말이라는 생각이나 말이 궁극적으로 무의미하다는 말입니다. 생각의 가위질로써 세상을 멋대로 재단하여 말로 꾸미지 말라는 것입니다. 모든 분별적 생각을 무너뜨릴 때 우리는 비로소 절대와 만납니다. 모든 종교의 궁극적 목표입니다.

요컨대 시작이라는 개념을 집요하게 추구해 보면 모든 것이 시작하고 있다는 결론에 이르게 되고, 종말이라는 개념을 집요하게 추구해 보면 모든 것이 종말을 고한다는 결론에 이르게 됩니다. 모든 것이 시작하고, 모든 것이 종말을 고합니다. 지금 이 순간에 ….

물질이란?

다음으로 '물질'이란 개념의 정체를 추구해 보겠습니다. '물질'이란 무엇인가요? 이건 쉽습니다. 책상, 몸, 책, 가방, 의자 모두 물질입니다. 현대의학은 철저한 유물론입니다. 유물론 사상에 근거하여 의학을 연구한다는 말이 아니라 인체를 해부해 보고, 수술해 보고, 실험해 보고, 연구해 보니까 물질만 있더라는 이야기다. 몸의 질병은 물론이고 정신질환을 치료할 때에도 '마음'의 존재를 설정할 필요가 없습니다. 약물로 심리와 감정이 조절됩니다. 외부 사물뿐만 아니라 모든 것을 물질로 해석할 수 있습니다. 여러 해 전에 국내에서 엔도르핀 광풍이 분 적이 있습니다. 뇌 속에서 엔도르핀이라는 물질이 분비됩니다. 내부를 의미하는 '엔도(Endo)'와 마약인 '모르핀(Morphine)'의 합성어로, 말하자면 뇌 속에서 분비되는 마약입니다. 뇌에서 이런 엔도르핀이 분비되면 기분이 좋아집니다. 우울증으로 고통을 겪는 환자도 프로작(Prozac) 같은 약을 먹으면 금새 방긋방긋 웃습니다. 뇌 속 신경전달물질 가운데 하나인 세로토닌(Serotonin) 분비를 촉진하는 우울증 치료제입니다. 요즘에는 정신질환이나 신경증 등을 치료할 때 상담보다 약물의 효과가 드라마틱합니다. 무슨 얘기냐 하면, 우리의 심리도 물질에 의해서 좌지우지된다는 말입니다. 바깥 세계의 모든 것도 물질이지만, 마음, 영혼, 정신, 감정 역시 물질의 작용이란 것입니다. 그렇다면 모든 것은 그저 물질일 뿐입니다. 물질의 정체를 추구하다 보니까 결국 유물론이 도출됩니다. 물질도 물질이지만, 마음도 물질입니다. 모든 것이 물질입니다. 화엄에서 가르치는 일즉일체(一卽一切), '물질'이라는 하나의 개념으로 일체를 해석할 수 있습니다.

그런데 여기서 조심해야 할 것은, 어떤 하나의 개념의 정체를 집요하게 추구하여 모든 것을 그 개념으로 해석해 내었다고 해서 "이게 진리구나."라고 착각하면 안 된다는 것입니다. 어떤 개념이든, 그 정체를 집요하게 추구하면 모든 것에 그 개념을 적용할 수 있다는 점을 보여주는 것일 뿐입니다.

마음이란?

이와 반대로 "모든 것이 마음이다."라고 말할 수 있습니다. 불교 유식학의 가르침이기도 합니다. 일체유심조(一切唯心造). "모든 것을 다 마음이 만들었다."는 뜻인데, 불자들의 경우 이 경구를 귀에 못이 박이도록 들었을 겁니다. 왜 모든 것이 마음인지에 대해서는 다음 강의에서 다시 자세히 설명하겠습니다.

지금까지 통찰해 보았듯이, "모든 게 다 우주다."라고 해도 되고, "모든 게 다 시계다."라고 해도 옳고, "모든 게 다 욕심이다."라고 해도 되고 "모든 게 다 시작이다."라고 해도 되고 "다 종말이다."라고 해도 되고 "다 물질이다."라고 해도 되고 "다 마음이다."라고 해도 됩니다. 우주, 시계, 욕심, 시작, 종말, 물질, 마음 등의 개념들이 다 중첩되어 있다고 봐도 됩니다. 즉 모든 게 우주이고, 모든 게 시계라면 우주가 시계입니다. … 실재 세계에서는 이런 의미들이 겹쳐있어서 우주가 시계이고 욕심이 시작이고 종말이 물질이고 물질이 마음인데, 우리는 그것들 낱낱을 생각의 가위로 자르고 따로따로 떼어 가지고 '마음'이 따로 있고, '몸'이 따로 있고, '물질'이 따로 있고, '시작'이 따로 있고, '종말'이 따로 있다고 생각합니다. 분별을 일으키는 것입니다. 이런 분별의 토대 위해서 제 멋대로 세상을 그려냅니다. 그리고 그렇게 자기가 만든 세계 속에서 이전투구하면서 살아갑니다. 이런 고통의 세계에서 벗어나는 방법 가운데 지적(知的)인 길을 제시하는 것이 반야중관학입니다. 쉽게 얘기해서 머리를 시원하게 해주는 길입니다. 앞으로 이런 방식으로 개념의 실체성을 논파하는 테크닉을 몇 가지 더 예를 들어보겠습니다.

모은 것은 살(肉)인가?

　제3강을 마치면서 여러분들에게 숙제를 내 드리겠습니다. 어떤 개념이든 그 정체에 대해 집요하게 추구해 들어가면 모든 것에 적용된다는 점을 보았습니다. 그러면 '살'의 경우도 이런 결론에 이르게 될까요? 피가 통하고 신경이 통하기에 꼬집으면 아픈 살 말입니다. "세상만사가 다 살이다."라고 얘기할 수 있을까요? 일즉일체(一卽一切)라는 화엄의 이치가 세상을 지배하기에 '살'이라는 하나(一)의 개념 역시 일체(一切)인 세상만사에 적용되어야 할 것입니다. 여러분들 스스로 생각해 보시기 바랍니다. 왜 모든 것이 살인지? 진짜 살이 되어야 합니다. 피가 통하고 신경이 통하는 꼬집으면 아픈 살이 되어야 합니다. 어떻게 하면 그럴 수 있는지 생각해 보시기 바랍니다.

제4강
화엄학의 일즉일체에 의한 개념의 실체성 비판

개념의 테두리를 무너뜨리는 화엄학의 일즉일체

　지난 시간에 개념의 실체성을 중관학적 방식으로 비판할 경우 너무나 시간이 오래 걸리기 때문에, 개념의 실체성을 비판하는 공식(公式)을 알려드리겠다고 말씀드린 후 우주, 시계, 물질, 마음, 욕심, 시작, 종말과 같은 개념들을 예로 들어가면서 이런 개념들의 정체를 집요하게 추구해 들어가면 그 테두리가 무너져서 그 범위가 '모든 것'으로 확장된다는 점에 대해 말씀드렸습니다. 화엄학에서 말하는 일즉일체(一卽一切)의 실천적 적용에 다름 아니라는 점도 말씀드렸습니다.

　"우주가 어디냐?"라는 의문을 떠올린 후 곰곰이 생각해 보면 우리가 사는 곳 역시 우주라는 점을 알게 됩니다. 여기도 우주고 저 하늘 위도 우주고 내 뱃속도 우주고 땅 속도 다 우주입니다. 우주의 위치에 대해 그전까지 생각했던 고정관념이 다 타파됐습니다. 왜냐하면 모든 곳이 다 우주가 되기 때문입니다. 또 "시계가 무엇이냐?"라고 물어 들어갈 경우에도 시계라는 개념의 범위가 다 무너집니다. 보통 탁상시계나 벽시계와 같이 숫자와 바늘이 있는 것만 시계로 생각했습니다. 그러나 시계의 정체를 추구하면서 집요하게 생각을 확장시켜 가다보니까 모래시계도 있고 나무의 나이테도 시계가 되고 건물도 시간을 나타내고 사람조차도 몇 살인지 짐작할 수 있기 때문에 시간을 나타낸다는 점을 알게 되면서, 세상에 시간을 나타내지 않는 것은 없다는 사실을 알게 되었습니다. 즉 엄밀히 보면 모든 것이 다 시계라는 점을 알게 되었습니다. 이런 방식으로 하나의 개념을 잡으면 그것의 범위가 일체로 확장됩니다. 이것이 오늘 강의를 통해 함께 연습하고자 하는 '개념의 실체성을 비판'하는 공식과 같은 테크닉입니다.

모든 것이 살이다

지난 강의 끝에 숙제를 내드렸습니다. "모든 것이 살이다."라는 통찰이 어떻게 해서 가능한지 생각해 보시라는 것이었습니다. 우리의 몸을 이루고 있는 살이 무엇일까요? 앞에서 논의했던 추세를 보면 "모든 것이 다 살이다."라는 결론에 이르러야 하는데, 어떻게 하면 그럴 수 있을까요? 왜 모든 것이 살이 될까요? 앞에 보이는 저 벽의 모습도 살이고, 저 위에 보이는 형광등도 살이고 마루도 살이고 책상도 살이고 칠판도 살이고 들리는 소리도 살이고 모든 것이 살입니다. 그냥 비유로 살이라고 하는 게 아니고 실제 살입니다. 피가 통하고 신경이 있는, 꼬집으면 아픈 살입니다. 왜 그럴까요?

은산철벽과 같은 화두

이럴 때 생각이 꽉 막힙니다. 불교에서는 이런 식으로 생각이 막힐 때 은산철벽(銀山鐵壁)을 만났다고 합니다. 은산철벽이란 은으로 만들어진 산과 철로 된 벽으로 도저히 뚫고 나갈 수 없는 막다른 궁지를 비유합니다. 이렇게 생각의 출구가 막혀 있는 문제가 화두가 됩니다. 지금 여러분이 어떤 개념 하나를 떠올린 후 그 정체를 집요하게 추구하는 과정은 화두를 타파하는 과정과 유사합니다. 또 지난 시간 여러 가지 개념을 예로 들면서 그 실체를 알아봤던 과정이 바로 지관쌍운과 똑같습니다. '지'가 멈출 '지'이기 때문에 '곰곰이'이고, '관'은 볼 '관'이기 때문에 '생각하는 것'입니다. 그래서 '곰곰이

생각하는 것'이 지관쌍운, 즉 지관을 함께 운행하는 것이고 그것을 불교용어
로 '선'이라고 부릅니다. 지금 이렇게 제가 물어보는 것 자체가 선을 닦는 것
입니다. 그러면 살이 무엇인지, 왜 모든 것이 살이 되는지 곰곰이 생각해 보
시기 바랍니다. 은산철벽을 만난 것처럼 생각이 막힙니다. 화두를 들고 의심
을 품을 때 이렇게 은산철벽처럼 막혀야지만 선이 된다고 합니다.

모든 풍경은 망막 살의 모습

　왜 모든 것이 살일까요? 답을 이야기 하겠습니다. 눈에 보이는 풍경이 살
인 이유는 단순명료합니다. 여러분들이 지금 앞에 있는 장면을 보고 있는데
실제는 바깥을 보는 것이 아니고 여러분 모두 자기 눈동자 속 망막의 살을
보고 있습니다. 그렇지 않은가요? 눈동자에 동공이 뚫려 있습니다. 동공의
작은 구멍을 통해서 바깥의 풍경 모습이 들어와서 망막에 뒤집힌 영상이 비
춰집니다. 우리는 각자 그것을 보고 있는 것입니다. 아무리 넓은 세상을 바라
봐도 실제로는 자기 망막을 보는 것입니다. 백 원짜리 동전 크기 정도 밖에
안 되는 망막을 보면서 세상이 참 넓다고 생각합니다.

　우리의 안구는 바늘구멍 사진기와 그 구조가 똑같은데 뒤쪽에 있는 망막
에 영상이 비춰지면 그것을 시신경이 포착해서 그 영상이 나타나는 것입니
다. 그래서 "눈에 보이는 모든 풍경은 피가 흐르고 신경이 살아있는 내 망막
의 살입니다."라고 말할 수 있는 겁니다. 내가 드넓은 세상에 사는 줄 알았는
데, 이렇게 알고 나니까 이제 좀 답답해집니다. 망막 정도밖에 안 되는 작은
세상 모습을 넓고 크다고 생각하며 살았습니다.

청각, 촉각, 미각 역시 내 살의 느낌이다

지금 제 목소리가 들리시겠죠? 그런데 실제로는 제 목소리를 듣는 것이 아니고, 각자 본인의 고막이 떨리는 것을 느끼고 있는 것입니다. 그렇지 않은 가요? 그러니까 모든 소리는 내 귓구멍 속 '고막 살'의 변화입니다. 보이는 형상뿐만 아니라 들리는 소리 등 일체가 내 살의 느낌입니다. 몸에 닿는 촉감이라든지 혀로 느끼는 맛에 대해서는 분석할 필요도 없습니다. 모두 내 살의 느낌입니다. 그래서 내가 온통 내 살에 둘러싸여 있다는 사실을 알게 됩니다. 그전까지는 참으로 넓은 세상에 살고 있는 줄 알았는데, 이제는 더더욱 좁아져서 많이 답답하다고 느끼실 것입니다. 이게 세상의 참모습입니다. 그러나 제가 항상 강조하지만 "이것이 정답이다, 이것이 결론이다."라고 생각하면 안 됩니다. "모든 것은 살이다."가 최종 결론일 수 없다는 말입니다. 그냥 어떤 개념이든지 그 정체를 끝까지 추구해 들어가면 모든 것에 적용된다는 점을 얘기하기 위해서 이것, 저것 예를 들어 본 것일 뿐입니다. 어쨌든 '살'의 정체를 추구하니까 "모든 것이 내 살이다."라는 통찰에 도달했습니다. 살이 무엇인가? 모든 것입니다. 이 역시 일즉일체의 통찰입니다.

모든 것이 뇌신경이다

지금 제가 "모든 것이 살이다."라고 말했지만, 시각영상이 망막에서 끝나는 것일까요? 시각영상의 종착점이 망막일까요? 아닙니다. 망막 뒤에 굵은 시신경 다발이 있습니다. 시각영상은 시신경에서 전기신호로 바뀌어 대뇌 후방의 후두엽 피질로 들어갑니다. 후두엽의 시각중추로 들어갑니다. 후두엽의 신경망에서 그 시각정보가 회로를 형성합니다. 시각장애인 가운데 교통사고 때문에 뇌의 뒤쪽, 즉 후두엽을 다쳐서 시각능력을 상실한 분들도 있습니다. 눈이나 시신경은 멀쩡한데 대뇌피질 후두엽 손상으로 시각장애인이 되는 것입니다. 요컨대 우리 눈에 보이는 시각정보는 뒤통수의 시각피질에서 회로를 형성합니다.

또 귀에 들린 소리는 머리 양 옆의 측두엽에서 회로를 형성하고, 몸에 닿는 촉각정보는 체성감각피질(體性感覺皮質)이라는 곳에 회로를 형성합니다. 양쪽 귀를 연결하는 머리띠 모양의 대뇌피질 영역입니다.

그러니까 내 눈에 보이는 것은 모두 나의 뇌신경의 모습이고, 내 귀에 들리는 모든 소리나 내 몸에 느껴지는 촉감은 모두 나의 뇌신경의 느낌이라고 말할 수도 있습니다. 즉 "내가 체험하는 모든 것은 나의 뇌신경이다."라고 해도 됩니다. 아까는 모든 것이 다 '살'이었는데, 지금은 모든 것이 다 나의 '뇌'가 되어 버립니다. "뇌가 무엇인가?"라고 물을 때 "내가 체험하는 모든 것이 다 나의 뇌다."라고 대답할 수 있습니다. 뇌가 모든 것이고, 모든 것이 뇌입니다. '일즉일체 일체즉일'입니다.

그런데 시각, 청각, 촉각 등 감각정보가 뇌로 들어가려면 신경을 통과해야 합니다. 따라서 "모든 것이 다 신경이다."라고 말할 수도 있습니다. 일체가 신경입니다. 나의 신경이 일체입니다. 일즉일체 일체즉일입니다.

일중해무량

지금 제가 하는 말이 불교교리 중에 『화엄경』의 가르침입니다. 『화엄경』에 '일중해무량(一中解無量)'이라는 경문이 있습니다. "하나 속에서 무한을 해석해 낸다."라는 뜻입니다. "하나 속에 무한이 들어 있다."는 점을 의미하는 일중일체(一中一切)와 그 의미가 같습니다. 하나의 개념을 들면 무한에 적용됩니다. "살이 모든 것이다."라는 말은 "살이 무한이다."라는 말이나 마찬가집니다. '살'이라는 하나의 개념에 무한이 들어있다는 뜻입니다. 그래서 일체가 다 살인 것입니다. 물질이 무엇인가? 일체가 물질이다. 시작이 무엇인가? 일체가 시작하고 있다. … 이것이 화엄학에서 가르치는 사사무애의 법계연기입니다.

다른 예를 들어보겠습니다. 지금 여기에서 제가 누구인가요? 제가 여러분들 아들인가요? 아닙니다. 여러분들의 아빠인가요? 아닙니다. 저는 여러분들에 대해서 '강사'입니다. 틀림없습니다. 특강을 하기 위한 강사로 제가 여기 왔습니다. 그런데 제가 집에 가서 초인종을 누른 후, "누구세요?"라고 집안에서 물어볼 때 "응, 강사야."라고 하면 어떻게 되겠습니까? 우리 애가 "아빠가 좀 이상해 졌나봐."라고 생각하면서 문을 안 열어 줄 겁니다. 밖에서 "아빠야." 해야 됩니다. 이렇게 '자식'에게 저는 '아빠'가 되고, '청중'에게는 '강사'가 되고 '부인'한테는 '남편'이 되고, '아들'에게는 '아버지'가 되고 '손자'에게는 '할아버지'가 됩니다. 또 지나가던 '행인'에게는 '아저씨'가 됩니다. 아프리카로 사파리 여행을 갔다 가이드를 잃어버려 혼자가 됐을 때 앞에서 사자 한 마리가 침을 흘리면서 날 노려보고 있습니다. 그 '사자'에게 저는 그저 고기 덩어리인 '먹이'가 됩니다. 밤에 늦게 혼자 집에 들어갔는데 전등을 켜니까 갑자기 '바퀴벌레'가 장롱 밑으로 도망갑니다. 왜 그럴까요? 자기를 잡을 수 있는 '괴물'이 나타났기 때문입니다.

나의 정체는 이렇게 다양합니다. 바퀴벌레에게는 괴물이고, 학생에게는 교수가 되고, 핸들을 잡으면 운전수가 됩니다. 조카에게는 삼촌이고, 지나가던 행인에게는 아저씨가 됩니다. 상대방에 따라서 나의 호칭이 달라집니다. 연기(緣起)하는 것입니다. 그런데 이런 각론적인 연기를 모두 다 종합해 놓은 것이 화엄학에서 가르치는 사사무애(事事無碍)의 법계연기(法界緣起)입니다. 나 한 사람이 부인에겐 남편이 되고 자식에겐 아버지가 되고 사자에게 먹이가 되고 … 학생에게는 교수가 됩니다. 따라서 나 한 사람 속에 교수도 있고, 아버지도 있고, 남편도 있고 … 먹이도 있고, 괴물도 있습니다. 그런데 교수와 아버지, 남편 … 먹이, 괴물 등의 정체가 서로 충돌하지 않습니다. 그야말로 현상과 현상이 걸림이 없는 사사무애(事事無碍)의 법계연기입니다.

유식무경 · 모든 게 마음이다

제3강 말미에서 "왜 모든 것이 마음인지에 대해서는 다음 강의에서 다시 자세히 설명하겠다."고 했는데, 이제 다시 마음의 정체에 대해 추구해 보겠습니다. "모든 것이 내 '살'이다."라는 통찰을 이해했다면, "모든 것이 내 마음이다."라는 통찰 역시 쉽게 이해할 수 있을 겁니다. 일체가 다 마음입니다. 그렇게 생각되는가요? 쉽지 않을 겁니다. 저 문도, 천장도, 책상도, 의자도 다 마음이라고 생각하는 것이 쉽지 않습니다. 일체유심조(一切唯心造), 즉 모든 것을 내 마음이 만들었다는 가르침은, 마음이란 실체로 모든 것을 수렴한 게 아니라, '마음'이라는 하나의 개념에 의해서 세상만사를 통일적으로 설명한 것일 뿐입니다. 소위 소승불교의 아비달마 교학에서는 '마음'이 따로 있고 '물질'이 따로 있다고 분별하면서 두 개의 개념에 의해 세상을 해석했는데, 불교 유식학에서는 그런 물질을 마음으로 환원시켜서 일체유심조라고 가르치는 것입니다. 즉, '마음'이라는 하나의 개념에 의해서 세상을 해석하는 것입니다. 일체유심조를 다르게 표현하여 '유식무경(唯識無境)'이라고도 합니다. "오직 마음뿐이고 대상은 없다."는 뜻입니다. 외부 세계의 물질적 풍경은 실재하지 않습니다. 바깥 세계는 없다는 뜻입니다. 그래서 일체유심조입니다. 다 내 마음인 만든 것들일 뿐입니다.

일반사람들은 "마음도 있고 대상 세계도 있다."고는 이분법적으로 생각하며 살아갑니다. '심신-이원론(心身-二元論)'입니다. 그런데 그것을 '식(識)'이라는 개념 하나로 통일한 '식-일원론(識—一元論)'이 '유식무경' 혹은 '일체유심조'의 가르침입니다. '식'이라는 하나의 개념에 의해서 모든 현상을 설명합니다.

유경무식 · 모든 게 다 대상이다

유식무경이 잘 납득되지 않을 경우에는 '유경무식(唯境無識)'이라고 이해해도 그 취지는 갖습니다. "오직 대상(境)만 있고 마음(識)은 없다."는 뜻입니다. 이런 통찰은 이해하기 쉬운데 설명하자면 다음과 같습니다.

우리 눈앞에 보이는 풍경들이 다 대상입니다. 또 지금 내 귀에 들리는 소리도 대상입니다. 내 말소리가 나에게도 들리는데 이 또한 다 바깥에 있습니다. 바깥의 대상입니다. 갑자기 어세 먹었던 도닛(Doughnut)이 생각납니다. 이런 생각이 뜻하지 않게 나타납니다. 마치 바깥의 풍경처럼 나타납니다. 어제 먹었던 도넛이 떠오르는 것이나 지금 창문 밖에서 까치 한 마리가 휙 날아가는 것이나 차이가 없습니다. 까치가 날아가는 것이 내가 전혀 예측을 못했던 일이듯이, 갑자기 어제 먹었던 도넛이 생각나는 것 역시 예측 못했던 일입니다. 두 가지 모두 대상으로서 바깥에서 일어난 일입니다. 흔히 마음에서 어떤 생각이 일어난다고 생각하지만, 엄밀히 보면 마음이랄 것도 없다는 말입니다. 어제 먹었던 도넛이 나에게 풍경처럼 나타납니다. 마음에서 일어나는 일도 그저 풍경일 뿐입니다. 저녁 늦게 친구 집에 갔는데 친구 어머니가 "밥 먹었니?" 했을 때 미안하니까 "먹었습니다."라고 대답합니다. 그런데 자꾸 배에서 '꼬르륵' 소리가 납니다. 꼬르륵 소리를 내 뜻대로 통제할 수 없습니다. 꼬르륵 소리도 그렇고 배고픈 느낌도 그렇고 그저 바깥에서 일어나는 풍경의 변화와 다를 게 없기 때문입니다. 마치 시냇물이 흘러가듯이 일어납니다. 시냇물이 흘러갈 때 그냥 바라볼 수만 있지 내가 그 흐름을 어떻게 하지 못합니다. 몸에서 일어난 현상도 그냥 바라만 볼 수 있는 객관대상일 뿐입니다. 그러니까 몸이 아픈 느낌도 바깥에서 들어오고, 꿈을 꿀 때 나타나는 온갖 영상도 바깥에서 들어오고, 지금 갑자기 떠오르는 생각도 바깥에 나타난 것이기 때문에 "일체가 다 대상(境)이다."라고 말할 수 있습니다. 내가 체험하는 모든 것은 대상입니다. 나타나는 모든 것은 오직 대상일 뿐이고 마음은 없습니다. '유경무식'입니다.

경식구민 - 대상과 마음이 모두 사라진다

유경무식이나 유식무경이나 다 같은 말입니다. 대상(경)이라는 하나의 개념에 의해서 세상만사를 통일적으로 설명하는 것이나, 마음(식)이라는 개념에 의해서 통일적으로 설명하는 것이나 같은 이야기입니다. 그러니까 모두 불교교리를 설명하기 위한 방편일 뿐이라는 말입니다. 유식무경은 유심론, 유경무식은 유물론에 대응된다고 봐도 되겠습니다. 전자는 식-일원론(識--元論), 후자는 경-일원론(境--元論)입니다.

그런데 이보다 더 높은 통찰이 있습니다. '무경무식(無境無識)'입니다. '대상도 없고 마음도 없다.'는 통찰입니다. 일반인들이나 아비달마 교학에서는 "대상도 있고 마음도 있다."고 생각합니다. '유경유식(有境有識)'입니다. 이것이 제일 수준이 낮은 생각입니다. 여기서 통찰이 깊어질 경우 "오직 마음만 있으며 대상은 없다."고 알게 됩니다. '유식무경(唯識無境)'입니다. 그러나 궁극적으로는 마음이랄 것도 없습니다. 왜 그럴까요? 이에 대해서도 논리적으로 설명할 수 있습니다. 만약 모든 것이 다 마음이라면 마음이랄 것도 없습니다. 마음 아닌 것이 있어야지 마음이 성립합니다. 그런데 마음 아닌 것이 없기에 마음 역시 있을 수 없습니다. 모든 것이 다 마음이라면 모든 것에 대해서 마음이라고 말을 붙일 것도 없기 때문입니다. 그래서 "대상도 없고 마음도 없다."는 '무경무식'의 통찰로 향상합니다. 이런 경지를 불교전문용어로 '경식구민(境識俱泯)'이라고 부릅니다. 대상과 마음이 다 사라진 경지입니다. 이것이 최고의 통찰입니다. 일체유심조, 즉 모든 것을 내 마음이 만들었다고 하지만 이에 집착하면 '마음병'에 걸립니다. 세상일에 대해 소극적인 사람이 되기 쉽습니다. 일체유심조의 통찰은 불교 수행의 길에서 거쳐야 하는 하나의 과정일 뿐이고 궁극적 통찰이 아닙니다. 끝에 가서는 마음도 버립니다. 불교적 분별에서도 벗어나는 것입니다. 그리고 고통이 있는 곳을 찾아 이를 해결하는 보살의 삶을 살아가게 됩니다. 이렇게 '①유식유경(有識有境) → ②유식무경(唯識無境) = ②유경무식(唯境無識) → ③무식무경(無識無境)'으로 나의 통찰이 향상하는 과정에서 우리는 "모든 것이 마음이다."라는 ②유식무경의 통찰과 만날 수 있습니다. 마음이 모든 것이고, 모든 것이 마음입니다. '일즉일체, 일체즉일'입니다.

모든 게 다 바깥이다, 모든 게 다 안이다

또 다른 예를 들어보겠습니다. '바깥'이란 무엇인가요? 지금 저 문밖과 창밖은 바깥입니다. 그리고 이 탁자 위에 있는 컵도 내 속에 있는 것이 아니고 바깥에 있습니다. 눈에 보이는 내 팔도 내 바깥에 있습니다. 내 등이 가려운 느낌도 바깥에서 일어납니다. 꿈을 꿀 때도 나타나는 온갖 영상도 내 바깥의 일들입니다. 가만히 생각해 보니까 모든 것이 다 바깥에서 일어나는 현상입니다. 그런가요? 바깥이 무엇인지 추구해 들어가 보니 일체가 다 바깥에서 일어나는 일들이라는 사실을 알 수 있습니다.

그러면 이와 반대로 '안'이 뭘까요? 지금 내가 무슨 생각을 하는지 여러분들은 모를 겁니다. 왜? 내 안에서 일어난 생각이기 때문입니다. 내가 무언가를 먹었을 때 여러분들은 나에게 무슨 맛이 느껴지는지 모릅니다. 왜? 내 안에서 느낀 맛이기 때문에. 나에게 저기 붉은색이 보이는데 여러분들은 나에게 저 색이 어떻게 보이는지 모릅니다. 붉은색과 초록색 구분을 못하는 적록색맹인 사람에게서 보듯이 개개인의 주관적 체험은 결코 남이 알 수 없습니다. 저 붉은색의 느낌도 내 안에만 있습니다. 그래서 내가 체험하는 모든 것들은 다 내 안에서 일어나는 현상입니다.

이렇게 모든 것이 안에서 일어난다고 볼 수도 있고, 모든 것이 밖에서 일어난다고 볼 수도 있으며, 모든 것을 다 마음이 만들었다고 볼 수도 있고, 모든 것이 다 대상이라고 볼 수도 있습니다. 이 가운데 어느 것 하나만 옳다는 얘기가 결코 아닙니다. 그런데 그 가운데 하나만 발견하여, 그 하나의 원리로 세상을 해석하면 세계적인 사상가가 됩니다. 그렇지 않은가요?

 "모든 것이 욕심의 소산(所産)이다." 누가 발견한 것인가요? 정신분석학의 창시자 지그문트 프로이트(Sigmund Freud, 1856-1939)입니다. 프로이트 심리학에서는 리비도(Libido) 또는 이드(Id)라고 명명한 성욕, 식욕이 모든 행동의 구심점이라고 봅니다. 평생 임상에서 환자들을 관찰하면서 겨우 발견한 것인데, 앞에서 봤듯이 화엄의 일즉일체의 통찰에서는 "욕심이 뭐냐?"고 물을 때, 일거수일투족 모든 행동에 욕심이 작용한다는 결론이 도출됩니다. 한 10분 정도면 "모든 것이 욕심이다."라는 통찰에 이릅니다. 무슨 얘기냐 하면 "모든 것에 욕심이 작용한다."는 통찰은 과학적 발견이 아니고 우리 생각의 작동방식일 뿐이란 말입니다. 비단 욕심뿐만 아니라, 그 어떤 개념이든 하나를 들고서 그 정체를 집요하게 추구하면 일체를 그 개념에 적용시킬 수 있다는 말입니다. 프로이트 심리학과 같이, 어떤 원리에 의해서 모든 것을 설명할 경우 사이비 과학이 되기 쉽습니다. 그래서 과학철학자 칼 포퍼(Karl Popper, 1902-1994)는 프로이트의 이론을 사이비 과학의 대표적인 예로 혹독하게 비판합니다. 과학적 진술은 반증 가능해야 하는데, 프로이트의 정신분석 이론의 경우 그 어떤 심리상태나 정신질환도 다 설명할 수 있기 때문입니다. '의식-무의식'의 중층심리나, '초자아, 자아, 이드'의 3원적 정신역동학(Psycho dynamics)으로 모든 심리현상을 설명합니다. 설명 못하는 심리현상이 없습니다. 그래서 칼 포퍼가 프로이트의 이론이 대표적인 사이비 과학이라고 비판합니다. 화엄학의 일즉일체, 일중일체의 원리에 비추어 보아도, 어떤 하나의 '개념'에 의해서 모든 것을 해석하게 되는 것은, 새로운 과학적 발견이 아니라, 우리의 생각의 작동방식일 뿐입니다.

모든 것이 다 부처다

그 다음으로 '부처'에 대해 추구해 보겠습니다. "부처가 무엇인가?"라고 물을 때 어떻게 답해야 할까요? 어떤 분이 부처님이신지요? 물론 석가모니 부처님이 부처님이신데, 『금강경』에 '약이색견아 시인행사도 불능견여래'[10]라는 말이 있습니다. "마일 몸뚱이로써 나를 보는 사람은 삿된 길을 가는 사람이니 여래를 볼 수 없다."라는 뜻입니다. "석가모니 부처님을 가리키면서, 저 분이 부처님입니다."라고 할 경우엔 진정한 부처를 보지 못한다는 가르침입니다. 그럼 어떤 분이 부처님일까요? 그러니까 육신, 이 고기몸을 가지고 부처라고 하면 안 된다는 것입니다. 『금강경』에서는 "만일 32상으로 여래를 보는 것이라면, 전륜성왕도 여래이리라."[11]라고 가르칩니다. 부처님과 그 모습이 똑같은 분이 있습니다. 부처님은 32가지 관상을 갖춘 분입니다. 정확히 말하면 32상 80종호를 갖춘 분입니다. 32가지 굵은 관상과 80가지 세부적인 관상을 갖춘 분이란 말입니다. 그런데 이는 인도의 전통종교에서 공통적으로 말하는 모든 영웅의 관상입니다. 따라서 32상 80종호의 관상을 갖추신 모습을 보고서 부처님을 봤다고 한다면, 똑같이 그런 관상을 갖춘 전륜성왕에 대해서도 부처님이라고 해야 할 것이라고 『금강경』의 편찬자는 비판하는 것입니다.

부처님과 전륜성왕의 상호

초기불전에서 부처님의 외모를 묘사한 목격담을 찾을 수 있습니다. 싯다르타 태자가 수행하기 위해서 산으로 올라가실 때 그 마을의 처녀 두 명이 그

---

10) 若以色見我 以音聲求我 是人行邪道 不能見如來.
11) 若以三十二相 觀如來者 轉輪聖王 卽是如來.

모습을 보고서 너무나 잘 생긴 모습에 반합니다. 그 당시 인도에서는 대부분의 젊은 사람들이 일정 기간 수행하는 것이 인생의 과정 가운데 하나였기에, 두 여인은 "지금 수행을 위해서 산에 들어가시는 저 분이 얼마 후 틀림없이 내려오실 텐데 그러면 우리 둘이 함께 저 분의 첩이 되자."고 약속을 합니다. 본처는 있을 테니까 첩이라도 좋다는 것입니다. 요새 말로 표현하면 부처님은 엄청난 얼짱, 몸짱이셨습니다.

절에서 보는 불상의 모습은 실제 부처님의 모습이 아닙니다. 인도의 종교 전통에서 말하는 32상 80종호의 외모를 그냥 형상으로 만들어 놓은 것입니다. 32상 80종호는 상형문자와 같습니다. 실제 모습이 아니라 영웅이 갖춘 덕성을 몸과 얼굴의 모습으로 나타낸 것입니다. 따라서 우리가 부처님 형상을 볼 때 "아, 상형문자구나."라고 생각하면 됩니다. 예를 들어 32상 가운데 대설상(大舌相)이란 게 있습니다. 혀가 길고 넓어서 길게 내밀면 이마를 덮을 정도가 된다는 상호입니다. 이는 "부처님께서는 설법에 능하시다."는 점을 상징합니다. 또 수족지만망상(手足指縵網相)이란 게 있는데, 거위와 같이 손가락 사이에 물갈퀴가 있는 모습입니다. 이런 손으로 물을 뜨면 흘러내리지 않듯이, 이 상호는 "단 하나의 중생도 놓치지 않고 구제하신다."는 점을 상징합니다. 이런 식으로 32상 80종호가 모두 부처님이나 전륜성왕의 덕성을 상징하며, 불상은 이를 형상화 한 것이기에 불상의 모습을 보고서 석가모니 부처님의 실제 모습이라고 생각하면 안 됩니다. 실제 모습은 너무나 잘생기신 모습이라고 보면 되겠습니다. 기골이 장대하고 인물이 출중한 분이 무력과 지력을 갖추었을 경우 천하를 통일하는 전륜성왕이 될 수 있습니다. 그런 분을 믿고 따르기 위해서 수많은 사람들이 모이기 때문입니다.

두두물물 부처 아닌 게 없다

이렇게 부처님과 전륜성왕 모두 32상을 갖춘 분이기에, 부처님의 몸의 모습을 보고서 부처님이라고 한다면, 전륜성왕도 32상을 갖추고 있으니 부처님이어야 할 것입니다. 그래서 『금강경』의 부처님께서 "만일 32상으로 여래를 보는 것이라면, 전륜성왕도 여래이리라."고 말씀하신 겁니다. 그러니까 "몸의 모습을 갖고 부처라고 부르지 말라."는 가르침입니다. 그럼 부처가 뭘까요? 많이 들어보셨겠지만, 궁극적으로는 두두물물(頭頭物物) 부처 아닌 것이 없습니다.

우리가 사는 이 우주전체가 사실은 부처님의 몸입니다. 이런 가르침을 설하는 경전이 바로 『화엄경』입니다. 그 부처님의 명호는 뭘까요? 바로 비로자나(毘盧蔗那) 부처님이십니다. 절에 가면 대적광전(大寂光殿)이든지 비로전(毘盧殿)이라는 현판이 걸린 전각에서 왼손의 검지를 오른손으로 감싸 쥔 모습의 지권인(智拳印)을 하고 계신 불상을 볼 수 있습니다. 이 분이 바로 우

해인사 법보전 비로자나불

리가 사는 이 세상 만드신 비로자나 부처님이십니다. 무량겁의 보살도를 통해 공덕을 축적한 후 그 공덕으로 이 세상을 만들고 어디 다른 곳에서 가부좌 틀고 앉아 계신 게 아니라, 이 분의 몸이 변하여 그대로 이 우주가 되었습니다. 우리는 그 분의 몸속에서 삽니다. 그 분의 털끝(毛端, 모단) 또는 털구멍(毛孔, 모공) 속에 우리가 살고 있습니다. 따라서 "진정한 부처란 무엇인가?"라고 물을 때, 궁극적으로는 "일체가 다 부처다."라고 답할 수 있습니다. 들리는 소리는 다 비로자나 부처님의 음성이고, 보이는 형상은 다 비로자나 부처의 몸입니다.

그럼 다시 위에서 제기했던 질문으로 돌아와 보겠습니다. 무엇이 부처일까

요? 모든 것이 부처님입니다. 학승이든, 선승이든 부처님의 정체에 대해 진지하게 추구한 불교수행자들이 내린 최종적인 결론은 "일체가 다 부처님이다."라는 통찰입니다. 개념의 실체성을 비판할 때 최종 결론은 다 같습니다. '부처'라는 개념도, 그 정체를 집요하게 추구해 보면, 궁극에 가서는 테두리가 무너집니다. 부처가 모든 것이고, 모든 것이 부처입니다. '일즉일체, 일체즉일'입니다.

모든 게 다 밥이다

그 다음으로 '밥'의 정체에 대해 추구해 보겠습니다. '밥'이 뭘까요? 맛있는 것이 밥인가요? 맛없는 것도 밥입니다. 밥이 뭘까요? 우리가 먹는 밥이 모두 우리 몸에 차곡차곡 쌓이면 참 보람이 있을 것입니다. 근데 허무한 것이 몸 뒤에 혹은 아래 구멍이 뚫려가지고 다 나가버립니다. 항문입니다. 밥은 많이 먹는데 살이 찌지 않는 사람들이 있습니다. 이런 사람은 화장실에 오래 앉아 있을 겁니다. 그러니까 사실은 입으로 들어가 몸을 통과하면서 나에게 에너지만 주는 것이 밥입니다. 그러면 밥 먹는다는 일은 뭘까요? 단적으로 말해서 에너지를 섭취하는 것입니다.

그럼 숨 쉬는 것도 밥을 먹는 것인가요? 그렇다고 볼 수 있습니다. 우리가 숨 쉴 때 산소(O_2)를 흡수했다가 몸을 태우고서 탄산가스(CO_2)를 내보냅니다. 숨쉬기가 밥 먹기입니다. 그런데 숨쉬기의 경우에는 콧구멍이 입과 항문의 역할을 함께 합니다. 코로 먹고 코로 싸기 때문입니다. 생명체의 몸에서 입과 항문은 다른 곳에 있어야 할까요? 그렇지 않습니다. 말미잘 같은 경우에는 입과 항문이 같습니다. 지나가던 물고기를 촉수로 탁 잡아서 먹은 다음에 소화하고서 같은 곳으로 뱉습니다(또는 쌉니다). 사람에 비유하면 입으로 밥을 먹었다가 화장실 가서 '억~'하고 토하면서 변을 보는 꼴입니다.

밥이 뭘까요? 우리 몸에 들어가서 에너지를 주는 것이 밥인데, 입으로 먹어야만 밥인가요? 앞에서 말했듯이 '산소(O_2) 밥'은 코로 먹고 코로 쌉니다. 그런데 귀로 들어가는 에너지도 있습니다. 소리 에너지입니다. 또, 빛 에너지는 눈으로 들어갑니다. 따라서 우리에게 감각되는 모든 것이 다 밥이라고 할 수 있습니다. 이런 통찰은 제가 만든 게 아닙니다. 불전을 보면 밥의 종류를 네 가지로 나눕니다. 우리가 입으로 먹는 덩어리 밥은 단식(段食)이라고 부르고, 이 이외에 촉식(觸食), 사식(思食), 식식(識食)이 있습니다. 감각하는 것도 밥이고(촉식), 생각하는 것도 밥이며(사식), 인식하는 것 이것도 밥입니다(식식). 우리처럼 고기 몸뚱이를 가진 놈들은 단식을 먹고 삽니다. 욕계에 사는 이빨 가진 중생들, 성기와 입을 가진 중생들은 단식을 먹고 삽니다. 그러나 색계의 천신들은 촉식, 사식, 식식을 합니다. 또 귀신같은 경우에도 단식을 먹지 않습니다. 제사 지낼 때 보면 밥이 줄어들지 않습니다. 귀신이 제삿밥을 보고 냄새만 맡고 가도 식사를 끝낸 겁니다.

따라서 '밥'이 무엇인지, 그 정체를 추구해 들어가면 감각, 생각, 인식까지 모두 다 밥이라는 점을 알 수 있습니다. 에너지가 들어가는 것이 밥이기 때문입니다. 그래서 일체가 다 밥입니다. 밥이 모든 것이고 모든 것이 밥입니다. '일즉일체, 일체즉일'입니다.

모든 게 다 똥이다

그러면 이와 반대로 '똥'이 뭘까요? 입으로 들어왔는데 얼마 후 몸 밖으로 나가는 것이 똥입니다. 똥은 더러운 것인가요? 꼭 그렇지도 않습니다. 똥강아지는 그걸 먹고 삽니다. 그럼 똥이 뭘까요? 좋지 않고 버려야 하는 것일까요? 그렇지도 않습니다. 옛날에는 시골 학교 화장실 청소권을 마을 유지가 갖고 있었다고 합니다. 똥을 농작물 키우는 비료로 사용했기 때문입니다. 그래서 똥이 돈입니다. 돈 주고 똥을 구입하기도 합니다. 그래서 똥에 대해 더럽다거나 깨끗하다거나 좋다거나 나쁘다거나 말 못합니다. 그러면 똥의 정체가 뭘까요? 어떤 재료가 들어가서 변하면 똥입니다. 똥의 정체를 집요하게 추구해 보면 '재료가 들어가서 변한 것'만이 모든 똥의 공통점입니다.

그러면 이 건물은 똥인가요? 처음에 지을 때 철근, 시멘트, 자갈, 모래 등등이 들어와서 똥 덩어리가 됐습니다. 똥입니다. 이 유리잔도 똥인가요? 그렇습니다. 규소가 주성분인 고운 모래가 공장에 들어와서 여러 공정을 거친 후 유리잔으로 변해서 출하됩니다. '재료가 들어가서 변한 것'이기에 이 역시 똥입니다. 이상에서 보듯이 "똥이 무엇이냐?"고 물으면서 엄밀히 규정하려고 하면 똥이라는 개념의 테두리가 점점 넓어져서 '재료가 들어가서 응결된 것'이라거나 '하나의 생산품'이라고 규정할 수밖에 없습니다. 따라서 모든 것이 똥과 다르지 않습니다. 모든 것이 똥입니다. '일체즉일'입니다.

모든 게 다 무기다

지금까지 우주, 시작, 욕심, 시작, 종말, 물질, 살, 마음, 부처, 밥, 똥, 바깥, 안, 뇌, 신경 등의 개념에 대해 그 정체를 집요하게 추구해 봤습니다. 이런 추구의 결론은 낱낱의 개념에 테두리가 없다는 것입니다. 개념의 범위가 무한 확장됩니다. 그런 개념만 골라서 그 정체를 추구했기 때문에 그런 게 아닙니다. 모든 개념이 다 그렇습니다.

그러면 또 다른 개념을 검토해볼까요? '무기'가 무엇인가요? 전쟁할 때 쓰는 총, 칼, 대포 같은 것이 무기입니다. 그런데 이런 것만 무기인가요? 모든 것이 무기인가요? 주먹도 무기이고, 이 유리잔도 던지면 무기가 됩니다. 저 벽도 무기입니다. 싸우다가 머리가 벽에 부딪히게 만들 수 있으니까요. 또 공기도 무기입니다. 군대 갔다 온 분들은 화생방 훈련할 때 공기가 무기가 된다는 점을 실감했을 겁니다. 그러면 심리도 무기인가요? 비무장지대에서 이루어지는 대북, 대남 스피커 방송이 일종의 심리전입니다. 그러면 무기란 무엇일까요? 일체가 다 무기입니다. 싸움꾼도 이 공성의 통찰이 열리면 싸움을 더 잘합니다. 어린 시절 동네 아이와 싸울 때 물고, 뜯고, 침 뱉고, 할퀴고, 꼬집고 하면 못 당합니다. 싸울 때 그런 애가 하나 있으면 다 도망갑니다. 그런 애는 모든 게 무기라는 점을 본능적으로 알고 있는 겁니다.

앞에서도 얘기했지만, 이와 같은 공성의 추구에는 선악이 없습니다. 아주 조심해야 할 점입니다. 자비심이나 도덕성과 같은 기본적 감성 훈련 없이 공성만 추구할 경우, 큰 악행을 저지를 수 있기 때문입니다.

아무튼 "무기가 무엇인가?"라고 추구해 들어갈 때 '무기'라는 개념의 테두리가 무너집니다. 그래서 모든 게 무기가 됩니다. 무기가 모든 것이고 모든 것이 무기입니다. '일즉일체 일체즉일'입니다.

모든 게 다 돈이다

이상과 같은 사고(思考) 훈련을 할 경우 창의력이 향상됩니다. 불교에서 가르치는 반야지혜는 창조적 발상을 가능케 하는 해체의 지혜입니다.

또 다른 개념을 하나 더 예로 들어보겠습니다. '돈'이란 무엇일까요? 동전만 돈인가요? 아닙니다. 종이돈도 있고, 수표도 있습니다. 가만히 보면 돈 아닌 것이 없습니다. 다 돈이 됩니다. 주위에 돈 아닌 것이 있는가? 팔면 다 돈을 받을 수 있습니다. 사람도 돈인가요? 좋지 않은 예이긴 하지만, 인신매매범들은 사람을 돈으로 봅니다. 요즘에는 심지어 물이나 공기를 돈을 지불하고 구입하기도 합니다. 물도 돈이고 공기도 돈입니다. 따라서 돈이 무엇인지 추구해 들어가면 '돈'이라는 개념의 테두리가 다 무너집니다. 모든 것이 돈입니다. 돈이 모든 것입니다. 이 역시 '일체즉일 일즉일체'입니다.

세상의 참모습 - 일중해무량, 일중일체

　이것이 바로 반야지혜로, 화엄학에서 말하는 일즉일체의 통찰, 일중해무량(一中解無量)의 통찰입니다. 하나가 모든 것이고, 하나 속에서 무한을 해석해냅니다. 이것이 세상의 참모습이라는 말입니다. 우리가 "책상이다, 천장이다, 컵이다."라고 온갖 사물에 이름을 붙여서 이를 이용하면서 살아가는데 이런 것들이 다 가짜 생각입니다. 무한한 이름 가운데 하나만 선택해서 내 멋대로 이름을 붙이는 겁니다. 생각의 가위를 통해서, 세상을 온갖 개념으로 가위질한 후 다시 그런 것들을 조합하여 문장을 만들고 생각을 만듭니다.

　이제 역으로 접근해 보겠습니다. (리모컨을 들어 보이면서) 이것이 뭘까요? '리모컨'입니다. '물질'입니다, '내 망막의 살'입니다, '시작'입니다, '끝'입니다, '바깥'입니다. '안'입니다, '우주'입니다. … 모든 게 다 된다는 말입니다. 어느 것을 들더라도 모든 개념이 다 들어있습니다. 이게 바로 일중일체(一中一切)의 통찰입니다.

웃음과 울음은 무엇일까?

　지금까지 온갖 사물을 소재로 삼아 그 정체를 추구해 보았습니다. 그러면 이번에는 좀 독특한 개념의 실체성을 검토해 보겠습니다.

　'웃음'이 뭘까요? Smile. Laugh 말입니다. 또 다시 앞이 꽉 막힙니다. 은산철벽이 나타났습니다. 다른 개념의 경우 그 정체가 모든 것으로 확장되는 것이 그럴 듯한데, 웃음은 도저히 그럴 것 같지 않습니다.

　'웃음'이 어떻게 모든 것이 될까요? 이제 따져 보겠습니다. 우리가 언제 웃을까요? 기쁠 때 웃습니다. 슬플 때도 웃는가요? 그렇습니다. 너무 슬플 때 '허허, 내 팔자야.'하고 너털웃음을 웃기도 합니다. 너무 화가 나도 웃는가요? 그렇습니다. 영화나 드라마 사극(史劇)에서 왕이나 황제가, "하하하, 건 방지다. 당장 목을 쳐라!" 이렇게 말하는 장면을 볼 수 있습니다. 너무 화가 나도 웃는 것입니다. 또, 미쳐도 히죽히죽 웃습니다. 또, 사춘기 소녀들은 잘 웃습니다. 가랑잎만 굴러가도 깔깔거립니다. 또, 간지러워도 웃습니다. 그러 면, 아파도 웃을까요? 지금 옆에 앉은 분을 꼬집어서 확인해 보세요. 틀림없 이 웃을 것입니다. 그러면 도대체 웃음이 뭔가요? 웃음은 모든 감정을 다 표 현합니다. 우리가 고정관념 때문에 '웃는 것'은 좋은 것이라고 생각합니다. 그러나 냉소(冷笑), 비웃는 웃음도 있습니다. 별의별 웃음이 다 있습니다. 웃 음은 모든 감정을 다 표현합니다. 웃음 역시 그 범위에 테두리가 없습니다. 웃음은 모든 감정을 표현하는 행위입니다. 일즉일체입니다.

   그러면 이와 반대로 '울음'은 뭘까요? 슬플 때 웁니다. 기뻐도 우는가요? 그렇습니다. 그럼 더 이상 얘기할 것도 없습니다. 슬픔과 기쁨이라는 상반된 감정이 모두 울음으로 표출됩니다. 또, 너무 화가 나서 분해도 웁니다. 울음 역시 웃음과 마찬가지로 모든 감정을 다 표현합니다. 일즉일체입니다.

   영화배우나 탤런트와 같은 연기자가 이런 이치를 체득하면 명연기자가 됩 니다. 슬픈 것을 웃으면서 연기하고 기쁜 것을 울면서 연기하는 명연기자가 되는 것입니다.

지식과 지혜의 차이

   중관학을 반야중관학이라 부르기도 하는데 반야는 지혜를 뜻합니다. 그러 면 지식과 지혜는 어떻게 다를까요? 지식은 쌓아서 이룩되고 지혜는 허물어 서 얻어집니다. 지식(知識)과 지혜(智慧)는 그 방향이 정반대입니다. 불전은 아니지만 노자의 『도덕경』에 보면 이런 말이 있습니다. '일익위학 일손위도 (日益爲學 日損爲道).' "나날이 늘어나면 학문이 되고 나날이 덜어내면 도가 된다."는 뜻입니다. 여기서 학문은 지식에 해당합니다. 많이 암기해서 아는 것이 많아야 지식이 많은 것입니다. 이와 반대로 도(道)는 지혜에 해당합니다. 지금까지 가지고 있던 고정관념을 많이 씻어낼수록 도의 경지가 높아집니다. 도가 바로 지혜이고 지혜는 공의 지혜, 텅 빔의 지혜, 반야의 지혜인 것입니다. 지금 우리도 기존에 가지고 있던 생각들을 하나하나 점검해 가면서 얼마나 엉터리였는지를 자각하는, '일손위도'의 훈련을 하고 있는 것입니다. 불교적 지혜의 길입니다.

통계곡선의 분포도가 말하는 일즉일체

"이마가 어디인가?"라고 물을 때 어디까지가 이마인지 경계부를 확정하여 대답할 수 없습니다. "어깨가 어디냐?"고 물을 때에도 마찬가지입니다. 우리는 "이것은 머리다, 어깨다, 무릎이다, 다리다, 팔이다, 사람이다, 죽음이다, 욕심이다, 종말이다, 시작이다, 물질이다 …"라고 하면서 확정해 놓고 살아가는데 이는 세상만사를 생각의 감옥에 가두는 일입니다. 항상 깨어 있는 삶을 살기 위해서는 '고정관념의 감옥'에 갇혀 있는 갖가지 '개념'들을 해방시켜야 합니다. 그리고 지금까지의 강의는 갖가지 개념의 정체에 대해 집요하게 추구함으로써 그 테두리를 무너뜨리는 '개념 해방 작업'이었습니다.

생각의 소재인 모든 '개념'들은 중심부와 주변부를 갖습니다. 어떤 '개념'이든 그 중심부에서는 의미가 분명한 것 같습니다. 얼굴에서 이마, 뺨, 코 등의 위치가 너무나 분명한 듯이 생각됩니다. 그러나 이마의 한계가 어디까지인지, 뺨의 한계가 어디까지인지 확정하려고 할 때 우리는 당황하게 됩니다. 이마의 중심, 뺨의 중심에서는 그 위치가 너무나 분명한 것 같지만, 중심에서 멀어지면서 주변부로 가면 어디까지를 이마라고 해야 할지, 어디까지를 뺨이라고 해야 할지 애매하게 됩니다. '이마'나 '뺨'과 같이 공간적으로 이어진

사물의 개념도 그 테두리를 정하기가 힘들지만 온갖 '컵'들과 같이 낱낱의
개체가 별도인 사물의 개념도 그 의미의 범위를 확정하기가 힘듭니다.

　이런 통찰은 수학의 통계곡선 가운데 분포도 곡선을 참조할 때 보다 명료
해집니다. 다음과 같은 그림이 분포도 곡선인데, 분포도 곡선의 특징은 x축
과 절대 만나지 않는다는 점입니다. 종(鐘) 모양의 곡선이 양의 방향이든 음
의 방향이든 무한히 x축에 가까워질 뿐이지 x축과 만나지 않습니다.

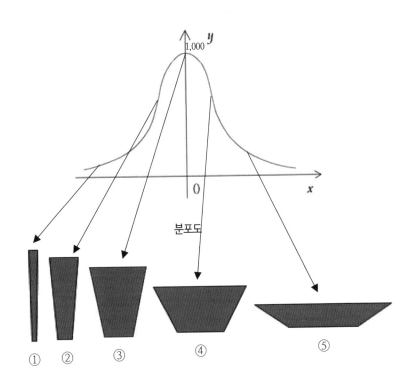

예를 들어서 사람들 1,000명을 모아 놓고서 위의 5가지 그림 가운데 '컵'
모양의 그림 하나만 지적해 보라고 하면 모두 ③번을 선택할 겁니다. ③번을
선택한 인원수는 '0'점의 y축에 표시되며 그 수가 아마 1,000명에 근접할 겁

니다. 그 다음에 좀 넓적한 ④번도 '컵'의 모양이라고 생각하는 사람은 손을 들어 보라고 하면, 그 수가 좀 줄어들 겁니다. y축 방향으로 분포도 곡선이 내려가는 것으로 나타납니다. ⑤번을 컵이라고 생각하는 사람은 더 줄어들기에 분포도 곡선은 y축 방향으로 더 내려갑니다. 이와 마찬가지로 더 홀쭉한 ②번, ①번을 컵의 모양이라고 생각하는 사람의 수 역시 점점 더 적어질 겁니다. 그러나 분포도의 속성 상 종 모양의 곡선은 절대 x축과 만나지 않습니다. 즉 어떤 모습의 용기(容器)를 갖다 놓아도 그것을 컵으로 볼 수 있다고 생각하는 사람이 반드시 있다는 얘깁니다. 또 x축이 플러스(+) 방향이든 마이너스(-) 방향이든 무한히 뻗쳐 있기 때문에 그 무엇을 x축에 배치해도 그것은 컵의 범위 내에 들어올 겁니다.

컵은 무엇인가?

예를 들어서 '말소리'도 컵이 될 수 있습니다. 자, 곰곰이 생각해 보겠습니다. 컵이란 게 무엇인가요? 물을 담을 수 있어야 컵인가요? 못 담아도 컵이라고 할 수 있습니다. 우승컵 같은 경우에는 아무것도 담겨 있지 않습니다. 깨지면 컵이 아닌가요? 깨진 컵도 컵입니다. 컵이 무언가요? 무엇을 담는 것이 컵인가요? 무엇을 담는 것이 컵이라면 내 말소리도 컵이 됩니다. '의미'를 담고 있으니까요. 그래서 "나의 말은 컵이니, 온갖 의미를 담고 있다네. …" 이러면 시(詩)가 됩니다. 시어(詩語)에서는 일상에서 함께 할 수 없는 이미지를 조합하여 새로운 이미지를 창출해냅니다. "내 마음은 호수요! 그대 노 저어 오오."〈내 마음은 호수〉라는 제목의 우리 가곡 가사입니다. 마음이 호수랍니다. 이런 시어가 가능한 이유가 어떤 개념이든 모든 것을 의미할 수 있기 때문입니다. 일즉일체인 화엄의 이치가 세상을 지배하기 때문입니다.

내 강의를 들은 학생 중에 등단한 시인이 있었습니다. 지금도 활동하고 있는데, 졸업하고 몇 년 후에 안부를 묻는 엽서가 왔습니다. 사연(辭緣) 가운데 "교수님 강의 듣고 난 다음 저의 시작(詩作) 연습이 10년이나 앞당겨졌습니다."라는 감사의 글이 있었습니다. 나중에 그 시인이 쓴 시를 보니 참으로 난해한 현대시였습니다. 앞에서 소개했던 효봉 스님의 오도송처럼 주어와 술어의 연결이 상식을 초월해 있었습니다. '컵'이라는 개념의 정체에 대해 집요하게 추구하면, 마음이 호수가 되듯이, 말소리가 깁이 될 수 있습니다.

화엄적 절대긍정에서 반야의 절대부정으로

화엄경의 가르침을 7언(言) 30구(句) 210자(字)의 시송(詩頌)으로 요약한 의상스님의 법성게에서는 사사무애한 법계연기의 통찰을 "일중일체다중일 일즉일체다즉일(一中一切多中一 一卽一切多卽一)"이라고 표현합니다. 상즉상입(相卽相入)의 통찰입니다. 상즉은 하나와 모든 것이 일치하는 일즉일체다즉일을 의미하고, 상입은 하나와 모든 것이 서로를 내함(內含)하는 일중일체다중일을 의미합니다. 상즉이나 상입 모두 사사무애 연기를 나타내는 말인데, 전자는 인식론적 기술(記述), 후자는 존재론적 기술이라고 해석해도 되겠습니다. 여기서 '다중일'이나 '다즉일'이라고 '다'자를 썼지만, 어구를 7언으로 맞추기 위한 것일 뿐 '다'는 일체, 즉 모든 것을 의미합니다. "하나 속에 모두 들고 모두 속에 하나 들며, 하나가 곧 모두이고 모두가 곧 하나라네." 이것이 화엄학에서 말하는 사사무애의 법계연기의 다라니입니다.

지금까지 이 다라니의 이치를 도입해서 개념의 실체성을 해체하는 훈련을 해보았습니다. 그런데 이는, 어떤 개념에 대한 '하나'의 분별이 있을 때, 그것을 '모든 것'이라는 무한으로 확장함으로써 무화시키는 방식이었습니다. 요컨대 하나의 분별을 무한 긍정을 통해 해체하는 방식이었습니다. 이런 방식을 '절대긍정을 통한 분별의 해체'라고 규정해도 되겠습니다. 마음이 무엇인가 물어 들어갈 때, 궁극적으로 모든 것이 마음이라는 통찰로 귀결됩니다. 우주가 무엇인지 물어 들어가면, 모든 곳이 우주라는 통찰이 도출됩니다. 욕심이 무엇인지 물어 들어가면, 욕심 아닌 게 없다는 통찰에 이르게 됩니다. 그런데 절대긍정의 이런 통찰은 절대부정의 통찰과 동전의 양면을 이룹니다. 즉, 모든 것이 마음이라면, 마음이랄 것도 없습니다. 앞에서 설명한 바 있지만, 마음 아닌 것이 있어야 마음이란 개념이 성립하는데, 마음 아닌 것이 없기에 마음이라고 말을 붙일 것도 없습니다. 다 마음이기 때문입니다. 또, 모든 곳이 우주라면 우주랄 것도 없습니다. 모든 것이 욕심이라면 욕심이랄 것도 없습니다. 모든 것이 시계라면 시계랄 것도 없습니다. … 이렇게 절대긍정의 통찰은 "~랄 것도 없다."는 절대부정의 조망과 함께합니다. 절대부정의 조망은 공(空)과 무(無)의 조망인데, 『반야심경』이나 『금강경』과 같은 반야계 경전에서 이에 대해 집중적으로 가르칩니다. 앞에서 화엄적 절대긍정을 통해 그 실체성을 비판했던 개념들 모두는 표의 우측과 같이 반야적인 절대부정의 통찰이 가능합니다.[12]

화엄의 절대긍정	분별	반야의 절대부정
일체(一切)	우주	공(空), 무(無)
일체(一切)	시계	공(空), 무(無)
일체(一切)	욕심	공(空), 무(無)
일체(一切)	시작	공(空), 무(無)
일체(一切)	종말	공(空), 무(無)
일체(一切)	물질	공(空), 무(無)
일체(一切)	살	공(空), 무(無)
일체(一切)	뇌신경	공(空), 무(無)
일체(一切)	마음	공(空), 무(無)
일체(一切)	대상	공(空), 무(無)
일체(一切)	바깥	공(空), 무(無)
일체(一切)	안	공(空), 무(無)
일체(一切)	부처	공(空), 무(無)
일체(一切)	밥	공(空), 무(無)
일체(一切)	똥	공(空), 무(無)
일체(一切)	무기	공(空), 무(無)
일체(一切)	돈	공(空), 무(無)
일체(一切)	웃음	공(空), 무(無)
일체(一切)	울음	공(空), 무(無)
일체(一切)	컵	공(空), 무(無)

'A'라는 어떤 개념의 정체를 집요하게 추구하면 그 범위가 무한 확장합니

---

12) 김성철, 「일상에 대한 불교적 조망」 참조.

다. 즉, 모든 것이 'A' 개념으로 설명 가능합니다. 절대긍정인 일즉일체, 일중일체의 화엄적 조망입니다. 그래서 "모든 것은 A이다."라는 결론에 이르게 됩니다. 앞의 표 왼쪽의 '일체'가 이를 나타냅니다. 그런데 모든 것이 A라면 A 아닌 것이 없기에, 어떤 것에 대해서 A라고 이름 붙일 것도 없습니다. A가 무의미해지는 것입니다. 논리적으로 "어떤 것이든 A라고 할 것도 없다."는 결론이 도출됩니다. 절대부정인 공과 무의 반야적 조망입니다. 앞의 표 오른쪽의 공과 무가 이를 나타냅니다. 어떤 개념이든, 그 범위의 무한 긍정과 무한 부정이 모두 가능합니다. 무한 긍정은 화엄적 절대긍정이고, 무한 부정은 반야적 절대부정입니다. 그렇다면 절대긍정과 절대부정의 두 가지 통찰 가운데 어느 쪽이 더 깊을까요? 둘 다 똑같습니다. 두 가지 통찰 모두 '하나의 분별'을 해체한다는 점에서 그 취지가 같습니다.

선문답의 취지

'우주, 시계, 욕심, 시작, 종말 …' 등이 제각각 존재한다고 보는 것은 우리들의 일반적인 사고방식입니다. 그래서 대부분의 사람들은 이런 개념들에 대한 고정관념 속에서 답답하게 살아갑니다. 갖가지 개념에 실체가 있다고 생각하는 고정관념을 가질 경우 "부처님은 마른 똥 막대기다!"와 같은 선문답, 화두가 기이하게 느껴질 겁니다. 앞에서 인용한 노자 『도덕경』의 경구 '일익위학'에서 말하는 학문의 세계, 지식의 세계는 고정관념으로 가득한 세계입니다. 그런데 '일손위도'에서 말하는 도의 세계, 지혜의 세계에서는 그런 고정관념들을 다 무너뜨립니다.

"달마스님이 중국에 오신 까닭은?" "뜰 앞의 잣나무다!"[13] 동문서답 같이

---

13) "달마서래의(達摩西來意)?"에 대한 대답인 "정전백수자(庭前栢樹子)"의 백(栢)은 측백나무를 의미하지만, 우리나라 선가에서는 전통적으로 잣나무로 번역해 왔다.

보이지만 이것이 세상의 진상이라는 것입니다. "개에게도 부처의 성품이 있는가?" "무(無)." 조주스님의 무(無)자 답변이 널리 알려진 후, 나중에 다른 스님이 다시 여쭈니까 그때는 "유(有)"라고 바꿔 말씀하십니다. 이랬다저랬다 하신 것입니다. 왜? 교화대상의 분별적 생각을 타파해주는 것이 중요한 것이지, 다시 분별적 답을 하여 지식을 주는 것은 번뇌의 소멸이라는 불교 수행의 목적과 무관하기 때문입니다. 즉, 교화대상의 생각을 탈이분법(脫二 分法)의 중도로 몰고 가는 것이 선승들의 교화방식입니다. 어중간한 중간을 제시하는 것이 아니라 중화(中和, Neutralization)시키는 겁니다. 6조 혜능 스님께서 "유(有)를 물으면 무(無)로 대답해야 하며 무를 물으면 유로 대답해야 한다."14)고 가르치신 취지도 이와 같습니다.

그런데 반야 공사상의 대한 체득이 관념에만 머물러서는 안 됩니다. 공사 상은 우리의 실생활에 쓰일 수 있어야 합니다. 공의 지혜는 내 생각을 해체하기 위해서만 쓰이는 것이 아니고, 내가 사는 삶 속에 선택의 기로에 섰을 때 항상 최선의 판단, 최고의 분별을 내리기 위해서 쓰이는 것입니다. 진정으로 공을 체득한 사람의 경우 고정관념이 완전히 사라졌기에 매 순간 최선의 선택을 할 수 있는 능력을 갖추게 되어, 자신의 주변과 우리사회를 행복하고 밝게 이끌 수 있습니다.

모든 문제를 해결하는 하나의 분별 - 정주영씨의 소떼 북송

예를 하나 들어보겠습니다.15) 지금부터 20여 년 전, 그러니까 해방 후 50여 년이 지나서, 굳게 닫혀 있던 남북관계의 활로를 튼 일대 사건이 있었습니다. 현대그룹 창업자 정주영(鄭周永, 1915-2001)씨의 소떼 북송 이벤트입니

---

14) 『六祖大師法寶壇經』(대정장48), p.360c.
15) 이하 김성철, 『화엄경을 머금은 법성계의 보배구슬』, 오타쿠, pp.165-169 참조.

다. 이 사건에서 우리는 화엄적인 일즉일체의 이치를 추출할 수 있습니다. 1998년 6월 16일 500마리의 소떼가 50여 대의 트럭에 실려 휴전선을 가로질러서 북으로 올라갔습니다.[16] 이 사건 이후 남북관계는 물살 흐르듯이 급속히 개선되었습니다. 드물기는 하지만 그 이전에도 남북 간 인적, 물적 교류가 있었는데 휴전선을 가로지르는 육로를 통한 왕래는 없었습니다.

　1984년에 한강 유역에 극심한 수해가 난 적이 있었습니다. 그 때 북한 적십자사에서 수재구호물자를 보내겠다는 제안을 했습니다. 그때 우리 정부에서 그 제안을 덥석 받아들였습니다. 그래서 북한에서 쌀과 옷감과 시멘트를 보내왔는데 육로가 아니라 해로를 이용했습니다. 대동강 하구의 남포항을 떠난 북한의 배가 일단 공해상으로 나갔다가 남쪽으로 내려온 후 다시 선수를 돌려서 인천항으로 향하는 'ㄷ'자 모양의 항로였기에 남북을 오가는데 시간이 꽤 오래 걸렸습니다. 휴전선을 긋고 정전협정을 한 당사자가 유엔군과 북한군과 중공군이었기에 육로 사용을 위한 남북 간의 협의가 쉽지 않았습니다. 그런데 그런 제약을 넘어서 육로를 뚫은 사건이 바로 '정주영씨의 소떼 북송' 이벤트였습니다.

　정주영씨가 보낸 소는 간척사업으로 새롭게 생긴 아산농장에서 키운 겁니다. 아산(峨山)은 정주영씨의 호입니다. 정주영씨는 북한에 소떼 북송을 제안하면서 그 이유를 다음과 같이 얘기했습니다; 자신의 고향은 강원도 통천인데, 젊을 때 아버지가 소 판 돈을 훔쳐서 가출을 한 후 크게 성공하여 기업가가 되었다. 마음속에는 항상 소 판돈을 훔쳤다는 데 대한 죄책감이 있다. 이제 마음의 빚을 갚고 싶다. 아산농장에서 키운 소 1,000마리를 북한에 보낼테니 받아 달라.

　북한을 향해서 "너희들이 불쌍하니까 도와주겠다."고 하면 안 받을 겁니다. 북한 사람들도 한국인이고, 한국인의 특성 가운데 하나가 자존심이 강하

---

16) 1998년 6월 16일에는 500마리, 다시 10월 27일에 501마리가 북한으로 올라갔다.

다는 점이라고 합니다. 그러나 "내가 당신들이 사는 지역인 강원도 통천에 빚진 것이 있는데 이를 갚기 위해서 소떼를 보내겠다."고 하니까 북한에서 수용을 했습니다. 그런데 북한에서 소떼를 배에 태워서 보내달라고 했습니다. 그러자 정주영씨는 "인천항을 떠난 배가 'ㄷ' 항로를 거쳐서 남포항으로 가려면 2박 3일 정도 걸리니까 소들이 멀미하다가 많이 죽을 테니 항로가 아니라 육로를 이용해야 한다."고 북한에 제안했습니다. 실제로 소를 배에 태워 2박 3일을 가면 대개 병에 걸리든지 많이 죽을 겁니다. 이 때 북한에서 소떼 기증을 거절할 수도 있었겠지만 거절하지 않고 육로 북송을 수용합니다. 북한 당국이 왜 거절 하지 못했는가 하면 보내는 물건이 '소'이기 때문입니다. 전통적으로 우리나라에서는 농사지을 때 소의 힘을 빌렸습니다. 옛날에 농사를 지어 본 분들은 모두 공감하겠지만, 어느 집에 소 한마리가 있다면 이는 큰 재산입니다. 노동력을 대신해 주기 때문입니다. 북한사람들도 우리 민족이기에 "소를 준다."고 할 때 가슴이 두근거립니다. 아마 소 1,000마리에 해당하는 돈을 달러로 보낼 테니, 남북 간의 육로를 열자고 제안했다면 협상이 쉽지 않았을 겁니다. 그러나 보내는 것이 '소'이기에 북한사람들의 감성이 흔들렸습니다. 다른 것은 몰라도, 의식에서든 무의식에서든 '소'는 꼭 갖고 싶어집니다. 그래서 북한은 정주영씨의 육로 개방 제안을 드디어 수용하게 됩니다. 물론 북한 정책 결정권자들 역시 통일을 향한 선의(善意)의 염원이 있었기에 소떼 북송 제안을 기꺼이 수용했을 겁니다.

소떼를 북으로 보내겠다는 것은 참으로 기상천외한 발상이었습니다. 프랑스의 언론인이면서 문명비평가인 기 소르망(Guy Sorman, 1944-)은 정주영씨의 소떼 북송 사건을 '20세기의 마지막 전위예술'이라고 극찬했습니다. 소떼를 가득 실은 큰 트럭 50대가 휴전선을 가로질러 북으로 올라가는 장면은 참으로 장관이었습니다. 북으로 올라간 트럭 역시 모두 기증했습니다. 그 후 금강산 관광, 개성공단 사업 등 남북 간 경제협력의 물꼬가 트였습니다.

남북관계가 경색되어 있을 때 우리 사회의 종교인들은 "남과 북이 같은 민족이니까 대립하지 말고 사이좋게 지냅시다." 식의 말들을 무수히 했습니다. 싸우는 사람들에게 싸우지 말라는 식의 이런 조언은 유치원 애들도 할 수 있습니다. 그런데 소떼 북송, 아무도 상상하지 못했던 '하나의 분별'인데, 이 분별 하나가 남북 간의 여러 가지 갈등을 다 해결하는 묘책이 되었습니다. ①살아있는 소떼이기에 육로가 새롭게 열렸습니다. ②보내는 물건이 우리민족의 가슴을 흔드는 '소'이기에 북한 당국자의 감성을 건드렸습니다. ③소 판 돈을 훔쳐서 가출했는데, 그 빚을 갚고 싶다는 명분을 내세웠기 때문에 북한 사람들의 자존심을 세워줬습니다. ④자신이 개척한 간척지에서 키운 소들이기에 보내는 이의 갸륵한 정성이 담겨 있다는 점으로 인해 북한 사람들이 더욱 호의를 보이게 되었습니다. 일중일체(一中一切)의 이치, 즉 하나의 분별(一, ⑤) 속에 모든 문제의 해결책(一切, ①②③④)을 담은 화엄적 묘안이 아닐 수 없습니다. 이를 도시하면 다음과 같습니다.

	①육로 수송의 당위성	
②북한 사람의 감성 자극	⑤소떼 북송	④정성스러운 선물
	③빚진 것 갚기	

물론 '소떼 북송을 통한 남북관계 경색 돌파'라는 아이디어는 정주영씨 개인에게만 해당하는 묘안입니다. 그런데 깊이깊이 생각해서 고안한 그 '하나의 분별'이 '다양한 갈등'을 일거에 해결하면서 남북관계 개선의 돌파구를 만들었습니다. 지금은 남북관계가 다시 경색되어 있지만, 이런 경색 또한 누군가가 나와서 다시 절묘한 하나의 분별을 통해 해결해야 할 것입니다.

물론 정주영씨가 『화엄경』이나 『반야경』을 읽어서 반야지혜를 터득했기에 그런 지혜를 발휘했다는 것은 아닙니다. 그러나 불교는 발견된 진리이기 때문에 세상에 대해서 있는 그대로 보려고 노력하는 사람들은 누구든지 그것을 찾아내고 체득할 수 있습니다. 이렇게 화엄의 이치는 우리 사회를 밝게 만들기 위한 묘안을 창출하는 데 크게 기여할 수 있습니다.

반야지혜는 삶 속에서 최고의 분별로 나타난다

불교의 반야중관의 지혜, 화엄의 일즉일체의 지혜는 세상에서, 일상생활에서 이와 같이 하나의 절묘한 분별로 나타납니다. 분별을 깨는 것은 수행할 때만 추구해야 합니다. 공사상을 공부할 때 아주 명심해야 할 점입니다.

『맹자(孟子)』에서 인의예지(仁義禮智)의 사단(四端)에 대해 설명할 때, 인(仁)은 측은지심(惻隱之心), 의(義)는 수오지심(羞惡之心), 예(禮)는 겸양지심(謙讓之心), 그 다음에 지(智)는 시비지심(是非之心)으로 나타난다고 합니다. 그런데 여기서 가장 중요한 것이 시비지심이라고 풀은 지(智)입니다. 지(智)는 지혜로 불교의 반야지혜(般若智慧)에 해당한다고 봐도 되겠습니다. 그런데 지혜가 삶 속에서 쓰일 때는 '시비를 가리는 마음', 즉 '옳고(是) 그름(非)을 가리는 마음'으로 나타난다는 것입니다. 그러니까 "아무 것도 없다."거나 "공하다."는 지혜가 세상에서 쓰일 경우엔 '시비를 가림'으로써 쓰입니다.

여러분들이 지금 공에 대해서 강의를 듣고 있지만 실생활에서는 절대로 공이라는 말도 꺼내지 말고 생각도 떠올리지 말기 바랍니다. 자신이 처한 상황 속에서 철저하게 옳고 그름을 판별하면서 살아가면 됩니다. 공을 제대로 배우거나 체득한 사람의 경우, 어떤 사안에 대해서든 모든 결정과 판단이 아주 객관적이고 정확하기에 그의 삶은 끝없이 향상합니다. 정주영 씨의 '소떼 북송'과 같이 가장 올바른 판단과 결정을 하게끔 도와주는 것이 공성의 해체 훈련이지 생각을 망가뜨리고 가치판단 상실상태에 빠뜨리는 것이 아니라는 점을 명심하시기 바랍니다.

제5강
판단의 사실성 비판: 증익, 손감, 상위, 희론

　지금까지 중관학을 창시한 나가르주나, 용수 스님의 저술, 중관학이 성립하기까지의 불교사상사를 이야기했고, 본론에 들어가서 중관논리를 반논리라고 명명한 후 서양논리학과 대비시켜서 그 특성을 드러내 보았습니다. 논리학은 사람이 생각하는 법칙에 대해 연구하는 학문이고 논리는 사람이 생각하는 법칙 그 자체를 말합니다. 그러나 중관학은 논리학이 아니라 반논리학(反論理學)입니다. 반(反)은 반대하다 할 때의 '반'자입니다. 영어로는 'Counter-Logic'이라고 표현합니다. Counter-Logic이라는 용어는 러시아의 불교학자 테오도르 체르바스키(Theodor Stcherbatsky, 1866~1942)가 처음 사용하였습니다. 체르바스키는 지금부터 약 100년 전에 활동했던 분인데 이 분의 저술은 지금도 유용할 정도로 위대한 불교학자입니다. 이 분이 중관학에 대해 붙인 Counter-Logic이라는 이름을 동아시아의 학자들이 반논리학이라고 번역했고 저 역시 반논리학이라는 이름 하에 중관학을 소개하고 있습니다. 용수의 『중론(中論)』이나 『회쟁론(廻諍論)』, 그 제자인 아리야 제바의 『백론(百論)』이나 『광백론(廣百論)』 등과 같은 중관학 문헌은 어떤 체계가 있는 저술이 아닙니다. 중관학 문헌은 독특합니다. 처음부터 끝까지가 모두 연습문제집과 같습니다. 온갖 문제들을 제시하고, 그것을 해체시키는 훈련을 하는 문헌입니다. 독자는 이를 숙독하면서 중관논리를 익힙니다.

일반적인 인도사상 문헌의 서술방식 - 열거, 정의 검토

전문적인 이야기를 하자면 불교문헌만이 아니고 인도에서 저술된 거의 모든 종교의 문헌의 서술방식이 똑같습니다. 앞에서 말했듯이 국민학교 전과(全科)와 같이 서술하는데, 먼저 자기 종교 또는 사상 체계에서 주장하는 '개념'들을 열거합니다. '열거'를 범어로 웃데샤(uddeśa)라고 하는데 ud(〉ut)는 '위', deśa는 '제시'라는 뜻으로, 웃데샤는 "위에 제시하다."이라는 의미입니다. 예를 들면 고대 인도의 육파(六派)철학 가운데 니야야학파의 소의경전(所依經典)인『니야야 수뜨라(Nyāya Sūtra, 正理經, 정리경)』에서는 자신들의 논리학에서 사용하는 16가지 핵심 개념들을 먼저 열거합니다.17) 그 다음에, 그 낱낱의 개념들에 대해 '정의(定義)'를 내립니다. 정의는 범어로 락샤나(lakṣaṇa)라고 씁니다. 락샤나는 특징이나 모습(相, 상)이라는 뜻도 있지만, 이 경우에는 '정의'라고 번역합니다. 그리고 마지막으로 문답 형식을 통해 그런 정의의 타당성을 논리적으로 검토합니다. 검토는 범어로 빠릭샤(parīkṣā)라고 씁니다. 빠리(pari)는 '둥글다' 혹은 '두루'라는 뜻입니다. 익샤(īkṣā)는 '살펴보다'는 뜻입니다. 그래서 빠릭샤는 '두루 살펴봄'이라는 뜻이 되며, 관용적으로 '문답 형식을 통한 논리적 검토'의 의미로 쓰입니다. 어떤 '개념'을 제시한 후 이에 대해서 '정의'를 내렸으면 이 정의가 왜 올바른지, 우리 학파, 우리 사상, 우리 철학에서 말하는 정의가 왜 올바른지 문답형식을 통해서 논리적으로 증명하는 과정이 '검토'입니다.

인도의 모든 종교, 사상 문헌은 이렇게 '웃데샤→ 락샤나→ 빠릭샤', 즉 '열거→ 정의→ 검토'의 3단계로 구성되어 있습니다. 위에서『니야야 수뜨라』를 예로 들었지만, 불교의 경우도 아비달마 문헌들이 이런 3단계의 설명 방식을 취합니다. 아비달마 교학은 초기불전의 가르침을 체계적으로 정리한 것인데, 기독교의 신학에 해당한다고 볼 수 있습니다. 신구약 성경책의 가르침을 수

---

17) ①인식방법, ②인식대상, ③의심, ④동기, ⑤실례, ⑥정설, ⑦지분, ⑧사택(思擇), ⑨결정, ⑩논의, ⑪논쟁, ⑫논힐, ⑬사인(似因), ⑭궤변, ⑮오난(誤難), ⑯부처(負處)

미일관한 체계로 정리한 것이 신학이듯이 초기불전에 실린 부처님 근본 가르침에 대해서 체계적으로 정리한 것이 아비달마 교학입니다. 그런데 그 정리한 내용과 방식에서 의견이 갈리기에 종파가 나뉘어졌기에 아비달마 불교를 부파불교라고 부르기도 합니다. 또 후대에 대승불교가 탄생하여 부파불교의 아비달마교학을 격하시키면서 소승불교라고 부르기도 합니다.

아비달마 교학을 체계적으로 정리한 문헌 중에 산스끄리뜨어로 쓰여진 문헌이 지금까지 남아 있는 것이 있습니다. 세친이 저술한 『아비달마구사론(阿毘達磨俱舍論)』입니다. 산스끄리뜨어로는 『아비달마꼬샤(Abhidharma Kośa)』라고 부릅니다. 꼬샤는 창고 또는 곳간이라는 뜻으로, 아비달마꼬샤는 '아비달마 교학을 모아 놓은 창고'라는 뜻입니다. 그런데 불교사상 문헌인 『아비달마구사론』에서도 먼저 여러 가지 법수(法數)들을 '열거'합니다. 법수는 『아비달마구사론』에서 논의의 소재로 삼는 핵심 개념들입니다. 그러고 나서 각 법수의 의미에 대해 '정의'를 내리고 나중에 문답형식을 통해서 그런 정의의 타당성을 논증합니다. '검토'입니다.

중관학 문헌은 논리적 검토만으로 이루어져 있다

불교 문헌이든 외도의 문헌이든 이러한 '열거→ 정의→ 검토'가 거의 모든 인도 사상 문헌들의 저술방식인데, 중관학 문헌의 경우 특이한 것이 자기 학파에서 견지하는 핵심 개념들의 '열거'나 그에 대한 '정의' 없이 오직 '검토'로만 이루어져 있다는 점입니다. 『중론』의 경우 총 27장으로 이루어져 있는데, 모든 장의 제목에 '검토(parīkṣā)'라는 단어가 붙어 있습니다. 간혹 전문 개념의 열거나 정의가 있긴 하지만, 이는 모두 중관학에서 비판의 대상으로 삼는 논적 측의 것들입니다.

중관학에서 견지하는 개념이나 정의가 없는 이유는, 중관학은 공성(空性)

을 논증하는 학문이기 때문입니다. 공성이 무엇일까요? 공은 사상이 아닙니다. 아무 주장이 없습니다. 자기주장이 없습니다. 그러니까 공을 어떤 이념으로 알면 안 됩니다. 공사상에서는 한참 공성을 논증한 후 궁극에는 그런 공도 버립니다. 공을 말한 다음 공을 또 내치는 것입니다. '공도 역시 다시 공하기(空亦復空, 공역부공)'때문입니다. 교화 대상의 고정관념을 타파해 주기 위해서 한참 동안 공성을 이야기하니까 논적이 "아, 공성이 옳구나!"라는 고정관념을 가지니까, 교화의 궁극에서는 공성조차 타파해 버립니다. 제1강에서 말로써 말을 버리는(以言遣言, 이언견언) 중관학의 방식을 설명하면서, 중관논리는 '장작더미에 불을 지필 때 불쏘시개로 사용하는 장작'과 같다고 비유한 적이 있는데, 공성의 말 역시 이와 같습니다. 불이 훨훨 타오르면 궁극에는 불길에 던져버리는 불쏘시개와 같이 공성의 논증을 통해 교화 대상의 고정관념이 타파되면 공성의 언어 역시 내려놓습니다.

이렇게 중관학에서는 견지하는 세계관이나 교리가 없으며, 상대방이 어떤 세계관을 갖거나 교리를 주장할 때, 문답 형식을 통해서 논리적으로 이를 무너뜨립니다. 엄밀히 말하면 무너뜨린다기보다 어떤 세계관, 인생관, 종교관이든 그 근거 없음을 폭로합니다. '열거→ 정의→ 검토' 가운데 (문답을 통한 논리적) '검토'만으로 이루어진 학문이 중관학입니다.

파사현정의 방식

우리사회에서 흔히 쓰는 말 중에 파사현정(破邪顯正)이라는 용어가 있습니다. "삿된 것을 타파하고 바른 것을 드러낸다."는 뜻입니다. 우리사회에서 새로 임명 받은 검찰총장이 취임 연설을 할 때 단골로 사용하는 용어입니다. 그런데 원래 '파사현정'은 불교 전문용어입니다. 인도 중관학이 동아시아로 들어와 삼론학(三論學)으로 재탄생하는데, 그 삼론학 문헌에서 처음 사용한 용어입니다. 파사현정은 중관사상의 핵심사상입니다. 그런데 우리사회에서 사용하는 파사현정의 의미는 중관학, 삼론학의 파사현정과 그 의미가 다릅니다. 우리사회에서는 일반적으로 '파사 후(後) 현정'의 의미로 사용합니다. "나쁜 것을 물리치고서 그 다음에 바른 것을 드러낸다."는 것입니다. 그러나 중관학, 삼론학적 의미는 '파사 즉(卽) 현정'입니다. 잘못된 것을 논파하는 것 자체가 목적입니다. 비판 자체가 중관학의 끝입니다. '파사'한 다음에 무언가 오묘한 것이 드러나거나 하는 것이 아닙니다. 잘못된 사고방식만 깨버리면 그것이 끝입니다. 앞에서 누차 얘기했듯이 중관학은 견지하는 사상이 없기 때문입니다.

중관학만 그런 게 아니고 불교자체가 원래 교리가 없는 종교입니다. 불교적으로 볼 때, 원래 지금 이 순간에도 아무 문제가 없습니다. 누구든지 다 부처님입니다. 누구든 우주의 중심입니다. 누구든 모두 유일무이한 절대자입니다. 원래는 그렇습니다. 그런데 그것을 모르고서 바보 시늉을 하며 살아갑니다. 어리석은 체를 하는 것입니다. 그런데, 그런 삿된 생각만 지워주면 있는 그대로 그냥 드러납니다. 이 세계가 바로 극락이었고, 내가 바로 부처님이라는 사실을 자각하는 것이 불교의 핵심입니다.

부처님께서는 35세에 깨달음을 얻으신 다음에 80세에 열반에 드실 때까지 45년간 설법을 하셨습니다. 그런데 앞에서 말한 바 있지만 선어록에는 45년간 "부처님께서 횡설수설(橫說竪說)하셨다."는 경구가 있습니다. 어떤 때는 횡으로 설하셨다가, 다른 때는 수직으로 설하셨다는 것입니다. 이랬다, 저랬다 하셨다는 것입니다. 그러니까 부처님을 시봉했던 아난존자는 도대체 종잡을 수가 없었을 겁니다. 어떤 사람에게는 저렇게 말씀하셨는데, 다른 사람에게는 정반대로 가르침을 주십니다.

그런데 이런 횡설수설의 방식은 부처님만의 교화방식이 아니었습니다. 동아시아의 선승들도 똑같았습니다. 조주무자(趙州無字) 화두에서 보듯이, 처음에는 "개에게도 불성이 있습니까?"하고 조주 스님께 여쭈니까 "무(無)!"라고 대답하셨는데, 그 말이 퍼져서 사람들이 '무'에 집착하니까 나중에는 "유!"라고 거꾸로 말씀하십니다. 이랬다, 저랬다 하셨던 것입니다. 왜 그럴까요? 교화(敎化)의 목표가 어떤 사상을 주입하는 것이 아니라, 분별적 사고를 깨주는 것이기 때문입니다. "부처님은 지혜와 자비를 갖춘 분이시다."라거나 "부처님은 3아승기 100대겁의 보살행을 통해 깨달음에 이르신 분이다."라는 것이 일반적인 생각인데, 이런 일반적인 생각을 암기해 보았자 부처님의 가르침이 체득되지 않습니다. 모든 분별적 사고와 감성을 내려놓을 때, 우리는 내 마음 속 부처님을 만납니다. 질문자의 분별적 사고와 감성을 내려놓게 만드는 방식이 바로 횡설수설한 선승의 교화였습니다. '파사 즉 현정'의 방식이었습니다. 그래서 파사, 즉 삿된 것이 깨져 버리면 마음이 편안해집니다. 불교의 깨달음은 어떤 신비한 상태가 되든지, 온 우주와 하나가 되는 듯한 엄청난 체험을 하거나 하는 것이 절대 아닙니다. 그냥 잘못된 것만 없어지고, 종교적 의문만 사라지고, 인지(認知)와 감성의 번뇌만 사라지면 그것이 불교의 끝인 것입니다.

깨달음은 체험이 아니다

간혹 수행 중에 어떤 신비체험을 했다고 하면서 그런 체험이 깨달음의 징표인 것처럼 얘기하는 분들이 있습니다. 불교에서는 깨달음을 '열반'이라고 부릅니다. 그런데 모든 신비체험은 다 유위법(有爲法)으로 불교적 깨달음인 열반이 아닙니다. 불교의 깨달음은 무위법입니다.

불교에서는 일체를 유위법과 무위법(無爲法)으로 구분합니다. 유위법의 유위는 범어로 상스끄리따(saṃskṛta)라고 쓰며, '[여러 조건들이] 함께 모여서(sam) 만들어진 것(kṛta)'을 의미합니다. 인연이 모여서 발생한 것, 즉 연기한 모든 것이 유위법입니다. 책상, 컴퓨터, 구름, 태양, 산하대지, 천둥소리, 꽃향기, 소금의 짠 맛, 가려운 촉감, 온갖 생각 등 우리의 지각기관으로 파악하는 모든 것이 유위법입니다. 그리고 '이렇게 조건이 모여서 만들어진 것'이 아닌 것이 무위법입니다. 수 천, 수 억 가지 세상만사가 거의 다 유위법이고, 무위법은 딱 세 가지뿐입니다. 허공(虛空, ākāśa)무위, 택멸(擇滅, pratisaṅkhyānirodha)무위, 비택멸(非擇滅, apratisaṅkhyānirodha)무위의 셋입니다. 『아비달마구사론』의 가르침입니다. 텅 빈 허공은 어떤 것들이 모여서 만들어진 것이 아니기 때문에 무위법입니다. 또 불교의 깨달음인 열반이 무위법입니다. 열반을 택멸무위라고 부릅니다. 택멸이란 '[고집멸도의 사성제] 낱낱의 통찰(擇)을 통한 [번뇌의] 소멸(滅)'이라는 뜻입니다. 비택멸은, 택멸이 아닌 것으로 '[번뇌의] 조건이 만들어지지 않아서 [고(苦)가] 발생하지 않음'을 의미합니다. 예를 들면, 지금 '여기에 로봇이 없는 것', 이것이 무위법입니다. 좀 이상한 이야기지만. 그러나 로봇이 있을 수도 있었습니다. 내게 로봇을 갖고 싶은 탐욕이 있었다면 카이스트에서 하나 가져와서 이 앞에 놓을 수도 있었습니다. 그러나 그런 탐욕의 번뇌도 없고 그렇게 하지도 않았기 때문에 지금 그런 일이 안 일어났습니다. 이런 게 비택멸무위입니다.

『아비달마구사론』에서는 이렇게 허공무위, 택멸무위, 비택멸무위의 세 가지만을 무위법에 포함시킵니다. 인연, 조건이 모여서 만들어진 것이 아닌 것은 이 세 가지 밖에 없습니다. 나머지는 전부 다 유위법입니다. 그래서 가부좌 틀고 앉아서 어떤 수행을 하다가 갑자기 "온 세상과 내가 하나가 됐다."는 느낌이 왔다고 해도 그것은 유위법이지 깨달음이 아닙니다. 위에서 봤듯이 불교적 깨달음인 열반은 택멸무위의 무위법이기 때문입니다.

수행 중에 일어나는 어떤 느낌도, 체험도 다 유위법입니다. 수행 중에 어떤 테크닉을 쓰면 평생 느껴보지 못했던 묘한 체험이 올 수 있습니다. 그러나 그 어떤 체험도 절대 불교의 깨달음과 무관합니다. 신비체험을 궁극적 깨달음으로 착각했던 사람들이 요가수행자들입니다. 부처님께서는 깨닫기 전에 온갖 요가수행을 다 해보셨습니다. 알라라 깔라마에게는 무소유삼매(無所有三昧)를, 웃다까 라마뿟따에게는 비상비비상삼매(非想非非想三昧)를 배우셨고, 단기간에 그 최고의 경지에 오르셨는데, 결국 그런 수행을 다 버리셨습니다. 왜냐하면 그런 삼매에 들어가 있을 때는 마음이 편안하지만 삼매에서 나오면 다시 번뇌가 일어나기 때문입니다. "나는 누구인가?", "세상이 무엇인가?", "왜 모든 생명은 죽을까?" 삼매를 추구하는 요가수행으로는 이런 의문이 하나도 해결되지 않습니다. 즉, 삼매에서 나온 후 다시 삶에 대한 종교적, 철학적 의문이 드는 것입니다. 이렇게 삼매는 번뇌를 누르기만 할 뿐이지 제거하지 못함을 아시고서 요가수행을 모두 버리신 후 보리수 밑에 앉아서, 12살 어린 나이에 농경제에 참석했다가 약육강식의 현장을 목격하신 후 자연스럽게 들어갔던 초선(初禪)의 경지를 회상하시고서, 삼매나 고행과 같은 테크닉이 아니라 모든 것을 있는 그대로 보는 수행, 곰곰이(止) 생각하는(觀) 수행인 선(禪) 수행에 들어가셨던 것입니다.

깨달음에는 내용이 없다

어쨌든 불교의 깨달음에는 내용이 없습니다. 부처님 가르침을 계승하여 논리적으로 구성한 중관학 역시 어떤 주장을 제시하지 않기에 내용이 없습니다. 도그마가 없다는 말입니다. 단지 다른 학파의 세계관을 논리적으로 검토하여 그것이 근거 없다는 점을 폭로할 뿐입니다. 중관학의 문헌들은 각종 도그마의 타당성을 논리적으로 검토하여 그 허구성을 드러내는 연습문제집이라고 볼 수 있습니다. 물론 그런 검토의 토대는 석가모니 부처님의 연기설과 반야경의 공사상입니다. 중관학 문헌들은 모두 이렇게 연습문제집과 같기 때문에 어떤 체계가 없습니다. 그래서 중관학에서 무엇을 가르치는지 명료하게 정리하기가 쉽지 않습니다. 우리나라에서 중관학 전통이 신라시대 이후 근천 년 간 끊어져 있었다고 했었는데 이런 어려움 역시 그 이유 가운데 하나일 것입니다.

지난 강의 복습

그래서 본 강의에서는 서양의 논리학에 대비시켜서 반(反)논리학이라는 이름으로 개념, 판단, 추론이라는 논리학의 세 가지 주제에 대해 중관학에서 어떻게 취급하는지 설명했습니다. 그리고 그 가운데 첫 번째 주제인 '개념' 하나만 가지고 지난 시간까지 그 실체성을 비판해 보았던 것입니다. 앞으로 강의할 것은 '판단의 사실성 비판'과 '추론의 타당성 비판'입니다. 판단의 사실성 비판에 대해 설명하기 전에 지난 시간까지 강의한 내용을 복습해 보겠습니다.

지난 강의에서 먼저 연기법 가운데 환멸연기에 근거하여 낱낱의 개념들이 어떻게 논파되는지 이야기했고, 그 다음에는 화엄학의 일즉일체 사상에 근거하여 모든 개념을 논파하는 방식을 소개했습니다. 어떤 개념이든 그 개념의 정체를 추구해 들어가면 테두리가 무너집니다. "우주가 무엇인가?"라고 의문을 제기했을 때 얼핏 생각하면 저 하늘 위만이 우주인 줄 알았는데, 끝까지 추구해 보니까 "어디든지 우주구나!"라고 알게 되었습니다. 또 "웃음이 무엇인가?"라는 의문을 떠올릴 때, '기쁘고 좋은 것'이 웃음인 줄 알았는데 끝까지 추구해 보니까 웃음은 모든 감정을 다 나타내는 표정이라는 점을 알게 되었습니다. 또, 울음의 경우도 웃음과 마찬가지로 기쁨, 슬픔 등 모든 감정을 다 나타내는 표정입니다.

홍조는 부끄러움만을 나타내는가?

사람의 얼굴 표정 하나를 더 검토해 보겠습니다. 주지하듯이 찰스 다윈의 저술 가운데 가장 중요하고, 유명한 것은 『종(種)의 기원(*The Origin of Species*)』입니다. 여기에 『인간의 유래와 성선택(*The Descent of Man and Selection in Relation to Sex*)』과 『인간과 동물의 감정 표현(*The Expression of the Emotions in Man and Animals*)』이라는 두 가지 저술을 합하여 '다윈 진화론의 3부작'이라고 부릅니다. 이 가운데 최후의 걸작인, 『인간과 동물의 감정 표현』은 "왜 강아지가 즐거울 때 꼬리를 치는가?", "왜 울거나 웃을 때, 얼굴 근육이 쭈그러지면서 눈이 작아지는가?" 이런 것들을 분석한 아주 재미있는 책입니다. 이 책에서 제기하는 의문 가운데 하나가 "왜 부끄러울 때 얼굴이 빨갛게 되는가?" 입니다. 즉, 홍조(紅潮)의 원인에 대해서 분석합니다. 다윈은 부끄러울 때 얼굴의 혈관이 확장되어서 빨갛게 된다고 결론을 내립니다. 그런데 엄밀히 보면 이런 분석은 옳지 않습니다. 웃음이나 울음과 마찬가지로 홍조 또한 모든 감정을 다 나타냅니다. 부끄러울 때도 얼굴이 붉어지지만, 몹시 화가 날 때도 얼굴이 붉으락푸르락 하면서 붉어집니다. 또, 매운 음식을 먹었을 때에도 붉어집니다. 가만히 따져보면 어떤 감정이든지 그 감정이 격해지면 얼굴이 빨갛게 됩니다. 나의 모든 감정을 나타내는 것이 홍조이지, 부끄러움만을 나타내는 것이 홍조라고 규정할 수 없습니다. 웃음과 울음의 테두리가 없듯이 홍조 또한 의미의 테두리가 없습니다. 이것이 바로 화엄적 일즉일체의 통찰이며, 반야의 지혜입니다.

화엄학의 일즉일체에 근거한 다면적 정책론

어떤 하나의 개념에 대해서 그 정체를 집요하게 추구하면 그 개념의 테두리, 즉 범위가 다 무너져서 일체가 그 개념의 의미에 해당한다는 설명을 했고, 또 이를 실생활에 적용한 예도 들어보았습니다. 사회생활을 하면서 갈등하는 사안이 있을 경우에, 또는 다양한 이해관계가 얽혀 있을 경우에 그 모두를 종합해서 하나로 수렴시켜서 해결하는 묘안, 또는 정책이 반드시 있습니다. 1990년대 남북 간에 대립이 심할 때 남북 간을 왕래하는 육로를 뚫은 하나의 묘안이었던 현대그룹 정주영 명예회장의 소떼 북송을 대표적인 예로 들었습니다. 이런 식의 묘안 도출 방법을 '다면적(多面的) 정책론'이라고 명명할 수 있을 겁니다. 화엄학의 일즉일체, 일중일체의 가르침에서 보듯이 하나의 정책에 다양한 문제의 해결 방안을 모두 담기 때문입니다. 우리사회의 여러 분야에서 갈등이 일어날 때 그것을 해결하는 기상천외한 하나의 묘안이 반드시 있습니다. 그 묘안을 찾기 위해서는 먼저 다양한 갈등에 대해 정확히 파악해야 합니다. 그 후 장고(長考)할 경우 반드시 그 하나의 묘안을 발견할 수 있습니다. 왜냐하면 화엄학에서 가르치는 일중일체, 일즉일체인 사사무애 법계연기의 법칙이 이 세상을 지배하고 있기 때문입니다. 그러나 어떤 난관에 봉착했을 때 일반적으로 사람들은 그렇게 깊이 생각하지 않고 상투적으로, 분별적으로 그 해결방안을 고안합니다. 그래서 문제가 해결되지 않고 갈등이 끊이지 않는 것입니다.

반야지혜는 중관학에서 가르치는 반논리이며, 해체의 논리이며, 공의 논리인데 이를 체득하면 고정관념이 사라지고 생각이 활짝 열리기 때문에 내가 있는 곳에서 모든 어려움과 갈등을 해결하여 미래를 밝게 만드는 그런 이타의 삶을 살게 됩니다. 비근한 예로 바둑을 두거나 화투를 칠 때 옆에서 훈수 두는 사람에게 패가 다 잘 보인다고 합니다. 왜 그럴까요? 사심(私心)이 없기 때문입니다. 나의 인생에 대해서 이렇게 마치 훈수 두듯이 바라보는 관점을 가르치는 학문이 바로 중관학입니다.

심리상담의 두 방향 - 정서치료와 인지치료

심리치료에는 크게 두 가지 분야가 있습니다. 하나는 정서(情緒)치료이고 다른 하나는 인지(認知)치료입니다. 불교 수행론도 이와 유사합니다. 인지의 문제와 정서의 문제를 구분합니다. 불교전문용어로 정서적인 문제를 수혹(修惑)이라 부릅니다. 닦아서(修) 사라지는 번뇌(惑)라는 뜻입니다. 인지장애는 견혹(見惑)이라고 부릅니다. 알아서, 봐서(見) 사라지는 번뇌(惑)라는 뜻입니다. 탐진치(貪瞋癡) 삼독의 번뇌에 거칠게 대응시키면 견혹은 치심(癡心), 수혹은 탐심(貪心)과 진심(瞋心, 분노)에 해당합니다.

탐욕에는 다섯 가지가 있습니다. 식욕, 성욕, 재물욕, 명예욕, 수면욕(睡眠欲)입니다. 화, 저주, 시기, 질투 등은 분노입니다. 이런 감성적, 정서적 번뇌는 쉽게 사라지지 않습니다. 오래 동안 마음을 닦아야(修) 사라집니다. 그래서 수혹이라 부릅니다. 탐심과 진심 이외에 으스대고, 남 무시하고, 잘난척하는 것, 즉 교만심(驕慢心)도 수혹에 들어갑니다.

견혹은 세상을 잘못 보기 때문에 생긴 번뇌입니다. "나는 누굴까?", "세상이 뭘까?", "죽으면 어떻게 될까?" 등과 같은 의문들 역시 견혹에 속합니다. 견혹과 수혹을 제거하는 것이 불교수행의 목표입니다. 심리상담에 대비하면 견혹을 제거하는 것이 인지치료이고, 수혹을 제거하는 것이 정서치료입니다. 불교와는 전혀 상관없이 발달한 심리치료이지만 사람의 마음을 분석하다 보니까 '발견된 진리'인 불교의 가르침과 흡사해졌습니다.

정서치료는 누구나 할 수 있다

그런데 감성치료, 정서치료는 누구나 할 수 있습니다. 상담자(相談者)가 내담자(來談者)보다 잘났든 못났든 치료해 주기 쉽습니다. 내담자의 호소를 그냥 들어주면 됩니다. 그러면 내담자는 감성의 위로를 받습니다. 심지어 애완견도 정서치료를 할 수 있습니다. 집에서 키우는 강아지가 지치고 상처 난 내 감성을 치료합니다. 여러 해 전에 서울시에서 독거노인 분들에게 애완견 보급하는 정책을 시행한 적이 있습니다. 독거노인 분들이 너무나 외로운데 강아지가 충성을 다하기 때문에 마음에 위로를 받습니다. 이렇게 수혹, 즉 정서장애의 경우, 심리치료사가 내담자보다 잘났든 못났든 그 마음을 치유할 수 있습니다.

인지 치료의 공식

그러나 견혹, 즉 인지장애의 경우에는 치료 또는 치유가 쉽지 않습니다. 나 스스로 내가 잘난 사람이라고 생각하는데, 인지에 문제가 있어서 심리적 고통을 겪습니다. 불교적으로 표현하면 견혹이 심합니다. 그래서 상담사 또는 정신과의사에게 상담을 받으려고 하는데 상담자보다 내담자인 내가 더 잘난 것 같습니다. 그런 경우 상담자가 "당시의 생각이 잘못되었다."고 지적을 해 주어도, 내담자인 나는 이를 곧이 듣지 않습니다. 그래서 인지치료는 쉽지 않습니다. 상담자가 내담자보다 훨씬 뛰어나든지, 그렇다고 믿어야만 내담자의 생각을 시정해 줄 수 있습니다.

그런데 화엄적 절대긍정과 반야의 절대부정을 통한 해체의 지혜를 적용할 때 어떤 내담자든 그의 잘못된 인지를 치료할 수 있습니다. 이를 공식으로 만들어서 "너만 그런 게 아니야, 누구나 다 그래."라고 표현할 수 있습니다. 예를 들어서 어떤 여고생이 "옛날엔 내 얼굴 피부가 고왔는데 갑자기 뭐가 잔뜩 나서 고민입니다."라고 호소합니다. 여드름이 잔뜩 난 겁니다. 그 때 "너만 그런 게 아니야, 네 나이 때에는 누구나 다 그래."라고 말해줍니다. 이 말을 들은 여고생이 가만히 생각해 보니까, 자기 친구들 가운데 그런 사람이 많습니다. 그래서 마음이 편안해집니다. "너만 그런 게 아니야, 누구나 다 그래."라는 인지치료의 공식에서 우리는 화엄적 절대긍정과 반야적 절대부정의 통찰을 읽을 수 있습니다. "너만 그런 게 아니야."가 반야적 절대부정인 공(空), 무(無)의 통찰입니다. 그리고 "누구나 다 그래!"가 화엄적인 절대긍정의 일즉일체(一卽一切)의 통찰입니다.

"너만 그런 게 아니야. 누구나 다 그래!" 반야와 화엄적 분별 타파를 종합한 인지치료의 공식입니다. 비교를 통해서 발생한 착각을 타파하는 공식입니다. "남들은 다 행복하고 나만 불행하구나."라고 생각했는데, 남들도 다 불행하다면, 내가 특별히 불행할 게 없습니다. 앞에서 "모든 것이 마음이라면, 마음이랄 것도 없다."는 통찰을 제시한 바 있는데, "남들도 다 불행하다면, 나만 불행하다고 할 게 없다."는 통찰 역시 그 골격이 이와 같습니다. 우리는 이런 통찰에서 "저것이 있으면 이것이 있는데, 저것이 사라지면 이것도 사라진다."는 연기의 원리를 볼 수 있습니다. "남들이 항상 행복하다면(= 저것이 있으면) 나는 항상 불행할 텐데(= 이것이 있는데), 남들이 항상 행복한 것이 아니기에(= 저것이 사라지기에) 내가 항상 불행한 것만은 아니다(= 이것이 사라진다)."라고 바꿔 쓸 수 있기 때문입니다.

누군가가 힘든 일을 호소할 때 "당신만 그런 게 아닙니다. 저 사람도 그랬습니다."라고 말해주면 편안해집니다. 혹시 더 편하게 해 주려면 "당신만 그런 게 아닙니다. 나도 그랬습니다."라고 말하면 됩니다. "당신은 그 정도지만, 나는 더 심했습니다."라고 하면 내담자를 더더욱 편하게 해줄 수 있습니다. 약간의 조크를 섞어서 설명했지만, 비교를 통해 고통이 발생하기 때문에 비교대상의 허구성을 드러내든지 아니면, 비교대상으로 더 힘든 사람을 제시할 경우 내담자의 마음이 더 편안해집니다. 반야의 절대부정과 화엄의 절대긍정을 종합한 연기적(緣起的) 인지치료입니다.

우리의 삶에는 어두운 면과 밝은 면이 공존합니다. 그러나 대부분의 사람들은 자신의 어둡고 힘든 면을 숨기려고 하면서 밝고 활기가 가득한 체 하면서 살아갑니다. 그래서 타인의 화려한 체 하는 겉모습만 보고서 불행감에 빠집니다. 지금의 이 시대, 우리 사회는 더욱 그렇습니다. 거리에서 걸인들을 볼 수 없습니다. 노숙자가 생기면 사회복지시설에 수용합니다. 우리사회 속의 밝음과 어둠 가운데 어둠이라고 생각되는 면을 계속 없앱니다. 그래서 이 시대에 우리 사회를 살아가는 사람들의 불행감은 더욱 클 수 있습니다. 과거에는 나에게 불행이 생겨도, 거리에 노숙자와 걸인들이 즐비했기에, 이들과 나를 비교한 후 다시 마음을 다잡았습니다. 나에게 일말의 자존감을 제공하는 것이 과거 걸인들의 긍정적 역할이었습니다.

옛날 인도의 불교수행자, 스님들 역시 모두 걸인이었습니다. 남자 스님을 비구(比丘), 여자 스님을 비구니(比丘尼)라고 부릅니다. 산스끄리뜨어 빅슈(Bhikṣu), 빅슈니(Bhikṣuṇī)의 음역어입니다. 빅슈의 어근(語根)은 빅스(√bhikṣ)인데 이는 "구걸하다."는 뜻입니다. 따라서 비구는 '구걸하는 분'이라는 뜻입니다. 비구를 걸사(乞士)라고 의역하기도 합니다. 출가한 이상 먹이나 섹스와 같은 동물적 욕망에는 관심이 없습니다. 섹스는 완전히 단절할 수 있지만, 먹이의 경우 그럴 수 없기에 최소한의 식사만 하십니다. 오후불식. 즉 정오가 되기 전에 한 끼의 공양만 드십니다. 그 이외의 시간에는 철학적, 종교적 의문을 풀기 위한 수행에 전념합니다.

그리스의 철학자 디오게네스(Diogenēs, 400?-323 B.C.E.) 역시 스님과 다를 게 없는 삶을 살았습니다. 양지바른 곳에 누워있는 디오게네스를 찾아간 알렉산더 대왕이 "나에게 바라는 게 있는가?"라고 물었습니다. 그러자 디오게네스는 "네"라고

알렉산더와 디오게네스

대답한 후, "해를 가리니 조금 비켜달라."고 답했습니다.

　물질과 욕락은 세속적 삶의 목적입니다. 일반적으로 이를 성취하면 성공했다고 하고, 그렇지 못하면 실패한 인생이라고 평합니다. 그러나 이를 모두 버리고, 오로지 수행에 전념하며 사유(思惟) 속에서 걸인의 삶을 사시는 스님들의 모습을 볼 때, 세속인은 위안을 얻으며, 상처 난 마음이 치유가 됩니다. 비교를 통해 발생한 불행이, 비교를 통한 위안으로 전환합니다. 우리 사회 속에서 승가(僧伽)가 견지해 온 연기적(緣起的) 역할입니다.

판단의 사실성 비판

　중관학의 반논리학은 개념의 실체성 비판, 판단의 사실성 비판, 추론의 타당성 비판의 3단계로 구성되어 있습니다. 이 가운데 첫 단계인 '개념의 실체성'은 연기법(緣起法)과 공성(空性)에 의해서 논파가 됩니다. 이게 익숙해진 다음에, 연기와 공성을 우리의 실생활에서 어떻게 실천할 수 있는지에 대해서 여러 가지 예를 들어서 설명해 보았습니다. 심리상담 가운데 인지치료의 공식으로 제시한 "나만 그런 게 아니야, 누구나 다 그래" 역시 개념의 실체성 비판과 관계됩니다. 내가 힘들 때 더 힘든 사람을 보고 편안해지는 경우도 다 개념의 실체성 비판과 그 방식을 같이 합니다. 큰 방을 떠올리면 눈앞의 방이 작은 방이 되고, 생각 속에서 큰 방을 없애버리면 눈앞의 방이 작은 방이랄 것도 없습니다. 큰 방이라는 생각은 연기(緣起)한 것입니다. 이와 같이 '개념의 실체성 비판'의 논법을 충분히 익혀야, 그 다음 단계인 '판단의 사실성 비판'의 논법을 훈련을 할 수 있습니다. 그러면 지금부터 판단의 사실성 비판에 대해 설명하겠습니다.

사구 - 네 가지 판단

불교가 발생하기 전부터 인도의 종교, 사상 전통에서는 하나의 사안에 대해서 사람이 내릴 수 있는 판단을 네 가지로 구분했습니다. 이를 사구(四句)라고 부르는데 다음과 같습니다.

① 그것은 A이다.
② 그것은 A가 아니다.
③ 그것은 A이면서 A가 아니다.
④ 그것은 A도 아니고 A가 아닌 것도 아니다.

이것이 네 가지 판단입니다. 또 다음과 같은 사구도 있습니다.

① A와 B는 같다.
② A와 B는 다르다.
③ A와 B는 같으면서 다르다.
④ A와 B는 같지도 않고 다르지도 않다.

우리가 어떤 의문을 떠올릴 때 이 네 가지 방식으로 의문을 문장화 하고 그에 대한 해답도 이런 네 가지 방식으로 도출합니다. 예를 들어 보겠습니다. 우주에 끝이 있는지 없는지 참으로 궁금합니다. 이에 대해 다음과 같은 네 가지 답이 가능합니다.

① 우주에 끝이 있다.
② 우주에 끝이 없다.
③ 우주에 끝이 있으면서 없다.
④ 우주에 끝이 있는 것도 아니고 없는 것도 아니다.

이렇게 넷 중에 한 가지를 선택합니다. 어떤 과학이든 어떤 사상이든 어떤 철학이든 그 결론을 자세히 검토해 보면 항상 이런 네 가지 판단 중의 하나입니다. 심리철학 이론 가운데 '심신수반론(心身隨伴論)'이란 게 있습니다. 마음과 몸의 관계에 대한 이론인데 마음과 몸이 항상 함께한다는 이론입니다. 그런데 이 이론은 "③그것은 A이면서 A가 아니다."로 표현되는 제3구에 해당합니다. '마음'이 '마음 아닌 것(몸)'과 함께한다는 이론이기 때문입니다. 그러니까 "뇌의 물질적 작용과 마음의 작용이 함께 있다."는 이론입니다.

또 영혼에 대한 데카르트의 생각은 "②그것은 A가 아니다."로 표현되는 제2구에 해당합니다. 데카르트가 보기에 마음 또는 영혼과 뇌는 다릅니다. 마음은 뇌가 아닙니다. 데카르트는 "뇌 속의 송과선(Pineal Gland)에 영혼이 깃든다."고 주장합니다. 마음과 뇌가 다르다는 심신이원론입니다. 제2구인 이분법적 사고방식입니다.

어떤 철학자의 이론이든 사구(四句) 안에 들어갑니다. 유물론은 어디에 들어갈까요? 모든 것은 오직 물질 뿐이며 마음은 없습니다. 마음도 물질의 소산입니다. 이는 "①A와 B는 같다."는 제1구에 해당합니다. 심신일원론입니다.

이렇게 마음과 뇌의 관계에 대해 평생을 바쳐서 연구해서 답을 내봤자 네 가지 결론 가운데 하나입니다. 그런데 좀 미안하긴 하지만 중관학에서는 이런 사구를 다 쓸어버립니다. 네 가지 판단이 모두 다 틀렸다는 것입니다. 네 가지 판단 모두 생각의 작동방식일 뿐이지, 어떤 사안에 대한 올바른 이론이 아니라는 점을 논증하는 학문이 중관학입니다.

칸트의 이율배반과 중관학의 사구비판 차이

중관학은 인간 이성의 이율배반적 속성을 비판한다는 점에서 칸트의 『순수이성비판』과 그 취지가 흡사합니다. 그런데 중관학은 칸트의 비판철학보다 더 정밀하고 그 폭이 넓습니다. 칸트는 인간 사유의 이율배반적 속성에 대해 지적하면서 다음과 같은 네 가지 형이상학적 문제를 예로 듭니다.

1.정립: 세계는 시간적으로 시작을 갖고, 공간적으로도 한계가 있다. (시공은 유한하다.)

반정립: 세계는 시작도 없고 공간적 한계도 없다. 즉, 세계는 시간적으로든 공간적으로든 무한하다. (시공은 무한하다.)

2.정립: 모든 복합물은 단일한 부분들이 모여서 이루어진 것이며, '단일한 것 또는 단일한 것으로 구성된 것'이 아닌 것은 그 어디에도 없다. (궁극적 원자가 있다.)

반정립: 그 어떤 복합물도 단일한 부분들이 모여서 이루어진 것이 아니며, 단일한 것은 어디에도 없다. (궁극적 원자는 없다.)

3.정립: 자연법칙에 따른 인과율은 세계의 모습이 모두 한꺼번에 도출될 수 있는 유일한 인과율이 아니다. 이런 모습을 설명하기 위해서 즉각성과 같은 다른 인과율 역시 가정할 필요가 있다. (자유의지론)

반정립: 즉각성은 없다. 즉 세계 내의 모든 사물은 오로지 자연법칙에 따라서 발생한다. (결정론)

4.정립: 절대적으로 필연적인 존재는, 그 부분으로서 또는 그것의 근거로서 세계에 속한다. (절대자가 있다.)

반정립: 절대적으로 필연적 존재는, 그 근거로서 세계 내에도 없고, 세계 밖에도 없다. (절대자는 없다.)

칸트는 『순수이성비판』에서 우리가 체험할 수 없는 문제에 대해서 경험적 이성으로 그 답을 내리려고 할 경우, 위에 인용한 정립, 반정립과 같이 상반된 결론이 도출되고 만다는 점을 보여줍니다. 이런 상반된 결론 가운데 어느 게 옳다고 확정할 수 없습니다. 따라서 이러한 형이상학적 문제에 대해 경험적 이성으로 답을 낼 수 없다는 것이 칸트철학의 결론입니다.

　중관학 역시 이성의 문제점을 지적하면서 이성적 사유의 허구성을 폭로한 다는 점에서 칸트와 취지를 같이 하지만, 양자 간에 차이점이 있습니다. 칸트의 경우 형이상학적 문제에 한하여 이성(理性)의 작동을 비판했지만, 중관학에서는 형이상학적 문제에 대한 이성적 판단은 물론이고 일상적 사건이나 현상에 대한 이성적 이해나, 언어적 묘사 모두 오류를 범한다는 점을 폭로합니다. 순수이성(Pure Reason)에 대한 중관학의 비판은 그 범위가 칸트를 넘어섭니다. 머리 굴려서 형이상학적 문제에 대해서 답을 내려고 하지 말라는 것이 칸트철학의 취지인 반면, 중관학에서는 형이상학만이 아니고 우리 일상 언어까지 세상에서 일어나는 일과 무관하다는 점을 알려줍니다. 중관학의 폭이 훨씬 넓고 깊습니다.

사구의 특성

　'①A, ②~A, ③A & ~A, ④~A & ~~A'의 의 네 가지 판단을 사구(四句, catuḥ koṭi)라고 부릅니다. 그런데 우리가 혼동하지 말아야 할 것은 이런 사구를 제시한다는 점에 중관학의 특성이 있는 게 아니라, 이런 사구를 비판하는 논법이 중관학이라는 점입니다. 사구는 불교 발생 이전부터 인도사상 전통에서 사용하던 판단의 분류 방식이었습니다. 부처님 당시에 갠지스 강 유역에서 수행하던 육사외의 가운데 회의론자인 산자야 벨랏티뿟따(Sañjaya Belaṭṭhiputta)나 자이나교의 니간타 나타뿟따(Nigantha-nāṭaputta)와 같은 외도(外道)들도 사구에 대해 숙지하고 있었습니다. 그런데 사구를 대하는 태도에서 외도와 불교는 달랐습니다. 산자야 벨라티뿟따의 경우 사구로 배열된 질문에 대해 회피했고, 니간타 나타뿟따는 상황에 따라서 선택적으로 수용했습니다. 어쨌든 양자의 공통점은 사구로 배열된 질문 그 자체를 문제시 하지 않았다는 점입니다. 그런데 불교는 이들과 다릅니다. 석가모니 부처님은 물론이고 용수의 중관학에서도 사구로 배열된 질문 그 자체를 건드립니다. 석가모니 부처님의 경우 세계에 끝이 있는지, 없는지, 있으면서 없는지, 있는 것도 아니고 없는 것도 아닌지? 등의 질문에 대해 일단 침묵을 지키셨다가, 이어서 연기법을 설하셨습니다. 왜냐하면, 질문 그 자체가 연기에 대한 무지로 인해 잘못 구성된 것이기 때문입니다. 그래서 침묵 이후에 곧이어 십이연기나 사성제, 삼법인 등 연기의 교설을 설하심으로써, 질문자로 하여금 연기에 대해 자각하게 하여 질문을 해소시켜 주셨습니다. 용수의 중관학 역시 마찬가지입니다. 사구로 배열된, 질문이나 답변 모두 논리적 오류를 범한다는 사실을 논리적으로 드러냄으로써 사구판단의 문제점을 드러냅니다.

증익견, 손감견, 상위견, 희론견

유식학을 개창한 무착(無着, Asaṅga, 310-390) 스님이 저술한 『섭대승론』에 대해 세친(世親, Vasubandhu, 4-5세기)이 주석한 『섭대승론석(攝大乘論釋)』을 보면 사구에 대한 중관논리적인 비판논법을 축약한 표현이 등장합니다. 이를 인용하면 다음과 같습니다.

> 언설(言說)에는 네 가지 종류가 있는데, 이것이 바로 네 가지 비방(誹謗)이다. 만일 ①유(有)라고 설하면 증익방(增益謗)이고, 만일 ②무(無)라고 설하면 손감방(損減謗)이며 ③역유역무(亦有亦無)라고 설하면 상위방(相違謗)이고, ④ 비유비무(非有非無)라고 설하면 희론방(戲論謗)이다.[18]

---

18) "言說有四種 即是四謗 若說有 即增益謗 若說無 即損減謗 若說亦有亦無 即相違謗 若說非有非無 即戲論謗.",『攝大乘論釋』(대정장31), p.244a.

제1구적 이해인 유(有)는 증익방, 제2구적 이해인 무(無)는 손감방, 제3구적 이해인 역유역무(亦有亦無)는 상위방, 제4구적 이해인 비유비무(非有非無)는 희론방이라는 설명입니다. 증익방은 '증가시키고 덧붙이는 비방', 손감방은 '덜어내고 감소시키는 비방' 상위방은 '서로 위배되는 비방', 희론방은 '장난으로 따지는 비방'이라고 풀이할 수 있습니다.

또, 용수의 직제자 아리야제바가 저술한 『사백관론(四百觀論)』에 대한 호법(護法, Dharmapāla, 530-561)의 주석인 『대승광백론석론(大乘廣百論釋論)』에도 다음과 같은 표현이 보입니다.

> 이와 같이 세간에서 네 가지 외도의 삿된 이론과 나쁜 견해가 그 마음을 흔들고 파괴하여, 허망하게 제법의 본질과 정체를 추구하니 그 모두 이치에 합치하지 않으며, 다투고 주장하는 일이 어지럽게 일어나서 온갖 법들에 대해서 네 가지 비방을 일으키는데, 말하자면 ①유, ②비유, ③쌍허(雙許), ④쌍비(雙非)인데 ①증익, ②손감, ③상위, ④희론이다. 그러므로 세간에서 주장하는 바는 진실이 아니다.[19]

앞의 『섭대승론석』이나 이 『대승광백론석론』 모두 역경승 진제(眞諦, Paramārtha, 499-569)의 번역인데 여기서도 증익, 손감, 상위, 희론이라는 술어가 등장하며, 순서대로 유, 비유, 쌍허, 쌍비의 비방이라고 설명합니다. 쌍허는 '(유와 비유를) 쌍으로 허용함'이라는 뜻이기 '역유역무'를 대체한 표현이고, 쌍비는 '(유와 비유를) 쌍으로 부정함'이라는 뜻이기에 '비유비무'를 대체한 표현입니다. 『대승광백론석론』의 풀이와 다르지 않습니다.

유식학 문헌인 『섭대승론석』의 저자인 세친이나 중관학 문헌인 『대승광백론석론』의 저자 호법 모두 유식논사인데, 중관학의 사구비판 방식에 대해서

---

19) "如是世間四種外道 邪論惡見擾壞其心 虛妄推尋諸法性相 皆不中理競執紛紜 於諸法中起四種謗 謂有非有雙許雙非 增益損減相違戱論 是故世間所執非實.", 『大乘廣百論釋論』(대정장30), pp.235a-b.

숙지하고 있었습니다. 또 증익, 손감, 상위, 희론의 사구가 모두 잘못된 판단이기에 '방(謗)'자를 덧붙였지만, 다른 문헌에서는 증익견, 손감견, 상위견, 희론견과 같이 '견(見)'자를 덧붙이기도 합니다.[20] 그럴 경우 사구 가운데 증익견은 '증가시키고 덧붙이는 견해', 손감견은 '덜어내고 감소시키는 견해' 상위견은 '서로 위배되는 견해', 희론견은 '장난으로 따지는 견해'라고 풀어 쓸 수 있습니다.

사구에 대한 이런 전통적인 명칭과 다르게, 필자는 사구 각각이 범하는 논리적 오류를 차례대로 ①의미중복의 오류, ②사실위배의 오류, ③상호모순의 오류, ④언어유희의 오류라고 명명한 바 있습니다. 증익견은 의미중복의 오류에 빠지고 손감견은 사실위배의 오류, 상위견은 상호모순의 오류, 희론견은 언어유희의 오류를 범합니다. 이를 표로 정리하면 다음과 같습니다.

4구	전문용어	논리적 오류
유(有)	증익견(增益見)	의미중복의 오류
무(無)	손감견(損減見)	사실위배의 오류
역유역무(亦有亦無)	상위견(相違見)	상호모순의 오류
비유비무(非有非無)	희론견(戲論見)	언어유희의 오류

그러면 사구 비판에 대한 이상과 같은 기초지식을 토대로 '판단의 사실성 비판' 방식에 대해 설명해 보겠습니다.

"비가 내린다."는 판단을 예로 든 사구비판

개념 두 개 이상이 모이면 하나의 판단이 됩니다. 예를 들어서 "비가 내린

20) 無着, 『大乘阿毘達磨集論』(대정장31), p.664c.

다.”는 판단에서는 ‘비’와 ‘내림’이라는 두 개의 개념이 사용되고, “항아리 하나가 있다.”는 판단에서는 ‘항아리’, ‘하나’, ‘있음’이라는 세 개의 개념이 사용됩니다. 또 “내가 밥을 빨리 먹는다.”는 판단에서는 ‘나’, ‘밥’, ‘빠름’, ‘먹음’의 네 개의 개념이 사용됩니다.

이 가운데 “비가 내린다.”는 가장 단순한 판단을 예로 들어서 이에 대한 사구적인 이해와 사구비판에 대해 설명해 보겠습니다. 비가 내리는 것은 ‘하나의 강우현상’입니다. 그런데 우리는 그런 강우현상을 ‘비’와 ‘내림’이라는 두 개의 개념으로 나눈 후 ‘비’를 주어로 사용하고 ‘내림’을 술어로 사용하여 “비가 내린다.”고 말합니다. 그런데 이 말에서 주어로 사용된 ‘비’가 어떤 비인지에 대해서 네 가지 이론을 만들 수 있습니다. “비가 내린다.”는 문장에서 주어인 ‘비’에 대한 이론 구성이 네 가지가 가능하다는 말입니다. 이를 열거하면 다음과 같습니다.

①‘내림을 갖는 비’가 내린다.
②‘내림을 갖지 않는 비’가 내린다.
③‘내림을 가지면서 갖지 않는 비’가 내린다.
④‘내림을 갖는 것도 아니고 갖지 않는 것도 아닌 비’가 내린다.

중관학에서는 이렇게 구성한 네 가지 이론이 모두 오류에 빠진다는 점을 논리적으로 드러냄으로써 “비가 내린다.”는 판단과 강우현상 간의 괴리를 드러냅니다.

제1구적 이해와 그에 대한 비판

“①‘내림을 갖는 비’가 내린다.”고 이해할 경우: 창밖에서 내리는 비를 상상해 보시기 바랍니다. 공중에서 세차게 떨어지는 빗줄기가 보일 겁니다. 그것을 보고서 우리는 "비가 내린다."라고 말합니다. 그런데 그렇게 창밖으로 보이는 '비'는 이미 '내림을 갖고 있는 비'입니다. 그런데 그런 '비'를 주어로 삼은 후 술어에서 다시 '내린다.'고 표현합니다. '내림을 갖는 비'인 것이 다시 내린다는 말입니다. 이는 주어인 '비'에 대한 제1구적인 이해로, 증익견(增益見)입니다. '내림'이라는 의미가 하나 더 늘어나서(增) 덧붙은(益) 생각(見)입니다. '비'라고 하면 이미 '내림을 갖는 비'인데 그것이 다시 '내린다.'고 하기에 '내림'의 의미가 중복된다는 말입니다. 그래서 "①'내림을 갖는 비'가 내린다."고 이해할 경우 의미중복의 오류에 빠집니다.

제2구적 이해와 그에 대한 비판

"②'내림을 갖지 않는 비'가 내린다."고 이해할 경우: 위에서 분석해 보았듯이, 창밖에서 내리는 비를 보고서 "비가 내린다."라고 말할 때, '내림을 갖는 비'가 다시 내린다는 증익견이 되어 의미중복의 오류에 빠지니까, "아, 그러면 '내림을 갖지 않는 비', 즉 '내리지 않는 비'가 저 하늘 위에 있어서 그것이 내리는 것이라고 말하면 되겠다고 생각할 수 있습니다. 그러나 이 역시 오류에 빠집니다. 내리지 않는 비는 없기 때문입니다. 하늘에 올라가 보면 구름은 있는데 구름은 비가 아닙니다. 구름을 이루는 수증기가 응결하여 떨어져야지만 비입니다. 응결하여 떨어지기 전에는 아무리 하늘 꼭대기에 있어도 그건 비가 아니라 구름입니다. 내려야지만 비입니다. 따라서 하늘 위로 올라가 보아도 '내리지 않는 비'는 없습니다. 따라서 내리지 않는 비, 내림을 갖지 않는 비는 그 어디에도 없습니다. '내리지 않는 비'가 있다는 생각은 사실에 위배됩니다. 이는 '비'에 대한 제2구적인 이해로 손감견(損減見)입니다. 손감이란 덜어내고(損) 감소시켰다(減), 즉 실재보다 빼버렸다는 뜻입니다.

'내림'이라는 의미를 '비'에서 제거한(損減) 생각입니다. 손감견은 '사실위배의 오류'에 빠집니다.

증익견은 분석판단, 손감견은 경험판단

어떤 사안에 대한 제1구적 이해인 증익견은 의미중복의 오류를 범하고, 제2구적 이해인 손감견은 사실위배의 오류에 빠집니다. 서양철학과 비교하면 증익견은 분석판단, 손감견은 종합판단과 그 구조가 유사합니다. 분석판단은 선험적이고, 종합판단은 경험적입니다.

분석판단과 종합판단을 설명하면서 임마누엘 칸트가 든 예가 있습니다. "물체에는 크기가 있다."와 같은 판단이 분석판단인데, 이 경우 '크기'라는 술어의 의미가 '물체'라는 주어의 의미에 내재합니다. 주어인 '물체' 개념을 분석하면 자연스럽게 '크기' 개념이 도출됩니다. 실험이나 경험을 해 볼 필요가 없습니다. 그래서 분석판단이고, 경험 이전의 판단, 즉 선험적(先驗的) 판단입니다. 이와 달리 "물체에는 무게가 있다."와 같은 판단은 종합판단입니다. 주어인 '물체'라는 개념 속에 술어인 '무게'라는 개념이 들어있지 않기 때문입니다. 물체 가운데 무게가 없어 보이는 것이 있습니다. 하늘로 올라가는 풍선입니다. 무게가 있다면 땅으로 떨어져야 하는데, 풍선의 경우 이와 반대로 하늘로 올라가기에 무게가 없어 보입니다. 그래서 물체 개념의 분석만으로는 "무게가 있다."는 술어가 도출되지 않습니다. 그런데 실험으로 검증해 보면 풍선 속의 수소(H_2)나 헬륨(He)에 무게가 있긴 하지만 공기보다 가볍기 때문에 부력을 받아서 올라가는 것이라는 사실을 알게 되고, 결론적으로 "물체에는 무게가 있다."는 판단이 올바르다는 사실을 알게 됩니다.

"물체에는 크기가 있다."와 같은 분석판단의 경우 술어의 의미가 주어 속에 이미 들어있고, "물체에는 무게가 있다."와 같은 종합판단의 경우 술어의 의미가 주어 속에 들어있지 않습니다. 이는 "비가 내린다."는 문장에서 '내림'이라는 술어의 의미가 주어인 '비' 속에 들어있다고 이해하는 것이 증익견인 제1구적 이해이고, '내림'이라는 술어의 의미가 주어인 '비' 속에 들어있지 않다고 이해하는 것은 손감견인 제2구적 이해라는 통찰과 그 구조가 같습니다. 앞으로 중관학과 서양철학 간의 비교철학적 연구가 활발히 이루어지기를 바라는 마음에서 제 생각을 소개해 보았습니다.

제3구적 이해와 그에 대한 비판

"③'내림을 가지면서 갖지 않는 비'가 내린다."고 이해할 경우: "비가 내린다."는 문장에서 주어로 쓰인 '비'에 대한 제3구적 이해는 '내리면서 내리지 않는 비'라고 이해하는 겁니다. 제1구인 "내림을 갖는 비가 내린다."고 하면 증익견이 되어 의미중복의 오류에 빠집니다. 비가 두 번 내리는 꼴이 되기 때문입니다. 그러나 이런 일은 없습니다. 제2구인 "내림을 갖지 않는 비가 내린다."고 하면 손감견이 되어 사실위배의 오류에 빠집니다. '내림을 갖지 않는 비'는 이 세상 어디에도 없기 때문입니다.

그래서 "③'내림을 가지면서 갖지 않는 비'가 내린다."는 제3의 대안을 제시할 수 있습니다. 그런데 이는 모순입니다. "밝으면서 어둡다."는 말과 같이 상반된 속성이 함께 한다는 생각으로, 선험적으로든 경험적으로든 그런 것은 있을 수가 없습니다. 무언가가 차가우면서 뜨거울 수 없고, 빠르면서 느릴 수 없듯이, '비'에 대한 제3구적 이해인 '내리면서 내리지 않는 비'는 이 세상에 있을 수가 없습니다. 모순된 말은 서로 위배됩니다. 그래서 제3구적 이해를 상위견(相違見)이라고 부르며, 논리적으로 상호모순의 오류에 빠집니다.

제4구적 이해와 그에 대한 비판

"④'내림을 갖는 것도 아니고 갖지 않는 것도 아닌 비'가 내린다."고 이해할 경우: 제1, 2, 3구가 모두 오류에 빠지기에 제4의 대안을 제시할 수 있습니다 . "'내리는 것도 아니고 내리지 않는 것도 아닌 비'가 있어서 그것이 내린다."고 이해는 것입니다. 이것도 아니고 저것도 아니라는 주장이기에 좀 신비해 보입니다. 그러나 이 역시 옳지 않습니다. 이런 제4구적 이론은 그저 말만 될 뿐입니다. '내리는 것도 아니고 내리지 않는 것도 아닌 비'를 한 번 떠올려 보시기 바랍니다. 도저히 떠올릴 수 없습니다. 제4구는 그저 말장난일 뿐입니다. 그래서 이런 제4구적 이해를 희론견이라고 부릅니다. 희론견은 '언어유희의 오류'에 빠집니다.

증익견, 손감견, 상위견, 희론견이 오류인 이유

지금까지 중관학에서 가르치는 '판단의 실체성 비판' 공식을 소개했는데 이 네 가지 논법만 숙달하면 중관학 공부는 다 마친 거나 다름없습니다. 사구 비판의 논법 네 가지는 한 10분 정도면 다 강의할 수 있습니다. 중관학이 불교학의 한 분야인데 10분이면 그 핵심에 대한 설명이 다 끝난다는 말입니다. 그런데 우리의 사유가 만들어내는 다양한 판단들 모두에 대해 이 공식을 적용하기가 쉽지 않기 때문에 『중론』 등의 중관학 문헌에서 보듯이 문답 형식으로 여러 차례에 걸쳐서 연습문제를 풀어보는 것입니다.

증익견은 의미가 중복되기 때문에 옳지 않고, 손감견은 사실에 위배되기 때문에 옳지 않으며, 상위견은 상호 모순되기 때문에 옳지 않고, 마지막으로 희론견은 언어의 유희이기 때문에 옳지 않습니다. 이런 네 가지 공식을 일단 암기해야 합니다. 수학공식 외우듯이 암기해야 합니다. 물론 용수 스님의 저술에서 이런 네 가지 공식을 드러내놓고 제시하는 것은 아닙니다. 이런 네 가지 방식으로 그냥 비판만 할 뿐입니다. 그런데 앞에서 소개했듯이, 유식가

(唯識家)인 세친이나 호법의 저술에서 사구, 즉 네 가지 이해를 '증익, 손감, 상위, 희론'이라는 용어로 정리하고 있습니다. 그리고 제가 명명한 '의미중복, 사실위배, 상호모순, 언어유희'는 차례대로 이 네 가지 이해(見, 견)와 그 의미가 일치합니다.

사구비판의 토대 - 환멸연기

그리고 이런 네 가지 이해에 대한 비판, 즉 '사구비판(四句批判)' 공식의 토대, 근거가 되는 것이 바로 "이것이 없으면 저것이 없다."로 표현하는 환멸연기(還滅緣起) 공식입니다. 석가모니 부처님 가르침의 핵심인 연기법(緣起法)입니다. 이에 근거하기에 사구비판의 논리가 불교일 수 있습니다. 중관논리, 사구비판의 논리가 평지돌출처럼 갑자기 개발된 것이 아니고, 초기불전의 연기설에 근거해서 개발된 것입니다.

앞에서 "비가 내린다."는 판단을 예로 들면서, 주어로 사용된 '비'에 대한 증익, 손감, 상위, 희론의 네 가지 이해, 즉 사구가 모두 논리적 오류에 빠진다고 비판한 적이 있는데, 이런 사구비판의 논리에서 토대가 되는 것이 "비가 없으면 내림이 없고, 내림이 없으면 비가 없다."는 연기법입니다. 연기법 가운데 악순환이나 무한소급 같은 논리적 오류를 범하지 않는 '환멸연기' 관계의 연기법입니다. 우리가 "비가 내린다."고 말을 할 때, 주어 개념인 '비'와 술어 개념인 '내림'은 연기관계에 있습니다. '비'와 '내림' 각각이 원래 외따로 존재하는 게 아닌데, 분별을 통해서 마치 실재하는 것처럼 생각하게 됩니다. 원래는 하나의 강우현상인데, 우리의 생각이 '비'와 '내림'이라는 두 개의 개념으로 잘라낸다는 말입니다. 생각의 가위가 하나의 현상을 주어와 술어로 분할을 해서 "비가 내린다."는 문장을 만듭니다. 그러나 주어인 '비' 속에 술어인 '내림'의 의미가 내재하고 술어인 '내림' 속에도 주어인 '비'의 의미가 내재하기에 '내림을 갖는 비'가 내리는 꼴이 되어 의미중복의 오류에 빠지고, 그렇지 않고 '내림을 갖지 않는 비'가 내린다고 보면 사실위배의 오류에 빠지는 것입니다. 이렇게 사구비판의 논리, 즉 중관논리는 철저히 석가모니 부처님 깨달음의 내용인 연기설에 근거한 '반(反)논리의 논리'라고 말할 수 있습니다.

사구비판은 언어를 대하는 태도를 시정하는 것

그러면 창밖에서 비가 내릴 때, 우리는 어떻게 말해야 할까요? 그냥 "비!"라고 말하면 될까요?

용수 스님의 저술 『광파론(廣破論, Vaidalyaprakaraṇa)』 제52게 주석에서 우리는 이렇게 하나의 단어로 사물을 지시하는 것에 대한 논리적 비판을 찾을 수 있습니다. 항아리라는 '말'이 실제의 '항아리'와 같은지 다른지 따져보는 겁니다. 만일 항아리라는 말이 실제의 항아리와 같다면 '항아리!'라고 말을 했을 때, 입이 항아리처럼 불룩하게 되어야 하는데 그렇지 않으니 같을 수가 없다는 것입니다. 언어와 그 지시대상의 관계에 대한 제1구적 이해를 비판하는 논리입니다. 이와 반대로 만일 항아리라는 말과 실제의 항아리가 다르다면, '돌멩이!'라고 말을 했을 때도 항아리를 가리켜야 하는데 그렇지 않으니 다를 수도 없습니다. '항아리'라는 말이 실제의 항아리와 다름에도 불구하고 이를 가리킬 수 있다면, '돌멩이!'라고 말을 했을 때에도 항아리를 가리키는 줄 알아야 한다는 것입니다. 그러나 그럴 수는 없습니다. 이는 언어와 그 지시대상의 관계에 대한 제2구적 이해를 비판하는 논리입니다.

다른 예를 들어서 '활활 타는 불'과 '불'이라는 말이 같다면 '불!'이라고 말을 할 때 입을 데어야 하고, 다르다면 '물!'이라고 말을 해도 불을 가리키는 줄 알아야 하는데, 두 가지 모두 옳지 않으니 '불'이라는 말과 '활활 타는 불'

은 같을 수도 없고 다를 수도 없다는 것입니다.

　이와 마찬가지로 우리가 창밖의 강우현상에 대해 "비가 내린다."고 말을 할 경우 논리적 오류를 범하니, 그냥 '비!'라고 말을 하면 되겠다고 생각할 수 있겠지만, '비'라는 말과 '실제의 비'가 같다면 '비!'라고 말할 때, 입이 축축하게 젖어야 할 것입니다. 이와 반대로 다르다고 한다면 '흙!'이라고 말을 해도 비가 온 줄 알아야 할 것입니다. 그러나 모두 그럴 수는 없습니다.

　그러면 어떻게 말을 하면 될까요? 정답은 뭘까요? 그냥 "비가 내린다."고 말하면 됩니다. 혹은 "비!"라고 말해도 됩니다. 중관학에서는 우리의 언어와 생각이 세상에서 실제로 일어나는 일과 일대일로 대응한다는 착각을 시정하는 것이지 우리 언어의 도구적 성격까지 부정하는 게 아닙니다. 말은 세상을 모사하는 게 아니라, 쓰기 위해 있는 것일 뿐이라는 점을 알려주는 게 중관학의 취지입니다. 흔히 말하듯이 언어는 방편이라는 점을 알려주는 학문이 중관학입니다.

종교적, 철학적 의문의 허구성

　따라서 바람이 불면 "바람이 분다."고 말하면 되고, 꽃이 피면 "꽃이 핀다."고 말하면 됩니다. 그러나 '바람'이라는 게 별도로 있어서 '부는 작용'을 한다고 착각하지 말라는 것입니다. "비가 내린다."거나 "꽃이 핀다."거나 "바람이 분다."는 등의 일상적 판단의 경우에는 주어와 술어가 별도로 실재한다고 착각하든 말든 별 문제가 안 됩니다. 그런데 이런 분할적 사고방식, 다시 말해 분별작용이 심각한 문제를 일으키는 경우가 있습니다. 그런 분별을 삶, 죽음, 인생, 우주 등에 적용할 경우 심각한 종교적, 철학적 의문이 일어나는 것입니다. 그러니까 "내가 이 세상에 태어났다.", "내가 인생을 살아간다.", "죽으면 내가 세상에서 떠나간다."는 등의 분별에 근거한 종교적, 철학적 의문들입니다. "나는 어디서 와서 어디로 가는가?", "나는 왜 세상에 태어났는가?" … 내가 한국에 태어나거나 미국에 태어날 수는 있습니다. 그런데 우리는 이런 생각을 세상 전체에 적용하여 "내가 세상에 태어났다."는 형이상학적 분별을 냅니다. "우리는 세상에 던져진 존재다." 실존주의 철학자 하이데거(Martin Heidegger, 1889-1976)의 말입니다. 참으로 그럴 듯합니다. 그런데 여러분 언제 던져졌는가요? 기억나세요? 내가 태어날 때 누가 나를 세상에 던졌는가요? 그럴 수 있나요? 전혀 아닙니다. 그런데 마치 그릇 속에 과일을 넣는 것처럼 '세상'과 '나' 사이에 선을 그어 나눠 버린 후, 내 뜻과 무관하게 "나는 세상에 던져진 존재다."라고 심각하게 고민하는 것입니다. 이러면서 실존주의가 시작됩니다. 잘못된 전제에서 출발한 허구의 철학도 심각한 고민을 야기합니다. 실재하지 않는 '홍콩 할매 귀신'이 어린아이들을 공포에 떨게 하듯이, 허구의 분별이라고 해도 우리를 심각한 종교적, 철학적 고민에 빠뜨릴 수 있습니다.

"비가 내린다."고 생각할 때 비와 내림을 나누기에 논리적 오류에 빠지듯이, 실존주의 철학은 그 출발점부터 '세상'과 '나'를 나눈 후 건립되었기에 사상누각과 같습니다. 중관학에서는 이렇게, 우리의 생각이 만들어내는 종교적, 철학적 의문의 허구성을 폭로함으로써, 그런 의문을 해소시켜 줍니다.

얼음이 언다, 바람이 분다

다른 예를 들어 보겠습니다. "얼음이 언다."는 판단도 "비가 내린다."는 판단과 마찬가지로 논리적 오류를 범합니다. '얼음'은 이미 얼어 있는 겁니다. 그런데 그것에 다시 '언다'는 술어를 덧붙여서 "얼음이 언다."고 말을 합니다. 즉, 우리는 "겨울엔 얼음이 얼어요."라는 말을 흔히 합니다. 그러나 '얼어 있는 얼음'이 다시 어는 일은 안 일어납니다. 얼음이 언다면 얼어 있는 얼음이 다시 얼기에 두 번 어는 꼴이 됩니다.

"바람이 분다."와 같은 판단도 마찬가집니다. '바람'은 이미 부는 것인데 그것이 다시 '분다'는 일은 안 일어납니다. 또 이와 반대로 "불지 않는 바람이 어딘가 있어서 그것이 분다."고 해도 오류를 범합니다. 지금 여기서 바람이 불고 있으니까, 소급하여 바람이 불어온 방향으로 불지 않는 바람을 찾아갑니다. 서풍이 불어오는데 바람을 거슬러서 서쪽으로 갑니다. 서산을 넘어가면 아직 불지 않는 바람들이 옹기종기 모여 있는 모습을 볼 수 있을까요?. 빨간 바람, 파란 바람, 찢어진 바람이 옹기종기 모여 있다가, "야, 이제 불자!" 하고서 먼저 빨간 바람이 불고, 그 다음에 파란 바람이 부는, 그런 일은 안 일어납니다. 그러니까 불지 않는 바람이 모여 있다가 불 수도 없고, 부는 바람인데 그것이 다시 불 수도 없습니다. 이럴 수도 없고 저럴 수도 없습니다. "바람이 분다."에 대해서 어떤 이론(理論)도 붙이지 못한다는 것입니다.

온 세상이 중도의 법을 설한다

이러지도 못하고 저러지도 못하기에 중도(中道)입니다. 바람이 부는 것이 바로 중도의 실상입니다. 이분법적으로 작동하는 우리의 생각이 들어가지 못하는 탈이분법적 현상입니다. 흑백논리가 들어가지 못하기에 중도입니다. "내림을 갖는 비가 내린다."는 판단과 "내림을 갖지 않는 비가 내린다."는 두 가지 판단이 흑과 백으로 대립하는 양극단의 판단입니다. 그런데 앞에서 보았듯이 이 두 가지 판단 모두 다 틀렸습니다. 이분법적 사고로 도출한 판단이 다 틀렸다는 말입니다. 그래서 탈이분법입니다. 불교 전문용어로는 불이중도(不二中道)라고 말합니다. 이분법(二)에서 벗어난(不) 중도라는 뜻입니다. 세상에서 일어나는 모든 일들은 불이중도의 현상입니다.

바람이 불든, 비가 내리든, 얼음이 얼든, 꽃이 피든 세상만사에 말이 들어

가지 못합니다. "말이 들어가지 못한다."는 것을 언어도단(言語道斷)이라고
합니다. "말의 길이 끊어졌다."는 뜻입니다. 선불교에서 가르치는 언어도단
입니다. 침묵 속에서 모든 생각을 끊고서 깊은 삼매의 경지에 들어갔기에 언
어도단인 것이 아닙니다. 눈을 훤히 뜨고서 앞에 보이는 모든 것이 다 언어도
단입니다. 말을 못 붙인다는 것입니다. 왜 그럴까요? 말을 붙이면 다 틀리기
때문입니다.

　또, "세상만사가 다 불가사의(不可思議)하다."라고 해도 됩니다. 불가사의
란 "생각으로 가늠할 수 없다."는 뜻입니다. 이분법적으로 작동하는 생각, 흑
백논리적으로 작동하는 우리의 생각을 세상만사에 적용할 수 없기에 불가사
의한 것입니다. 하나의 강우현상에 대해 "비가 내린다."고 표현했는데, '비'라
는 주어는 이미 내림을 가지고 있기에 또 내릴 수도 없고, 이와 반대로 내림
을 갖지 않는 '비'가 있어서 내릴 수도 없기에 불가사의한 것입니다. 비가 내
리든, 바람이 불든 모두 불가사의하고 언어도단의 일들입니다.

모든 것이 비로자나부처니의 설법

　이런 통찰을 신화로 그린 불전이 바로 『화엄경』입니다. 석가모니 부처님
성도 후 3주, 또는 5주 간의 침묵에 근거하여 깨달음의 열락(悅樂)과 보살행
의 서원을 신화적으로 구성한 서사문학이 『화엄경』입니다. 『화엄경』의 부처
님은 온 우주에 가득하신 비로자나(毘盧遮那, Vairocana) 부처님이십니다.
대위광 태자(大威光 太子)가 보살행을 통해 비로자나 부처님이 되시면서 그
몸이 그대로 이 우주가 되었습니다. 우리 눈에 보이는 모든 형상은 비로자나
부처님의 모습이고, 들리는 모든 소리는 그 분의 음성입니다. 이런 비로자나
부처님을 찬탄하기 위해 제가 지은 졸시(拙詩) 한 편을 다음 페이지에 소개
합니다.

비로자나 여래

항상 계신 분
태양처럼 밝고 어디든 비추기에
대일여래(大日如來)라 한다.

대낮
이마 위 공중에서
언제나 쏟아지는 그 따스함
처럼 …

그러나
직시하면 눈이 멀까 봐
감히 바라보지 못했던 분

화엄경의 대위광(大威光) 태자께서
억겁의 보살도로 쌓아놓은 공덕들을
한목에 펼쳐서 세계를 지으려다

꼬물거리는 생명들
차마 방치할 수 없어서
그 몸 그대로 온 중생을 품으신 분

태양보다 밝기에 대일여래라 하고
비추지 않는 곳 없기에
광명변조(光明遍照)라 한다.

모으면 한 점이고 펼치면 허공 가득.
어디든 중심이고 누구나 주인공.
바로 그 분의 마음
소리 없는 빛이기에
대적광(大寂光)이어라.

- 시집, 『억울한 누명』에서 -

두두물물(頭頭物物) 부처 아닌 게 없기에 우리가 사는 이곳, 차방정토(此方淨土)인 화장장엄세계(華藏莊嚴世界)에서는 삼라만상이 법을 설합니다. 그리고 그 설법은 바로, 불교의 궁극인 중도의 설법입니다. 이곳에서는 그냥 바람이 부는 줄 알고, 그냥 비가 내리는 줄 알았는데 바람이 불어도 중도의 설법이고, 비가 내려도 중도의 설법입니다. 바람이 불 때, "'부는 바람'이 분다."고 볼 수도 없고, "'불지 않는 바람'이 분다."고 볼 수도 없기에 중도입니다. 비가 내릴 때 "'내리는 비'가 내린다."고 할 수도 없고, '내리지 않는 비'가 내린다."고 할 수도 없기에 말의 길이 끊어지고(언어도단), 생각을 붙일 수 없는(불가사의) 중도의 설법입니다. 말이 안 들어가고 생각을 붙일 수 없기에 중도입니다. 온 세상이 중도를 설합니다. 비로자나 부처님께서 베푸시는 불이중도의 설법입니다. 이렇게 중관학의 궁극에서 우리는 화엄과 만납니다.

추론 비판의 기원 - 짜라까 상히따의 답파 논법

중관학의 반논리학은 개념의 실체성 비판, 판단의 사실성 비판, 그리고 추론의 타당성 비판의 3단계로 이루어져 있는데, 지금까지 앞의 두 가지 논법에 대해서 상세하게 설명했습니다. 이제 마지막으로 추론의 타당성 비판에 대해 설명하겠습니다. 이에 대해서는 다음 시간에 다시 자세히 이야기 하겠지만, 먼저 추론의 타당성 비판 논법의 유래에 대해서 소개해 보겠습니다.

중관학의 반논리, 즉 중관논리가 석가모니 부처님의 연기법에 근거한 것이긴 하지만, 그 논리의 외형은 다른 문헌에서 빌려온 것입니다. 그런데 그 가운데 『짜라까 상히따(*Caraka Saṃhitā*)』라는 문헌이 있었습니다. 짜라까는 사람 이름입니다. 상히따는 '모음' 또는 '시송 모음'이라는 뜻입니다. 고대 인도의 의학서적으로 내과의사를 위한 지침서입니다. 아유르베다(Āyurveda)라는 말을 들어보셨을 겁니다. 인도의 전통의학을 가리키는 말입니다. '아유스(Āyus)'는 '수명, 목숨, 건강'이라는 뜻인데, 뒤에 오는 낱말의 발음에 따라서 아유르(Āyur)또는 아유흐(Āyuḥ)라고도 씁니다. 아유르베다는 '목숨에 대한 베다', 또는 건강학(健康學)이라고 번역할 수 있습니다. 아유르베다를 받치는 양대 문헌이 『짜라까 상히따(Caraka Saṃhitā)』와 『수슈르따상히따(Suśruta Saṃhitā)』입니다. 수슈르따는 '잘 들은 것'이라는 의미이기에 『수슈르따 상히따』를 『묘문집(妙聞集)』이라고 번역하기도 합니다. 『수슈르따 상히따』는 외과 책이고, 『짜라까상히따』는 내과 책인데, 『짜라까상히따』 제Ⅲ장 8절에 논리학에 대한 설명이 실려 있습니다. 내과의사가 갖춰야 될 논리적 지식에 대한 설명입니다. 그런데 그 가운데 '웃따라(Uttara)'라는 논법에 대한 설명에서 중관논리의 싹을 찾을 수 있습니다. 웃따라는 '대답' 또는 '(법적인) 방어'라는 뜻인데, 일본학자 우이하쿠쥬(宇井伯壽, 1882-1963)는 '답파(答破)'라고 번역했습니다. 우리는 반논리적 논법인 중관논리의 시원(始原)을 바로 이 답파 논법에서 찾을 수 있습니다. 중관논리의 제3단계인 추론의 타당성을 비판하는 논법입니다. 이에 대해서는 다음 시간에 다시 자세히 설명하겠습니다.

제6강
추론의 타당성 비판, 중관논리 연습, 귀경게 풀이

지난 시간에 중관논리의 '판단의 사실성 비판' 논법의 기본 골격에 대해 설명했습니다. 그런데 앞으로 판단의 사실성을 비판하는 실례를 몇 가지 더 들어 볼 것입니다. 판단의 사실성을 비판하는 사구비판의 공식을 숙지한 후 "비가 내린다."는 판단에 적용에 봤지만, 우리의 사유가 만들어내는 다양한 판단에 이를 적용하기가 쉽지 않습니다. 판단의 사실성 비판 논법은 패러독스(Paradox), 즉 역설(逆說)과도 연관이 되는데 이에 대해서는 강의 후반에 자세하게 설명하겠습니다. 지난 강의 말미에 잠깐 언급했던, 중관논리의 제3단계 논법인 '추론의 타당성 비판' 논법에 대한 강의를 이어가겠습니다.

지난 시간에 중관학의 반논리적 논법이 아주 절묘하긴 하지만 석가모니 부처님의 연기설, 즉 "모든 것이 의존되어 있다."는 연기법에 근거해 있다고 말한 바 있습니다. 중관학에서는 연기법에 근거해서 논리적 사유의 문제점을 드러냅니다. 인간의 논리적 사유는 개념, 판단, 추론의 3단계에 걸쳐서 일어나기에 중관학에서는 먼저 개념의 실체성을 비판하고, 그 다음으로 판단의 사실성을 비판하며, 마지막에 추론의 타당성을 비판합니다.

추론의 타당성 비판이 초기불전의 연기법에 근거하지만 그 논법의 시원을 불교 바깥의 문헌인 『짜라까 상히따』에 실린 '답파(答破, Uttara)' 논법에서 찾을 수 있습니다. 지난 시간에 얘기했듯이 『짜라까 상히따』는 고대 인도에서 내과의사가 사용하던 진료와 치료 지침서인데 제Ⅲ장 8절에서 논리학에 대해 설명하면서, 반(反)논리적인 '답파' 논법을 소개합니다. 그 전문을 인용하면 다음과 같습니다.

그러면 '답파(쫌破, uttara)'란 무엇인가? '답파'라는 것은 동질성(sādharmya)에 의해 지목된 원인(hetu)에 대해 이질성(vaidharmya)을 말하거나 이질성에 의해 지목된 원인에 대해 동질성을 말하는 것이다. 예를 들어 원인이 동질적인 질환들이 있다. 냉병(冷病)은 [그] 원인과 동질적이라고 말한다. 즉, [냉병의 원인은] 추운 계절 찬 바람과의 접촉이라고 말한다. [이에 대한 '답파'로] 다른 자는 [다음과 같이] 말할 것이다: 원인과 이질적인 질환들이 있다. 예를 들면 다음과 같다. 신체의 일부분에 있어서 타는 듯 뜨겁게 부패하는 동상의 경우는 원인과 이질적이다. [그 원인은] 추운 계절 찬바람과의 접촉이다. 이와 같은 반대를 담고 있는 것이 '답파'이다.

어떤 내과의사가 평생 동안 환자를 진료하다 보니까 질병 치료의 달인이 되어 병에 대한 통찰이 생겼습니다. 그래서 자기의 통찰을 말하는데 "내가 환자를 진료해 보니까 어떤 병이든 그 병의 증상은 그 병의 원인과 동질적이다."라고 주장합니다. 그러니까 "모든 병은 그 원인과 동질적이다. 마치 냉병과 같이."라고 말하는 것입니다. 냉병은 추운 느낌이 드는 병입니다. 몸이 오슬오슬한 몸살입니다. 이렇게 몸살이 걸린 원인이 무엇이라고 생각하는지, 여러 환자들에게 물어보니까, 모두들 찬바람을 쐬었기 때문이라고 대답합니다. 찬바람이라는 원인 때문에 차가운 느낌이 드는 병에 걸린 것입니다. 그래서 내과의사는 "이런 냉병의 예를 보듯이, 모든 병의 증상은 그 병의 원인과 동질적인 법이다."라고 자신의 통찰이 보편적 진리인 양 주장합니다.

답파 논법은 이런 주장을 비판할 때 사용됩니다. 어떻게 하는가 하면 애초의 주장과 반대의 사례를 제시합니다. "모든 병은 그 병의 원인과 이질적이다. 마치 동상과 같이." 이렇게 말하는 것입니다. 지금 우리나라에서 동상에 걸리는 사람이 드물 것입니다. 동상에 걸리면 그 부위가 불에 덴 것처럼 아프다고 합니다. 심할 경우 발가락을 자르기도 합니다. 동상은 추위 때문에 걸렸는데 그 느낌은 불에 타는 것처럼 뜨겁습니다. 차가운 원인 때문에 뜨거운 느낌이 드는 병에 걸리는 것입니다. 앞에서 내과의사가 주장했던 질병에 대한 통찰과 정 반대되는 사례입니다. 이를 근거로 삼아서, 앞에서 내과의사가 주장했던 통찰이 보편타당한 진리일 수 없다고 비판할 수 있습니다. 내과의사의 주장과 그에 대한 답파를 추론식으로 정리하면 다음과 같습니다.

내과의사의 주장

주장: 질병의 증상은 그 원인과 동질적이다.

실례: 마치 냉병과 같이

답파

주장: 질병의 증상은 그 원인과 이질적이다.

실례: 마치 동상과 같이

그렇다고 해서 나중에 답파 논법을 통해 논적이 제시한 "모든 병은 병의 원인과 이질적이다."라는 주장이 옳다는 것은 아닙니다. "당신이 그런 식으로 주장한다면, 나는 이런 식으로 주장하겠다."라는 것입니다. 비유한다면, 놀이터에 있는 시소 한쪽에 누가 올라타서 시소가 기울어져 있을 때, 반대편에 내가 올라타서 평형을 이루게 만드는 방식과 같습니다. 이게 바로 답파 논법입니다. "당신이 시소에서 내려야 나도 내린다."는 것입니다. 내가 계속 앉아 있겠다는 게 아닙니다. 당신이 제시한 추론의 주장과 상반된 결론이 도출되는 추론도 가능하니 당신의 추론은 옳지 않다는 것을 보여주는 것이 답파논법입니다. 답파 논법의 추론식은 무엇을 주장하기 위해서 제시되는 게 아닙니다. 상대의 주장을 이율배반에 빠뜨리는 논법입니다. 말하자면 방편적 논법입니다. 중관학에서는 추론적 사유를 비판할 때 바로 이 논법을 이용합니다.『중론』제24장 관사제품에 실린 논적과 용수 스님의 문답에서 우리는 그 예를 볼 수 있습니다. 이는 다음과 같습니다.

『중론』 제24장 관사제품의 추론 비판

『중론』 제24장 관사제품은 총 40수의 게송으로 이루어져 있는데 첫 게송부터 공사상에 대한 논적의 비방으로 시작합니다. "만일 모든 게 공하다면 고집멸도의 사성제 역시 공할 테고, 사성제가 공하다면 수행을 통해서 수다원, 시다함 등의 성인이 되는 일도 없을 테고 … 궁극적으로 불교 전체가 다 부정되는 게 아닌가?"라는 식의 비방입니다. 논적은 첫 게송 이후 여섯 수에 걸쳐서 공사상에 대해 비판하는데 제1게송을 인용하면 다음과 같습니다.

> 한역: 만일 일체가 모두 공하다면 생도 없고 멸도 없다. 그렇다면 사성제(四聖諦)의 법도 존재하지 않는다.[21]

> 범문: 만일 이 모든 것이 공하다면 일어남[起]도 없고 소멸함도 없다. [그래서] 그대는 사성제도 존재하지 않는다는 오류에 빠진다.[22]

반야경에서 가르치는 공(空)사상이 널리 알려진 후, 논적 가운데 누군가가 "만약에 일체가 모두 공하다는 반야경의 가르침이 옳다면 사성제의 가르침도 공해야 하는 것 아닌가?"라며 시비를 거는 겁니다. 사성제는 고성제, 집성제, 멸성제, 도성제로 이루어져 있는데, 중관학 공부가 쉽지 않은 이유가 불교의 기본 교학을 숙지해야지만 『중론』에서 구사하는 중관논리를 이해할 수 있기 때문입니다. 그래서 논적의 이런 비판이 왜 가능한지에 대해 이해하기 위해서 먼저 사성제의 의미에 대해 간단히 설명해 보기로 하겠습니다.

사성제 해설

---

21) 若一切皆空 無生亦無滅 如是則無有 四聖諦之法.
22) yadi śūnyamidaṃ sarvamudayo nāsti na vyayaḥ/ caturṇāmāryasatyānāmabhā vaste prasajyate//

사성제는 불교 교리를 가장 간략하게 요약한 암호와 같은 것입니다. 다른 종교와 차별되는 불교의 특징은 사성제에 있습니다. 또 불교의 깨달음인 열반을 얻기 위해서는 사성제에 대한 분석적, 직관적 이해가 선행되어야 합니다. 사성제는 문자 그대로 '네 가지 성스러운 진리'를 의미합니다. 그 네 가지 진리는 '고성제, 집성제, 멸성제, 도성제'입니다.

고성제 풀이

고성제는 "모든 것이 괴로움이다."라는 뜻입니다. 한문으로 일체개고(一切皆苦)라고 씁니다. 세상만사에 기쁜 것도 있고 괴로운 것도 있는 줄 알았더니 그게 아닙니다. 다 괴로운 것들뿐입니다. 궁극적으로는 다 괴로움이라는 말입니다. 간혹 즐거운 일도 있겠지만 기쁨이 있었기 때문에 나중에 그 기쁨이 사라지면 자꾸 그때가 그리워서 지금이 괴롭습니다. 그래서 기쁨조차도 실제는 괴로움의 원천이 되는 것입니다. 인생을 마칠 때 죽음이 닥칩니다. 엄청난 괴로움입니다. 생명의 세계는 괴로움으로 가득합니다. 이것이 고성제입니다. 그런데 우리는 고성제를 잘 못 느낍니다. 왜 그럴까요? 너무나 풍족하게 살고 있기 때문입니다. OECD 회원국인 대한민국에 살기 때문입니다. 그러나 지금부터 수십 년 전만 하더라도 밥 굶는 사람도 많고, 병원 가기도 힘들어 집에서 앓다가 돌아가신 분도 많았습니다. 그리고 어린애도 한 10명 낳고 그중에 반만 살고 반은 성장하기 전에 죽었습니다. 지금은 산부인과에서 아기나 산모가 사망하는 일이 극히 드뭅니다. 지금 우리는 생명의 세계에서 희귀하고 독특하고 이상한 삶을 살고 있는 것입니다.

인간은 고기 몸뚱이(肉身) 가진 놈들 중에서 최강의 포식자이기 때문에 남의 고기만 먹고 살지 잡아먹히지 않습니다. 그러니까 고성제를 실감하지 못합니다. 모든 들짐승은 항상 두 가지 괴로움에 시달립니다. 굶주림의 고통과 살해의 공포입니다. 들짐승은 항상 배가 고픕니다. 코끼리나 사자가 힘센 동물이긴 하지만 아침에 일어나면 먹을 게 아무것도 없습니다. 사람에 비유하면 쌀독에 쌀이 한 톨도 없는 것과 같습니다. 강자든 약자든 모든 들짐승의 공통점은 찢어지게 가난하다는 점입니다. 맹수의 왕, 사자도 고기를 쌓아놓고 살지 않습니다. 매일매일 먹이를 잡으러 나가야 합니다. 그런데 먹을거리가 호락호락한가요? 다 빠르게 도망가 버립니다. 그래서 먹이 얻기가 쉽지 않습니다. 서양 속담 중에 "일찍 일어나는 새가 벌레를 잡는다."라는 말이 있습니다. 왜 그럴까요? 좀 늦게 일어나면 벌레가 다 숨은 뒤든지, 다른 새가 잡아먹어 버린 다음입니다. 그래서 굶어야 합니다. 이게 생명의 실상입니다. 그런데 우리 인간이 너무나 강력한 포식자이고 게다가 대한민국은 세계 10위의 경제대국이기에 굶주림의 고통을 모르는 것입니다. 그러나 모든 들짐승은 항상 배고픔의 고통 속에 살아갑니다.

또 모든 들짐승은 살해의 공포 속에서 떨면서 살아갑니다. 어리바리하면 잡아먹힙니다. 길을 가다가 만난 참새가 재빠르게 도망갑니다. 왜 그럴까요? 도망가지 않으면 사람들이 가만 안 놔둡니다. 지나가던 아이들이 "어? 이상한 참새다."라고 하면서 잡아서 손으로 조몰락거리다가 죽입니다. 그러니까 모든 짐승은 "혹시 지금 내가 잡아먹히는 게 아닌가?"라는 공포 속에서 삽니다. 슈베르트가 작곡한 '송어'라는 가곡은 "어느 낡은 개울가에서 명랑하고 잽싸게 변덕스러운 송어가 쏜살같이 뛰노네. …"로 시작합니다. 그런데 이 가사는 우리 인간의 착각입니다. 호수에서 물고기들이 유유히 헤엄칠 때 빵 한 조각 던져보세요. 난리법석이 납니다. 그걸 서로 먼저 먹으려고 …. 그러니까, 물고기들이 헤엄칠 때 명랑하게 뛰노는 게 아니라 "어디 먹을 것 없나?" 하고 찾아다니는 겁니다. 모든 들짐승이 그렇습니다. 항상 굶주리기 때문입니다. 이게 생명의 본 모습입니다. 불교는 인간만을 위한 종교가 아닙니다. 모든 살아있는 것들을 위한 종교입니다. "살생하지 말라."는 불살생계를 통해 우리는 "모든 생명은 평등하다."는 부처님의 가르침을 알 수 있습니다. 먹고 먹히는 약육강식의 세계에서 먹지 못하는 굶주림과 먹히는 공포. 고성제를 실증합니다.

집성제 풀이

그러면 고성제의 원인은 무엇일까요? 탐욕, 분노, 우치와 같은 번뇌입니다. 이런 번뇌 때문에 생명의 세계, 윤회의 세계를 벗어나지 못합니다. 탐욕에는 식욕, 성욕, 재물욕, 명예욕, 수면욕의 다섯 가지가 있는데, 이들 탐욕의 핵심은 먹이에 대한 욕심인 식욕과 섹스에 대한 욕구인 성욕의 두 가지입니다.

대부분의 고통은 그 근원이 먹이와 섹스에 있습니다. 우리는 몸의 중앙에 위치한 입과 성기를 통해 그 두 가지 욕구, 즉 식욕과 음욕을 충족합니다. 프로이드의 심리학에서 말하는 동물적 본능의 중심입니다. 그 주변에 포진한 손, 발과 감각기관은 모두 다 2차적인 부속 기관입니다. 그러니까 눈과 귀와 코 같은 감각기관은 원래 먹이탐지기입니다. 인간을 포함한 동물의 얼굴에 뚫려있는 입 주위에 포진하여 먹이 획득을 돕습니다. 네 발로 기어다는 짐승의 경우 가장 앞에 있는 먹이 탐지기가, 영장류가 직립함에 따라서 위로 올라간 것입니다. 눈, 귀, 코, 혀 등의 감관이 얼굴에 몰려 있는 이유입니다.

그리고 인간의 손도 원래는 발과 같은 이동수단이었습니다. 말하자면 앞발이었습니다. 그런데 진화과정에서 영장류가 직립보행하면서 이동수단이었던 앞다리가 해방되었고, 더욱 정교해져서 문명의 이기를 만들어서 인간이 최강의 포식자로 등극하게 된 것입니다.

또, 사람의 얼굴은 갖가지 표정을 만들어냅니다. 왜 그럴까요? 서로 신호를 교환해야하기 때문입니다. 인간은 서로 협력해서 사는 사회적 동물이기 때문입니다. 얼굴은 모니터와 같습니다. 사람의 병세는 몸통보다 얼굴에 잘 나타납니다. 왜 그럴까요? 진화생물학적으로 해석하면 그런 사람만이 살아남았기 때문입니다. 얼굴에 병색이 짙으면 주변 사람들이 도와줍니다. 그래서 병에서 회복됩니다.

요컨대 먹이와 섹스, 이 두 가지 탐욕이 번뇌의 핵심입니다. 세속에서는 먹기 위해서, 섹스하기 위해서 삽니다. 딴 거 없습니다. 그걸 적당히 추구하면 좋은데, 아주 강력하게 추구할 때 싸움이 일어납니다. 분노심입니다. 또 탐욕의 성취에서 우위를 점할 때 교만심이 일어납니다. 탐욕, 분노, 교만이 고통의 원인인데 그걸 모릅니다. 우치입니다. 그래서 모든 괴로움의 근본 원인은 '집', 즉 탐욕, 분노, 교만, 우치의 번뇌입니다. 고성제의 원인인 집성제는 번뇌입니다.

멸성제와 도성제

그러면 괴로움을 없애려면 어떻게 해야 할까요? 이 번뇌를 약화시키든가 제거하면 됩니다. 번뇌인 '집'을 멸하면 괴로움인 '고'가 멸합니다. 이것이 부처님의 대발견입니다. 너무나 쉽습니다. 세상살이가 괴로운데 괴로움을 없애려면 번뇌를 제거해라, 즉 마음속에서 탐욕 내지 말고, 화내지 말고, 잘난 체하지 말고, 어리석지 말라. 참으로 쉽습니다. 그런데 대부분의 사람들은 그걸 모릅니다. 괴로운 일이 생길 때 자기 마음에서 해결하는 게 아니라 바깥에서 해결하려고 합니다. 세상 속에서 해결하려 합니다. 돈이 없으면 돈을 더 벌려고 하고, 누가 나를 해치면 무찌르려고 합니다. 탐욕을 더 강화하고, 분노를 더 강화합니다. 그게 바로 옛날 황제나 제왕들의 삶이었습니다. 짐승 가운데 최강자인 라이온 킹의 삶입니다. 이렇게 고(苦)의 문제를 고의 세계에서 해결하려는 것이 사람을 포함하여 모든 생명체들의 삶의 방식인데, 석가모니 부처님께서는 괴로움은 바깥 세계가 아니라 내면에서 해결해야 한다는 점을 발견하신 것입니다. 우리 마음속의 탐욕, 분노, 교만, 어리석음 등의 번뇌를 제거하니까 괴로움의 뿌리가 완전히 뽑힌다는 자각입니다. 번뇌를 제거하니까 마음이 편안해집니다. 이것이 '멸성제'입니다. 괴로움이 사라집니다 초창기 스님들의 경우 하루에 한 끼의 공양만 드시고, 욕심을 모두 버리고 걸인처럼 사셨기에 마음이 편안하고 두려울 게 전혀 없었습니다.

그러면 번뇌는 어떻게 제거해야 할까요? 그냥 제거 되는가요? "화내지 말자."라고 다짐한다고 화가 안 날까요? 아닙니다. '도(道)'를 닦아야 번뇌의 뿌리가 뽑힙니다. 수행을 해야 합니다. 즉, 팔정도(八正道)의 수행입니다. 정견, 정사유, 정어, 정업, 정명, 정정진, 정념, 정정의 팔정도입니다. 팔정도는 계(戒), 정(定), 혜(慧) 삼학의 수행에 그대로 대응됩니다. 바른 말인 정어와 바른 행동인 정업과 바른 생계수단인 정명이 계학이고, 바른 마음가짐인 정념과 바른 집중인 정정이 정학이며, 바른 통찰인 정견과 바른 생각인 정사유가 혜학이며, 바르게 부지런한 정정진은 삼학 모두에서 작용합니다. 계, 정, 혜 삼학. 요컨대 도성제(道聖諦)는 동물성에서 벗어난 후(계학), 마음을 집중하여(정학), 공성의 지혜를 체득하는 것(혜학)에 다름 아닙니다.

도성제의 수행으로 집성제의 번뇌를 제거하면 고성제의 번뇌가 소멸하여 멸성제의 열반을 체득합니다. 부처님께서 발견하신 고, 집, 멸, 도의 사성제의 가르침입니다.

『중론』 제24장 관사제품의 시작 - 공사상에 대한 논적의 비판

사성제의 가르침에 의하면 번뇌인 '집'이 생(生)하기에 괴로움인 '고'가 생하고, '집'을 멸(滅)하면 '고'가 멸합니다. 그런데 반야계 경전을 보면 불생불멸(不生不滅) 또는 무생무멸(無生無滅)이라는 경문이 있습니다. "모든 것은 생하지도 않고 멸하지도 않는다." 또는 "이 세상에는 생도 없고 멸도 없다." 는 의미입니다. 부처님의 근본교설인 사성제의 가르침에서는 번뇌인 집의 '생'과 '멸'을 가르치는데, 반야경에는 이와 상충하게 '생'과 '멸'이 없다는 경문이 있습니다. 그래서 논적은 다음과 같은 질문 또는 비판을 제시하는 겁니다.

> 한역: 만일 일체가 모두 공하다면 생도 없고 멸도 없다. 그렇다면 사성제(四 聖諦)의 법도 존재하지 않는다.[23]

> 범문: 만일 이 모든 것이 공하다면 일어남[起]도 없고 소멸함도 없다. [그래 서] 그대는 사성제도 존재하지 않는다는 오류에 빠진다.[24]

앞에서 인용한 바 있지만 『중론』 제24장 관사제품의 제1게송입니다. 사성 제의 진리가 타당하기 위해서는 발생도 있어야 하고, 소멸도 존재해야 합니 다. 그런데 공사상에서는 '무생무멸'이라는 말을 하는 것입니다. "생도 없고 멸도 없다."는 것입니다. 그렇다면 사성제가 성립할 수가 없습니다. 번뇌가 생하면 괴로움이 생하고 번뇌가 멸하면 괴로움도 멸한다는 것이 사성제로 부처님 가르침의 핵심이며, 이 가르침이 타당하기 위해서는 생이나 멸이 존 재해야 하는데, 생이나 멸이 없다면 번뇌와 괴로움의 발생과 소멸이 있을 수 없기에 사성제가 성립하지 않게 된다는 비판입니다. 즉, 반야계 경전이나 용 수 스님의 저술에서 무생무멸 또는 불생불멸이라고 가르치는데, 논적은 "그 렇다면 불교를 비방하는 것 아닌가?"라고 시비를 거는 것입니다. 『중론』 관 사제품 초입에는 이 게송을 포함하여 총 여섯 수의 게송에 걸쳐서 공사상에

---

23) 若一切皆空 無生亦無滅 如是則無有 四聖諦之法.
24) yadi śūnyamidaṃ sarvamudayo nāsti na vyayaḥ/ caturṇāmāryasatyānāmabhā vaste prasajyate//

대한 논적의 비판을 소개하는데 마지막의 제6게송은 아래와 같습니다.

한역: 공이란 법은 인과도 파괴하고 죄와 복도 파괴하고 일체의 세속적인 존재를 모두 훼손하고 파괴한다.[25]

범문: 공성을 주장한다면 그대는 과보의 실재와 비법(非法)과 법과 세간에서의 일체의 언어관습을 파괴하게 된다.[26]

모든 것이 공하다면 사성제와 사향사과의 성인과 삼보가 모두 파괴될 뿐만 아니라, 인과응보와 선악 등 세속의 모든 일들이 파괴된다는 비판입니다.

자띠 논법에 의한 용수의 반박

중관논리는 '개념의 실체성 비판→ 판단의 사실성 비판→ 추론의 타당성 비판'의 3단계로 이루어졌는데, 추론의 타당성을 비판하는 논법의 기원이 『짜라까 상히따』에 실린 답파에 있다고 설명한 바 있습니다. 그런데 답파 논법과 유사한 방식으로 추론적 사유의 타당성을 비판하는 논법들이 그 이후의 논리학 문헌에도 등장합니다. 『니야야 수뜨라』제Ⅴ장에서 '잘못된 논법'으로 비판하는 24가지 자띠(Jāti)[27]논법입니다. 24가지 자띠와 거의 같은 논법 20가지가 『방편심론』제Ⅳ장 상응품(相應品)에 소개되어 있는데, 여기서는 『니야야 수뜨라』와 달리 '올바른 논법'으로 취급합니다. 자띠논법은 논리적 사유 그 자체를 부정하는 반논리적 논법인데 그 가운데 이법상사(異法相

---

25) 空法壞因果 亦壞於罪福 亦復悉毀壞 一切世俗法.
26) śūnyatāṃ phalasadbhāvamadharmaṃ dharmameva ca/ sarvasaṃvyavahārāṃ śca laukikān pratibādhase//
27) 『니야야 수뜨라』의 주석인 『니야야 바샤(Bhāṣya)』에 의하면 자띠는 '오류(Prasaṅga)의 발생(jāti)'를 의미한다.

似)28) 논법이 『짜라까 상히따』의 답파와 유사합니다. 『니야야 수뜨라』의 주석인 『니야야 바샤(Nyāya Bhāṣya, 正理疏)』에서는 자띠 논법 가운데, 동법적 논증식에 대한 '이법상사적 비판'의 한 예를 다음과 같이 소개합니다.

'동법적 원 논증식'

주장: 아뜨만은 작용을 갖는다.

이유: 실체이기 때문에

실례: 마치 흙덩이와 같이, 흙덩이는 실체인데 (그 성질로) 작용을 갖는다.

적합: 아뜨만도 그와 같다.

결론: 그러므로 아뜨만은 작용을 갖는다.

'이법상사적 비판'

주장: 아뜨만은 작용을 갖지 않는다.

이유: 크기가 없기 때문에

실례: 마치 흙덩이와 달리, 흙덩이는 크기가 있는데 작용을 갖는다.

적합: 아뜨만은 그와 같지 않다.

결론: 그러므로 아뜨만은 작용을 갖지 않는다.29)

여기서 보듯이 '동법적 원 논증식'이나 '이법상사적 비판' 각각 그 자체 내에서는 논리적 결함이 없는 듯하지만, 양 논증식에서 내세우는 주장은 완전히 반대입니다. 이런 방식의 추론 비판은 앞에서 소개했던 답파(答破)의 방식과 유사합니다. 그런데 용수는 『중론』제24장 관사제품 제20게송 이후부터 이와 같은 논법을 구사함으로써 공사상에 대한 논적의 비판을 반박합니다. 앞에 소개했던 논적의 제1게송을 비판하기 위해서 용수가 제시하는 제20

---

28) "원래의 논증식이 동법에 토대를 두었건 이법에 토대를 두었건 관계없이 그와 상반된 결론을 야기하는 논증식이 동법에 토대를 두면 '동법 상사'적 논법이 되고 이법에 토대를 두면 '이법 상사'적 논법이 되는 것이다.", 김성철, 『용수의 중관논리의 기원』, 도서출판 오타쿠, p.69.

29) 김성철, 『용수의 중관논리의 기원』, 도서출판 오타쿠, p.68.

게송은 아래와 같습니다.

> 한역: 만일 일체의 것이 공하지 않다면 생과 멸은 존재하지 않는다. 그렇다면 사성제의 법도 존재하지 않는다.[30]

> 범문: 만일 이 모든 것이 공하지 않다면 일어남도 없고 소멸함도 없다. [그래서] 그대는 사성제도 존재하지 않는다는 오류에 빠진다.[31]

앞에서 소개했던 제1게송 문장에서 '공하다면'을 '공하지 않다면'으로 바꾸면 제20게송이 됩니다. 범어 원문을 비교해 보면, 논적이 제시한 비판적 문장에서 '공'을 의미하는 'śūnyam'에 부정을 뜻하는 접두어 'a'자 한 글자만을 추가하여 불공을 의미하는 'aśūnyam'으로 바꿔놓았고 다른 문장은 똑같습니다. 공사상에 대한 논적의 비판과 그런 비판에 대한 용수의 반박을 정언적 추론의 형태로 바꾸어서 대조하면 아래와 같습니다.

논적의 비판
주장: 생멸이 없어서 사성제도 존재하지 않는다.
이유: 모든 것이 공하기 때문에

용수의 반박
주장: 생멸이 없어서 사성제도 존재하지 않는다.
이유: 모든 것이 공하지 않기 때문에

앞에서 소개했던 '답파'나 자띠 가운데 이법상사 논법과 다른 점은 주장명제가 아니라 이유 명제가 상반된다는 점입니다. 다시 정리하자면 논적이

---

30) 若一切不空 則無有生滅 如是則無有 四聖諦之法.
31) yadyaśūnyamidaṃ sarvamudayo nāsti na vyayaḥ/ caturṇāmāryasatyānāmabh āvaste prasajyate//

"모든 것이 공하다면 사성제를 부정하는 것 아니냐?"라고 공사상을 비판하니까, 용수 스님이 "아니다. 너의 주장대로 모든 것이 공하지 않다면 사성제를 부정하게 된다."라고 반박하는 것입니다. 요컨대 "공하다면 불교가 파괴된다."라고 비판하니까, "공하지 않다면 불교가 파괴된다."라고 반박하는 것입니다. 만일 모든 것이 공하지 않다면 우리는 괴로움을 절대 제거하지 못합니다. 고(苦)는 영원한 고인 깃입니다. 집(集)인 번뇌 역시 영원하기에 제거하지 못할 겁니다. 번뇌가 공하지 않다면, 항상 탐욕이 있어야 하고, 분노도 영원해야 합니다. 절대 제거하지 못합니다. 그렇다면 수행이 무의미합니다. 그래서 불교가 파괴된다는 것입니다.

다시 설명하면, 여러분 이 강의실에 들어올 때 문이 열렸습니다. 아까는 닫혀 있었는데 지금은 열렸습니다. 왜 그럴까요? '닫힘'이 공하기 때문에 열릴 수가 있는 것입니다. 또 열었던 문을 다시 닫을 수가 있습니다. 왜 그럴까요? '열림'이 공하기 때문입니다. 그렇지 않은가요? 세상만사가 다 공하기 때문에 닫힌 문을 열 수도 있고 열린 문을 닫을 수도 있는 것입니다. 만일 모든 것이 공하지 않다면, 다시 말해 모든 것에 실체가 있다면 닫힘은 영원한 닫힘이고 열림은 영원한 열림이기에 문을 열고 닫지 못할 겁니다. 변화가 불가능할 겁니다. 모든 게 공하지 않다면 번뇌는 번뇌일 뿐이고 열반이 따로 있어서 우리는 열반을 체득하지 못할 겁니다. 그러나 모든 것이 공하기 때문에 우리가 번뇌를 제거할 수 있습니다. 도를 닦아서 열반을 체득할 수 있습니다. 또 번뇌를 내면 고가 생하기도 합니다. 모든 게 공하기에 이런 변화가 가능한 것입니다.

『중론』제24장 관사제품에서 용수 스님은, 공사상에 대한 비판을 반박하기 위해서, 논적이 제시하는 추론과 상반된 추론을 제시합니다. 마치 시소를 타서 균형을 맞추듯이, 막대저울에서 추를 이동하여 중심을 맞추듯이 그렇게 상대를 공격을 반박하는 것입니다. 용수 스님이 "모든 것이 공하지 않기 때문에, 생멸이 없어서 사성제도 존재하지 않는다."고 주장하는 게 아닙니다. "당신이 그런 말을 하면, 나는 이런 말도 할 수 있다."는 식의 비판입니다. "네 말이 옳다면 내 말도 옳다."는 식의 비판입니다. 중관학에서는 이렇게 논적의 추론식과 상반된 결론 또는 이유를 갖는 추론식을 제시함으로써 추론의 타당성을 비판합니다. 후대에 성립한 디그나가(Dignāga, 陳那, 480-540경)의 불교논리학의 오류 이론에도 이와 유사한 논법이 등장합니다.

이율배반과 상위결정의 오류

디그나가는 초기불전의 연기설과 무아설, 그리고 반야경의 공사상에 근거하여 불교적 논리학인 인명학(因明學)을 창시합니다. 인명학은 문자 그대로 '원인을 밝히는 학문'이라는 뜻입니다. 인명학에서는 인식론(現量, 현량)과 논리학(比量, 비량)을 모두 다루기에 불교인식논리학이라고 부를 수 있습니다. 샹까라스와민(Śaṅkarasvāmin)이 저술한 『인명입정리론(因明入正理論)』은 디그나가의 불교인식논리학 공부를 위한 입문서 격의 책인데, 추론식이 오류에 빠지는 경우가 33가지로 구분된다고 설명합니다. 그 가운데 상위결정(相違決定)의 오류라는 것이 있습니다. 상위결정이란 '서로 위배되는(상위) [추론이] 확고하게 성립함(결정)'이라는 뜻으로 다음과 같은 추론식을 예로 듭니다.

추론식1
말소리는 무상하다.
만들어진 것이기 때문에
마치 항아리 등과 같이

추론식2

말소리는 상주한다.
귀에 들리기 때문에
마치 소리성(性)과 같이[32]

고대 인도의 바라문교 육파철학 가운데 니야야-와이셰시까(Nyāya-Vaiśe
ṣika) 철학에서는 말소리가 만들어진 것이라는 점을 인정하면서, 소리성(性)
이 직접 지각된다고 주장합니다. 소리성은 말소리의 의미인 '보편'을 의미합
니다. 불교에서는 말소리의 의미인 보편은 순간적인 추리[33]를 통해 인지된
다고 본 반면, 니야야-와이셰시까 철학에서는 직접 지각된다고 주장합니다.
예를 들어 누군가가 '소(Cow)'라고 말을 할 때, '소'라는 특수한 소리도 직접
지각되지만, '소 보편'인 우성(牛性, Cowness) 역시 직접 지각된다고 주장하
는 것입니다. 따라서 니야야-와이셰시까의 세계관 하에서는 위의 '추론식1'
도 작성 가능하고, '추론식2'도 작성 가능합니다. 그런데 추론식1과 추론식2
에 실린 주장은 상반됩니다. 어떤 한 학파나 종파의 세계관 하에서 이렇게
상반된 주장을 담은 추론식이 동등한 타당성을 갖고 각각 성립하는 것을 '상
위결정'이라고 하며, 결국 추론식 1과 추론식2 모두 그 타당성을 상실하는
오류에 빠집니다.

불교인식논리학에서 말하는 상위결정은 칸트 철학에서 말하는 이율배반
(二律背反, Antinomy)과 유사합니다. 앞에서 칸트 철학의 이율배반에 대해
소개한 바 있습니다. 누군가가 "우주에 끝이 있다."고 주장하면서 "왜냐하면
…"라고 그 근거를 제시할 때, 다른 사람이 "우주의 끝이 없다."고 주장하면
서 왜냐하면 …"라고 다른 근거를 제시할 수 있으면, 양측의 주장과 그 근거
는 모두 이율배반에 빠지기에 오류를 범합니다. 이율배반에 빠진 추론의 경

---

32) 相違決定者 如立宗言 聲是無常 所作性故 譬如瓶等 有立聲常 所聞性故 譬如
  聲性 此二皆是 猶豫因故 俱名不定.
33) '타(他)의 배제' 형식의 추리.

우 양측의 추론 가운데 어느 것이 옳다고 확정할 수 없습니다. 결국 양측의 추론 모두 실재와 무관한 허구가 되고 맙니다. 중관논리에서 구사하는 추론의 타당성 비판은 그 연원이 멀리 『짜라까 상히따』에 실린 답파 논법에 있지만, 독일 철학자 임마누엘 칸트가 『순수이성비판』에서 논의했던 이율배반 추론에 대한 비판과 그 방식이 같으며, 불교논리학에서 말하는 상위결정의 오류 역시 그 방식을 같이 합니다.

원효가 현장의 유식비량을 비판할 때 활용한 상위결정의 오류

원효 스님은 논리적 사유에 탁월한 분이셨습니다. 원효 스님이 상위결정의 오류를 이용해서 당나라 현장(玄奘, 602?-664) 스님을 비판한 적이 있습니다. 현장 스님은 명나라의 오승은(吳承恩, 1500-1582)이 지은 소설 『서유기(西遊記)』의 주인공 삼장법사의 실재 인물이기도 합니다. 현장 스님이 인도에 갔을 때 계일(戒日, Śīlāditya)왕이란 분이 무차대회(無遮大會)를 열었습니다. 무차대회란 문자 그대로 참석자에 제한을 두지 않는 학술축제로 누구나 참여하여 자신의 사상을 제시하고 토론할 수 있습니다. 현장 스님 역시 이 대회에 참석하여 자신이 고안한 다음과 같은 추론식을 제시했습니다.

주장: 승의(勝義)이기에, 일반적으로 인정하는 색법은 안식(眼識)에서 벗어나 있지 않다.
이유: 우리 측에서 인정하는 초삼(初三)에 포함되면서 안근(眼根)에 포함되지 않기 때문에
실례: 마치 안식과 같이

이를 유식비량(唯識比量)이라고 합니다. 유식비량이란 '오직 마음뿐임을 논증하는 3단 논법'입니다. 즉, 모든 것은 마음이 만들었다(유식)는 점을 증

명하는 추론식(비량)입니다. 불교전문용어로 추리(Inference)를 비량(比量)이라 부르고 지각(知覺, Perception)을 현량(現量)이라 부릅니다. 『서유기』의 주인공 삼장법사 현장이 인도에 가서 유식비량을 고안하여 무차대회에서 제시했는데, 그 누구도 이 추론식에서 논리적 오류를 찾아내지 못했다고 합니다.

그런데 원효 스님이 이를 보고서 이 추론식이 범하는 논리적 오류를 지적하였습니다. 그것은 상위결정의 오류였습니다. 원효 스님은 소승불교의 입장에서 다음과 같이 상반된 주장을 담은 추론식을 작성할 경우 유식비량은 상위결정의 오류에 빠지기에, 모든 불교도를 설득할 수 없다고 지적했던 것입니다.

> 주장: 승의(勝義)이기에, 일반적으로 인정하는 색법은 반드시 안식(眼識)에서
>   벗어나 있다.
> 이유: 우리 측에서 인정하는 초삼(初三)에 포함되면서 안식(眼識)에 포함되
>   지 않기 때문에
> 실례: 마치 안근과 같이

원효 스님은 현장이 고안한 유식비량에서 주장 명제의 술어인 '벗어나 있지 않다.'를 '벗어나 있다.'로 바꾸었고, 이유 명제의 '안근'을 '안식'으로 바꾸었으며, 실례의 '안식'을 '안근'으로 바꿈으로써 상위결정의 추론식을 고안했던 것입니다. 칸트 용어로 말하면 현장의 추론식을 이율배반에 빠지게 만든 것입니다. 그리고 이렇게 어떤 추론을 이율배반에 빠지게 만드는 비판 방식인 상위결정 논법의 기원은 중관학의 '추론의 타당성 비판' 방식에 있고 더멀리는 『짜라까 상히따』의 '답파' 논법까지 거슬러 올라갑니다.

현장의 논리사상뿐만 현장의 학문 전체를 비판하는 원효의 저술이 『판비량론(判比量論)』입니다. 『판비량론』은 '비량을 비판하는 논문 모음집'인데,

여기서 말하는 비량은 현장스님이 고안한 비량, 또는 현장 스님이 새로 번역한 불전들 속에 실린 비량을 의미합니다. 그리고 원효 스님은 중관학의 추론비판 논법과 유사한 상위결정의 오류를 이용하여 현장의 유식비량을 비판했던 것입니다.

중관논리 개관

지금까지 여러분은 중관논리의 반논리적 논법의 공식에 대해 배웠습니다. 우리의 사유는 개념, 판단, 추론의 3단계로 이루어져 있는데, 반논리학인 중관학에서 개념의 실체성과, 판단의 사실성과, 추론의 타당성을 어떻게 비판하는지 그 골격을 배운 것입니다.

개념에 실체가 있다는 착각은 연기(緣起)와 공(空)에 의해서 증발시킵니다. 어떤 개념이든 홀로 존재하는 것은 없습니다. 대립 개념에 의존해서 발생하기 때문에 실체가 없습니다. 즉, 연기하기 때문에 공합니다.

그리고 판단의 경우 증익, 손감, 상위, 희론의 네 가지로 나누어지는데, 증익견은 의미중복의 오류에 빠지고 손감견은 사실위배의 오류에 빠지며 상위견은 상호모순의 오류에 빠지고 희론견은 언어유희의 오류에 빠집니다. 그래서 그 어떤 판단이든 세상에서 실제로 일어나는 사실과 아무 상관이 없습니다.

또 추론의 경우 어떤 추론이든 그와 상반된 주장이나 이유가 실린 추론을 제시함으로써 그 타당성을 비판합니다. 이런 방식의 비판을 『짜라까 상히따』에서는 답파라고 불렀지만, 『니야야 수뜨라』에서는 '자띠(Jāti) 논법이라고 부르며, 용수의 저술로 포장된 불교문헌인 『방편심론』에서는 상응(相應) 논법이라고 부릅니다. '자띠(Jāti)'는 '오류의 발생'을 의미하는데, 논적이 어떤 추론을 제시하면 상반된 내용을 담은 추론을 고안하여 보여줌으로써 앞에서 제시했던 추론에서 오류가 발생하게 만들기 때문에 '자띠 논법'이라 부른다고 볼 수 있습니다. 또 누군가가 추론을 제시하면 거기에 맞대응하는 추론을 제시하기 때문에 '상응 논법'이라고 부를 수도 있습니다.

우리 인간이 머리를 굴릴 때 개념, 판단, 추론의 3단계로 향상하면서 논리적 사유가 일어납니다. 집을 짓는데 비유하면 개념은 벽돌에 해당합니다. 벽돌 여러 개를 쌓으면 기둥이나 벽이 되는데 이는 판단에 해당합니다. 그리고 그 위에 지붕을 올려서 집을 완성하는데, 완성된 집은 추론에 해낭합니다. 인간의 논리적 사유는 개념의 벽돌로 판단의 기둥을 만들어서 추론의 집을 짓는데, 중관논리에서는 그렇게 지은 집이 사상누각이라는 점을 논증합니다.

수평선 논파

지금까지 익힌 중관학의 반논리적 논법의 공식을 염두에 두면서 실전 문제를 풀어보겠습니다. 아래의 바다 사진에 수평선이 보입니다.

수평선은 하늘인가, 바다인가?

여름휴가 때 동해 바다를 향해 차를 몰고 갑니다. 몇 시간 후 저 멀리 수평선이 보입니다. 수평선의 위에는 하늘이 보입니다. 또 수평선 아래에는 바다가 보입니다. 여기서 문제를 내보겠습니다. 수평선은 하늘일까요? 바다일까요? 하늘과 바다가 만나서 수평선이 생겼기에 수평선은 하늘 아니면, 바다일 겁니다. 그런데 만일 "수평선은 바다에 속한다."라고 대답하면 하늘이 섭섭해 할 겁니다. 왜 그럴까요? 수평선 만드는데 하늘도 협조했는데 하늘을 뺐기 때문입니다. 그렇지 않은가요? 하늘이 없으면 수평선은 만들어지지 않습니다. 따라서 "수평선은 바다다."라고 하면 안 됩니다. 그러면 이와 반대로 "수평선은 하늘이다."라고 대답하면 어떨까요? 그러면 바다가 또 섭섭해 할 겁니다. 수평선 만드는데 바다도 협조했는데 바다를 빼고서 대답했기 때문입니다. 그러면, 세 번째로 "수평선은 하늘이면서 바다다."라고 대답하면 될까요? 만일 그렇다면 하늘과 바다가 겹쳐서 보여야 할 텐데, 수평선에 하늘과 바다가 겹쳐 있지 않습니다. 따라서 이 역시 옳지 않습니다. 그러면 마지막으로 "수평선은 하늘도 아니고 바다도 아니다."라고 대답하면 될까요. 만일 그렇다면 하늘과 바다 사이에 빈 곳이 수평선이어야 하는데 하늘과 바다 사이에 빈 곳은 없습니다. 수평선의 소속에 대한 네 가지 판단이 다 옳지 않습니다. 틀림없이 수평선이 하늘과 바다 사이에 있는 줄 알았는데, 즉 이 세상에 수평선이 있는 줄 알았는데, 면밀히 따져 보니까 수평선은 하늘일 수도 없고, 바다일 수도 없고, 하늘이면서 바다일 수도 없고, 하늘도 아니고 바다도 아닌 것일 수도 없습니다. 수평선의 정체에 대해 추구해 보니 네 가지 판단이 모두 옳지 않습니다. 수평선에 대한 사구(四句) 판단이 모두 옳지 않은 것입니다. 수평선에 대한 사구비판입니다. 이를 정리하면 다음과 같습니다.

제1구 비판: 수평선은 하늘일 수 없다.
제2구 비판: 수평선은 바다일 수도 없다.
제3구 비판: 수평선은 하늘이면서 바다일 수도 없다.
제4구 비판: 수평선은 하늘도 아니고 바다도 아닌 것일 수도 없다.

위는 하늘이고, 아래는 바다인 동해 바다 풍경에서 바다가 아닌 곳은 하늘이고, 하늘이 아닌 곳은 바다입니다. 따라서 위의 사구비판은 다시 다음과 같이 정리할 수 있습니다.

1. 수평선은 바다(A)일 수 없다.
2. 수평선은 바다가 아닌 곳(~A)일 수 없다.
3. 수평선은 바다이면서 바다가 아닌 곳(A&~A)일 수도 없다.
4. 수평선은 바다도 아니고 바다가 아닌 곳이 아닐(~A&~~A) 수도 없다.

하늘과 바다 사이에 틀림없이 수평선이 있는 줄 알았는데, 면밀히 추구해 보니까 수평선은 실재하지 않습니다. 우리의 말이나 생각 속에만 수평선이 있었지, 실제 세계에 수평선은 없습니다.

공성을 논증하는 중관논리는 참으로 정교합니다. 중관논리로 검토해 보면 비도 실재하지 않고, 바람도 외따로 실재하지 않으며, 불도 없고 연료도 없습니다. 세상만사가 모두 증발합니다. 어떤 개념도 그것이 실체로서 외부 세계에 존재하지 않고, 어떤 판단도 세상에서 일어나는 사실에 대응하는 묘사가 아니며, 어떤 추론도 상반된 추론이 가능하기에 보편타당성을 상실합니다. 그래서 생각이 다 무너지고 세상이 다 무너집니다. 중관논리를 배우기 전까지 확고부동하게 존재하는 듯이 보이는 세상인데 중관논리로 검토해 보면 그 어떤 것도 존재할 수 없습니다. 논리적으로는 분명 그렇습니다.

그런데 중관논리를 공부하다가 고개를 들면 온갖 사물들이 보입니다. 사람과 자동차, 건물과 도로, 산과 하늘 등 세상만사가 눈에 들어옵니다. 뚜렷한 윤곽선을 갖는 잡다한 사물들이 분명하게 보입니다. 틀림없이 논리적으로는 세상만사가 다 무너지는데, 고개를 들면 세상만사가 다시 다 나타납니다. 네모난 것, 동그란 것, 세모난 것, 길쭉한 것, 짤막한 것 등 온갖 형상이 그대로 다시 나타납니다. 참으로 의아(疑訝)하지 않을 수 없습니다. 중관논리를 익히면 세상만사가 다 무너질 줄 알았는데, 실제로는 전혀 무너지지 않고 요지부동합니다. 그러나 위에서 연습한 '수평선 논파'를 활용할 경우 중관논리와 실재 간의 이런 괴리감을 없앨 수 있습니다.

우리는 '수평선 논파'에서 구사한 논법을 시각대상의 모든 '윤곽선'에 적용할 수 있습니다. 저는 지금 강단에 서 있고, 제 몸 뒤에는 배경이 있습니다. 그리고 제 몸과 배경의 경계부에 윤곽선 있습니다. 여기서 문제를 내겠습니다. 이 윤곽선이 제 몸에 속하나요, 아니면 배경에 속하나요? 몸에 속한다고 하면 뒤의 배경이 섭섭해 할 겁니다. 자기도 몸의 윤곽선 만드는데 협조했는데 왜 자기를 빼느냐고 할 겁니다. 그렇다고 해서 배경에 속한다고 하면 몸이 섭섭해 할 겁니다. 그렇다면 제 몸의 윤곽선은 배경이면서 몸인가요? 그럴 수는 없습니다. 배경과 몸이 겹친 곳이 없기 때문입니다. 또, 윤곽선이 배경도 아니고 살도 아닌가요? 이 역시 아닙니다. 배경과 몸 사이에 빈 곳이 없기 때문입니다. 제 몸의 윤곽선에 대한 네 가지 판단이 모두 성립하지 않습니다. 그래서 동그랗거나 네모지거나 간에 어떤 사물의 윤곽선이 실재한다고 생각하고서 그 사물이 어떤 모습이라고 규정하게 되면 논리적 오류에 빠집니다.

뇌는 우리 몸의 보조기관이다

이렇게 머리가 작동하면, 뇌가 작동하면 다 오류에 빠집니다. 그래서 지금의 언어로 좀 과격하게 표현하면 "뇌를 제거하라!"는 것이 중관학의 취지입니다. 다른 예를 들어 보겠습니다. 생명체의 몸에서 가장 중요한 기능을 하는 기관은 입과 성기입니다. 모든 생명체는 입을 통해 먹이를 넣어야 살 수 있고 성기를 통해 새끼를 낳아야 종족을 보존합니다. 우리 몸의 중앙에 달린 입과 성기의 두 가지는 필수기관입니다. 입과 성기는 있는데 눈이나 귀, 코와 같은 감관이 없는 생명체도 있습니다. 눈, 귀, 코 등은 모두 입과 성기를 위한 부속기관일 뿐입니다. 또 뇌가 없는 놈도 많습니다. 지렁이도 뇌가 없습니다. 입 구멍 속의 두툼한 신경세포가 혓바닥 같은 역할을 합니다. 지렁이에게는 뇌가 없으며 촉각과 미각만 갖고 살아갑니다.

바다에 사는 멍게, 우리가 초고추장에 찍어 먹는 멍게는 동물입니다. 멍게 성체(成體)에게는 눈도 없고 뇌도 없습니다. 그런데 멍게가 낳은 알에서 부화한 새끼들에게는 뇌고 있고 눈도 있습니다(아래 그림 b). 꼬리가 달리고 눈이 두 개 붙어 있는데 올챙이 같이 생겼습니다(c). 그런데 멍게 새끼들이 바다 속을 헤엄쳐 다니다가 어느 정도 성장하면 물구나무서기 하듯이 바위 같은 곳에 머리를 박습니다(d). 그 후 차츰차츰 성장하면서 우리가 아는 넝게와 같은 모습으로 변하는데 성장하면서 눈과 뇌가 모두 녹아 없어집니다(a). 그래서 멍게 성체에게는 뇌가 없습니다. (졸저, 『붓다의 과학이야기』에서)

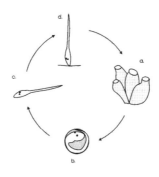

멍게의 일생

진화생물학적으로 볼 때 생명체의 뇌는 몸의 움직임과 관계됩니다. 어린 아이들 양육할 때, 수학이나 영어 공부보다 중요한 것이 농구, 축구, 달리기, 체조 같은 체육 활동입니다. 멍게에게서 보듯이 생명체의 뇌는 움직임과 함께 발달하기 때문입니다. 어릴 때부터 운동은 거의 안 시키고서 책상에 앉아서 공부만 하게 할 경우, 아이의 사고력이 크게 발달하지 못합니다. 성장기에는 다양한 운동을 많이 시켜야 합니다. 뇌의 본래 역할이 운동을 보조하는 것이기 때문입니다.

이렇게 뇌는 우리 몸의 중심이 아니라 몸을 위한 2차적인 부속기관입니다. 물론 인간이 생명의 세계에서 최강의 포식자가 된 비결은 바로 뛰어난 뇌에 있습니다. 지능의 발달로 먹이 획득에서 최강자의 자리에 오른 겁니다. 그런데 나중에는 주객이 전도가 됩니다. 뇌가 원래는 몸의 종인데, 그 주제를 모르고 주인 역할을 하는 겁니다. 신경증, 우울증 등 마음의 병은 뇌를 너무 많이 굴려서 발생했다고 봐도 되겠습니다. 식자우환(識字憂患)이라는 사자성어가 있습니다. 지식이 많으면 오히려 병이 된다는 뜻입니다. 머리를 너무 많이 굴리면 그에 비례해서 정신적 문제가 일어난다고 해석할 수도 있습니다. 뇌의 주제를 알게 하는 수행이 위빠싸나(Vipassanā) 수행입니다. 가만히 앉아서 숨을 쉴 때든, 걸어갈 때든, 밥을 먹을 때든 몸에서 일어나는 촉각 또는 미각에 주의를 기울입니다. 뇌를 몸에 종속시킵니다. 마음의 병이 점차 사라집니다. 이런 통찰과 관련하여 제가 지은 짧은 졸시(拙詩)[34] 한 편 소개합니다.

가냘픈 목에게

다행이다.
생각에 무게가 없어서 …

Modigliani

종교적, 철학적 의문 역시 마찬가지입니다. "나는 누굴까?", "세상만사는

---

34) 김성철 시집, 『억울한 누명』, 도서출판 오타쿠, 2019, p.10.

왜 없지 않고 존재하는가?" "죽으면 어떻게 될까?" 등의 의문은 종교적, 철학
적으로 너무나 궁금한 문제들입니다. 그런데 이런 의문들의 공통점은 모두
'머리 굴려서 만든 것'이라는 점입니다. 이런 의문을 잠재우는 것이 바로 중
관학입니다. 중관학에서 가르치는 반논리의 논리입니다. 중관학만이 아니고
불교의 수행론 전체의 취지가 그렇습니다. 뇌를 잠재우는 것입니다. 불교 교
학에 근거하여 보다 구체적으로 실명하면 감성적 번뇌인 수혹(修惑)과 인지
적(認知的) 번뇌인 견혹(見惑) 가운데 우선 견혹부터 제거하는 것입니다.

시간적 시작에 대한 비판

중관논리의 사구 비판에 의한 수평선 논파는 공간 속의 경계선에 대한 것
이었습니다. 이번에는 시간적 시작의 실재성에 대해 검토해 보겠습니다.

종소리의 시작은 있는가?

절에서 새벽에 예불할 때 범종을 칩니다. "댕~~~~"하는 소리가 맥놀이와 함께 이어집니다. 여기서 문제를 내 보겠습니다. 범종을 칠 때 당목(撞木)이 당좌(撞座)에 닿는 순간, 즉 '댕'소리가 시작하는 순간은 '소리'의 시간대에 속할까요, 아니면 범종을 치기 전의 '침묵'의 시간대에 속할까요? 한 겨울에 바람 한 점 없는 새벽의 사찰은 벌레소리조차 나지 않는 그야말로 적막산사(寂寞山寺)입니다. 적막한 침묵의 순간이 흐르다가 당목을 흔들어서 범종의 당좌를 치면 갑자기 "댕~"하고 종소리가 울립니다. 그러면, 그렇게 종소리가 '댕'하고 처음 시작하는 순간이 침묵의 시간대에 속할까요, 아니면 종소리의 시간대에 속할까요? 만약 종소리의 시간대에 속한고 대답하면, 침묵의 시간대가 섭섭해 할 겁니다. 왜 그럴까요? 소리가 아예 없는 침묵의 시간대가 지속되고 있었기에, '댕' 소리의 시작이 가능했던 것입니다. 그러면 이와 달리 침묵의 시간대에 속한다고 하면, 종소리의 시간대가 섭섭해 할 겁니다. 그러니까 시간적으로 선을 긋고서, "시작하는 시점이 있다."거나 "끝나는 시점이 있다."고 분별을 하면 오류에 빠집니다. 공간적으로도 윤곽을 그릴 경우에 오류에 빠지지만 시간적으로도 "언제 시작했다."라고 머리를 굴리면, 즉 알음알이를 내면 다 틀린다는 것입니다. 사구(四句)를 적용해도 '시간적 시작'에 대한 이론 구성을 할 수 없습니다. 이를 정리하면 다음과 같습니다.

1. 종소리의 시작은 침묵의 시간에 속하는가?
2. 종소리의 시작은 소리의 시간에 속하는가?
3. 종소리의 시작은 침묵의 시간이면서 소리의 시간이기도 한가?
4. 종소리의 시작은 침묵의 시간도 아니고 소리의 시간도 아닌 것인가?

이 네 가지 이론 모두 종소리가 시작하는 순간에 대해 적용할 수 없습니다. 그러니까 "언제 무엇이 시작되었다."라는 생각이 틀렸다는 것입니다. 무엇의 윤곽에 대해 "동그랗다."라거나, "네모나다."라는 생각을 하는 순간 논리적 오류를 범하는 것과 마찬가지입니다. 그러니까 그런 생각들은 제법실상, 모든 존재의 참 모습과는 어긋난다는 말입니다. 이런 말이나 생각들은 실재와 무관합니다.

아뇩다라삼먁삼보리

그러면 제법실상, 즉 모든 존재의 참모습은 뭘까요? 아무것도 없습니다. '아무것도 없음'이 모든 존재의 참모습입니다. 선가에서 말하듯이 본래무일물(本來無一物)입니다. 그 어떤 것도 그 정체를 끝까지 추구해 들어가면 다 사라집니다. 그런데 일반적인 사상가, 철학자, 과학자들은 끝까지 들어가다 말고 어느 지점에서 멈춘 후, 그 때의 통찰이 보편타당한 진리인 양 주장합니다. 온갖 사상, 철학들은 다 유위(有爲)의 생각들입니다. 모든 것이 완전히 다 사라지는 것만이 최고의 깨달음입니다. 『반야심경』에서는 그런 최고의 깨달음을 '아뇩다라삼먁삼보리'라고 부릅니다. 아뇩다라삼먁삼보리는 산스끄리뜨어 안우땃라삼약삼보디(anuttarasamyaksaṃbodhi)의 음사어입니다. 안(an)은 무(無)를 의미하는 부정의 접두어입니다. 아뜨만(ātman)이 자아(自我)라는 뜻인데 무아는 안아뜨만(anātman)이라 씁니다. 자아가 없다는 뜻입니다. 웃(ut)은 '위'라는 뜻입니다. 따라(tara)는 비교급을 만드는 어미입니다. 부처님의 속성(俗姓)인 가우따마(gautama)에서 '가우(gau)'는 '소(牛)'인데 어미 '따마(tama)'가 붙어서 '최고의 소'라는 뜻이 됩니다. 그런데 따라는 비교급 어미이기에 '웃따라(uttara)'하면 '보다 더 위'라는 뜻이 됩니다. 삼약(samyak)은 '올바르다'는 뜻입니다. '여덟 가지 올바른 길'을 뜻하는 팔정도(八正道)의 정(正)입니다. 그 다음 삼보디(saṃbodhi)에서 보디(bodhi)는 보리(菩提), 즉 '깨달음'입니다. 한자로 각(覺)이라고 씁니다. 삼보디에서 삼(sam)

은 '완전한'이란 뜻입니다. 따라서 안웃따라삼약삼보디(anuttarasamyaksam bodhi), 즉 아뇩다라삼먁삼보리는 '보다 더 위의 것이 없는 바르고 완전한 깨달음'이란 뜻입니다. 보다 더 위에 것이 없다는 것은 최고라는 뜻입니다. 그러면 '최고인 올바르고 완전한 깨달음'은 무엇을 의미하는 것일까요? 지금까지 제가 설명한 내용 전체가 다 그에 대한 것입니다. 아뇩다라삼먁삼보리는 세상이 다 무너지는 통찰입니다. 그러니까 모든 이론의 끝입니다. '본래무일물'이라고 하듯이 "원래 아무것도 없다."는 통찰입니다. 이런 통찰만이 모든 이론적 추구의 궁극점입니다. 인류역사에서 최초로 이를 발견한 분이 바로 석가모니 부처님이셨습니다. 다른 종교인, 사상가들은 제각각 어떤 이론을 구성했지만, 오직 불교에서만은 모든 것이 사라지는 아뇩다라삼먁삼보리를 말합니다. 예를 들어 "책상이 뭐냐?" "이마가 뭐냐?" 아니면. "우주가 뭐냐?"라고, 그 어떤 것이든지 그 정체를 끝까지 추구해 들어가면 다 해체되어 버립니다. 정체불명이 되어 버립니다. 모든 것이 다 무너집니다.

『중론』 귀경게 해설

지금까지는 비근한 예를 들어서 중관논리의 반논리적 논법을 연습해 보았습니다. 그러면 이제부터 실제로 『중론』에서는 중관논리가 어떻게 쓰이고 있는지, 중요한 게송 몇 수를 읽고 해석해 보겠습니다.

『중론』은 '귀경게(歸敬偈)'로 시작합니다. 귀는 '돌아갈 귀(歸)'자입니다. 경은 '공경할 경(敬)'자입니다. 그리고 불교적 시를 한자로 게(偈)라고 부릅니다. 그러니까 귀경게는 '존경을 바치는 노래'란 뜻입니다. 용수 스님께서는 석가모니 부처님께 존경을 바치는 게송으로 『중론』을 시작합니다. 왜 그럴까요? 『중론』의 토대가 된 연기법을 발견해서 가르쳐 주신 분이 바로 석가모니 부처님이시기 때문입니다. 귀경게의 한역과 범문의 우리말 번역은 아래와 같습니다.

> 한역: 발생하지도 않고 [완전히] 소멸하지도 않으며, 이어진 것도 아니고 단
> 절된 것도 아니며, 동일하지도 않고 다르지도 않으며, [어디선가] 오는 것도
> 아니고 [어디론가] 나가는 것도 아니다. 능히 이런 인연법을 말씀하시어 온갖
> 희론을 잘 진멸(鎭滅)시키시도다. 내가 이제 머리 조아려 부처님께 예배하오
> 니 모든 설법 가운데 제일이로다.[35]

> 범문: 소멸하지도 않고 발생하지도 않으며, 단절된 것도 아니고 이어진 것도
> 아니며,[36] 동일한 의미도 아니고 다른 의미도 아니며, 오는 것도 아니고 가는
> 것도 아닌 [연기(緣起)], 희론이 적멸하며 상서(祥瑞)로운 연기를 가르쳐 주
> 신 정각자(正覺者), 설법자들 중 제일인 그분께 예배합니다.[37]

한역은 구마라습(鳩摩羅什, 344-413)의 번역입니다. 5호 16국 가운데 요
진(姚秦)에서 서력기원 후 403년에 번역이 완성되었습니다. 『중론』에 대한
월칭(月稱, Candrakīrti, 600-650경)의 주석인 『쁘라산나빠다(Prasannapad
ā, 淨明句)』 전체의 범어 원문이 현존하며, 여기에 인용한 귀경게 범문은 이
주석에서 발췌한 겁니다.

---

35) 불생역불멸 불상역부단 불일역불이 불래역불출(不生亦不滅 不常亦不斷 不一亦
不異 不來亦不出) 능설시인연 선멸제희론 아계수예불 제설중제일(能說是因緣 善
滅諸戲論 我稽首禮佛 諸說中第一).
36) 구마라습의 한역에서는 앞의 4불(不)이 '①불생→ ②불멸→ ③불상→ ④부단'의
순서로 되어 있는데, 범어 원문의 경우 그 순서가 '②불멸→ ①불생→ ④부단→ ③불
상'으로 구마라습의 한역과 다르다. 원 저자 용수 스님이 슐로까 시의 운율에 맞추기
위해서, 일반적 순서와 다르게 4불을 배열하여 귀경게를 제작했고, 용수 스님의 의
도를 간파한 번역자 구마라습이 이를 원래의 순서로 되돌려 놓은 것이다. 이에 대한
상세한 설명은 필자의 논문 '『중론』 귀경게 팔불의 배열과 번역」, 『역설과 중관논
리』, 도서출판 오타쿠, 2019, pp.241-261'을 참조하기 바람.
37) anirodhamanutpādamanucchedamaśāśvatam/ anekārthamanānārthamanāga
mamanirgamam// yaḥ pratītyasamutpādaṃ prapañcopaśamaṃ śivaṃ/ deśayā
māsa saṃbuddhastaṃ vande vadatāṃ varam//

앞에서 『중론』을 구성하는 455수(首)의 게송이 모두 슐로까(Śloka) 형식의 산스끄리뜨 시라고 설명한 바 있습니다. 『중론』의 낱낱 게송은 두 수의 슐로까로 이루어져 있는데, 위의 귀경게는 게송 둘을 이어붙인 것으로, 총 네 수의 슐로까로 이루어져 있습니다. 범문의 우리말 번역을 보면, 전반 게송에서는 "소멸하지도 않고 발생하지도 않으며, 단절된 것도 아니고 이어진 것도 아니며, 동일한 의미도 아니고 다른 의미도 아니며, 오는 것도 아니고 가는 것도 아닌(不生亦不滅 不常亦不斷 不一亦不異 不來亦不出)"으로 번역되는 팔부중도를 나열하고 있고, "희론이 적멸하며 상서(祥瑞)로운 연기를 가르쳐 주신 정각자(正覺者), 설법자들 중 제일인 그분께 예배합니다."라고 번역되는 후반 게송에는 연기(緣起)와 이를 설해주신 부처님에 대한 찬탄이 실려 있습니다.

의미	①소멸하지도 않고(불멸) ②생겨나지도 않는(불생)	팔 부 중 도	연기(緣起)
	③이어지지도 않고(불상) ④단절된 것도 아닌(부단)		
	⑤동일한 의미도 아니고(불일) ⑥다른 의미도 아닌(불이)		
	⑦오는 것도 아니고(불래) ⑧가는 것도 아닌(불출)		
공능	⑨희론을 적멸하는(희론적멸)		
찬탄	⑩상서로운(길상)		

연기를 꾸미는 10가지 문구

그런데 이 귀경게에서 제일 중요한 것이 '연기(緣起)'라는 용어입니다. 위의 표에서 보듯이 연기란 용어를 꾸미고 있는 말이 10가지입니다. 전반 게송 전체, 즉 '불생, 불멸, 불상, 부단, 불일, 불이, 불래, 불거'와 같이 '아니 불(

不)'자가 붙은 여덟 가지 단어는, 후반 게송에 등장하는 '연기'를 꾸미는 수식어들입니다. 이것을 '팔부중도(八不中道)'라고 부르기도 합니다. '불'자가 붙은 말이 여덟이기에 '팔불(八不)', '생↔멸, 상↔단, 일↔이, 래↔출'과 같이 그 의미가 상반된 한 쌍의 개념을 모두 배격하기에 중도(中道)입니다. 또 후반 게송에서는 '희론을 적멸하는'과 '상서로운'이라는 두 가지 문구가 '연기'를 수식합니다. 요컨대 귀경게에서는 총 10가지 수식어로 연기라는 낱말의 '의미'와 '공능'을 나타내면서 '찬탄'합니다.

다시 상세하게 설명해 보겠습니다. 귀경게에서는 먼저 연기의 의미로 팔불을 제시합니다. "소멸하지도 않고 발생하지도 않으며, 단절된 것도 아니고 이어진 것도 아니며, 동일한 의미도 아니고 다른 의미도 아니며, 오는 것도 아니고 가는 것도 아니다."라고 할 때, 소멸과 발생은 흑백논리적 사고가 만들어낸 대립된 개념쌍입니다. 단절과 이어짐도 그렇고, 동일함과 다름도 그렇고, 옴과 감도 이와 마찬가지로 흑백논리적 사고방식, 이분법적 사고방식의 양극단을 이루는 개념쌍들입니다. 이런 네 쌍의 개념들이 적용되지 않는 것이 연기입니다. 그래서 '… 않고 … 않으며, … 아니고 …아니며 …'와 같이 부정의 술어를 부가하여 연기를 수식합니다. 요컨대 '팔부중도인 연기'는 '이분법적 사고방식이 들어갈 수 없는 연기' 또는 '흑백논리적 사고방식을 적용할 수 없는 연기'라는 의미입니다.

이어서 '희론(戲論)을 적멸하는'이라는 수식어로 연기를 꾸밉니다. 연기의 공능에 대한 설명입니다. 연기를 알게 되면 희론이 사라진다는 뜻입니다. 희론이란 삶과 죽음, 생명과 세상에 대해서 머리 굴려서 만든 온갖 이론을 의미합니다. 그런데 연기를 알게 되면 갖가지 종교나 철학에서 제시하는 온갖 이론들이 모두 사라진다는 말입니다. 왜냐하면 '이 세상 종교나 철학의 온갖 이론'인 희론은 모두 이분법적으로 작동하는 우리의 사유가 만들어낸 허구의 것들이기 때문입니다.

그렇기 때문에 참으로 '상서로운 연기'가 아닐 수 없습니다. 연기에 대한 찬탄입니다. 연기법은 너무나 신비합니다. "나는 누굴까?, 죽음이 뭘까?, 이

세상은 왜 존재하는가?" 등과 같은 형이상학적 의문에 대해서 이 세상에 있
는 다양한 종교, 철학에서는 나름대로 해답을 제시합니다. 그런데 그 해답이
제각각이며, 어느 게 옳은지 알 수 없습니다. 내생이 있다든지 없다든지, 내
생에 이렇게 된다든지 저렇게 된다든지 갖가지 종교에서 나름대로 답을 제시
하지만, 전혀 확인할 수 없기에 그저 믿어야 할 뿐입니다. 그 답이 옳은지
그른지는 죽어봐야 압니다. 그러나 죽으면 돌아올 수 없기 때문에 증명도 못
합니다. 그런데 부처님께서 가르치신 연기법을 올바로 알게 되면 눈을 훤히
뜨고 있으면서 살아있는 생생한 이 순간에 그런 종교적, 철학적 의문이 끝장
납니다. 그래서 연기에 대해 '상서(祥瑞)롭다'는 수식어가 붙는 겁니다. 연기
법은 너무나 신비합니다. 연기법을 제대로 알고 나니, 갖가지 형이상학적 의
문에 대한 해답을 죽은 다음에 확인할 필요가 없습니다. 모든 문제가 여기서
해결됩니다. 삶과 죽음의 문제가 다 해결됩니다. 그 해결이 뭐냐 하면 "죽음
에 대한 고민이 가짜였구나!"하는 것, "죽음이란 머리가 만든 것이구나!"하
는 것, 또 "나는 지금 살아있지도 않구나!" 하는 것을 자각하는 것입니다.
즉, 종교적, 철학적 의문에 대한 분별적 답을 알게 되는 게 아니라, 그런 종교
적, 철학적 의문들이 모두 흑백논리적으로 작동하는 우리의 생각이 만든 허
구의 의문이라는 사실을 알게 되어 모든 의문이 해소되는 것입니다.

　'죽는다'고 보려면 지금 우리가 매순간 죽고 있고, '태어난다'고 보려면 매
순간 우리는 태어나고 있습니다. 한 달밖에 못사는 수많은 세포들이 모여서
마스게임하고 있는 것이 우리의 몸입니다. 따라서 "변치 않는 누군가가 있어
서 이 세상을 살다가, 어느 시점에 죽었다."는 생각은 우리 몸에 대해서 거칠
게 덧씌운 착각입니다. 현대의학에 의하면 우리 몸은 1년 정도 지나면 거의
다 새로 섭취한 음식물 분자로 대체된다고 합니다. 손톱만 봐도 압니다. 내
손톱을 보면서 "이렇게 생긴 게 내 손톱이지."라고 알지만, 지금 내 눈에 보
이는 손톱은 작년의 그 손톱이 아닙니다. 그 손톱은 길 때마다 깎아서 죄다
휴지통에 들어갔습니다. 머리카락도 마찬가지입니다. 작년에 내 두개골을 감
쌌던 머리카락도 전부 이발소, 또는 미장원 쓰레기통에 들어갔습니다. 겉보

기에는 내 손톱이나 머리칼이 그대로 있는 것 같지만 실제로는 매순간 달라집니다. 그러니까 내가 살아있다거나 죽었다는 생각이 다 우리 삶의 진상과 무관합니다. 그러면 우리 삶의 참모습은 뭘까요? 유니버설 플럭스(Universal Flux). 전 우주적인 거대한 흐름입니다. 세상만사가 모두 콸콸 흘러갑니다. 제행무상(諸行無常)입니다. 내 몸이든 생각이든 느낌이든 세상이든 단 한 순간도 머물지 않고 다 변합니다. 이게 통찰의 끝입니다. 이게 세상의 참모습입니다. 이 점을 자각할 때 세상에서 무언가 변치 않는 것을 찾으려고 집착하는 마음이 사라집니다. 세상만사를 모두 손에서 놓습니다. 마음을 비우는 것입니다. 마음이 편안해집니다. 열반입니다. 그래서 연기법을 자각하면 모든 종교적, 철학적 의문들이 다 뇌가 구성한 것이라는 점을 알게 되기에 눈을 훤히 뜨고 있는 이 순간에 마음이 편안해집니다. 그래서 『중론』 귀경게에서 '연기'에 대해 '상서롭다'는 수식어를 붙이는 것입니다.

연기를 알게 되면 희론이 적멸합니다. 온갖 철학, 종교에서 주장하는 갖가지 이론들을 다 잠재운다는 뜻입니다. 그러면 무엇을 통해서 희론이 적멸에 들까요? 앞에서 열거했던 탈이분법(脫二分法)의 팔부중도를 통해서 희론이 사라집니다. 불생불멸. 생도 틀렸고 멸도 옳지 않습니다. 불상부단. 이어지는 것도 없고, 끊어지는 것도 없습니다. 불일불이. 같지도 않고 다르지도 않습니다. 불래불거. 오는 것도 없고 가는 것도 없습니다. 생한다와 멸한다, 이어졌다와 끊어졌다, 같다와 다르다, 온다와 간다 등의 이분법적 생각들이 다 머리가 만든 것들입니다. 그게 연기의 실상입니다. 부처님께서 깨달으신 연기의 실상을 체득하면 우리의 이분법적인 생각이 만든 철학적, 종교적 고민들이 모두 사라지기 때문에 "희론을 적멸하며 상서롭다."라고 연기의 공능을 노래하면서 찬탄하는 것입니다. 첫 게송인 귀경게부터 우리의 분별적 사유를 내려치는 것입니다. 선승의 '할(喝)'과 같습니다. 『중론』의 시작입니다.

그리고 이어서 "정각자(正覺者), 설법자들 중 제일인 그분께 예배합니다."라고 노래합니다. 부처님께 올리는 믿음의 노래입니다. 부처님께서는 연기법을 발견하고 알려주신 스승이시기 때문입니다. 현대적 의미로 풀면 부처님은 교육자이셨습니다. 우리가 대웅전에서 부처님께 올리는 절은 위대한 가르침에 대한 예배입니다. 부처님이 안 계셨으면 어느 누구도 연기법을 알 수 없습니다. 서양에서 온갖 철학자, 종교인이 출현하여 온 인생을 바쳐서 삶과 죽음의 문제를 해결하려고 했는데, 연기법을 발견한 사람은 단 하나도 없었습니다. 불교 수행자가 삶과 죽음에 대한 의문만 갖고서 가부좌 틀고 앉아서 이를 해결하려고 평생 동안 노력해도 스스로의 힘으로는 결코 답을 낼 수 없습니다. 출가든 재가든 불교 수행자가 어렵지 않게 깨달음에 이를 수 있는 이유는 부처님께서 남기신 경율론 삼장의 지도(地圖)가 있기 때문입니다. 불교수행자는 항상 불전을 참조해야 합니다. 불전의 지도가 있어야 그의 수행이 엇나가지 않습니다. 부처님께서 남기신 수행의 지도, 즉 불전의 가르침에 의지해야만 연기법이 무엇인지, 깨달음이 무엇인지 감을 잡고서 올바른 수행을 하여 쉽게 깨달음에 이를 수 있습니다.

불전의 가르침을 잘 분석하다 보면 "아, 이게 연기법이구나!"라고 직관할 수 있습니다. 연기에 대한 직관은 공성에 대한 자각이기도 합니다. 연기와 공성은 동전의 양면과 같습니다. 모든 것이 의존적으로 발생한다는 연기에 대한 통찰은 모든 것에 실체가 없다는 공성의 통찰과 다를 게 없기 때문입니다. 연기와 공성을 자각하면서 인지(認知)가 정화됩니다. 그런데 그게 깨달음의 전부가 아닙니다. 아직 가슴까지 따라가지 못했기 때문입니다. 인지만 무너지고 감성까지는 아직 정화되지 않은 깨달음을 견도(見道)라고 합니다. 견도는 선불교에서 말하는 견성(見性)에 해당합니다. "본성(本性)을 보았다" 혹은 "불성(佛性)을 보았다."는 뜻입니다. 견성한 다음에는, 그 전까지 갖고 있던 여러 가지 감성적인 습관까지 다 제거해야 합니다. 탐욕, 분노, 교만 같은 감성적 번뇌들입니다. 감성적 번뇌를 습기(習氣)라고 부릅니다. 이렇게 습기를 제거하는 수행이 수도(修道)입니다. 오랜 기간의 수도를 거쳐서 감정까지도 완전히 정화가 되면 아라한의 지위에 오릅니다.

지금까지 귀경게에 대한 해설을 마쳤으니, 이제 『중론』 제1장 관인연품

(觀因緣品) 공부에 들어가겠습니다. 관인연품은 귀경게를 포함하여 총 16수의 게송으로 이루어져 있는데 그 가운데 제7 게송은 아래와 같습니다.

한역: 이것으로 인하여 결과가 생할 때 이것을 연이라고 부른다. 만일 그 결과가 아직 생하지 않았다면 어떻게 비연(非緣)이라고 하지 않겠느냐?[38]

범문: 이것들을 연(緣)하여 발생하기에 실로 이것들은 연들이다. 이것들이 생하지 않는 그런 경우에 어떻게 비연(非緣)이 아니겠느냐?[39]

말이 어렵습니다. 이 게송의 의미를 풀어내야 합니다. 오늘 강의는 여기에서 마쳐야하기에 이 게송의 의미에 대해 다음 시간까지 곰곰이 생각해 보시기 바랍니다.

---

38) 因是法生果 是法名爲緣 若是果未生 何不名非緣.
39) utpadyate pratītyemānitīme pratyayāḥ kila/ yāvannotpadyata ime tāvannāprat
   yayāḥ katham//

제7강
『중론』 관인연품과 관거래품의 게송 해설

『중론』 제1장 관인연품 제7게 해설

지금까지 가능한 한 불교용어를 적게 사용하면서 중관학에 대해 설명해 보았습니다. 지난 강의에서 중관학에는 두 가지 측면이 있다고 말했습니다. 하나는 특수학문으로서의 중관학이고 다른 하나는 보편학문으로서의 중관학입니다. 특수학문으로서의 중관학은 불교사상사 내에서 성립된 중관학이고, 보편학문으로서의 중관학은 불교를 포함해서 인간의 사유(思惟) 전체를 비판하는 반논리적 논법으로서의 중관학입니다. 지난 시간까지 주로 보편학문으로서의 중관학에 대해 강의하였지만, 그 토대는 특수학문으로서의 중관학입니다. 특수학문으로서의 중관학을 연구한 결과를 알기 쉽게 보편학문으로 정리해서 여러분들에게 소개한 것입니다.

지금부터는 중관논리가 용수 스님의 저술인『중론』 내에서 실제로 어떻게 구사되고 있는지, 몇몇 게송을 예로 들어 설명하면서 중관학에 대한 이해를 심화시켜 보겠습니다. 지난 시간 말미에 숙제를 내드렸는데 다시 그 게송을 읽어 보겠습니다.

한역: 이것으로 인하여 결과가 생할 때 이것을 연이라고 부른다. 만일 그 결과가 아직 생하지 않았다면 어떻게 비연(非緣)이라고 하지 않겠느냐?

범문: 이것들을 연(緣)하여 발생하기에 실로 이것들은 연들이다. 이것들이 생하지 않는 그런 경우에 어떻게 비연(非緣)이 아니겠느냐?

한역은 "인시법생과 시법명위연 약시과미생 하불명비연(因是法生果 是法
名爲緣 若是果未生 何不名非緣)"이라고 적혀 있습니다. 한역과 범어 원문
을 종합하면 "이것으로 인해서 결과가 발생할 때 이것을 조건이라고 부른다.
만일 그 결과가 아직 발생하지 않았다면 어떻게 비연(非緣)이라고 하지 않겠
느냐?"라고 번역할 수 있습니다. 이 게송은 총27장으로 이루어진 『중론』에
서 제1장 관인연품(觀因緣品)에 실린 다섯 번째 게송입니다.

관인연품이란 '조건에 대해 관찰하는 장'이라는 뜻입니다. 연기(緣起)는
문자 그대로 '조건적(緣) 발생(起)'이라고 풀이할 수 있습니다, 즉, '의존적
발생'입니다. 그런데 중관학에서는 불교의 핵심교리인 연기라고 하더라도 그
의미에 대해 그렇게 언어적, 분별적으로 이해할 경우 논리적 오류에 빠진다
는 점을 드러냅니다. 연기에 대해 긍정적 방식으로 정의를 내릴 경우 오류에
빠집니다. 중관학의 가르침이 철저하게 연기설에 근거하지만, 말로 표현된
연기는 비판되는 것입니다. 연기에 대한 분별적 이해를 비판함으로써 연기의
참된 의미를 체득하게 하는 것이 『중론』 제1장 관인연품의 취지입니다.

흔히 연기를 '원인에 의한 결과의 발생' 또는 '조건에 의한 결과의 발생'이
라고 이해하고 설명합니다. 그런데 바로 이런 이해나 설명이 틀렸다는 것입
니다. 위의 게송을 다시 읽어 보겠습니다. "이것으로 인해서 결과가 발생할
때 이것을 조건이라고 부른다. 만일 그 결과가 아직 발생하지 않았다면 어떻
게 (이것을) 비연(非緣)이라고 하지 않겠느냐?" 이 게송의 후반인 "만일 그
결과가 아직 발생하지 않았다면 어떻게 (이것을) 비연(非緣)이라고 하지 않
겠느냐?"라는 문장은 부정이 중복된 후, 다시 부정의 의문 형식으로 서술되
어 있기에 그 의미를 이해하기 쉽지 않습니다. 이해의 편의를 위해 부정의
의문문을 긍정문으로 바꾸면 "만일 그 결과가 아직 발생하지 않았다면 (이것
은) 비연(非緣)이다."와 같이 될 것입니다. 즉, "결과가 발생하기 전에는 (이
것은) 아직 조건(緣)이 아니다."라는 뜻입니다. 그래서 전체 게송은 "이것으

로 인해서 결과가 발생할 때 이것을 조건이라고 부른다. 만일 그 결과가 아직 발생하지 않았다면 이것은 비연이다."로 바꾸어 쓸 수 있습니다. 원 게송의 문장에서 부정이 거듭되기 때문에 좀 단순하게 만들어보긴 했지만, 그래도 그 의미를 이해하기가 쉽지 않습니다. 그래서 실례를 통해 그 의미를 풀어 보겠습니다.

항아리 만드는 공장에 가면 마당에 점토가 잔뜩 쌓여 있습니다. 그 점토를 물레에 올려놓고 돌려서 항아리 모양이 만들어지면 한참을 건조시킨 후 불가 마에 넣어 항아리로 구워냅니다. 이 때, 항아리 공장 마당에 잔뜩 쌓여 있는 점토의 정체는 '항아리 재료'입니다. 다시 말해 '항아리(라는 결과물)의 (원인 이 되는) 조건'입니다. 그렇다면, 누군가가 항아리 공장 마당에 가서 "저 점토 가 뭐냐?"라고 물을 때 일반적으로 "항아리 재료야!"라고 대답하면 될 것 같 지만, 위에 인용한 게송에서는 그렇게 대답할 수 없다는 점을 알려줍니다.

무슨 얘기인가 하면, 원래는 그 공장의 주인이 항아리를 만들기 위해서 점 토를 구해서 쌓아 놓았겠지만, 혹시 항아리 가격이 폭락하고 기와 가격이 급 등하면 주인은 바로 그 점토로 기와를 만들 것입니다. 그렇게 되면 얼마 전까 지 공장 마당에 쌓여있던 점토는 '항아리 재료'가 아니라 '기와 재료'였어야 하는 것입니다. 즉, 결과물이 기와로 바뀌니까, 원인이었던 점토의 정체가 '기와 재료'로 바뀌는 것입니다. 원인에서 결과가 나오는 것이 통례이지만, 여기서 보듯이 결과가 발생해야 원인의 의미가 드러납니다. 그래서 위의 게 송에서 "만일 그 결과가 아직 발생하지 않았다면 어떻게 (이것을) 비연(非緣) 이라고 하지 않겠느냐?"라고 노래하는 것입니다. 즉 결과가 발생하기 전에 는 (이것은) 아직 정체불명입니다.

다른 예를 들어보겠습니다. 겨울이 되기 전에 월동준비를 위해서 헛간에 장작을 많이 쌓아 놓습니다. 나중에 이 장작을 아궁이에 넣고서 불을 때면, 이 장작은 당연히 연료로서의 장작입니다. 그런데 갑자기 지붕 한쪽이 무너져서 수리를 하게 됐습니다. 헛간에 쌓아놓은 장작들이 서까래 감으로 참 좋습니다. 그래서 그 장작을 가져다가 서까래로 사용합니다. 애초에는 불을 때기 위한 연료로 쓰기 위해서 쌓아놓은 나무였지만 나중에 서까래로 쓰게 되면 그것은 연료가 아니고 건축 재료로 그 정체가 바뀝니다. 이렇게 결과가 발생해야 원인의 정체가 비로소 드러납니다. 원인 때문에 결과가 생기는 인과관계는 존재의 세계에서 일어납니다. 그런데 인식의 세계에서는 결과 때문에 원인이 규정됩니다. 헛간에 쌓여있는 나무토막들을 장작으로 사용하면 불을 피울 수 있지만, 거꾸로 불을 피워야 그 나모토막들에 장작이라는 이름이 붙습니다. 따라서 결과가 아직 발생하지 않았다면, 원인이랄 수도 없다는 뜻입니다. 연기공식 가운데 "저것이 없으면 이것이 없다."는 환멸연기에 근거한 비판입니다. 앞에서 중관논리의 공식에 대해 설명할 때, 사구비판의 토대가 되는 것이 "이것이 없으면 저것이 없다."라는 환멸연기라고 말한 적이 있습니다. 이런 환멸연기 공식 가운데 '이것'에 결과를 대입하고, '저것'에 조건을 대입하여 위의 게송을 작성한 것입니다.

　『중론』에는 총 455수의 게송 가운데 논리적인 게송은 한 1/3 정도 됩니다. 그리고 이렇게 반논리적인 논리를 구사하는 게송이 바로 중관학의 핵심입니다. 나머지 게송 중에서는 그냥 어떤 주장을 선언하기도 하고 비유로 설명하기도 합니다. 지난 시간에 강의했던 『중론』 서두의 귀경게에는 논리가 없습니다. 연기(緣起)의 가르침이 어떠어떠하다는 주장과 부처님에 대한 찬탄으로 이루어져 있습니다. 또, "세상만사는 꿈과 같고 아지랑이와 같고 신기루와 같다."고 설명하는 비유적 게송도 있습니다. 이렇게 『중론』에 실린 455수의 게송은 선언적 게송, 비유적 게송, 논리적 게송의 세 종류로 구분이 됩니다. 이 가운데 논리적인 게송에서 반논리인 중관논리가 구사됩니다. 그리고 지금 예로 들은 이 게송 역시 논리적인 게송에 속합니다.

　앞에서 중관논리의 공식에 다섯 가지가 있다고 말한 바 있습니다. 먼저 사구비판의 논리가 있습니다. 의미중복의 오류, 사실위배의 오류, 상호모순의 오류, 언어유희의 오류를 지적하는 논법 네 가지에 이들 논법의 토대가 되는 환멸연기까지 합한 다섯 가지 공식입니다. 그런데 위의 게송에서 "만일 그 결과가 아직 발생하지 않았다면 어떻게 (이것을) 비연(非緣)이라고 하지 않겠느냐?"는 후반구는 "결과가 없으면 어떻게 원인이 있겠는가."라는 의미이고, 이는 다시 "결과가 없으면 원인이 없다."라고 풀어 쓸 수 있기에, 중관논리의 공식 가운데 환멸연기적 토대를 노래하는 게송으로 볼 수 있습니다.

총 27장으로 이루어진 『중론』의 각 장은 중관논리의 이런 다섯 가지 공식을 적용하는 대상만 달라질 뿐입니다. 환멸연기와 사구비판의 논리라는 다섯 가지 공식을 눈과 시각 대상에 적용하기도 하고(제3 관육정품), 원인과 결과에 적용하기도 하며(제20 관인과품), 행위와 행위자에 적용하기도 합니다(제8 관작작자품). 또 『중론』의 소재는 아니지만, 앞에서 봤듯이 "비가 내린다."는 문장에 적용할 수도 있고 "바람이 분다."는 문장에 적용할 수도 있습니다. 중관논리의 다섯 공식을 적용하는 대상은 천차만별이지만, 그 논법의 작동 방식은 똑같습니다. 그 논법의 골격을 똑같습니다. 왜 그럴까요? 세상만사를 우리가 머리 굴려서 이해하기 때문입니다. 눈으로 뭘 볼 때든지, 비가 내릴 때든지, 원인에서 결과가 나올 때든지 서로 다른 머리를 굴리는 것이 아닙니다. 모두 다 같은 머리를 굴려서 이해하는 것입니다. 그래서 그렇게 머리 굴리는 방식에 내재하는 모순의 구조가 똑같습니다. 그 방식의 골격을 추출해서 오류를 드러내는 것이 바로 중관논리입니다.

그리고 위의 게송에서 "이것으로 인해서 결과가 발생할 때 이것을 조건이라고 부른다."는 전반구의 문장은 유전연기(流轉緣起)를 일반적으로 이야기한 것으로 중관논리와 무관합니다. 비판의 대상으로 제시되는, '연기에 대한 일반적인 이해'입니다. 연기에 대해서 흔히들 그렇게 얘기한다는 것입니다. 그런데 이는 옳지 않습니다. 그래서 후반 게송에서 "결과가 없으면 원인이 없다."라고 중관논리의 토대인 환멸연기의 방식으로, 연기에 대한 긍정적 언표가 오류에 빠지게 되는 이유를 제시합니다.

『중론』 제2장 관거래품 제1게 해설

아마 『중론』을 공부할 때 그 의미가 제일 짜릿하게 와 닿는 게송이 제2장 관거래품(觀去來品)의 제1게송일 것입니다. 관거래품의 제목에서 '거'는 가는 것, '래'는 오는 것이기에 '관거래'는 '가고 옴에 대한 관찰'이란 뜻이 됩니다. 그런데 이렇게 관찰해서 얻는 결론은 뭘까요? 가고 옴은, 다 생각이 만든 것으로 외부세계에 실재하지 않는다는 것입니다. 왜 그럴까요? 이 게송을 읽고 나면 과거, 현재, 미래가 다 증발합니다. 한 번 읽어 보겠습니다.

> 한역: 이미 가버린 것에는 가는 것이 없다. 아직 가지 않은 것에도 역시 가는 것이 없다. 이미 가버린 것과 아직 가지 않은 것을 떠나서 지금 가는 중인 것에 가는 것은 없다.[40]

> 범문: '간 것'은 가지 않는다. '가지 않는 것'도 역시 가지 않는다. '간 것'과 '가지 않는 것'을 떠난 '가는 중인 것'은 가지 않는다.[41]

말이 좀 이상합니다. "가는 것이 없다."고 합니다. 우리가 잘 안 쓰는 말로 게송이 이루어져 있습니다. 어쨌든 해석해 보겠습니다. '이미 가버린 것'은 지나간 것이기에 지금은 없습니다. 당연합니다. '아직 가지 않은 것', 예를 들어 아직 지나가지 않은 버스는 지금 있을 수 없습니다. 이것도 당연합니다. 그리고 이렇게 '이미 가버린 것'과 '아직 가지 않은 것'을 빼면 남는 것이 없

---

40) 已去無有去 未去亦無去 離已去未去 去時亦無去.
41) gataṃ na gamyate tāvadagataṃ naiva gamyate/ gatāgatavinirmuktaṃ gamyamānaṃ na gamyate//

습니다. 그래서 "이미 가버린 것과 아직 가지 않은 것을 떠나서 지금 가는 중인 것에 가는 것은 없다."는 것입니다. 논리학의 기본 법칙 중에 배중률(排中律)이라는 것이 있습니다. '중간을 배제하는 법칙'이라는 뜻입니다. 위의 게송은 시간의 흐름에다 배중률을 적용한 통찰을 노래하는 게송입니다. 흘러가는 시간은 '가버린 것'과 '가지 않은 것'의 둘로 구분하면 총망라되며 제3의 것, 즉 그 중간의 것은 없다는 뜻입니다.

우리는 일반적으로 과거, 현재, 미래의 세 가지 시간대가 존재한다고 생각하지만 엄밀히 따져 보니 이 모두 실재할 수 없다는 것입니다. 과거는 이미 지나갔기에 만난 적이 없고, 미래는 아직 오지 않았기에 만날 수가 없으며, 현재는 과거와 미래의 틈에 끼어서 있을 수가 없습니다. 동서고금의 성인과 현인들은 이구동성으로 "항상 현재에 충실해라."고 가르칩니다. 과거와 미래는 다 만날 수 없기에 바로 지금 이 순간이 가장 중요하다는 가르침입니다. 그런데 위의 게송에서 노래하듯이, 과거와 미래는 물론이고 현재도 존재하지 않습니다. 과거, 현재, 미래는 '토끼 뿔'과 같고 '거북이 털'과 같아서 생각으로는 떠올릴 수 있어도 외부세계에 실재하지 않습니다. 관거래품 제1 게송의 논리를 통해 과거, 현재, 미래가 다 증발합니다.

관거래품 제1게송의 논리는 '시간' 이외의 것에도 적용할 수 있습니다. 『중론』에서는 '불이 타는 것'을 예로 듭니다. "이미 타버린 불은 지금 타고 있지 고, 아직 타지 않은 불도 타고 있지 않으며, 이미 타버린 불과 아직 타지 않은 불을 떠나서 지금 타는 중인 불은 있을 수가 없다."라고 말할 수 있습니다. 또 소리의 세계에도 적용할 수 있습니다. 이미 들린 소리, 즉 이미 지나간 소리는 들리지가 않습니다. 지금 들릴 수가 없습니다. 과거의 소리이기 때문입니다. 아직 발생하지 않는 소리도 들릴 수가 없습니다. 그리고 이미 들린 소리와 아직 들리지 않은 소리를 떠나 지금 들리는 중인 소리도 있을 수가 없습니다. 있을 틈이 없기 때문입니다. 이렇게 관거래품 제1게에서 구사되는 중관논리의 틀을 다른 모든 현상에도 적용할 수 있습니다. 동아시아 삼론학을 집대성한 길장(吉藏, 549-623) 스님은 이 논법을 삼시문파(三時門破)라고 불렀습니다. '세 가지 시간대를 통한 논파'라는 뜻입니다.

그리고 관거래품 제1게의 논법에도 사구(四句)비판의 논리가 내재합니다. 한역에는 "이미 가버린 것에는 가는 것이 없다."라고 되어 있지만, 범어 원문을 직역하면 "간 것은 가지 않는다."가 됩니다. 이는 "비가 내린다."는 분별을 비판하면서 "내리는 비는 내리지 않는다."라고 말하는 것과 같습니다. 창밖에 보이는 '비'의 경우 '이미 내리는 비'입니다. 그런데 그것에 대해 다시 "내린다."는 서술어를 부가하니까, 그에 대해서 "내리는 비는 내리지 않는다."고 비판할 수 있듯이, '간 것'은 '이미 가버린 것'인데 그것에 대해서 다시 "간다."는 서술어를 부가하니까 "간 것은 가지 않는다."고 비판할 수 있는 것입니다. "내리는 비가 다시 내린다."고 생각할 경우 의미중복의 오류에 빠지듯이, "간 것이 간다."는 생각 역시 의미중복의 오류에 빠집니다. 제1구 비판입니다.

그 다음 구절의 한역은 "아직 가지 않은 것에도 가는 것이 없다."입니다. 이 문구의 범어 원문을 직역하면 "가지 않은 것도 역시 가지 않는다."가 됩니다. "비가 내린다."는 판단에서 주어로 쓰인 '비'에 대해 '내리지 않는 비'라고 분별할 경우, "내리지 않는 비는 내리지 않는다."라고 비판할 수 있습니다. 하늘 위에 올라가 보아도 '내리지 않는 비'는 없기 때문입니다. "내리지 않는 비가 내린다."고 분별할 경우, 사실위배의 오류에 빠지듯이 "가지 않은 것이 간다."고 생각할 경우 사실위배의 오류에 빠집니다. 제2구 비판입니다.

그 다음에 "이미 가버린 것과 아직 가지 않은 것을 떠나서 지금 가는 중인 것에 가는 것은 없다."는 후반구의 범문을 번역하면 "'간 것'과 '가지 않는 것'을 여읜 '가는 중인 것'은 가지 않는다."로 되는데, 이는 "'내리는 비'와 '내리지 않는 비'를 떠난 '내리는 중인 비'는 내리지 않는다."와 그 비판 논법의 구조가 같습니다. '내리는 비'와 '내리지 않는 비' 이외의 제3의 것은 있을 수 없기에, 제3의 것으로 제시한 '내리는 중인 비'는 있을 수 없다고 논파할 수 있듯이, '간 것'과 '가지 않은 것' 이외의 제3의 것은 있을 수 없기에, 제3의 것으로 제시한 '가는 중인 것'은 있을 수 없다고 논파하는 것입니다. 이는 A도 아니고, not-A도 아닌 것은 있을 수 없다는 논파이기에 제4구 비판인 언어유희의 오류라고 봐도 되겠습니다. 그런데『중론』,「청목소(靑目疏)」에서는 '가는 중인 것'을 '반은 이미 가버린 것이고 반은 아직 가지 않은 것'으로 주석하면서 이를 제3구 비판으로 봅니다.

시간에 대한 아우구스티누스의 토로와 독각행자

그런데 우리는 기독교의 신학자 아우구스티누스(Augustinus, 어거스틴)의 저술『고백록』에서 관거래품 제1게의 논법과 유사한 문장을 볼 수 있습니다. 다음과 같습니다.

> "나는 내가 시간을 측정한다는 것을 안다. 그러나 나는 올 시간을 측정하지 못한다. 왜냐하면 그것은 아직 없기 때문이다. 현재의 시간을 측정 하지도 못한다. 왜냐하면, 그것은 어떤 공간에 의하여 늘일 수 없기 때문이다. 그리고 과거의 시간을 측정하지도 못한다. 왜냐하면 그것은 지금 없기 때문이다. 그렇다면 나는 무엇을 측정하는가?"

앞으로 올 시간은 지금 없기에 측정하지 못하고, 현재의 시간은 공간적으로 늘일 수 없기에 측정하지 못하며, 과거의 시간 역시 지금 없기에 측정하지 못한다는 통찰입니다. 미래, 현재, 과거의 순서로 되어 있긴 하지만『중론』관거래품 제1게의 통찰과 다르지 않습니다. 불교의 가르침이 '발견된 진리'이기에, 그 누구라고 하더라도 아무 전제 없이 세상에 대해 있는 그대로 관찰한 사람은 불교적 통찰을 획득할 수 있습니다. 그러나 차이점도 있습니다. 앞에서 설명했듯이 관거래품의 제1 게송은 중관학의 사구비판의 논리라는 큰 틀 속에서 제시된 각론이며, 사구비판의 논리는 그 연원이 석가모니 부처님의 연기설에 있는 반면, 아우구스티누스는 그런 진리의 편린(片鱗)을 발견한 것일 뿐이며, 그 통찰이 자신의 이런 발견을 포괄하는 연기의 법칙에까지는 이르지 못했다는 섬입니다.

어쨌든 철학자나 신학자 더 나아가 과학자까지 포함하여 모든 동서양의 모든 사상가들을 불교의 품에 안을 수 있습니다. 왜냐하면, 이들 모두 아무 전제 없이 모든 것을 있는 그대로 보려고 노력했던 사람들이기 때문입니다. 다만 '연기법의 발견'이라는 궁극까지는 가지 못했을 뿐입니다. 불교 수행에는 세 가지 길이 있습니다. 성문(聲聞)의 길, 연각(緣覺)의 길, 보살(菩薩)의 길입니다. 이를 삼승(三乘)이라고 부릅니다. 성문은 '부처님의 가르침을 들어서(聞) 깨달음을 추구하는 수행자'입니다. 불멸 후 수백 년 동안 부처님의 가르침은 스님들의 암송을 통해서 전승되었습니다. 그래서 (불전을 암송하는) 소리(聲)를 들어서(聞) 수행하기에 '성문'이라는 호칭이 생겼다고 볼 수 있습니다. 지금은 불전이 경전으로 인쇄되어 전승되기에 경문(經典)을 읽어서(讀) 수행한다는 의미에서 '경독(經讀)'이라고 부르는 게 합당할 것 같습니다.

삼승 가운데 두 번째인 연각(緣覺)은, 인연(因緣)이라는 말의 '연(緣)'자에 깨달을 '각(覺)'자를 씁니다. 연각을 독각(獨覺)이라고 번역하기도 하고 벽지불(辟支佛)이라고 쓰기도 합니다. 연각, 독각, 벽지불 모두 산스끄리뜨어 쁘라띠에까 붓다(Pratyeka Buddha)의 번역어입니다. 쁘라띠(prati)는 '…에 대해서' 또는 '조건'이라는 뜻입니다. 에까(eka)는 '하나'를 뜻합니다. 쁘라띠에까에서 쁘라띠(prati)를 '벽지'라고 음사하고, 붓다(buddha)를 불로 음사하여 벽지불이라고 표기하는 것입니다. 쁘라띠에까에서 에까(eka)는 하나를 뜻하

기에 독(獨)이라고 의역한 후, 그 뒤에 붓다의 의역어인 '각(覺)'자를 붙인
것이 독각입니다. 홀로 깨달았다는 의미를 강조하면 독각이 되고, 연기를 통
찰하여 깨달았다는 점을 드러내면 연각이 됩니다. 어쨌든 연각 또는 독각 또
는 벽지불은 불교를 전혀 모를 뿐만 아니라, 부처님이라는 분이 계셨던 것도
모른 채, 그저 삶과 죽음에 대한 의문을 품고서 홀로 깊이 사유하다가 연기의
이치를 발견하여 깨달음에 이른 분을 말합니다. 불교를 모르고 부처님이 계
셨다는 사실도 모르는데, 세상을 살아가다가 종교적, 철학적 의문을 품습니
다. 도대체 이 세상이 뭔지 궁금합니다. 죽음이 뭔지, 내가 누군지 모르겠습
니다. 그래서 세속을 등지고 홀로 깊이 명상합니다. 그러다가 드디어 연기(緣
起)의 이치를 깨닫게 됩니다. 예를 들어서 꽃잎이 떨어지는 것을 보고서 무상
(無常)에 대해 통찰하기 시작하다가 불교에서 가르치는 궁극적 진리까지 도
달한 사람들을 독각 또는 연각이나 벽지불이라고 부르는 것입니다.

그러면 이렇게 독각의 길을 추구한 분들이 누구일까요? 동서양의 사상가
들입니다. 동양에서는 공자, 노자, 맹자와 같은 분들, 서양에서는 소크라테스
나 칸트와 같은 철학자, 뉴턴이나 아인슈타인과 같은 과학자 그리고 위에서
소개했던 신학자 아우구스티누스 등이 그런 분들이었습니다. 이 분들이 독각
의 경지까지는 오르지 못했지만, 독각을 지향했기에 '독각의 길을 간 수행자'
라는 의미에서 독각행자(獨覺行者)라고 부를 수 있을 겁니다.

삼승 가운데 마지막인 보살은 성불을 지향하면서 위로는 깨달음을 구하고
(상구보리, 上求菩提) 아래로는 중생을 교화하는(하화중생, 下化衆生) 삶을
사는 분들입니다. 이 세 종류의 수행자가 다 부처님의 제자들인데, 서구의
사상가, 과학자들이 바로 독각행자에 다름 아니라는 점을 널리 알릴 때 불교
에 대한 이해도 깊어지고, 포교에도 크게 도움이 될 것입니다.

독각행자와 관련하여 제가 강의 중에 학생들에게 아이디어를 하나 제시한
적이 있습니다. 독각행자들을 모신 탱화를 그려서 보급하자는 겁니다. 사찰

의 법당에 들어가면 가운데에 부처님이 모셔져 있고 그 배경이 되는 벽을
후불탱화가 장식합니다. 탱화가 별다른 것이 아닙니다. 동화책의 삽화처럼
불경에 실린 스토리를 그림으로 나타낸 것입니다. 부처님께서 『법화경』의 가
르침을 펼치신 영취산(靈鷲山)을 줄여서 영산(靈山)이라고도 부르는데, 이곳
에 모인 대중들을 그린 탱화를 영산회상도(靈山會上圖)라고 부릅니다. 영산
회상도에는 가섭, 아난과 같은 여러 나한님들과 문수, 보현과 같은 여러 보살
님들, 그리고 천인과 용녀 등이 등장합니다. 그런데 위에서 얘기한 동서양의
사상가들을 이런 영산회상도 중간 중간에 등장시킬 경우, 보는 이로 하여금
'독각행자'의 의미에 대해 직관적으로 알게 해 줄 것 같습니다. 그러던 중 불
교미술을 전공한 대학원생이 포토샵 프로그램으로 그린 탱화를 편집하여 저
에게 보내왔습니다. 새롭게 제작한 탱화의 일부를 아래에 소개합니다.

익명의 불교도(Anonymous Buddhists) - 독각행자 영산회상도

왼쪽부터 진화론의 찰스 다윈(Charles Darwin), 만유인력의 아이작 뉴턴(I

saac Newton), 상대성원리의 알베르트 아인슈타인(Albert Einstein), 『순수
이성비판』의 임마누엘 칸트(Immanuel Kant), 그리고 공자(孔子)의 모습이
보일 겁니다. 말하자면 '독각행자'를 대거 등장시킨 전위적(前衛的) 탱화입
니다. 그리고 이 탱화의 제목을 '익명의 불교도(Anonymous Buddhists)'라고
붙이고 부제를 '독각행자 영산회상도'라고 달았습니다.

『중론』제2장 관거래품 제1게와 유사하게 "… 나는 올 시간을 측정하지
못한다. 왜냐하면 그것은 아직 없기 때문이다. … 그리고 과거의 시간을 측정
하지도 못한다. 왜냐하면 그것은 지금 없기 때문이다. …"라고 토로했던 아우
구스티누스에게도 위의 탱화에서 빈 구석의 한 자리를 내어주면 어떨까 합니
다. 독각행자의 자격이 있기 때문입니다.

『중론』제1장 관거래품 제2게 해설

그러면 이제부터 관거래품의 두 번째 게송에 대해서 풀이해 보겠습니다.
제1게에서 "이미 가버린 것에는 가는 것이 없다. 아직 가지 않은 것에도 역시
가는 것이 없다. 이미 가버린 것과 아직 가지 않은 것을 떠나서 지금 가는
중인 것에 가는 것은 없다."라고 노래했듯이, 이미 움직인 것에는 움직임이
없고, 아직 움직이지 않은 것에도 움직임이 없으며, 이미 움직인 것과 아직
움직이지 않은 것을 떠나서 지금 움직이는 중인 것은 있을 수가 없어야 할
텐데, 이와 달리 지금 우리 눈에 분명히 온갖 움직이는 것들이 보입니다. 백
로 한 마리가 창 밖에서 날아가고, 도로에서 자동차가 지나가고, 복도에서
사람들이 걸어가는 움직임이 틀림없이 보입니다. 그래서 제2게에서 논적이
용수 스님에게 시비를 겁니다. 인용하면 다음과 같습니다.

한역: 움직임이 있는 곳에 가는 것이 있다. [또] 이미 가버린 것과 아직 가지

않은 것이 아니라 [움직임이 있는] 그 가운데 지금 가는 중인 것이 있다. 그러
므로 가는 중인 것은 간다.[42]

범문: 움직임이 있는 곳, 그곳에 '가는 것'이 있고, 또 그 움직임은 '가는 중인
것'에 있기 때문에, '간 것'도 아니고 '가지 않는 것'이 아니라 '가는 중인 것'
에 있는 움직임이 '가는 것'이다.[43]

제1게에서 노래하듯이, 이미 가버린 것도 가는 것이 아니고, 아직 가지 않
은 것도 가는 것이 아니라는 점은 알겠지만, 지금 눈에 보이는 움직임에는
오고가는 게 있지 않느냐는 반박입니다. 지금 제가 손을 흔드는 것이 보이시
죠? 제 손이 왼쪽으로 갔다가 오른쪽으로 갔다가 합니다. 바로 이런 움직임
에 가는 것이 있다는 논적의 주장입니다. 그러니까 과거의 움직임은 본 적이
없고, 미래의 움직임도 볼 수가 없다는 사실은 분명하지만 지금 눈에 보이는
현재의 움직임은 실재하지 않느냐는 비판입니다. 논적이긴 하지만 용수 스님
께 너무나 정직하게 대드는 것입니다.

자, 그러면 이에 대해서 답해보겠습니다. (손을 흔들며) 여러분 제가 지금
이렇게 손을 흔드는 움직임이 보이시죠? 그러면 이렇게 움직임이 보이는 지
금 이 순간이 몇 초 정도 될까요? 제 목소리도 들리시죠? 이렇게 지금 제
목소리가 들리는 이 순간이 몇 초 정도 될까요? 과거, 미래, 현재 가운데 바
로 '지금 이 순간'이 현재인데 현재가 1초 정도 될까요? 제 손의 움직임이
보이고 제 목소리가 들리는 지금 이 순간이 1초 정도 된다고 할 수는 없을
것 같습니다. 왜냐하면 (천천히) '똑~딱' 할 때가 1초 정도 될 텐데, '똑'이라
고 할 때는 '딱'은 아직 미래에 있고, '딱'이라고 할 때 '똑'은 벌써 지나간
과거에 있습니다. 따라서 1초 정도의 시간이 현재가 되기에는 너무 깁니다.

---

42) 動處則有去 此中有去時 非已去未去 是故去時去.
43) ceṣṭā yatra gatistatra gamyamāne ca sā yataḥ/ na gate nāgate ceṣṭā gamyamā
   ne gatistataḥ//

그러면 더 짧게 (짧게) '똑!'이라고 하는 시간 정도가 현재일까요? 이것도 역시 지금 이 순간인 현재라고 볼 수 없습니다. '똑'이라는 소리를 녹음을 하여 천천히 재생하면, '또~옥'이라고 들릴 텐데, '또' 소리가 들릴 때에는 '옥'이라는 소리가 아직 미래에 있고, '옥'이라는 소리가 들릴 때에는 '또'라는 소리는 이미 과거에 있습니다. 따라서 '똑!'이라고 해도 현재로 삼기에는 너무 깁니다. 현재의 시간을 더 짧게 설정해도 또다시 나누어집니다. 지금 이 순간은 무한히 나누어지다가 궁극에는 '0'으로 수렴합니다. 그래서 현재가 증발해 버립니다. 실재의 세계에 현재가 있을 곳이 없다는 것입니다.

수학의 미분학으로 풀어 본 움직임 지각

(팔을 흔들며) 그럼 도대체 이게 뭘까요? 여기에서 우리는 물리학자 뉴턴의 위대함을 알게 됩니다. 만유인력을 발견한 뉴턴은 미분(微分, Differential)의 발견자이기도 합니다. (라이프니츠 역시 동시대에 독자적으로 발견했다고 합니다.) 그런데 지금 이 순간에 일어나는 '움직임'에 대해 미분학으로 분석할 때 그 정체가 명료하게 드러납니다.

제가 중관학 강의를 하고 있지만 미분학에 대해서 얘기해 보겠습니다. 미분학 전반이 아니라, 미분학의 인문학적인 응용에 대해서 설명하겠습니다. 반야사상, 공에 대해 논리적으로 해명하는 중관사상을 공부하면 온 세상이 다 무너집니다. 엄밀히 말하면 무너지는 게 아니라, 이 세상에 원래 아무것도 없다는 점이 드러납니다. 이것이 중관학입니다. 그런데 그럼에도 불구하고 귀에는 온갖 소리가 들리고 눈에는 갖가지 모습이 보입니다. 소리에 높낮이와 강약이 있으며, 갖가지 사물이 이리저리 움직입니다. 이것이 뭘까요? 이 모든 것들이 바깥에 실재하는 것이 아니고 내 마음에 있다는 것입니다. 이런 통찰을 일체유심조(一切唯心造)라고 합니다. "일체는 오직 마음이 만들었다."는 의미입니다. 세상을 만든 조물주가 바로 우리 각자의 마음이라는 것입니다. 누구든지 자기 마음이 자기가 사는 세상을 만듭니다. 현대에 뇌과학이 발달하자 이런 사실을 더 분명히 알게 되었습니다. 상해나 질병으로 뇌가 조금만 망가져도 일반인들과 전혀 다르게 세상을 봅니다. 이 세상의 모습은 각자 자기 뇌가 만든 것입니다. 그래서 일체유심조가 아니고 일체유뇌조(一切唯腦造)라고 말할 수도 있습니다.

(팔을 높이 올려서 왼쪽에서 오른쪽으로 움직이며) 이것이 보이는가요? 무엇이 보이는 것일까요? 제가 이렇게 팔을 움직이는데, 움직임이 처음 시작할 때의 모습과 끝날 때의 모습이 절대 동시에 보이지 않습니다. 시작할 때는 끝날 때의 모습이 안 보이고 끝에서는 시작할 때의 모습이 보이지 않습니다. 그럼 우리 눈에 뭐가 보이는 것일까요? 매 순간, 순간 빠르기가 보이는 것입니다. (들어 올린 팔을 빨리 움직이면서) 이렇게 하면 빠른 것이고, (팔을 느리게 움직이면서) 이렇게 하면 느린 것입니다. 매순간 우리는 팔의 빠르기, 즉, 팔이 움직이는 속도를 느끼는 것입니다.

그러면 그런 속도가 어떻게 나에게 인지되는 것인지 차근차근 분석해 보겠습니다. 중학교 때 물상 시간에 사물의 이동속도를 구하는 방법을 배운 적이 있습니다. 지금은 과학 과목이라고 부르더군요. 자동차나 비행기 등 어떤 사물이 이동할 때 이동한 거리를 이동할 때 걸린 시간으로 나누면 속도가 계산됩니다. 예를 들어서 어떤 자동차의 속도가 시속 60km라고 하면 한 시간 동안에 60km를 달린 것입니다. 다른 자동차가 두 시간 동안에 100km 달렸다고 하면 100km를 두 시간으로 나누어 시속 50km가 됩니다. 이렇게 속도를 구하는 공식은 다음과 같습니다.

$$속도(v) = \frac{이동\ 거리(s)}{이동\ 시간(t)}$$

이동 거리를 이동 시간으로 나누면 이렇게 속도가 나오는데, 사물이 움직이는 속도가 일정한 등속운동일 경우에는 속도를 계산하기가 쉽습니다. 그런데 변속운동의 경우 매 순간 속도가 달라지기에 어느 특정한 시간의 속도를 구하는 방법이 단순하지 않습니다. X축이 시간, Y축이 거리를 나타내는 2차원 좌표에 변속운동의 그래프를 그린 후, X축 상의 특정 시간의 그래프의 접선의 기울기를 계산하면 그 시점에서 사물의 속도가 얼마인지 구할 수 있습니다.

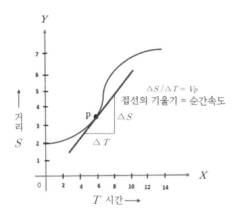

위에 그린 그래프는 느리게 움직이다가 빨라졌다가 다시 느리게 움직이는 어떤 사물의 변속운동을 '시간(X축)-거리(Y축)' 함수로 표시한 겁니다. 여기서 보듯이, 어떤 특정 시점의 순간속도를 구하려면, 그 시점의 그래프에 그은 접선의 기울기를 계산하면 됩니다. 그리고 이는 다음과 같은 과정을 거쳐 얻어집니다.

$$어떤\ 특정\ 시점의\ 순간속도(Vp) = \frac{그\ 시점에\ 이동한\ 거리(\triangle S)}{그\ 시점의\ 시간적\ 길이(\triangle T)}$$

그런데 어떤 특정 시점에서는 '그 시점의 시간적 길이'가 무한히 '0'에 수렴하기 때문에, 그 시점의 순간속도는 다음과 같이 극한값을 구함으로써 얻어집니다.

$$\text{어떤 특정 시점의 순간속도}(Vp) = \lim_{\triangle T \to 0} \frac{\triangle S}{\triangle T}$$

어떤 사물이 움직일 때 특정 시점에 나에게 인지되는 움직임은, 그 시점의 순간속도(Vp)인데, 이는 위와 같이 그 순간의 길이인 분모 $\triangle T$ 를 무한히 '0'에 수렴시킴으로써 얻어집니다. 이것이 바로 미분입니다.

등속운동이든 변속운동이든 어떤 사물이 움직일 때 특정 시점에 우리에게 느껴지는 그 사물의 움직임은 그 시점에서의 사물의 속도인데, 이는 그 순간에 사물이 이동한 거리를 이동하면서 걸린 시간의 길이로 나눈 값입니다. 이를 다시 쓰면 다음과 같습니다.

$$\frac{\text{이동 거리}(s)}{\text{이동 시간}(t)} = \text{속도}(v)$$

그런데 이 등식(等式)에서 '시간의 차이(t)'와 '공간적 거리(s)'는 좌변에 있고 속도(v)는 우변에 있습니다. 즉 공간적 차이인 '이동 거리(s)'를 시간의 차이인 '이동 시간(t)'으로 나누어 계산되는 것이 속도(v)이고, 그것이 바로 우리가 인지(認知)하는 사물의 움직임입니다. 이를 통해 알 수 있는 것은 우리가 느끼는 속도감(v)이 등식의 좌변인 시공(時空) 속에 존재하는 게 아니라는 사실입니다. 속도는 시공의 차이를 계산한 결과 값으로 등식의 우변에 위치합니다. 그곳은 바로 우리의 마음입니다.

　움직임뿐만 아니라 우리가 인지하는 모든 변화는, 우리의 마음이 바로 앞 찰나에 파악한 정보를 지금 이 순간에 파악한 정보와 비교하여 계산해내는 것입니다. 앞 찰나와 현 찰나의 비교를 통해 의미가 발생하는 찰나적 연기(緣起)입니다. 그리고 이 때 앞 찰나에 파악된 정보를 의근(意根)이라고 부릅니다. 의근은 의식의 토대, 즉 우리 마음의 토대인데 안근(眼根), 이근(耳根), 비근(鼻根), 설근(舌根), 신근(身根)의 다섯 감관과 달리 물질인 색법(色法)이 아니고 마음인 심법(心法)입니다. 정확히 말하면 앞 찰나에 인지되었던 육식(六識)입니다.

　속도를 포함하여 모든 변화를 측정하여 양으로 나타내는 것(量化, Quantification)이 미분학의 목적입니다. 변화량에 대해서. 우리가 어떤 사물의 움직임을 보고서 빠르다거나 느리다고 느낄 때, 그 움직임은 바깥 세계에 있는 것이 아니라 내 마음 속에 있습니다. 내 마음이 그 사물의 앞 찰나의 위치와 다음 찰나의 위치를 비교해서 계산해내는 것입니다. 그래서 지금 이 순간 어떤 움직임을 보고서 "빨리 지나갔다."라거나 "느리게 가는구나."라고 아는 것입니다. 그래서 빠르다거나 느리다는 움직임조차 바깥에 있는 것이 아니고 각자의 뇌 속에 있습니다. 앞에서 얘기했듯이, 큰 방, 작은 방 역시 외부 세계에는 없습니다. 머릿속에 작은 방을 염두에 두고서 어떤 방문을 열면 "아, 큰 방이구나."라는 생각이 떠오릅니다. 그 방의 크기는 원래 큰 것도 아니고 작은 것도 아닙니다. 한문으로 비대비소(非大非小)라고 쓸 수 있습니다. 이와 같이 자동차가 지나가든 새가 날아가든 빠르거나 느린 움직임은 바깥에 있는 것이 아니고, 앞 찰나와 다음 찰나의 위치를 비교해서 우리 마음속에서 일어나는 일입니다. 그래서 일체유심조(一切唯心造)입니다. 빠르기만 그런 게 아니라 모든 변화에 대한 인식은 현찰나의 지각을 앞 찰나의 지각과 비교함으로써 발생합니다. 비교를 통한 의미의 발생이 무엇인가요? 바로 연기(緣起)입니다. 움직임의 지각과 관련하여 찰나적으로 일어나는 미세한 연기를 수학의 미분의 원리를 통해 설명해 보았습니다.

입체감 역시 찰나적인 비교를 통해 일어난다

지금까지 분석해 보았듯이, 어떤 사물이 앞 찰나에 있던 위치를 현 찰나에 있는 위치와 비교함으로써 움직임에 대한 지각이 발생합니다. 이런 찰나적 비교를 통해, 우리의 마음이 순간적으로 그 사물의 속도를 계산해내어 '움직임'으로 지각하는 것입니다.

그런데 이와 같이 인접한 두 영상의 비교를 통해 발생하는 지각이 또 하나 있습니다. 바로 입체감의 지각입니다. 눈이 둘이기에 우리는 3차원적인 입체감을 느낄 수 있습니다. 한 눈으로만 사물을 보면 입체감이 사라집니다. 우리가 입체적인 어떤 사물을 볼 때 왼쪽 눈과 오른쪽 눈에 보이는 그 사물의 모습이 약간 다른데, 좌우의 눈 각각에 나타난 2차원적인 평면 시야의 차이를 지속적이고 순간적으로 비교함으로써 3차원적인 입체감이 발생합니다.

우리 눈의 망막에 맺힌 시각정보는 시신경을 통해 시각중추가 있는 대뇌피질의 후두엽으로 전달됩니다. 우리가 눈으로 외부의 사물을 바라보는 것 같지만, 엄밀히 보면 대뇌피질 후두엽의 시각피질에서 전달된 그 사물의 영상정보를 자각하는 것입니다. 따라서 입체감의 지각은 궁극적으로 대뇌피질의 좌측과 우측 후두엽의 시각피질에 맺힌 두 영상을 비교함으로써 발생합니다. 더 구체적으로 설명하면, 뇌 속에서 요동하는 '한 점 식(識)의 흐름(One point stream of Consciousness)'이 주의(Attention)를 동반하여 좌뇌와 우뇌 후두엽의 시각피질을 재빠르게 왕복하여 양측의 영상정보를 비교함으로써 입체감을 느끼게 되는 것입니다. 앞에서는 움직임에 대한 지각을 분석하였는데, 이렇게 입체감 역시 그와 유사한 방식으로 인지(認知)된다는 점을 알 때 '마음'에 대한 이해가 더욱 깊어집니다.[44]

육조 혜능 스님의 심동(心動)

그런데 이와 관련하여 재미있는 이야기가 하나 있습니다. 불자 가운데 혜능 스님을 모르는 분은 안 계실 겁니다. 육조(六祖) 혜능(慧能, 638-713) 스님 말입니다. 선불교가 하나의 불교의 종파가 되는 데 크게 기여한 분입니다. 육조라는 수식어가 붙는 이유는 동아시아에 처음 선을 전한 달마 스님 이후 여섯 번째 스승이기 때문입니다. 이 분의 스승은 오조(五祖) 홍인(弘忍, 601-674) 스님인데, 상수 제자였던 신수(神秀, 605-706) 스님을 제치고 혜능 스님이 홍인 스님으로부터 의발(衣鉢)을 전수받습니다. 혜능 스님이 원래 남쪽의 오랑캐 출신입니다. 그런데 굴러온 돌이 박힌 돌을 쳐버리는 격이 되었습니다. 그래서 스승인 홍인 스님은 혜능 스님이 다른 스님들로부터 미움을 받을까봐 걱정되어 혜능 스님에게 피신하라고 명합니다. 그래서 남쪽으로 내려간 혜능 스님은 15년간 사냥꾼 사이에 숨어서 은둔생활을 합니다. 그러다가 광주(廣州) 법성사(法性寺)에서 드디어 그 정체가 알려집니다. 광주는 지금의 광동성(廣東省)에 속한 지역으로 홍콩에서 그리 멀지 않습니다. 법성사에서 인종 스님이 『대반열반경』을 강의하고 있었는데, 혜능 스님은 그 당시 법성사에서 재출가하여 행자의 모습으로 강의를 듣고 있었습니다. 그 때 바람이 불어서 당간(幢竿)에 수직으로 내리 걸려 있던 '번(幡)'이 바람에 펄럭였습니다. 이를 본 두 스님이 바람과 번 가운데 무엇이 움직이는지를 놓고 다투기 시작했습니다. 그러자 옆에서 이를 보던 혜능 스님이 "바람이나 번이 움직이는 게 아니라 그대들 각자의 마음이 움직인다(心動)."고 일갈(一喝)을 하였습니다. 바람이나 번이 아니라 마음이 움직인다는 말입니다. 그러자 모두들 그 탁월한 통찰에 깜짝 놀랐습니다. 그래서 드디어 혜능 스님의 정체가

---

44) 입체감의 지각에 대한 설명은 원 강의에는 없는 것으로, 강의를 책으로 정리하면서 추가한 것이다.

드러나고 말았습니다. 이를 계기로 혜능 스님이 법상에 오르게 되었고 선불교가 크게 번성합니다.

자, 그러면 여기서 혜능 스님이 일갈(一喝)한 심동(心動)의 뜻이 무엇일까요? 번이 펄럭일 때 바람이 움직이는 것(風動)도 아니고, 번이 움직이는 것(幡動)도 아니라, 마음이 움직이는 것이라는 의미는 무엇일까요? 바로 위에서 미분학으로 설명했듯이, 움직임이

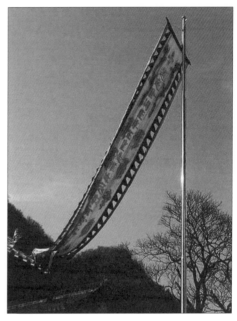

바람에 펄럭이는 번(幡)

라는 현상이 객관세계에 있는 게 아니라, 각자의 주관인 마음에서 계산해 낸 것이라는 통찰과 다르지 않을 것입니다. 미분학으로 심동을 분석할 수 있는데, 혜능 스님은 이를 직관하셨던 겁니다.

지각에는 여섯 종류가 있습니다. 안이비설신의(眼耳鼻舌身意)의 여섯 가지 지각기관에 의해서 색성향미촉법(色聲香味觸法)의 여섯 가지 지각대상을 인식합니다. 이를 십이처(十二處)라고 부릅니다. 안근(眼根)인 눈으로 형상을 보는 시각, 이근(耳根)인 귀로 소리를 듣는 청각, 비근(鼻根)인 코로 냄새 맡는 후각, 설근(舌根)인 혀로 맛보는 미각, 신근(身根)인 몸으로 느끼는 촉각, 그 다음에 의근(意根)으로 아는 생각의 여섯 가지 지각입니다. 그런데 눈, 귀, 코, 혀, 몸의 다섯 가지 지각기관은 모두 물질입니다. 소위 단백질 덩어리입니다. 그런데 여섯 번째 지각기관인 의근은 물질이 아니고 심법(心法)입니다. 마음입니다. 『아비달마구사론』의 가르침입니다.

일반적으로 "이 세상에 존재하는 일체(一切)가 무엇인가?"라고 물어볼 때, 대부분 "하늘이 있고 땅이 있고 그 사이에서 생명체가 살아간다."고 대답합니다. 그런데 불전에서는 이런 식으로 얘기하지 않습니다. "이 세상에 있는 모든 것은 '안이비설신의'의 여섯 가지 지각기관과 '색성향미촉법'의 여섯 가지 지각대상이다."라고 말합니다. 이런 십이처는 주관적 시점에서 파악한 일체입니다. 불교의 가르침은 모두 그 시점이 주관적입니다. 이 세상을 객관화, 대상화 시켜서 그 궁극을 추구하지 않습니다. 왜 그럴까요? 객관적 시점에서 궁극적 문제에 대한 답을 추구할 경우 그 끝이 없기 때문입니다. 물리학이 객관적 시점을 갖고 이룩한 학문인데, 아직도 그 끝을 모릅니다. 미시적으로는 소립자의 끝이 무엇인지 모르고, 거시적으로는 우주의 끝이 어디인지 모릅니다. 현대의 물리학 이론이 아무리 현란해도 천 년 정도 지나면 또 바뀝니다. 이렇게 객관적 추구는 그 끝을 모릅니다. 객관주의의 문제점에 대한 이런 통찰을 담은 제 졸시(拙詩)[45] 한 편 소개합니다.

끝이 없는 길

저 멀리
하늘과 땅이 맞닿은
지평선과 만나려 걷는데
가는 만치 멀어지는 종착점

가도 가도 만날 수 없는 지평선처럼 객관적 추구는 종착점이 없습니다. 그런데 주관의 작동방식에는 끝이 있습니다. 주관성의 끝을 가르치는 종교가 바로 불교입니다. 지금 강의하고 있는 이 중관학은 앞으로 수억 년이 지나도

45) 김성철, 『억울한 누명』, 도서출판 오타쿠, 2019, p.126.

변하지 않습니다. 아무리 물리학이 발달해도 변하지 않습니다. 왜 그럴까요?
생각의 끝을 아는 것이기 때문입니다. 이 세상의 끝은 외부세계에 있는 것이
아니라 생각 속에 있습니다. 아무리 물리학이 발달해도 그것을 이해하기 위
해서는 우리의 머리를 굴려야 합니다. 그런데 머리가 굴러갈 때는 흑백논리
적으로 작동합니다. 따라서 흑백논리의 한계를 아는 것이 이 세상의 한계를
아는 것입니다. 중관학에서 가르치는 것이 바로 그것입니다. 더 나아가 불교
수행의 인지정화(認知淨化) 과정이 바로 그렇습니다. 그래서 부처님께서는
항상 주관적 시점에서 설법을 하셨습니다.

『구사론』에서 정의하는 의근

세친의 『아비달마구사론』에서 정의하는 의근(意根)의 정체를 이해하려면
이런 주관적 시점에 철저해야 합니다. 앞에서 여섯 가지 지각기관, 즉 육근
(六根) 가운데 안근, 이근, 비근, 설근, 신근의 다섯은 색법인데, 의근은 심법
이라고 말한 바 있습니다. 의근은 심장이나 뇌가 아니라 앞 찰나의 육식(六
識)입니다. 『구사론』에서는 의근에 대해 다음과 같이 설명합니다.

[게송] "간극 없이(anantara, 無間) 지나가버리는 육식(六識)이 바로 의(意,
manas)다." [풀이] 등무간(等無間, samanantara)하게 소멸하는 식(識, vijñān
a)은 무엇이든 의계(意界, manodhātu)라고 설시되었다. 이는 어떤 남자가 바
로 아들인데 다른 경우에는 아버지라고 불릴 수 있고, 어떤 것이 바로 열매인
데 나중에는 씨앗이라고 불리는 것과 같다. 여기서도 바로 이와 같아서 의계
라고 불릴 수 있다.[46]

---

46) "ṣaṇṇām anantarātītaṃ vijñānaṃ yad dhi tan manaḥ. yad yat samanantaranir
uddhaṃ vijñānaṃ tan manodhātur ity ucyeta. tadyathā sa eva putro 'nyasya
pitrākhyāṃ labhate."; "由即六識身 無間滅為意 論曰 即六識身無間滅已 能生後
識故名 意界 謂如此子即名餘父.",『阿毘達磨俱舍論』(대정장29), p.4b.

위의 게송에서 '간극 없이(anantara, 無間) 지나가버리는 육식(六識)'은 '앞 찰나의 육식'을 의미하며, 의(意, manas) 또는 의계(意界, manodhātu)가 의근(意根)입니다. 그런데 의근은 바로 앞 찰나에 있었던 여섯 가지 지각의 내용인 육식이란 것입니다. 동일한 지금 이 순간의 육식이 앞 찰나에 대해서는 의식이지만 다음 찰나에 대해서는 의근의 역할을 하기에, 위에 인용한 경문에서 "어떤 남자가 바로 아들인데 다른 경우에는 아버지라고 불릴 수 있고, 어떤 것이 바로 열매인데 나중에는 씨앗이라고 불리는 것과 같다."라고 설명하는 겁니다. [환기(喚起)시키면, 지금 우리는 '펄럭이는 번(幡)'의 움직임이 풍동도 아니고 번동도 아니라 심동이라는 혜능 스님의 일갈을 불교교학의 의근(意根) 이론으로 풀어보고 있습니다.]

다시 설명한다면, 우리에게 인지하는 모든 의미는 항상 앞 찰나의 사건과의 비교를 통해서 발생합니다. 마음 발생의 기초, 토대에 대한 아주 정밀한 분석입니다. 개념적 사유와 같은 굵은 마음이 아니라 미세한 마음, 즉 우리 마음의 첫 순간은 앞 찰나 마음과의 비교를 통해서 발생합니다. 비유로 설명해보겠습니다. 동굴에 들어가 본 적이 있을 겁니다. 고수동굴과 같은 석회암 동굴이든지, 만장굴과 같은 용암굴 말입니다. 여름에 무더울 때 동굴에 들어가면 시원합니다. 오래 있으면 서늘해지다가 추워지기까지 합니다. 그런데 똑같은 동굴인데 겨울에 들어가면 따뜻합니다. 왜 그럴까요? 동굴 온도가 변하는 것은 아닙니다. 동굴의 온도는 일정합니다. 영상 18도, 19도 정도입니다. 그런데 여름에 들어가면 시원하고, 겨울에 들어가면 따뜻합니다. 동굴 밖의 춥거나 더운 느낌에 따라서 동굴 안의 느낌이 발생하기 때문입니다. 여기서 동굴 안에서 느껴진 온도가 바로 '법(法)'에 해당합니다. '안이비설신의'의 대상인 '색성향미촉법' 가운데 마지막인 '법'입니다. 즉, 생각의 내용입니다. 따뜻하다거나 시원하다는 느낌이 법입니다. 그런데 동굴 바깥이 더웠는가,

추웠는가에 따라서 동굴 안의 춥거나 더운 느낌이 달라집니다. 원래 동굴 안의 온도는 영상 18도 정도로 일정한데 겨울에는 추운 곳에 있다가 안으로 들어오니까 따뜻하게 느껴지고, 여름에는 따뜻한 곳에 있다가 안으로 들어오니까 시원하게 느껴집니다. 이와 같은 방식으로 앞 찰나에 느꼈던 마음에 의지해서 다음 찰나의 마음이 발생합니다. 그래서 의근은 색법이 아니라 심법, 즉 물질이 아니라 마음이라고 하는 것입니다.

사람과 바위덩어리가 다른 게 딱 하나 있습니다. 아니 사람만이 아니고 모든 생명체와 무생물이 다른 게 하나 있습니다. 물론 여기서 말하는 생명체는 동물만을 의미합니다. 참고로 식물은 불교에서 생명체가 아닙니다. 중생이 아닙니다. 불교교리에 의하면 식물은 윤회하지 않습니다. 식물은 무정물(無情物)입니다. 식물은 그저 DNA에 기반한 물질 덩어리입니다. DNA에 기반한 물질에 소위 귀신이 붙으면 생명입니다. 아무튼 생명체와 돌멩이의 차이점은 딱 하나입니다. 뭐냐 하면, 앞 찰나가 다음 찰나까지 남아 있느냐, 남아 있지 않느냐의 차이입니다. 돌멩이 같은 경우에는 앞 찰나에 작용한 것이 남아 있지 않습니다. 항상 그 순간의 사건만 돌멩이에 작용합니다. 그런데 생명체일 경우에는 항상 앞 찰나에 일어난 일들이 잔상(殘像)처럼 남아 있다가, 지금 찰나에 일어난 일과 비교해서 의미를 발생시킵니다. 그래서 마음이 작동합니다. 생명이냐 아니냐, 생명체냐 아니면 돌멩이냐의 차이점은 딱 그거 두 가지입니다. 한 찰나 더 남아있는 것, 두 찰나의 사건을 비교하는 것. 이것이 바로 마음, 심법입니다.

위에 인용한 『구사론』의 경문은 1,700여 년 전 경량부라는 학파에서 이야기하던 마음 발생이론입니다. 그리고 이에 대해 수학의 미분학을 이용하여 분석할 수 있는데, 이 역시 제가 주장하는 게 아니라, 러시아 불교학자 체르밧스키(Stcherbatsky, 1866-1942)가 언급한 바 있습니다. 이 분의 저술 가운데 『불교논리학(Buddhist Logic)』이라는 게 있는데 이 책에서 불교논리학의 인식 이론에 대해 설명하면서 "수학자가 미분을 통해서 속도를 계산해 내는 것과 똑같이, 인간의 마음도 선천적인 수학자로서 찰나적인 감각의 흐름에서 지속을 축조해 낸다."47)라고 쓰고 있습니다. 러시아에서 뛰어난 불교학자가 많았는데, 그 이유가 언어적인 데 있을 것 같습니다. 러시아어는 산스끄리뜨어와 문법구조도 거의 같고 발음이 비슷한 용어도 아주 많습니다. 어쨌든 움직임을 미분학과 연관시킨 것은 체르밧스키의 아이디어였고, 지금까지 이를 힌트로 삼아 우리 마음이 움직임을 파악하는 과정에 미분학을 적용하여 구체적으로 풀이해 보았습니다.

『중론』 제2장 관거래품 제7, 10, 11게

그러면 관거래품 게송 가운데 다른 게송 몇 가지를 더 분석해 보겠습니다. 제7게는 아래와 같습니다.

한역: 가는 자를 떠나서는 가는 작용은 얻을 수 없다. 가는 작용이 없기 때문에 어떻게 가는 자가 있을 수 있겠는가?48)

범문: 만일 '가는 자'를 떠난다면 '가는 작용'은 성립되지 않는다. '가는 작용'이 없다면 도대체 어떻게 '가는 자'가 성립하겠는가?49)

이 게송은 "가는 자가 간다."라는 분별에 대한 비판입니다. 우리가 "비가

---

47) "Just as the mathematician constructs his velocities out of differentials, so does the human mind, a natural mathematician, construct duration out of momentary sensations.", TH. Stcherbatsky, Buddhist Logic I (New York: Dover Publication, 1962 [초판은 1930-1932년에 발간]), p.107.
48) 若離於去者 去法不可得 以無去法故 何得有去者.
49) gantāraṃ cettiraskṛtya gamanaṃ nopapadyate/ gamane 'sati gantātha kuta eva bhaviṣyati//

내린다."든지 "새가 날아간다."는 말은 하는데, "가는 자가 간다."는 말은 거의 안 쓰기에 좀 이상할 수 있습니다. 어쨌든 위의 게송의 소재는 "가는 자가 간다."는 문장입니다.

지금 누군가가 걸어가고 있다고 상상해 보기 바랍니다. 그가 누군지 모를 때 '가는 자'라고 지칭할 수 있습니다. 그 주체에 대한 호칭입니다. 또 그가 무슨 일을 하고 있는지 물으면 "가는 작용을 하고 있다."고 답할 수 있습니다. 주체를 주어로 삼고 그 작용을 술어로 삼아서 "가는 자가 간다."는 분별이 일어납니다. 누군가가 걸어갈 때 '하나의 사건'만 일어나고 있는데, 우리의 생각에서는 분별을 통해 주어와 술어를 만들어 냅니다. 주어는 '가는 자'이고 술어는 '간다'는 작용입니다. 누군가가 걸어가고 있는데 이를 보고서 "가는 자가 간다."라고 표현할 때, 발생하는 논리적 문제를 폭로하는 것입니다.

가는 자를 떠나면 가는 작용이 없습니다. 누가 걸어갈 때 그 주체인 가는 자를 빼버리면 가는 작용도 있을 수가 없습니다. 또 이와 반대로 가는 작용을 빼버리면 가는 자도 사라집니다. 누군가가 걸어가는 것은 하나의 현상이기 때문입니다. 그래서 위의 게송에서 "가는 자를 떠나서는 가는 작용은 얻을 수 없다. 가는 작용이 없기 때문에 어떻게 가는 자가 있을 수 있겠는가?"라고 노래하는 것입니다.

예를 들어서 비가 내리는 것이 하나의 '강우 현상'인데, 우리는 이를 보고서 "비가 내린다."고 분별합니다. '비'를 주어로 사용하고 '내린다'는 작용을 술어로 사용하여 하나의 문장을 만드는 겁니다. 그런데 내림이 없으면 비가 없고 비가 없으면 내림이 없습니다. 따라서 우리는 "비를 떠나서는 내리는 작용을 얻을 수 없다. 내리는 작용이 없기 때문에 어떻게 비가 있을 수 있겠는가?"라고 비판할 수 있습니다. 이는 "이것이 없으면 저것이 없다. 저것이 없는데 어떻게 이것이 있을 수 있겠는가?"라는 환멸연기 공식을 골격으로

삼는 문장입니다. 이와 마찬가지로 위의 게송 역시 '가는 자'와 '가는 작용'의
연기관계를 환멸연기로 표현한 것입니다. 중관논리의 다섯 가지 공식 가운데
환멸연기적인 토대를 노래하는 게송입니다. 그리고 이어지는 게송들은 이 게
송을 토대로 삼습니다. 앞에서 설명한 바 있지만, 중관논리에서 개념의 실체
성을 비판할 때 환멸연기가 토대가 됩니다. 이런 환멸연기적 통찰에 근거해
서 아래와 같이 제10게가 제시됩니다.

> 한역: 만일 가는 자가 가는 것을 갖는다고 하면 가는 것이 두 개가 있게 된다.
> 첫째는 가는 자의 가는 것이고 둘째는 가는 작용의 가는 것이다.[50]

> 범문: 만일 가는 자가 간다면 가는 작용이 둘이라는 오류에 빠진다. 가는 자
> 라고 말하는 것과, 존재하는 가는 자, 그 자가 또 간다는 사실에 의해서.[51]

한역은 "만일 가는 자가 가는 것을 갖는다. …"로 시작하면서 '갖는다'는
표현을 쓰는데 범어 원문을 보면 위의 번역에서 보듯이 그냥 "만일 '가는 자'
가 간다면 …"이라는 뜻입니다. 따라서 범어 번역에 근거해서 이 게송의 의미
를 풀어 보겠습니다. "가는 자가 간다."는 문장이 우리에게 어색하게 들리기
에, 이 문장보다 "비가 내린다."거나 "바람이 분다."와 같은 문장을 예로 들
때 이 게송에 내재하는 반논리적 논법의 구조를 이해하기 쉽습니다. 이 게송
의 '가는 자'에 '비'를 대입하고, '간다'에 '내린다'를 대입하면 다음과 같이
기술할 수 있습니다.

> 만일 '비'가 내린다면 '내리는 작용'이 둘이라는 오류에 빠진다. '비'라고 말하

---

50) 若去者有去 則有二種去 一謂去者去 二謂去法去.
51) gamane dve prasajyete gantā yadyuta gacchati/ ganteti cocyate yena gantā
sanyacca gacchati//

는 것과, 존재하는 '비', 그 것이 또 내린다는 사실에 의해서.

"비가 내린다."고 분별하거나 말을 하면 '내림(내리는 작용)'이 두 번 있게 됩니다. 첫째는 '비'가 원래 갖고 있는 '내림'이고, 둘째는 '내린다'는 술어가 의미하는 '내림'입니다. 그러니까 누군가가 걸어갈 때 이를 주체와 작용으로 구분하여 "가는 자가 간다."고 이해하는 거나, 하나의 강우현상에 대해 이를 주체와 작용으로 분별하여 "비가 내린다."고 이해하는 거나 그 분별의 구조도 똑같고, 그래서 발생하는 오류도 똑같다는 것입니다. "가는 자가 간다."고 할 때, '가는 자'라는 말에는 '가는 작용'의 의미가 이미 들어가 있습니다. 그런데 그런 주어에 대해서 다시 '간다'라는 말을 붙이니까 '가는 작용'이 두 개 있게 되는 의미중복의 오류에 빠집니다. 하나는 비가 내리는 현상이고, 하나는 누가 걸어가고 있는 건데 그걸 이해하는 우리의 사유는 똑같다는 것입니다. 여기서 우리가 명심해야 할 것은 중관학에서 '누군가의 이동'이나 '강우현상'을 비판하는 것이 아니라, 그런 하나의 현상을 주어와 술어의 두 가지 개념으로 분별하여 이해하는 우리의 사고방식을 비판하는 것입니다. 위에 인용한 제10게에서는 중관논리의 사구비판 가운데 제1구 비판으로, '의미중복(증익견)의 오류'를 지적합니다. 이어서 제시되는 제11게에서는 제2구 비판인 '사실위배(손감견)의 오류'를 지적합니다. 이는 다음과 같습니다.

> 한역: 만일 가는 자가 간다고 말한다면 이런 [말을 하는] 사람은 허물이 있다. 가는 것 없이 가는 자가 있고 가는 자에게 가는 것이 있다고 말하는 것이다.[52]

> 범문: 가는 자가 간다고 하는 주장, 그런 주장을 한다면 오류에 빠진다. 가는

---

52) 若謂去者去 是人則有咎 離去有去者 說去者有去.

작용 없이 가는 자가 있고 [또 그] 가는 자의 가는 작용을 추구하기 때문이
다.[53]

범문 번역을 중심으로 이 게송의 '가는 자'를 '비'로 대체하고, '간다'를 '내
린다'로 대체하면 다음과 같이 쓸 수 있습니다.

비가 내린다고 하는 주장, 그런 주장을 한다면 오류에 빠진다. 내리는 작용 없
이 비가 있고 [또 그] 비의 내리는 작용을 추구하기 때문이다.

"내림이 없는 비가 저 하늘 위의 어딘가에 있어서 그것이 내린다."고 하는
제2구적 사고방식, 즉 손감견(損減見)에 대한 비판입니다. '내림이 없는 비',
즉 '내리지 않는 비'는 그 어디에도 없기에 이런 사고방식은 사실위배의 오류
에 빠집니다. 앞에 인용한 관거래품 제11게에서는 이와 마찬가지로 "가는 작
용 없는 가는 자가 존재해서, 그 자가 간다."고 분별할 경우 '가는 작용 없는
가는 자'는 있을 수 없기에 사실위배의 오류에 빠진다는 점을 지적합니다.

"데와닷따가 간다."고 말하면 오류가 없을까?

지금까지 분석한 관거래품 제7, 10, 11게는 중관논리의 다섯 가지 공식
가운데 환멸연기의 토대를 제시하고, 제1구 비판인 의미중복의 오류를 드러
내며, 제2구 비판인 사실위배의 오류를 드러내는 세 가지 공식의 원형(原型)
입니다. 이 세 가지 공식을 골격으로 삼아서 "바람이 분다."는 판단의 사실성
을 비판할 수도 있고 "꽃이 핀다."거나 "얼음이 언다."는 판단의 사실성을

---

53) pakṣo gantā gacchatīti yasya tasya prasajyate/ gamanena vinā gantā ganturga
  manamicchataḥ//

비판할 수 있습니다.

  앞에서 소개한 바 있지만, 『중론』 주석서 가운데 산스끄리뜨 원문이 그대로 남아 있는 유일한 주석서가 월칭(짠드라끼르띠)의 『정명구론(쁘라산나빠다)』입니다. 지금까지 분석해 보았듯이, "가는 자가 간다."는 분별이 오류에 빠지니까 『정명구론』의 논적은 "데와닷따(Devadatta)가 간다."라고 말하면 오류를 범하지 않을 것이라고 반박합니다. 데와닷따라는 이름은 고대 인도에서 가장 흔한 이름이었습니다. 말하자면 인도의 '철수'라고 볼 수 있습니다. 불교 교단을 빼앗기 위해서 부처님을 해치려 한 사촌동생의 이름 역시 데와닷따였습니다. 데와(Deva)는 신(神)을 의미하고, 닷따(datta)는 '주다'를 의미하는 어근 '다(√dā)'의 과거수동분사로 직역하면 '주어진 것'을 의미합니다. 따라서 데와닷따는 '신에 의해서 주어진 것' 또는 '신으로부터 얻은 것'을 뜻합니다. 즉, '신께서 주신 아들'이라는 뜻입니다. 그래서 한문 불전에 데와닷따를 천득(天得)이라고 의역하기도 합니다. 아무튼 "가는 자가 간다."고 할 경우 '가는 자'라는 주어에도 '가다'의 '가'자가 들어가고 '간다'는 술어에도 가다의 '가'자가 들어가기에 '가'자가 두 번 되풀이되어 의미중복의 오류에 빠지니까, '가는 자'라는 주어를 '데와닷따'로 바꾸면 되지 않느냐고 대안을 제시하는 겁니다. 『정명구론』의 설명에 근거하여 논적과 월칭 간에 있었을 문답을 아래와 같이 복원해 보았습니다.

  월칭: "가는 자가 간다."는 판단은 제10게에서 봤듯이 의미중복의 오류를 범하든지, 제11게에서 봤듯이 사실위배의 오류에 빠진다.
  논적: 그러면 "가는 자가 간다."고 말하지 말고, "데와닷따가 간다."고 하면 되지 않겠는가?
  월칭: 좋다. 당신의 생각대로 데와닷따가 간다고 해보자. 그런데 그 데와닷따는 앉아있는 데와닷따인가? 누워있는 데와닷따인가? 가는 데와닷따인가?

논적: '가는 데와닷따'이다.

월칭: 그렇다면 "데와닷따가 간다."는 말은 "가는 데와닷다가 간다."라는 뜻

　이 되니까, '가는 것'이 두 개가 되기에 이 역시 의미중복의 오류에 빠진다.

그러니까 데와닷따도 '가는 데와닷따', '앉은 데와닷따', '누운 데와닷따'가 다르다는 것입니다. 왜 그럴까요? 모든 게 무상(無常)하고 무아(無我)이기 때문입니다. 상주불변하는 실체가 없기 때문입니다. 중관논리가 대승의 시대에 탄생한 반논리적인 논리이긴 하지만 초기불교의 무아(無我)와 무상(無常)의 가르침에 토대를 둡니다. 상주불변의 자아가 없기 때문에 앉아 있을 때의 나와, 걸어갈 때의 내가 같지 않습니다. '앉은 데와닷따'가 가는 것도 아니고, '누운 데와닷따'가 가는 것이 아니라, '가는 데와닷따'가 가는 것이기에 이 역시 의미중복의 오류를 범하고 맙니다.

「물불천론」의 움직임 비판

이에 대해 다른 방식으로 설명할 수도 있습니다. 내가 여기서 저기로 걸어간다고 하지만 (강의 중 오른 쪽으로 걸어가면서) 엄밀히 말하면 이곳에 있던 내가 저곳으로 가지 못합니다. 왜 그럴까요? (걸음을 멈추면서) 지금 내가 여기에 왔는데, 아까 출발했던 그 놈은 지금의 나보다 좀 젊은 놈입니다. 지금 여기에 도착한 나는 조금 전의 나보다 약간 늙었습니다. 그러니까 걸어가려고 마음먹었던 놈은 과거의 그 시간대에 그냥 머물러 있으며, 지금 이곳에 도착한 놈은 그 놈이 아닙니다. 제행무상, 모든 게 흘러가기 때문에, 세상에서 일어난 모든 사건은, 그 사건이 발생한 바로 그 시간대에 그냥 박혀 있을 뿐 옴짝달싹 못합니다.

이와 같은 방식으로 '움직임'을 비판하는 논문이 승조(僧肇, 383-414) 스

님의 「물불천론(物不遷論)」입니다. 본 강의 초반에 승조 스님의 논문모음집 『조론(肇論)』에서 '중관(中觀)'이라는 용어가 처음 사용되었고 현대 일본의 불교학자들이 이를 범어 마드야마까(Madhyamaka) 또는 마드야미까(Mādhyamika)의 번역어로 선택했다고 말한 적이 있습니다. 「물불천론」은 『조론』속의 논문 가운데 하나입니다. '물불천'이란, "사물은 천류하지 않는다.", 즉 "사물은 흘러가지 않는다."는 뜻입니다. 불교에서는 "모든 것이 무상하다."는 제행무상(諸行無常)을 이야기하는데 「물불천론」에서는 이와 반대로 "모든 것이 정지해 있다."고 말하는 것입니다. 요컨대, "모든 것이 정지해 있기 때문에, 흘러가지 않는다."는 것입니다. 이게 무슨 의미일까요? "모든 것은 발생한 그 시점에 정지해 있다."는 뜻입니다. 세상만사는 4차원 시공좌표의 그 지점, 그 시점에만 박혀 있을 뿐 옴짝달싹 못한다는 통찰을 '물불천(物不遷)'이라고 표현한 겁니다. 지금 여기에 서 있는 내가 "저곳으로 가야지."라고 마음먹고서 걸어간다고 할 때, 아까 마음먹었던 그 놈은 타임머신 타고 몇 초 전으로 돌아가야 만날 수 있습니다. 지금 이렇게 걸어가고 있는 나는 아까 마음먹었던 그 놈보다 몇 초 더 늙은 놈입니다. 따라서 아까 마음먹었던 그 놈은 그 시간대 그 자리에 그냥 박혀있지 단 한 걸음도 떼지 못했습니다. 이렇게 모든 사건은 그것이 발생한 시간대에 박혀있기 때문에, 나중에 보면 단 하나도 미래로 흘러온 게 없습니다. 미래에 만나는 것은 모두 새로운 것들, 변한 것들뿐입니다. 그래서 모든 것이 무상하다는 것입니다. 다시 말해 모든 것이 상주하기 때문에 무상합니다. 역설적(逆說的)입니다. 이것이 「물불천론」에 실린 승조 스님의 가르침입니다.

데와닷따에 항구불변의 실체가 있는 게 아니고 매 찰나 변하기 때문에, 즉 무상이고 무아이기 때문에, 다시 말해 누운 데와닷따, 앉은 데와닷따, 서 있는 데와닷따, 가는 데와닷따가 다 서로 다르기 때문에, "데와닷따가 간다."라고 했을 그 의미는 "가는 데와닷따가 간다."라는 뜻이 되어, 이 역시 의미중복의 오류를 범하게 된다고 월칭 스님이 지적하는 것입니다.

 지금까지 관거래품에서 몇 수의 게송을 가려 뽑아서 그 논법을 분석해 보 았습니다. 다음 시간에도 『중론』에서 몇 가지 중요한 게송을 더 추려서 그 반논리적인 논법을 분석해 보겠습니다.

제8강
『중론』 게송 해설 및 화엄과 집합론

제3장 관육정품 복습

지난 시간까지『중론』제1장 관인연품과 제2장 관거래품의 게송 몇 수를
직접 읽어 보면서 그 의미에 대해서 해석을 해 보았습니다.『중론』은 구마라
습의 한문 번역본도 있고 범어 원문도 있는데, 필요에 따라서 두 가지 가운데
적절한 것을 선택하여 그 논법을 분석해 보았습니다. 이제 게송 몇 수를 더
분석해 보도록 하겠습니다. 앞의 제2강 말미에서 이미 상세하게 설명한 바
있지만, 제3장 관육정품(觀六情品)의 두 번째 게송을 다시 읽으면서 그 의미
에 대해서 간략하게 설명해 보겠습니다.

> 한역: 눈이란 것은 스스로 자기 자신[= 눈]을 볼 수 없다. 스스로를 보지 못한
> 다면 어떻게 다른 것을 보겠는가?54)

> 범문: 실로 보는 작용[능견(能見)] 그것은 자기 스스로인 그것을 보지 않는다.
> 자기 자신을 보지 않는 것, 그것이 어떻게 다른 것들을 보겠는가?55)

『반야심경』에 '무안이비설신의'라는 경문이 있습니다. "눈, 귀, 코, 혀, 몸,
생각'이 모두 없다는 뜻입니다. 이 가운데 무안(無眼), 즉 눈이 없다는 점에
대해서 논증하는 게송입니다. 눈이 없는 이유는 "눈이란 것은 스스로 자기

---

54) 是眼則不能 自見其己體 若不能自見 云何見餘物
55) svamātmānaṃ darśanaṃ hi tattameva na paśyati/ na paśyati yadātmānaṃ
    kathaṃ drakṣyati tatparān//

자신을 볼 수 없"기 때문입니다. 이것이 논증의 끝입니다. 눈이 왜 없는가 하면 자기 자신을 보지 못하기 때문입니다.

보는 힘이 있는 눈은 아무리 찾아봐도 찾을 수가 없습니다. 보는 힘이 있는 눈을 불교전문용어로 능견(能見)이라고 합니다. 능견의 대상은 소견(所見), 즉 보이는 대상입니다. 능견이 바로 안근이고, 소견은 색경(色境)이라고 부릅니다. 색경이란 '대상(境)으로서의 형상(色)'이라는 뜻입니다. 그런데 능견이 능견을 볼 수 없어서 능견의 존재가 확인이 되지 않기 때문에 소견도 사라집니다. 예를 들어 긴 막대기가 있어야 어떤 막대기를 보고서 그것과 비교하여 "아, 짧구나."라고 얘기할 수 있는데 긴 막대기를 치워버리면 그 막대기가 짧은지, 긴지 말하지 못합니다. 이와 마찬가지로 능견의 대상이라고 생각했던 소견이 보이는 대상이랄 것도 없습니다. 그래서 눈도 없고 시각대상도 사라집니다. 『반야심경』에서 '무안이비설신의'라고 이야기할 때 '무안', '무색성향미촉법'이라고 할 때 '무색'을 논증한 것입니다.

눈으로 무엇을 본다는 분별이 다 사라집니다. 시야에는 울긋불긋한 갖가지 현상세계만 나타나 있을 뿐입니다. "누가 눈으로 무엇을 본다."는 분별은 다 생각이 만든 허구입니다. 우리는 무심코 "내가 무엇을 본다."라는 말을 하고 살긴 하지만, 그런 일은 세상에서 안 일어납니다. 모든 것은 콸콸 흘러가는 현상의 흐름일 뿐입니다. 유니버설 플럭스(Universal Flux). 이것만이 세상의 진상입니다. 바깥세계만 그런 게 아니라 내 안도 마찬가지입니다. 생각도 콸콸 흘러가고 몸도 콸콸 흘러갑니다. 모든 것이 그저 콸콸 흘러갈 뿐이며 안과 바깥이 구분되지 않습니다. 안도 없고, 바깥도 없습니다. 이런 통찰을 신심탈락(身心脫落)이라고 합니다. 몸과 마음이 다 떨어져 나갔다는 뜻입니다. 일본의 조동종의 종조 도겐(道元, 1200-1253) 스님이 송(宋)의 여정선사(如淨禪師)에게서 받은 가르침입니다. 여기서도 우리는 불교의 일미성(一味性)을 볼 수 있습니다. 초기불교부터 선불교까지 모두 다 한 맛입니다. 그 한 맛이 무슨 맛일까요? '해탈의 맛(解脫味)'입니다. '벗어나는 맛'입니다. 신심탈락. 이론 조망이 생기기 전에는 몸이 따로 있고 그 몸속에 내가 있다고 생각하면서 살았습니다. 신심이 분리되어 실재한다는 착각 속에서 살았습니다. 그런데 알고 보니까 그런 구분이 사라집니다. 안으로 보려면 모두가 안에서 일어나는 일들이고, 밖으로 보려면 모두가 밖에서 일어나는 일들입니다.

내 몸과 바깥의 사물을 구분하는 기준이 뭘까요? 내 마음대로 움직일 수 있는 것은 내 몸이고 그렇지 못하면 바깥 사물일까요? 내 몸은 움직이지만 외부의 사물은 못 움직이나요? (손을 움직이면서) 그러니까 "아, 이렇게 움직이는 쪽은 나이고 그렇지 못하는 저쪽은 바깥이구나."라고 생각할 수 있는데 이는 옳지 않습니다. 왜 그럴까요? 움직이려고 하면 제가 제 손만 아니라 저 앞에 있는 의자도 움직일 수 있습니다. 어떻게 움직이게 하는지 아세요? (뒤로 걸어가면서) 이렇게 걸어가면 의자가 멀리 달아납니다. 가까이 가면 의자가 앞으로 다가옵니다. 그렇지요? 움직임은 상대적이에요. 그래서 북극성도 내가 움직일 수 있습니다. 그래서 움직이려면 손도 움직이고, 북극성까지 움직이지만 못 움직인다는 면에서 보면 내 팔도 못 움직입니다. 팔에서 혹이 자라나게 할 수 없고, 코가 커지게 만들 수가 없습니다. 또 배고플 때 꼬르륵 소리가 나지 않았으면 좋겠는데 그게 안 되지요? 왜 그럴까요? 꼬르륵 소리가 나는 것이 바깥에서 일어나는 일이기 때문입니다. 시냇물이 졸졸 흘러가는 거나 배에서 꼬르륵 소리가 나는 거나 다 바깥 풍경에서 일어나는 일입니다. 그래서 모든 것에 대해 다 바깥 풍경이라고 할 수도 있고, 다 내 안에서 일어나는 일이라고 할 수도 있습니다. 안과 밖, 나와 세상 사이에 경계가 있는 줄 알았는데, 그게 다 무너집니다. 모든 게 유니버설 플럭스, 즉 콸콸 흘러가는 현상의 흐름이라는 사실을 이제 알게 됩니다. 그런 흐름 속에서 내가 집착할 게 어디에 있겠습니까? 그래서 모든 것을 놓아버리게 되어 마음이 편안해집니다. 모든 것에서 손 떼고 삽니다. 신심탈락. 몸과 마음이 떨어져 나가기 전까지는 삶의 구심점이 '나'였습니다. 나에게 문제가 많았기 때문입니다. 고통이 많았기 때문입니다. 그런데 신심탈락, 세상의 진상(眞相)을 알고 나니까, 그 다음부터는 내 삶의 중심이 내가 아니고 고통 받는 중생으로 바뀝니다. 누가 힘들어 하는지 그것만 눈에 들어옵니다. 보살도의 시작입니다. 내가 하는 일거수일투족의 구심점이 바뀌는 것입니다.

중관학의 반논리적 논법 공식이 다섯 개가 있었죠? 환멸연기적인 토대와 의미중복의 오류, 사실위배의 오류, 상호모순의 오류, 언어유희의 오류를 지적하는 다섯 가지 논법 말입니다. 그런데 지금 이 게송에서는 이들 공식 가운데 무엇이 사용되었을까요? 먼저 "눈이란 것은 스스로 자기 자신[= 눈]을 볼 수 없다."는 전반구는 환멸연기의 토대에 해당합니다. 즉 "이것이 없으면 저것이 없다."는 것이 환멸연기인데, 얼핏 보기에 이 전반구는 환멸연기와 무관한 것 같습니다. 그런데 '눈이 스스로 자기 자신을 보려고 하는 것'은 시각대상을 배제하려는 행위입니다. 지금 한 번 스스로 자기 눈을 보려고 해 보세요. 안 보이죠? 그런데 바로 이런 시도를 할 때 시각대상을 배제하게 됩니다. 즉, "내 눈으로 내 눈을 봐야지."라고 시도할 때, 자연스럽게 시각대상을 배제하게 됩니다. 즉 "내 눈을 봐야지."라고 시도하는데 "아, 안 보이네."라고 실망합니다. 그런데, 이런 과정은 "시각대상을 없애니까 눈이 사라지더라."라고 정리할 수 있습니다. 이는 다시 "저것을 없애니까, 이것도 사라진다."고 줄일 수 있고, 결국 "저것이 없으면, 이것이 없다."는 환멸연기의 변형임을 알게 됩니다. 즉 "저것이 없으면, 이것도 없다."라는 환멸연기를 행동에 적용한 것입니다.

그 다음에 이어지는 "스스로를 보지 못한다면 어떻게 다른 것을 보겠는가?"라는 후반구는 "주어가 성립하지 않는데, 어떻게 술어가 성립하겠는가?"라는 비판입니다. '스스로를 보지 못하는 눈'이 성립하지 않는데, 그런 눈이 무엇을 본다는 일은 더더욱 성립하지 않습니다. 그래서 그런 눈이 "어떻게 다른 것을 보겠는가?"라고 반문하는 것입니다. 이는 중관논리의 다섯 가지 공식 가운데 '사실위배의 오류'를 지적한 것입니다. "비가 내린다."는 판단과 비교하면 "내림이 없는 비가 어떻게 내리겠는가?"라는 비판과 그 구조가 같습니다. 전통적 용어로 표현하여 손감견(損減見)에 대한 비판입니다. 요컨대 이 게송에서는 중관논리의 다섯 가지 공식 가운데 환멸연기적 토대와 손감견 비판, 즉 제2구 비판이 구사되고 있습니다.

『중론』에 실린 논리적인 게송을 읽고 이해하고자 할 때, 이렇게 중관논리의 다섯 가지 공식 가운데 무엇이 구사되고 있는지 분석하는 훈련을 되풀이하기 바랍니다. 그럴 때 점차 머리가 깨지면서 생각이 열립니다.

제10장 관연가연품의 게송에 대한 분석

이제 훌쩍 뛰어서 제10장 관연가연품(觀燃可燃品)으로 건너갑니다. 제목 가운데 연(燃)은 '타는 것', 즉 불이고 가연(可燃)은 '탈 수 있는 것', 즉 연료입니다. 앞의 제3강에서 이런 불(燃)과 연료(可燃)가 연기(緣起)한 것이라는 점에 대해 분석해 보았습니다. 그런데 불과 연료의 이러한 연기 관계를 "불과 연료가 서로 의존하여 존재한다."고 분별적으로 이해하면 논리적 오류에 빠집니다. 관연가연품 제9게에서 이런 분별의 논리적 오류를 다음과 같이 지적합니다.

> 한역: 만일 연료로 인해 불이 존재한다면 불이 성립되고 나서 다시 성립되는 꼴이다. 이는 연료 중에 불이 없는 꼴이 된다.56)

> 범문: 만일 불이 연료에 의존한다면 성립된 불이 [또다시] 성립[되는 꼴이] 된다. 이와 같은 존재라면 불 없는 연료 역시 존재하리라.57)

---

56) 若因可燃燃 則燃成復成 是爲可燃中 則爲無有燃.

이게 무슨 뜻일까요? 어렵죠? 그래서 중관학이 어렵다는 것인데, 중관학
의 반논리적 논법 다섯 가지 공식을 염두에 두면서 읽으면 "아, 이 게송이
그 가운데 어디에 해당하는구나."하고 금방 알게 됩니다. 답만 이야기한다면
이 게송에서는 "불과 연료가 서로 의존하여 존재한다."는 분별에 대한 제1구
적 이해가 범하는 '의미중복의 오류'와 제2구적 이해가 범하는 '사실위배의
오류'를 지적하고 있습니다. 불과 연료의 연기관계를 '의존관계'라고 분별할
때 발생하는 두 가지 오류입니다.

불과 연료와 같은 피의존쌍(被依存雙)이 의존하려면 미리 존재해야지만
의존할 수 있는데, 피의존쌍이 미리 존재한다면 굳이 다시 의존해서 서로를
존재하게 할 필요가 없습니다. 또 이와 반대로 피의존쌍이 아직 나타나지 않
은 상태에서는 서로 의존할 수조차 없습니다. 아직 나타나지 않은 것이 어떻
게 의존할 수 있겠습니까? 그래서 피의존쌍이 미리 존재하건, 아직 존재하지
않건 의존이 성립하지 않습니다. 이 게송에서는 바로 이런 얘기를 하는 겁니
다. "연료로 인해 불이 존재한다."라는 것이 무슨 뜻일까요? 연기한다는 것이
죠. 앞의 제3강에서 '불'에 실체가 없다는 설명을 했습니다. 아무리 미세하게
분석해도 연료가 존재해야 불이 있습니다. 공중에 날아가는 불꽃도 작은 탄
소알갱이들이 연료가 되어서 붉게 달궈지기 때문에 빛을 내는 겁니다. 이렇
게 모든 불은 연료에 의존해야 존재할 수 있기에 "연료에 의존해서 불이 있
다."라고 말했습니다. 그런데 이런 말이 불과 연료의 연기관계를 설명하는
하나의 방편일 수는 있지만, 이런 말을 정밀하게 분석해 보면 논리적 모순에
빠졌다는 점을 알게 됩니다. "연료에 의존해서 불이 있다."고 했지만 이것이
연기성에 대한 정확한 표현은 아닙니다. "불이 연료와 무관하게 독립적으로
실재한다."는 착각을 시정해 주기 위한 말일 뿐입니다. 더 큰 잘못을 제거해

57) yadīndhanamapekṣyāgniragneḥ siddhasya sādhanam/ evam satīndhanam cāpi
bhaviṣyati niragnikam//

주기 위해서 쓴 말일 뿐이지, 그 말 자체도 잘못된 말입니다.

사실 제가 이렇게 중관학을 강의하는 중에도 잘못된 말을 많이 하고 있습니다. 그런데 더 큰 잘못을 시정하기 위해서 잘못된 말을 하는 겁니다. 그러다가 강의 끝에 가서는 "지금까지 내가 했던 말도 사실은 다 틀렸어."라고 말하는 것과 같습니다. 연기법에 대한 분별적 설명을 통해서 "모든 사물은 연기한 것이기에 에 실체가 있다는 착각은 옳지 않다."고 시정해 준 다음에, 끝에 가서 "지금까지 했던 연기에 대한 설명을 다 잊어버리십시오.", "연기를 의존적 발생이라고 설명했던 것을 다 잊어버리세요."라고 이야기하는 것과 마찬가지입니다.

위에 인용한 제9게의 한역에서 "만일 연료로 인(因)해 불이 존재한다면 …"이라고 할 때, '인(因)'이라는 한자를 썼는데, 이는 산스끄리뜨어 아뻭샤(apekṣya)의 번역어이고 아뻭샤는 '의존'을 뜻합니다. [이와 달리 '원인'을 의미하는 인(因)은 산스끄리뜨어로 헤뚜(hetu)입니다.] 그래서 위의 게송에서는 이런 '의존(apekṣya)'의 실체성을 비판하는 것입니다. 한역으로는 '인(因)'을 비판하는 게송입니다. 연료에 의존해서 불이 있으려면 어떻게 해야 되나요? 연료가 미리 있어야 하죠? 연료가 미리 있어야 불이 그것에 의존할 수 있을 것 아닙니까? 그런데 또 연료란 것이 미리 있으려면 어떻게 되어야 하겠습니까? 앞의 제3강에서 말했듯이 불이 붙어야지만 비로소 연료라고 이름을 붙일 수 있습니다. 즉 연료가 있으려면 불이 붙어 있었어야 합니다. 다시 정리하면, 불을 성립시키기 위해서 연료가 필요한데 그런 연료가 있으려면 그 이전에 불이 붙었어야 하는 것입니다. 그러니까 불을 성립시키기 위해서는 그 전전(前前) 단계에 불이 선행해야 합니다. 앞에서 말했듯이 위에 인용한 제9게의 한역에서 첫 번째 문장, 즉 "만일 연료로 인해 불이 존재한다면 불이 성립되고 나서 다시 성립되는 꼴이다."라는 문장에서는 이렇게 의미중복의 오류를 지적합니다. 제2구 판단이 범하는 의미중복의 오류는 서양논리학에서 말하는 논리적 오류 가운데 인식론적으로는 악순환의 오류, 존재론적으로는 무한소급의 오류에 해당합니다.

[비가 내리는 것, 불이 연료를 태우는 것, 또 어떤 사람이 걸어가는 것의 세 가지가 서로 상관없는 사건입니다. 전혀 다른 사건인데 이를 이해하는 사고방식의 골격은 똑같습니다. 그래서 그런 사고방식이 범하는 논리적 오류 역시 똑같습니다.]

그 다음에, 위에 인용한 제9게의 한역에서 두 번째 문장은 "이는 연료 중에 불이 없는 꼴이 된다."라고 되어 있는데 너무 생략이 많기에 이해하기 쉽지 않습니다. 그러나 중관논리의 다섯 가지 공식 가운데 '사실위배의 오류'를 지적하는 것이리라고 짐작하면서 게송을 읽으면 행간의 의미가 명료하게 드러납니다. 이 문장에서는 "불이 없는 연료가 있어서, 그런 연료에 의존해서 불이 존재한다."는 판단이 오류를 범한다는 점을 지적합니다. '불이 없는 연료', '불이 붙지 않은 연료'는 이 세상 그 어디에도 있을 수 없습니다. "비가 내린다."는 문장에 대해서 "내림이 없는 비가 어딘가 있어서 그 비가 내린다."라고 이해하는 것과 마찬가지입니다. 그런데 '내림이 없는 비'가 이 세상에 있을 수 없듯이 '연료 없는 불' 역시 있을 수 없습니다. "이는 연료 중에 불이 없는 꼴이 된다."는 두 번째 문장에서는 제2구적 판단이 범하는 사실위배의 오류를 지적합니다. 즉 손감견(損減見) 비판입니다.

"불이 붙었던 연료에 의존해서 불이 있다."면 의미가 중복되고, "불이 아예 없는 연료에 의존해서 불이 있다."면 그런 불은 있을 수 없기에 사실에 위배가 됩니다. 즉, 제9게의 첫 번째 문장에서는 의미중복의 오류를 지적하고 있으며, 두 번째 문장에서는 사실위배의 오류를 지적하고 있습니다. 요컨대 중관학의 사구비판 가운데 제1구 비판의 논리와 제2구 비판의 논리를 종합하여 '의존'의 실체성을 비판하는 것입니다.

제25장 관열반품의 제19게의 가르침

이제 『중론』의 결론부로 훌쩍 넘어갑니다. 『중론』이 총 27장으로 구성되어 있는데 제25장의 대표적인 게송을 하나 소개하겠습니다. 다음과 같은 게송인데 이는 논리적인 게송이 아니라 선언적 게송입니다.

한역: 열반은 세간과 조금도 구별되지 않는다. 세간도 열반과 조금도 구별되지 않는다.[58)]

범문: 윤회가 열반과 구별되는 점은 그 어떤 것도 없다. 열반이 윤회와 구별되는 점은 그 어떤 것도 없다.[59)]

열반이 뭐예요? 불교수행의 최고 목표입니다. 깨달음이 열반입니다. 끝까지 가는 것입니다. 그런데 알고 보니까 이 현상세계가 그대로 끝이라는 것입니다. 우리가 사는 이 세계가 그대로 열반의 세계라는 것입니다. 우리가 "나는 윤회한다. 나는 중생이다. 나는 못났다."라고 생각하면서 불교 수행에서 궁극의 자리인 열반을 추구했는데, 끝까지 가보니까 "어? 이 자리가 바로 그 자리였네. 원래 끝이었네. 원래 극락이네."라는 사실을 알게 됩니다. 그러니까 "책상이다, 돌멩이다, 나무다, 하늘이다, 땅이다, 삶이다, 죽음이다, 고통이다 …" 등등의 것들이 원래 없다는 것입니다. 원래 아무것도 없다는 겁니다. 그래서 "내가 사는 바로 이곳이 절대의 세계구나."라고 아는 겁니다. 바로 열반의 세계란 말입니다. 그 전까지 이곳이 세간인줄 알았습니다. 사바세계인 줄 알았습니다. 그런데 제대로 알고 보니까 이 세상 도처에서 중도(中道), 불이중도(不二中道)의 설법을 하고 있습니다. 세상 전체가 다 불가사의

---

58) 涅槃與世間 無有少分別 世間與涅槃 亦無少分別.

59) na saṃsārasya nirvāṇātkiṃ cidasti viśeṣaṇam/ na nirvāṇasya saṃsārātkiṃ cid asti viśeṣaṇam//

(不可思議)합니다. 생각이 못 들어갑니다. 또 세상만사 낱낱이 다 언어도단
(言語道斷)입니다. 말이 안 들어갑니다. 모두가 다 조용합니다. 원래 다 열반
에 들어 있었습니다.

제27장 관사견품의 마지막 게송

이제『중론』의 마지막 게송입니다. 총27장 중에서 제일 끝에 이 말이 써
있습니다.

> 한역: 대성왕 구담께서 연민의 마음에서 이 법을 설하셔서서 모든 견해를 다 끊
> 어 주셨기에 저는 이제 머리 조아려 예배드립니다.[60]

> 범문: [잘못된] 모든 견해를 제거하기 위해 연민을 갖고 정법을 설해 주셨던
> 가우따마 그분께 귀의합니다.[61]

'대성왕 구담'에서 구담은 빠알리어로 고따마(Gotama), 산스끄리뜨어로
가우따마(Gautama)의 한자 음사어로 석가모니 부처님의 종족명입니다. 즉
성(姓)으로 '가장 훌륭한 소'를 의미합니다. 위대하고 성스러운 임금이신 석
가모니 부처님께서 연민의 마음에서 이 가르침을 설하셔서 일체의 사고방식
을 다 끊어 주셨습니다. 온갖 사상, 종교, 철학을 다 무너뜨리셨다는 말입니
다. 그래서 내가 지금 머리 숙여서 예배드린다는 뜻입니다. 부처님께서 너무
나 위대하기 때문입니다. 불교를 만나기 전까지는 갖가지 철학, 종교 사상을
추구했습니다. 그런데 부처님께서 가르치신 연기법을 알고 나니까 모든 게
다 무너집니다. 온 세상이 다 무너지는 것이 궁극입니다. 진정한 종교입니다.

---

60) 瞿曇大聖王 憐愍說是法 悉斷一切見 我今稽首禮
61) sarvadṛṣṭiprahāṇāya yaḥ saddharmamadeśayat/ anukampāmupādāya taṃ na
masyāmi gautamaṃ//

다시 말해 아뇩다라삼먁삼보리(Anuttarasaṃyaksaṃbodhi)입니다. '더 이상 위의 것이 없는 올바르고 완전한 깨달음'이라는 뜻입니다. 무상정등정각(無上正等正覺)입니다. 그렇게 말할 수 있지요. 원래 이 세상에 아무것도 없습니다. 본래무일물(本來無一物)입니다. 선가의 육조 혜능 스님의 말씀입니다. 원래 실제 세계에는 아무것도 없습니다. 다 각자의 생각이 의미를 붙여서, 허구의 세계를 만들어서 속으로 혼자 부글부글 끓이면서 사는 것입니다.

중관학과 화엄학의 만남

이상으로 『중론』의 대표적인 게송 몇 수를 소개해보았습니다. 이제부터는 중관학이 어떻게 화엄적 통찰로 연결되는지 설명하겠습니다. 중관학이 유식학의 통찰과 연결된다는 점에 대해서는 바로 앞의 제7강에서 미분학으로 설명했습니다. 어째서 움직임이 외부세계에 실재하는 게 아니라 우리의 마음이 구성한 것인지에 대한 설명 말입니다. 이제부터는 중관학을 다른 여러 사상과 어떻게 연관시킬 수 있는지 설명해 보도록 하겠습니다.

앞에서 분석해 보았듯이 비가 내려도 중도적 현상이고, 바람이 불어도 중도적 현상이며, 꽃이 피어도 중도적 현상입니다. 다시 말해 우리의 이분법적 사고가 들어갈 수 없는 탈이분법적(脫二分法的)인 현상입니다. 이 세상 모든 것은, 말의 길이 끊어져 있기에 언어도단(言語道斷)이고, 이분법적으로 작동하는 흑백논리의 사유가 들어갈 수 없기에 불가사의(不可思議)합니다. 화엄학에 의하면 모든 것이 법신(法身)이신 비로자나 부처님의 중도(中道) 설법입니다.

강의를 듣고 나니까 세상만사가 다 중도의 설법이라는 게 이해됩니다. 부처님께서 녹야원에서 다섯 비구에게 베푸신 첫 번째 설법이 고락중도, 즉 고행과 삼매락을 배격한 실천적 중도의 설법이었습니다. 실천적 중도는 팔정도의 수행이고, 계정혜 삼학의 수행이고, 지계의 토대 위에서 이루어지는 선(禪) 수행입니다. 다시 말해 동물성에서 벗어난 상태에서 이루어지는 지관쌍운의 수행입니다. 그리고 그런 중도의 수행을 통해 드디어 사상적 중도를 깨달으신 겁니다. 사상적 중도는 일이중도(一異中道)인 불일불이(不一不異), 단상(斷常)중도인 불상부단(不常不斷), 유무(有無)중도인 비유비무(非有非無) 등의 중도입니다. 요컨대 흑백논리에 대한 비판으로서의 중도입니다. 그런데 중관학을 공부하고 나니까 석가모니 부처님께서만 중도의 설법을 하신게 아니라, 세상만사가 다 중도의 설법을 하고 있다는 점을 알게 됩니다. 비가 내려도 중도적 현상입니다. '내리는 비'가 내린다고 해도 안되고, '내리지 않는 비'가 내린다고 해도 안 됩니다. 이것도 틀렸고 저것도 틀렸습니다. 이렇게 양쪽 모두에 대한 비판이 중도입니다. 불교에서 가르치는 중도는 '가운데'가 아닙니다. 흑색과 백색의 중간인 회색이 아니란 말입니다. 불교의 중도는 '양극단에 대한 비판'으로서의 중도입니다. 파사현정(破邪顯正) 역시 중도의 다른 표현입니다. 파사현정이란 "삿된 것을 논파하여 바른 것을 드러낸다."라는 뜻인데, 이는 파사즉현정(破邪卽顯正)으로, '삿된 것에 대한 논파' 그 자체가 그대로 '바른 것을 드러내는 일'입니다. 비판 그 자체가 중도란 말입니다. 비판하면 그것으로 끝입니다. 고집멸도(苦集滅道)의 사성제가 불교의 핵심인데, 사성제 가르침의 궁극 목표는 '고(苦)의 멸(滅)'입니다. 멸은 열반을 의미하는데 그런 '멸의 경지'가 따로 있는 것이 아닙니다. 괴로움만 사라지면 그것이 그대로 멸입니다. 그대로 끝입니다. 멸의 경지를 체득하여 황홀경에 빠진다든지 어떤 독특한 체험이 있다든지 한 게 아닙니다. 고가 사라졌기에 그냥 편안할 뿐입니다. 열반을 체득하더라도, 해탈을 하더라도 몸이 아프기도 하고, 병에 들기도 하여 괴롭습니다. 아직 몸뚱이가 남아 있기 때문입니다.[62] 그런데 머리는 시원합니다. 인지(認知)가 완전히 정화되었기 때문

---

62) 몸이 남아 있는 열반을 유여의열반(有餘依涅槃)이라고 부르고, 나중에 목숨을 마

입니다. 또 가슴도 시원합니다. 감성(感性)이 완전히 정화되었기 때문입니다. 인지적인 것이든, 감성적인 것이든 마음에 남은 한(恨)이 없습니다. 그게 번뇌가 사라진 열반이고 해탈입니다.

요컨대 비판 그 자체가 불교의 궁극이지, 오묘하고 신선 같은 어떤 경지가 되는 것이 아니라는 얘깁니다. 비판이 바로 중도입니다. 이분법 비판이기 때문입니다. 바람이 불어도 중도적 현상입니다. 부는 바람이 또 불 수도 없고, 불지 않는 바람이 어딘가 있어서 불 수도 없습니다. 이럴 수도 없고 저럴 수도 없기에 중도입니다. 꽃이 피어도 중도적 현상입니다. 꽃은 벌써 피어 있는데 왜 또 피겠습니까. 핀 꽃은 다시 필 수 없습니다. 또 피지 않은 꽃은 있을 수가 없어요. 피지 않은 것은 봉오리이지 꽃이 아니기 때문입니다. 그러니까 핀 꽃도 필 수 없고, 안 핀 꽃도 필 수 없습니다. 그래서 중도적 현상입니다. 다시 말해 꽃이 피는 사건에 대해서 우리의 이분법적 사고가 들어갈 수 없습니다. 꽃이 피는 것이 탈이분법적(脫二分法的)인 현상입니다. 개화(開花)만이 아니고 이 세상 모든 것은, 말의 길이 끊어져 있기에 언어도단(言語道斷)이고, 이분법적으로 작동하는 흑백논리의 사유가 들어갈 수 없기에 중도이고, 생각을 갖다 붙이지 못하게 때문에 불가사의(不可思議)합니다.

『화엄경』에서는 이렇게 온 세상에 부처님의 설법이 가득하다고 가르칩니다. 이 세상의 모든 것이 법신(法身)이신 비로자나 부처님의 중도 설법입니다. 우리의 생각이 들어가지 못하는 불가사의한 현상입니다. 우리는 머리를 굴려서 "내가 집에 갔다.", "어제가 있다.", "내일이 있다.", "내일은 뭐하지?" 등등의 분별을 내는데, 이런 분별은 모두 이 세상과 무관한 가짜 세계에서 일어나는 일들입니다.

칠 때 몸조차 사라지는 열반을 무여의열반(無餘依涅槃)이라고 부른다. 석가모니 부처님께서 35세에 보리수 아래에서 이루신 깨달음은 유여의열반이고, 80세에 사라쌍수 아래에서 시현하신 대열반은 무여의열반이다.

찰나설과 마음의 정체

여러분들 시야에 지금 온갖 풍경이 들어오죠? 그런데 우리는 눈앞의 풍경을 절대로 동시에 보지 못합니다. 우리의 주의(注意, Attention)가 순간적으로 시야의 여기저기를 훑으면서 풍경을 구성하는 겁니다. 재빠르게 왔다, 갔다 하면서 시야를 만들어냅니다. 우리의 주의가 순간순간 시야를 훑을 때 한 점에 머무는 시간의 길이를 '찰나(刹那, kṣāṇa)'라고 부릅니다. 찰나는 불교에서 말하는 시간의 최소단위입니다. 이는 물리적 시간이 아니라, 심리적 시간의 최소단위입니다. 즉, 우리의 의식이 파악할 수 있는 최소의 시간이 찰나입니다. 『아비달마구사론』의 가르침에 근거하면 1찰나는 1/75초로 계산됩니다. 우리의 주의는 1/75초 동안만 한 곳에 머무릅니다. 역으로 말하면 우리의 주의는 1초 동안에 75번 요동을 치면서 생각 속에 의미를 창출합니다. 그러니까 실제로 한 찰나에 존재하는 내 마음의 크기는 한 점일 뿐입니다. 즉, 그 한 점의 마음이 지속하는 기간이 1찰나인 1/75초란 말입니다.

남이 나를 볼 경우에는 그 한 점이 어디에 있을까요? 나의 뇌 속에서 요동하고 있습니다. 내가 무엇을 바라볼 때는 시각중추가 있는 후두엽에 머뭅니다. 그렇다는 것을 어떻게 알 수 있을까요? 현대 의학기기 가운데 f-MRI라는 것이 있는데 이것으로 촬영하면 알 수 있습니다. f-MRI는 'functional Magnetic Resonance Imaging'의 약자로 우리말로 '기능성 핵자기 공명 영상장치'라고 부르며, 우리 몸 속 혈관을 흐르는 피의 산소 농도를 영상으로 변환시키는 장치인데, X-Ray나 PET(Positron Emission Tomography) 같은 진단기기와 달리 신체에 무해하기 때문에 시간이 오래 걸리는 동영상을 촬영할 수도 있습니다. 피험자에게 무엇을 보게 하면서 f-MRI로 그 사람의 뇌를 촬영해 보니까 주로 후두엽 부위가 활성화됩니다. 무엇인가를 듣게 하면서 촬영하면 청각중추가 있는 측두엽 부위가 주로 활성화 됩니다. 이런 실험을 통해서 우리는 마음이 한 점으로 국소화(Localize) 되어서, 내가 어디에 주의를 기울이는가에 따라서 나의 뇌 속에서 요동한다는 점을 아는 것입니다. 뇌 속에서 요동하는 그 한 점이 나의 객관적 측면입니다. 그러니까 남이 볼 때는 내가 하나의 점입니다. 그 점이 뇌 속에서 1초 동안에 75번 요동을 치기 때문에, 내가 3차원 공간 속에 살고 있다는 착각이 발생하는 것입니다.

우리의 마음도 본질적으로 한 점이고, 그 한 점의 마음이 살아가는 세계의 크기도 한 점밖에 안됩니다. 왜 그럴까요? 마음 자체가 바로 세계이기 때문입니다. 마음과 세계가 나누어지지 않기 때문입니다. 누구든지 찰나 생멸하는 한 점 크기의 세계 속에서 한 점으로 살아갑니다. 그게 마음의 본질, 세계의 본질입니다. 사람만 그런 게 아니고 모든 생명이 다 그렇다는 것입니다. 점 속에서 요동을 칩니다. 사람하고 깍지벌레, 쥐새끼, 토끼 모두 똑같이 그 마음은 한 점입니다. 그런데 그 몸이 다르기 때문에 체험이 달라집니다. 뇌 손상 환자들이 있죠? 그럴 경우에는 그 마음이 손상된 뇌신경으로 가지 못하기 때문에 이상한 행동을 하고, 이상한 인지(認知)가 생기는 겁니다. 뇌가 그대로 마음인 것이 아니고, 뇌는 한 점 마음의 흐름이 타는 궤도입니다.

불교에서 바라본 뇌와 마음의 관계입니다. 마음이 뇌에 들어가 붙는 게 아니고, 우리가 느끼는 지금 이 순간, 그 자체가 우리 마음의 본질이고 한 점이고 한 점 속에 우주가 다 들어갑니다. 지난 제3강에서 "눈에 보이는 풍경이 모두 다 내 살이다."라고 말했죠? 눈동자에 점 같은 동공이 하나 뚫려 있는데 그곳으로 풍경이 다 빨려 들어가죠? 또 귀에 구멍이 하나가 뚫려 있는데 소리가 다 그곳으로 빨려 들어가죠? 여러분 스마트폰 아래 테두리에 점 하나가 뚫려 있는데 그것이 마이크입니다. 그 작은 점으로 소리가 다 빨려 들어갑니다. 그리고 사진을 찍을 때 점 같은 카메라 렌즈 속으로 앞의 풍경이 다 빨려 들어갑니다. 이런 식으로 우리가 사는 우주공간의 그 어떤 점이라 하더라도 온 우주의 모습이 다 빨려들어 갑니다. 그래서 내가 있는 그 점, 나의 주의가 머무르면서 요동을 치는 그 점, 그 점 속에 온 우주가 빨려 들어가서 우리의 삶을 구축합니다. 그래서 우리의 마음도 본질적으로 한 점입니다.

『화엄경』에서는 그 점을 부처님의 털구멍(毛孔) 혹은 털끝(毛端)이라고 표현하면서, 그 점 같은 공간 속에 시방의 온갖 불국토가 빠져들고 온갖 중생이 살고 있다고 가르칩니다. 우리는 모두 비로자나부처님의 털구멍 속에서 살고 있습니다. 화엄에서 말하는 그 부처님이 바로 우리가 살고 있는 우주 그 자체입니다. 그 분의 몸을 법신(法身)이라 부르기도 합니다. 비로자나 부처님이십니다.

기독교의 삼위일체와 부처님의 삼신

이에 대해 이해하기 쉽도록 기독교의 교리와 비교해서 설명해보겠습니다. 불교 유식학에서는 부처님에게는 세 가지 몸이 있다고 가르칩니다. 법신(法身), 보신(報身), 화신(化身)의 삼신(三身)입니다. 『화엄경』의 비로자나 부처님은 법신으로 존재하시고, 『무량수경』의 아미타 부처님은 보신으로 계시며, 2,600여 년 전 인도 땅에 태어나셨던 석가모니 부처님은 화신으로 살아가셨습니다. 기독교 교리 중에 삼위일체 이론이란 게 있습니다. 성부(聖父)와 성자(聖子)와 성신(聖神)이 하나라는 교리입니다. 성부는 세상을 창조했다는 하느님(또는 하나님), 성자는 그 아들인 예수, 성신은 성스러운 영(靈)을 의미합니다. 그런데 법신인 비로자나 부처님은 기독교의 하느님(또는 하나님)인 성부(聖父)에 대응됩니다. 물론 똑같지는 않습니다. 그리고 보신인 아미타 부처님은 성신(聖神, 또는 性靈, 성령)에 비견됩니다. 영적인 세계의 부처님이시기 때문입니다. 마지막으로 화신인 석가모니 부처님은 성자인 예수에 해당합니다. 탄허(呑虛, 1913-1983) 스님의 가르침입니다.

기독교의 『성경』에서는 성부인 하느님(하나님)이 7일간 세상을 창조했다고 기술합니다. 그 분량은 한 페이지 정도 밖에 안 됩니다. 그런데『화엄경』
은 전체가 창세기입니다. 불교 수행자가 무량겁의 보살도를 닦아서 무한 공
덕을 쌓아가다가 그 공덕이 무르익어서 우리가 살아가는 온 우주가 되었다는
얘기이기 때문입니다. 비유한다면 젊을 때 열심히 일하여 돈을 많이 벌어서
재산이 어느 정도 쌓인 다음에 큰 빌딩을 짓는 것과 같습니다. 80권본『화엄
경』「비로자나품」에 의하면 대위광(大威光)[63]이라는 이름의 황태자가 무량
세월의 보살도를 닦아서 성불하면서 그 몸이 그대로 변하여 우리가 사는 이
세상이 되었답니다. 성불하면서 당신의 몸속에 중생들이 살도록 하신 겁니
다. 물론 신화적 얘기지만, 위대한 불교적 창세기입니다. 온 우주를 만드신
분이 바로 법신이신『화엄경』의 비로자나 부처님이십니다.

그 다음 보신(報身)이신 아미타 부처님은 서방 극락정토라는 영적인 세계
에 계신 분입니다. 물리 세계일 경우에는 서방은 항상 변합니다. 지구가 자전
하면서 태양 주위를 공전하기 때문에 우주적으로 보면 지구의 서쪽은 매 순
간 변합니다. 따라서 서방은 물리적 세계의 서방이 아니라 정신적 세계의 서
방이라고 봐야 합니다. 정신세계, 의미의 세계에서 서쪽은 한 군데밖에 없습
니다. 그래서 아미타불은 의미의 세계, 정신세계, 영적인 세계의 부처님이십
니다. 다시 정리하면, 법신은 진리인 공성 그 자체입니다. 본래무일물(本來無
一物)인 세계 그 자체, 원래 아무것도 없는 세계 그 자체예요. 그리고 보신은
우리의 정신이고 마음입니다.

그 다음에 화신(化身)은 우리의 육신, 몸뚱이입니다. 우리가 성불하면 몸
도 성숙하여 32상(相) 80종호(種好)를 갖추게 됩니다. 32가지 굵은 모습과,
80가지 세부적인 모습입니다. 요새 말로 소위 얼짱, 몸짱이 되는 겁니다. 그
모습만 보고도 그 분을 추종하고 싶은 마음이 나게 됩니다. 이런 교화를 위의
설법(威儀說法)이라고 부릅니다.

---

[63] 60권본 『화엄경』의 보장엄동자(寶莊嚴童子).

부처님의 삼신 가운데 법신을 성숙시키는 것이 제일 쉬워요. 왜 그럴까요? 지금까지 강의한 내용 전체 법신을 성숙시키기 위한 것입니다. 공성에 대해 공부하면서 법신이 성숙됩니다. 한 보름만 강의를 들으면 공성이 무엇인지 대개 짐작합니다. 그리고 가장 어려운 게 보신을 성숙시키는 것입니다. 신화적인 얘기이긴 하지만 부처님께서 3아승기 100대겁 동안 보살도를 닦으셨다고 하는데 이 가운데 3아승기겁의 수행에서 보신을 성숙시킵니다. 계속 다른 중생을 도우며 사는 겁니다. 철저한 이타적 삶입니다. 이를 통해 마음속에 선업 종자가 가득 쌓입니다. 유식학에서 말하는 아뢰야식에 선업의 씨앗이 가득 저장된다는 얘깁니다. 그러다가 3아승기대겁이 끝날 무렵이 되면, 성불의 날이 멀지 않았기 때문에 화신 성숙에 들어갑니다. 그 기간은 100대겁이 걸린다고 합니다. 이때 32상 80종호 각각을 나투게 만드는 상호 업을 짓습니다. 예를 들어서 무대에서 공연을 하는 배우가 리허설을 모두 끝내고 실제 공연을 하기 위해서 의상을 갈아입고, 화장을 하는 것과 같습니다. 중생의 교화를 위해 얼짱, 몸짱을 만들어서 위의를 갖추는 것입니다.

다시 정리하면 부처의 삼신 가운데 보신은 3아승기 대겁 동안 성숙시키고, 화신은 100대겁 동안 성숙시키고, 법신은 6년 동안 성숙시킵니다. 부처님께서는 29세에 출가하셔서 6년 수행을 거쳐 35세에 깨달음을 얻으십니다. 6년의 기간이 법신인 공성을 체득하기 위한 수행의 기간이었습니다. 요컨대 부처의 삼신을 모두 성취하려면 3아승기100대겁 6년 걸립니다. 기독교 교리에 빗대면 성부, 성자, 성신을 성숙시키는데 3아승기100대겁 6년의 수행이 필요하다는 것입니다. 이제 법신이신 비로자나 부처님에 대해 묘사하는 『화엄경』의 경문을 읽어 보겠습니다.

그 몸은 일체 세간에 가득 차고 그 음성은 시방 국토에 두루 퍼진다(ubiquitous). 비유하면, 허공이 갖가지 물건들을 담고 있지만 그에 대해 분별을 내지

않는 것과 같다.[64]

비로자나 부처님께서 온 우주에 편재하시면서 온갖 사물을 담고 있지만 허공과 같아서 분별을 내지 않는다는 경문입니다. 이런 분이 비로자나 부처님이십니다. 티를 안내기 때문에 일상에서 보이지 않지만, 우리의 지혜가 열리면 그때 가서 모든 게 설법이라는 점을 알게 된다는 얘깁니다. 물론 이는 다 신화적인 얘기입니다. 그런데 위대한 신화입니다. 지금은 물리학으로 세상을 해석하지만, 옛날에는 신화가 세상을 해석하는 틀이었습니다. 신화나 물리학이나 사실 똑같아요. 그런데 옛날에는 신화적인 스토리 가지고 세상을 해석했고, 지금은 수학공식 가지고 해석합니다. 또 다른 경문을 보겠습니다.

> 온 몸의 털끝 하나하나에 모든 세계를 담지만, 서로 걸림이 없으며, 그 각각의 털끝이 무한한 신통력을 발휘하여 모든 중생을 교화한다.[65]

비로자나 부처님의 털끝 같은 작은 공간이 온 우주를 담고서 중생을 교화한다는 얘깁니다. (손가락으로 작은 공간을 만드는 시늉을 하면서) 여러분 지금 아주 작은 공간 속에 지금의 제 목소리, 여러분의 모습이 다 들어가죠? 그런데 그 공간 속에서 충돌합니까? 충돌하지 않죠? 그래서 걸림이 없다는 얘깁니다. 여러분 월인천강지곡(月印千江之曲) 아시죠? 부처님의 공덕을 찬양한 세종대왕의 글인데, 제목이 월인천강지곡입니다. 월인천강. "달이 천 강에 비춘다."는 뜻입니다. 공중에 달이 하나가 떴는데 천 강에 비추죠? (주먹을 쥐어 들어 보이며) 여기 지금 주먹이 하나 있는데 여러분 눈동자마다 다

---

64) "其身充滿一切世間 其音普順十方國土 譬如虛空具含眾像 於諸境界無所分別", 『대방광불화엄경』(80권본), 대정장10, p.1c.
65) "一一毛端 悉能容受 一切世界 而無障礙 各現無量 神通之力 教化調伏 一切眾生", 『대방광불화엄경』(80권본), 대정장10, p.2a.

들어갔지요? 같은 얘기입니다. 이 세상에서 일어난 사건은 무엇이든 그 모습이 우주에 편재합니다. 이런 게 바로 법신이신 비로자나 부처님의 참 모습인데 이를 화장장엄세계(華藏莊嚴世界)라고 부릅니다. 현대의 정보통신사회가 바로 이와 같습니다. 천도교(天道敎), 증산교(甑山敎), 원불교(圓佛敎) 등에서 이야기하는 후천개벽 사상도 이와 유사합니다. 제 생각에는 정보통신기기의 발달로 드디어 후천개벽이 일어났다고 봐도 될 것 같습니다. 선천세계에서는 물리적으로 힘이 강한 놈이 약한 놈을 이겼습니다. 무력에 출중한 영웅이 세상을 지배했습니다. 힘이 약한 집단을 마음대로 유린했습니다. 알렉산더(Alexander, 356-323 B.C.E.)가 그랬고, 진시황(秦始皇, 259-210 B.C.E.)이 그랬고, 칭기즈 칸(Chingiz Khan, 1162-1227 C.E.)이 그랬습니다. 그런데 지금은 세상이 바뀌었습니다. 아무리 강한 자라고 하더라도 약한 자에게 잔혹한 짓을 함부로 하지 못합니다. 왜 그럴까요? 정보통신문명 때문입니다. '현대판 노예'와 같은 가혹한 일이 생기면 금방 SNS를 통해 널리 알려져서 '정의로운 댓글 전사'들이 들고 일어납니다. 심지어 고양이 한 마리가 학대 받은 사진이 SNS에 올라와도 난리가 납니다. 또 한참 된 이야기이긴 하지만, 미국이 베트남전쟁에서 패한 이유가 뭘까요? 그게 바로 방송통신문명 때문입니다. 전쟁의 참상이 TV나 라디오를 통해 널리 알려지니까, 미국 내에서도 참전에 대한 도덕적 비난이 일어났고 결국 베트남에서 철수하고 말았습니다. 히틀러가 집시와 유태인을 대량 학살했을 때에는 쥐도 새도 모르게 그렇게 했습니다. 그 당시 많은 사람들이 유태인 학살에 대해 전혀 몰랐습니다. 모든 정보를 차단했기 때문입니다. 그래서 그런 잔혹한 일이 벌어질 수 있었던 겁니다. 그러나 요새는 정보통신기기로 인해 이 세상에서 일어나는 어떤 일이든 모든 사람들에게 즉각, 즉각 알려질 수 있습니다. 우리 인간이 사회적 동물이기에 누구나 그 유전자 속에 양심의 코드가 각인되어 있어서, 남이 보는 앞에서 부도덕한 일을 하지 못합니다. 정보통신문명으로 인해 모든 일을 모두가 보고 있기에 잔혹한 일이 예방됩니다.

　여러분, 사실 지금은 굉장히 좋은 세상입니다. 물질문명에서 정신문명으로 전환하는 대변혁기입니다. 컴퓨터와 인터넷, 스마트폰과 같은 정보통신기기로 인해 정신문명의 시대가 열린 것입니다. 일반 사물은 한 가지 용도로만 쓰입니다. 컵은 무엇을 담을 수만 있고, 망치는 못만 박을 수 있고, 다리미는 옷만 다릴 수 있습니다. 그런데 컴퓨터나 스마트폰으로 우리는 무엇을 하나요? 손가락으로 자판을 두드리며 낚시도 할 수 있고, 게임도 하고, 자동차도 조종했다가, 영화도 봤다가, 음악도 듣습니다. 하나의 기기인데 별의 별 것을 다 할 수 있습니다. 하나의 기기가 무한한 의미를 방출할 수 있기 때문입니다. 그리고 의미는 정신의 소재입니다. 정보통신기기로 인해 얼마 전부터 '의미의 시대'가 시작된 것입니다. 바로 정신문명의 시작입니다. 근현대 한국의 신종교 창시자들께서 말씀하신 후천개벽사상을 정보통신문명과 연관시킬 때 그 의미가 모두 건전하게 되살아납니다.

　예전에 탄허 스님께서 앞으로 화엄시대가 열릴 것이라고 말씀하신 적이 있습니다. 그런데 화엄의 이치가 그대로 드러나서 활용되는 사회가 바로 정보통신사회라고 볼 수 있습니다. 화엄에서 가르치듯이 누구나 주인공입니다. 컴퓨터 앞에 앉아 인터넷을 연결하면 내가 온 세상 컴퓨터의 중심이 됩니다. 주인공입니다. 그렇죠? 내가 만든 블로그에 온 세상 사람들이 손님으로 들어올 수 있습니다. 나만 주인공이 아니라 남도 마찬가지입니다. 남의 블로그에 들어가면 그가 주인이고 내가 손님입니다. 이런 통찰을 화엄학에서는 '주반원명구덕문(主伴圓明具德門)'이라고 부릅니다. 이 세상 모든 곳이 주인과 손님으로 장엄되어 있습니다. 이 지점에서 내가 주인이 되면 당신이 손님이 되고, 저 지점에서 당신이 주인이 되면 내가 손님이 됩니다. 또, 화장장엄의 정보통신사회는 장애인이 없는 세상입니다. 왜 그럴까요? 옛날 같으면 얼굴에 큰 화상을 입든지 몸에 큰 장애가 있으면 외출하는 게 불편했습니다. 사람들이 자꾸 쳐다보는 것도 불편하고. 동정을 하는 것도 불쾌할 수 있습니다. 그래서 아예 밖에 나가지 않고 집 안에서 혼자 생활하다가 일생을 마치기도 했습니다. 그런데 지금은 컴퓨터나 스마트폰을 통해서 전 세계 누구와도 대화할 수 있고, SNS를 이용하여 내 의견을 여러 사람에게 전할 수 있습니다. 정보통신기기로 인해, 나에게 장애가 있더라도 내 능력을 발휘할 수 있고 자존감을 충족하면서 살 수 있는 세상으로 변해가고 있습니다.

여러분 소설 『서유기』를 보면, 손오공이 부처님과 내기를 하는 장면이 있습니다. 부처님께서 손오공에게 당신의 손바닥 밖으로 벗어나 보라고 말씀하시니까 손오공이 구름을 타고서 하늘 꼭대기로 올라갔다가 눈앞에 보이는 바위기둥에 자기가 왔다간다는 글을 쓰고 내려옵니다. 부처님께 자랑을 하니까, 부처님께서 손바닥을 보여주시는데, 손가락에 손오공이 쓴 글이 적혀 있었습니다. 이런 스토리에 근거해서 "뛰어봤자 부처님 손바닥 안이다."라는 속담이 생겼습니다. 『서유기』에서는 부처님의 명호를 석가모니불이라고 쓰고 있지만, 바로 이런 분이 비로자나 부처님이십니다. 온 우주가 비로자나 부처님의 몸이기에 우리는 살아도 그 분의 품속이고, 죽어도 그 분의 품속입니다. 우리가 다 그 속에 삽니다. 그런데 더 깊이 통찰해 보니까, 바로 그 분이 '나'였습니다. 누구든지 그렇다는 말입니다. "아, 내가 그 분이었고, 내가 절대자구나. 그런데 그걸 모르고 못난 체 하면서 살았구나."라고 알게 됩니다. 아무리 친한 사람도 모두 나와 만났다가 헤어집니다. 가족, 친척, 친구조차도 만났다 헤어졌다 하는데, 절대 나와 헤어지지 않는 사람이 딱 하나 있습니다. 잠을 잘 때도 함께 있고, 꿈꿀 때도 같이 있고, 죽을 때도 같이 갑니다. 그가 누굴까요? 바로 '나'입니다. 그렇죠? 나는 항상 나랑 같이 있습니다. 세상에는 나 혼자만 살고 있습니다. 그래서 내가 세상의 중심이고 내가 바로 절대자입니다. 그래서 내가 부처입니다. 이런 조망에서 다시 더 깊이 들어갈 때, 그때 세상의 끝과 만납니다. 사람뿐만 아니라 생명 있는 존재라면 누구나 그렇습니다. 그래서 『화엄경』에서 "마음과 부처와 중생, 이 세 가지는 차별이 없다(心佛及衆生 是三無差別)."라고 노래하는 것입니다.

수학 집합론의 한계와 중관논리

이제부터 하는 이야기는 중관학의 응용에 대한 것입니다. 먼저 중관논리와 서양 수학이론의 접점을 모색해 보겠습니다. 결론만 얘기하면, 서양 수학이론 가운데 난제 하나가 중관논리를 통해 멋지게 해결됩니다.

수학은 서양에서 과학을 발달케 한 원동력이기도 합니다. 고대 그리스 이후 서양에서는 수학을 중시했습니다. 그 당시의 수학은 주로 기하학을 의미했습니다. 그리스 철학자 플라톤(Plato, 427-347 B.C.E.)의 아카데미에는 "기하학을 모르는 자는 이곳에 들어오지 말라."는 문구가 적혀 있었다고 합니다. 왜 그랬을까요? 기하학이 바로 이데아(Idea)의 학문이기 때문입니다. 이데아는 관념을 의미하는데 형상(Eidos) 역시 이데아의 동의어입니다. 또 개념(Concept), 보편(Universal), 일반자(一般者) 역시 그 의미가 다르지 않습니다.

이데아는 변치 않습니다. 항구적입니다. 예를 들어서 보편으로서의 소는 변치가 않습니다. 검정소, 얼룩소, 물소 같은 특수한 소는 다양하며 변합니다. 그렇지만 소 보편, 소라는 개념, 즉 이데아로서의 소는 달라지지 않습니다. 이런 이데아로서의 소가 있기에 내가 어떤 특수한 소를 처음 보더라도 "아, 소구나."하고 아는 겁니다. 그런데 우리가 생각을 할 때, 그 기초가 되는 것이 바로 이런 이데아입니다. 개념이라고 해도 되고요. 그래서 우리가 죽으면 정신, 영혼은 이데아의 세계로 올라간다고 합니다. 정신은 변치 않는 것인 개념, 즉 이데아를 토대로 작동되기 때문에 죽은 후에 몸은 썩어서 없어져도 정신은 이데아의 세계로 간다는 주장입니다. 플라톤이 유비추리를 통해 얻은 결론입니다. 물론 엉터리이지요.

그런데 이데아, 개념, 보편만 변치 않는 것이 아니고, 수학의 원리도 항구불변입니다. 예를 들어서 삼각형의 내각의 합이 180도라는 사실은 그 어디에 가도 똑같습니다. 이탈리아에서도 180도이고, 그리스에서도 180도입니다. 그래서 플라톤이 기하학을 '이데아의 학문'이라고 생각을 해서 그렇게 중시했던 겁니다. 플라톤 당시에 대수학은 발달하지 못했습니다. 그리스 사람들은 아직 '0'을 몰랐기 때문입니다. 'I, II, III ⋯ IX, X'과 같은 로마숫자로 큰 수를 쓰는 것이 너무나 번거로웠습니다. 지금 우리가 사용하는 '0, 1, 2 ⋯ 8, 9'와 같은 아라비아 숫자가 들어온 다음부터 유럽에서 대수학이 발달합니다. 그런데 이 숫자는 아라비아 숫자가 아니고 원래 인도 숫자입니다. 인도 숫자가 아라비아 상인에게 알려졌다가 서력 기원후 10세기경 다시 유럽으로 전해집니다. 그러면서 유럽에서 대수학이 급격하게 발달합니다.

참고로, 프랑스 철학자 데카르트(Descartes, 1596-1650)가 이룩한 중요한 업적 가운데 하나는 대수학과 기하학을 통합했다는 점입니다. 데카르트는 좌표를 도입하여 기하학적 도형을 대수학의 다항식으로 나타내는 방법을 고안하였습니다. 예를 들어서 우리는 '$y = x^2 + 3x + 2$'와 같은 '대수학적 다항식(多項式)'에 대응되는 '기하학적 도형'을 x축과 y축으로 구성된 2차원 평면좌표 상에 그릴 수 있습니다.

수학의 집합론이 봉착하는 패러독스

어쨌든 서양에서는 플라톤 이래 근대에 이르기까지 2천년 이상 수학을 보편타당한 진리의 학문으로 간주하였습니다. 그런데 근대에 와서 수학에 허점이 있다는 것을 알기 시작했습니다. 그런 허점을 발견한 사람 중의 하나가 버트런드 러셀(Bertrand Russell, 1872-1970)입니다. 러셀은 자신의 스승 화이트헤드(Alfred North Whitehead, 1861–1947)와 함께 수학이론을 논리기호로 대체하는 거대 작업에 착수합니다. 그런데 집합이론을 다루다가 난관에 봉착합니다. 집합이론에 문제가 있다는 점을 발견했던 것입니다. '계형이론(階型理論)'이라는 자의적(恣意的) 해결을 통해 이를 덮어버리고서 결국『수학원리(Principia Mathematica)』라는 책을 완성하긴 하는데, 그런 발견의 계기가 된 것이 패러독스(Paradox), 즉 역설(逆說)이었습니다.

　역설의 예를 몇 가지 들어 보겠습니다. 아이들이 교실에서 마구 떠들어댈 때, 한 아이가 일어나서 "시끄러우니까 조용히 해!"라고 소리칩니다. 그러면 다른 아이가 "네 소리가 더 시끄러워!"라고 말합니다. 맞는 말입니다. 자가당착을 지적한 겁니다. 그렇죠? 다른 예를 들면, 누군가가 집을 새로 짓고서 담장을 깨끗하게 단장한 다음에, 그 한가운데에 붉은 페인트로 '낙서금지'라는 글씨를 씁니다. 이 역시 자가당착입니다. '낙서금지'라는 낙서를 했기 때문입니다. 이런 게 역설입니다. 또 백화점에서 세일 행사를 한다기에 갔는데 너무나 사람이 많으니까 "인간들 좀 그만 나오지."라고 속으로 중얼거리면서 짜증을 냅니다. 자기도 그런 인간들 가운데 하나인데 자기는 제외하고서 중얼거리는 겁니다. 이게 패러독스입니다.

러셀

비트겐슈타인

데리다

이 이외에 명제의 철학적 사용을 비판하는 비트겐슈타인(Ludwig Wittgen stein, 1889-1951)의 철학 역시 자가당착에 빠집니다. 비트겐슈타인이 기존의 철학적 명제에 대해서 비판하는 것에 대해서 "당신의 비판 역시 철학이 아니냐?"고 지적할 수 있다는 겁니다. 또 해체주의의 선봉장, 자크 데리다(Jacques Derrida, 1930-2004)에 대해서 "로고스중심주의적(Logo-centric) 서구사상사를 해체하는데 당신의 주장도 로고스 아니냐."라고 비판하기도 합니다. 이렇게 역설적 상황은 우리의 삶은 물론이고 철학의 영역에서도 흔히 만날 수 있습니다.

버트란트 러셀은 우리의 수학적 사유가 합리적인 줄 알았는데, 허점이 있다는 점을 알게 됩니다. 수학의 집합론에서 역설적 상황을 발견하자 고심하다가 '계형이론'이라는 미봉책으로 일단 해결한 후 『수학원리』를 끝냈는데, 나중에 괴델(Kurt Gödel, 1906-1978)이라는 수학자가 나타나서 이런 역설의 문제를 일반화 한 '불완전성 정리(Godel's Incompleteness Theorem)'를 발표합니다. 자연수의 체계에 모순이 있다는 점을 알게 된 것입니다. 자연수 체계란 1, 2, 3, 4, 5 … 와 같은 가장 단순한 수학체계인데 이 조차 완벽하지 못하다는 점을 증명합니다. 즉, 인간의 합리적 사유에 문제가 있다는 점을 수학적으로 증명한 것입니다. 괴델이 이를 발표한 것은 1931년의 일이었습니다. 그런데 근 2,000년 전에 인도의 용수 스님께서 창안하신 불교 중관학의 반논리학은, 럿셀이 발견한 집합론의 역설, 그리고 이를 계승하여 괴델이 발표한 불완전성정리와 그 방식이 동일합니다.

제8강 종료의 후 질문에 대한 답변 - 제24장 관사제품의 삼제게 해설

천태학(天台學)에서 말하는 공(空), 가(假), 중(中) 삼제원융(三諦圓融) 사상의 토대가 된 『중론』 삼제게(三諦偈)의 의미에 대해 질문하셨는데, 이에 대해 간략히 답하겠습니다.

『중론』에 삼제게라는 아주 유명한 게송이 있습니다. 제24장 관사제품의 제18게로 이 게송에서 공(空), 가(假), 중(中)의 세 가지 진리(諦), 즉 삼제를 거론합니다. 앞의 제6강에서 중관학의 추론 비판에 대해 설명하면서 소개한 바 있지만『중론』제24장은 공사상에 대한 논적의 비판으로 시작합니다. 논적은 "공사상에서 불생불멸, 즉 생도 없고 멸도 없다고 하면 사성제도 성립할 수 없지 않느냐?"고 공격하면서 비판의 포문을 엽니다. 이에 대해 용수 스님이 상응논법 또는 답파논법이라고도 불리는 자띠(Jāti)논법으로 반박하는데, 삼제게는 그런 비판과 반박 사이에 제시된 게송입니다. 다음과 같습니다.

한역: 여러 가지 인연(因緣)으로 생한 존재를 나는 무(無)라고 말한다. 또 가명(假名)이라고도 하고 또 중도(中道)의 이치라고도 한다.[66]

범문: 연기(緣起)인 것 그것을 우리들은 공성(空性)이라고 말한다. 그것[= 공성]은 의존된 가명(假名)이며 그것[= 공성]은 실로 중(中)의 실천이다.[67]

후대에 천태종을 창시한 지의(智顗, 538-597) 스님께서 이 게송에서 공(空), 가(假), 중(中)이라는 세 가지 단어를 추출하여 삼제원융 사상을 창안하셨기에 이 게송을 삼제게라고 부릅니다. 그리고 위의 게송의 범어 원문에서 공성에 해당하는 단어를 구마라습 스님이 '무'라고 번역하고 있지만 이 게송에 대한 주석에서는 '무' 대신에 '공(空)'이라는 번역어를 씁니다.

공, 가, 중 삼제원융은 일심삼관(一心三觀)이라고도 부릅니다. 하나의 법은 무엇이든 공, 가, 중의 세 측면을 갖추고 있다는 것입니다. 인식대상으로

---

66) 衆因緣生法 我說卽是無 亦爲是假名 亦是中道義.
67) yaḥ pratītyasamutpādaḥ śūnyatāṃ tāṃ pracakṣmahe/ sā prajñaptirupādāya pratipatsaiva madhyamā//

서 삼제가 걸림이 없기에 삼제원융이고, 인식주관에서 일심으로 삼제를 통찰하기에 일심삼관입니다. 하나의 법은 하나의 존재, 하나의 사물, 하나의 사태라고 해도 됩니다. 그런데 어떤 존재든 그 정체를 추구해보니까 실체가 없습니다. 그래서 공(空)입니다. 그렇다고 해서 시커멓게 아무것도 없다는 게 아닙니다. 아예 없는 것이 아니라 가짜로, 허깨비처럼 나타나 보입니다. 그래서 가(假)예요. 그러나 실체가 없다고 조망하는 것은 허무주의의 극단이고, 있다고 생각하는 것은 실재론의 극단이기 때문에, 어떤 존재든 그 진정한 정체는 공한 것도 아니고 실재하는 것도 아닙니다. 즉, 중도입니다. 세상을 구성하고 있는 모든 요소는 다 이 세 측면을 갖고 있기에 일심삼관(一心三觀)입니다. 한 마음으로 세 측면을 통찰한다는 뜻입니다. 또 어떤 것이든 공, 가, 중의 세 측면이 어우러져 있기에 삼제원융(三諦圓融)입니다.

이 방의 크기를 예로 들어 설명해 보겠습니다. 이 방이 큰가요, 작은가요? 이 방의 크기는 실체가 없습니다. 왜냐하면 작은 방을 염두에 두면 커지고 큰 방을 염두에 두면 작아지기 때문입니다. 따라서 이 방의 크기는 공(空)합니다. 그런데 그럼에도 불구하고 오늘은 이 방에 의자가 가득 놓여 있어서 좀 작아 보입니다. 또는 이 방에 처음 들어올 때 작은 방을 염두에 두고 있었다면 이 방이 커 보입니다. 이건 가명(假名)입니다. 이 방의 크기는 원래 없지만(공) 상황에 따라서 이 방이 크다거나 작다는 말(가)을 사용합니다. 따라서 이 방의 크기가 아예 없는 것도 아니고(非空, 비공), 작거나 크다고 할 수도 없기(非假, 비가) 때문에 중도(中道)입니다. 중도라고 할 때 비공(非空), 비가(非假)의 중도입니다. 그런데 가(假)는 유(有), 공(空)은 무(無)라고 바꿔 쓸 수 있습니다. 그래서 불유불무(不有不無)의 중도입니다.

[『중론』 귀경게의 팔불에서는 연기(緣起)를 수식하는 말로 '불생불멸, 불상부단, 불일불이, 불래불거'와 같이 네 쌍의 부정만 열거했지만 여기에 불유불무도 추가할 수 있습니다. 이 이외에 부증불감(不增不減), 불구부정(不垢

不淨) 등 다른 많은 부정표현도 추가할 수 있습니다. 팔불게는 흑백논리 중에서 대표적인 것 네 쌍만 제시한 겁니다. 그러니까 '불유불무인 연기'해도 됩니다.]

이상에서 보듯이 『중론』 제24장 제18게에 근거해서 천태의 삼제원융사상이 탄생했습니다. 그런데 위에 인용한 구마라습 스님의 한역문은 범어 원문을 직역한 게 아닙니다. 위의 '범문'에서 보듯이 범어 원문을 직역하면 조금 다릅니다. 이 게송의 전반구는 "연기(緣起)인 것 그것을 우리들은 공성(空性)이라고 말한다."라고 번역됩니다. 한역문은 "여러 가지 인연(因緣)으로 생한 존재를 나는 공(無)이라고 말한다."로 번역되는데, 한역문에서는 범문의 '연기'를 '연기한 존재'로 '공성'을 '공'으로 바꾸어 놓았습니다. 또 후반구의 경우 범문은 " 그것[= 공성]은 의존된 가명(假名)이며 그것[= 공성]은 실로 중(中)의 실천이다."인데 한역문은 " 또 가명이라고도 하고 또 중도(中道)의 이치라고도 한다."로 되어 있습니다. 범문의 '의존된 가명'이 '가명'으로 '중의 실천'이 '중도의 이치'로 바뀐 겁니다. 이를 정리하면 다음과 같습니다.

범문		한역문
연기	→	연기한 것
공성	→	공
의존된 가명	→	가명
(공성이) 중의 실천이다	→	(공과 가명이) 중도의 이치다

범어 원문보다 한 차원 낮추어 번역한 것입니다. 범어 원문은 연기와 공성의 추상적 이치를 설했는데, 한역문에서는 연기한 것과 공한 것, 가명인 것으로 구체화하여 설명합니다. 범어 원문의 우리말 번역을 다시 인용해 보겠습니다.

범문: 연기(緣起)인 것 그것을 우리들은 공성(空性)이라고 말한다. 그것[= 공
성]은 의존된 가명(假名)이며 그것[= 공성]은 실로 중(中)의 실천이다.

청목의 주석에 근거할 때 이 게송은 "모든 사물은 연기한 것이라서 그 실
체가 없는데, 누군가가 어떤 사물에 실체가 있다고 생각하거나 말한다면, 우
리들은 그 사람에게 그 사물이 공성이라고 말한다. 그런데 이 공성이라는 말
은 우리의 주장이 아니다. 누군가가 '어떤 사물에 실체가 있다.'는 생각이나
말을 먼저 할 경우, 그의 말이나 생각에 의존하여 방편으로 설하는 허구의
말, 즉 가명(假名)이다. 공성이라는 가명은 그에 의해서 '사물에 실체가 있
다.'는 잘못된 말이나 생각이 중화되기에, 중도의 실천이기도 하다."라고 풀
을 수 있습니다. 따라서 범문에서는 '연기와 공성과 중도'가 동의어입니다.
그런데 천태의 삼제원융 사상에서는 연기를 가명으로 대체하여 '공과 가명과
중도'를 동치시킵니다.
  이 게송의 핵심은 연기, 공성 그리고 중도의 일치입니다. 가명은 안 들어갑
니다. "연기는 공이고, 공이 곧 중도다." 이게 원래 의미입니다. 또 다음에서
보듯이 용수 스님의 『회쟁론』 마지막 게송에서도 '연기와 공성과 중도'가 동
치입니다.

  공성과 연기와 중도가 하나의 의미임을 선언하셨던 분, 함께 견줄 이 없는 붓
  다이신 그 분께 [나는 이제] 예배 올립니다.[68]

  동아시아에서 전통적으로 삼제게라고 부르는 『중론』 제24장 관사제품 제
18게의 경우, 구마라습 스님의 의역에 근거하여 천태 지의 스님께서 가명(假
名)을 중요한 의미를 갖는 개념으로 격상시켰던 겁니다. 물론 천태학의 삼제

68) yaḥ śūnyatāṃ pratītyasamutpādaṃ madhyamāṃ pratipadaṃ ca/ ekārthāṃ nij
    agāda praṇamāmi tamapratimabuddham

원융 사상, 일심삼관의 이치가 불교교리에 어긋나는 것은 아닙니다. 오히려 오해가 빚어낸 위대한 사상이라고 말할 수 있습니다.

다시 정리하겠습니다. 누군가가 사물에 실체가 있다고 생각할 때에 한하여, "그게 아니라 공하다."고 말하여 그런 잘못된 생각을 비판합니다. 그런데 "아, 그럼 공이 맞구나. 모든 것은 공하구나."라고 공에 집착합니다. 공을 이렇게 오해할 경우 허무주의에 빠져서 가치판단을 상실할 수 있습니다. 그래서 다시 가르치는 겁니다. "그 공이란 말은 가짜이름, 즉 가명이고 방편이니까 공에 집착하지 마." 앞에서 "공도 역시 공하다."라고 얘기한 적이 있습니다. 공이란 말을 통해서 중도를 드러내 주는 것입니다.

더 정확히 말한다면 중도는 중화작용입니다. 중간의 길을 가라는 게 아닙니다. 사회 속에서 중도를 실천하는 것이 이것도 저것도 아닌 회색분자가 되라는 얘기가 아닙니다. 중도는 중화작용이기에 때문에 극단적 모습으로 나타나기도 합니다.

중도는 극단적 행위로도 나타난다

사회가 병들어 있을 때는 그 반대의 모습을 보여서 중화시키는 것이 중도의 사회적 실천입니다. 중도를 사회적으로 실천한 대표적 인물이 마하트마 간디(Mahatma Gandhi, 1869-1948)입니다. 불자든 비불자든, 인간이든 짐승이든 모든 생명에게는 불이중도(不二中道)의 불성이 있습니다. 간디는 중도불성을 사회적으로 구현한 인물입니다. 인도가 영국의 식민지배 하에서 신음하고 있을 때, 간디는 인도의 독립을 위해서 극단적인 투쟁을 합니다. 그러나 증오의 투쟁이 아니라, 상대의 잘못을 시정하는 비폭력, 무저항의 투쟁이었습니다. 난관에 부딪히면 무기한 단식에 들어갑니다. 죽음을 불사(不辭)한 단식입니다. 그 당시 영국 수상이었던 윈스턴 처칠(Winston Churchill, 1874

-1965)은 간디가 단식에 들어갔을 때 많은 사람이 걱정을 하자 설탕물을 마실 것이라고 험담하면서 간디를 '교활한 여우(Cunning Fox)'라고 불렀습니다. 간디는 참으로 위대한 인물입니다. 처칠도 위대한 정치가입니다. 그런데 둘을 함께 놓고 보면 서로 원수지간입니다. 영국에서 볼 때는 간디가 너무나 극단적으로 투쟁합니다. 그러나 그 당시 간디의 극단적 투쟁이 바로 중도의 실천입니다. 왜냐하면, 영국의 식민지배의 폐해가 너무나 극심하기 때문에, 어중간한 협상으로는 여기서 벗어날 수가 없습니다. 그 때 극단적인 투쟁을 통해 중화시키는 것입니다. 중도의 실천은 중화작용이지, 회색분자처럼 처신하는 것이 아닙니다.

위에 인용한 『중론』 삼제게에서 보듯이 '공성'이라고 말을 하긴 했지만, 이는 극단적인 용어입니다. 그러나 이는 가짜 용어로는 중도를 알려주기 위한 방편적 가르침인 것입니다. 인식의 차원에서든, 사회적 실천에서든 중도는 '가운데의 길'이 아니라 '중화 작용'입니다.

삼제게에 대한 질문이 나왔기에 강의가 잠시 옆길로 샜는데, 질문 덕분에 『중론』의 핵심 게송 한 수를 더 분석해 볼 수 있었습니다. 그리고 앞에서 설명하던 '집합론의 역설과 중관논리'에 대해서는 다음 시간에 다시 강의를 이어가겠습니다.

제9강
집합론의 역설, 논리적 정당방위, 낙서금지의 비유

역설과 중관논리

원래 여덟 번의 강의를 기획했는데 분량이 좀 많기 때문에 강의가 2회 더 추가되었습니다. 지난 시간 잠깐 소개했지만, 앞으로 중관학의 반논리를 서양철학과 수학 이론에서 굉장히 중시되는 패러독스(Paradox), 즉 역설(逆說)의 문제와 비교해 보겠습니다. 역설의 예를 다시 좀 더 들어보겠습니다. 누군가가 "나는 항상 거짓말만 한다."라는 말을 합니다. 그러면 "나는 항상 거짓말을 한다."는 그 말도 거짓말일 테니까, 그 사람이 항상 거짓말을 하는 것만은 아닙니다. 그러면 "나는 항상 거짓말을 한다."가 참말이 될 수 있습니다. 그런데 "나는 항상 거짓말을 한다."가 참말이기 때문에 그 사람이 항상 거짓말만 한다는 것이 옳습니다. … 끝이 안 납니다. 무슨 얘기인가 하면, 어떤 말에서 역설이 발생할 경우, 그 말의 의미가 정착되지 않습니다. 이렇게 해석하면 저런 해석이 되어버리고, 저렇게 해석하면 이런 해석이 되어버립니다.

역설의 이런 방식이 중관학의 방식과 너무 흡사합니다. 앞의 강의에서 역설의 예 몇 가지를 소개하였습니다. 초등학교 교실에서 아이들이 떠드니까 한 아이가 일어나서 "떠들지 마! 조용히 해!"라고 말합니다. 그런데 가만히 보면 그것 자체가 떠드는 소리입니다. 역설이 발생합니다. 또 어떤 사람이 깨끗하게 집을 짓고 담벼락에 페인트로 깨끗하게 칠을 한 다음에 자기가 '낙서금지'라는 글을 적습니다. 낙서하지 말라는 글인데 가만히 보니까 사돈 남말 하는 꼴입니다. 본인이 '낙서금지'라고 낙서를 했기 때문입니다. 또, 자동차 운전하면서 많이 느끼겠지만 차를 몰고 교외로 나갔다가 집으로 돌아오는데 병목현상이 일어나서 길이 막힙니다. 짜증이 납니다. 속으로 "집에나 있고, 그만 좀 나오지."라고 짜증을 냅니다. 그런데 사실은 자기도 그렇게 차가 붐비게 만든 장본인입니다. 역설, 패러독스가 발생합니다. 자가당착이라고도 합니다. 이 이외에도 우리는 일상생활이든, 학문의 세계든, 정치 현장이든 역설이 일어나는 상황을 많이 볼 수 있습니다.

그러면 앞으로 역설이 중관논리와 어떻게 통하는지 설명하겠습니다.[69] 다음과 같은 도형 속의 글이 역설의 가장 극단적인 예입니다.

이 네모 안의 말은 거짓말이다

네모를 그린 다음에 그 안에 "이 네모 안의 말은 거짓말이다."라는 말을 적습니다. 그런데 이게 무슨 의미인지 생각해 보시기 바랍니다. 네모 안에 "이 네모 안의 말은 거짓말이다."라는 말이 적혀 있는데, 그 말이 거짓말이기 때문에 이 네모 안의 말은 거짓말이 아니라는 뜻입니다. 그런데 이 네모 안에 "이 네모 안의 말은 거짓말이다."라는 말이 적혀 있기에, "이 네모 안의 말은 거짓말이다."라는 말이 거짓말이 아니라는 뜻입니다. 즉, "이 네모 안의 말은 거짓말이다."가 참말이라는 뜻입니다. 그래서 "이 네모 안의 말은 거짓말이 되고 맙니다. … 끝없이 계속되어 의미가 정착하지 못합니다. 역설입니다. 얼핏 보기에는 의미 있는 말처럼 보였는데, 따져보니까 의미가 정착되지 않습니다. 이 네모 안의 말이 거짓말이어도 의미가 정착하지 못하고, 참말이어도 의미가 정착하지 못합니다. 그런데 역설에 내재하는 바로 이런 논리구조가 중관학의 반논리적 논법의 구조와 동일합니다. 요컨대, "비가 내린다."는 문

---

69) 이하의 내용은 필자의 논문 「역설과 중관논리」(『역설과 중관논리 – 반논리학의 탄생』, 도서출판 오타쿠, 2019)의 요약이다.

장을 중관논리로 분석할 때 '내리는 비'가 내릴 수 없고 '내리지 않는 비'가 내릴 수 없듯이, 즉 이렇게 해도 옳지 않고 저렇게 해도 옳지 않은 딜레마에 빠지듯이, 역설 역시 딜레마적인 상황을 야기합니다.

역설을 이용한 장조범지 교화

초기불전에서도 역설이 부처님에 의해서 교화방식으로 사용된 적이 있습니다. 장조범지(長爪梵志)라는 외도가 있었습니다. 범지는 인도의 사성계급 가운데 브라만 계급을 의미하기에 장조범지는 '장조라는 이름의 브라만'이라는 뜻입니다. 그런데 이 외도를 교화할 때 석가모니 부처님께서 역설 논법을 사용하셨습니다. 장조범지는, 사리불이라는 부처님 제자의 외삼촌입니다. 사리불(舍利弗)은 샤리뿌뜨라(Śāriputra)의 음사어인데, '샤리(Śāri)라는 여인의 아들(putra, 子)'로, 사리자(舍利子)라고 한역하기도 합니다.

샤리라는 여인은 원래 그렇게 영민한 여인이 아니었는데 어느 날 갑자기 총명해집니다. 이를 이상하게 여긴 오빠가 "아, 동생이 임신한 것이 틀림없다."고 생각하면서, 아주 훌륭한 인물이 태(胎)로 들어왔기 때문에 총명해진 것이리라고 짐작합니다. 그러나 장조범지에게 걱정이 생겼습니다. 자기 여동생이 곧 출산하면 곧 조카를 보게 될 텐데 그 아이가 장성한 다음에 자신을 무시할 것 같았기 때문입니다. 그래서 장조범지는 남천축국으로 가서 온갖 학문을 공부하기 시작합니다. 이와 아울러 자신이 얼마나 오래 동안 공부했는지 보여주기 위해서 공부를 시작한 날 이후 손톱을 깎지 않았습니다. 장조(長爪)범지, 즉 '손톱이 긴 브라만'이라고 불린 이유가 이에 있습니다. 장조범지는 드디어 학문에서 일가를 이룹니다. 여러 해 동안 온갖 학문을 마스터한 다음에 고향으로 돌아와 자신의 조카인 사리불을 만나려고 했는데 보이지 않았습니다. 그래서 조카를 찾으니 어떤 사람이 "당신의 조카는 8세에 모든 경서를 다 읽고, 16세에 최고의 논쟁가가 되어서, 석가모니 부처님의 제자가 되었다."고 조카의 소식을 알려주었습니다. 그러나 장조범지는 이를 믿지 않고 교만한 마음을 일으켜서 "내 조카가 이렇게 총명한데, 석가모니라는 자가 어떤 술책으로 유혹하여 머리를 깎게 하고 제자로 삼았단 말인가?"라고 말을 한 후, 곧장 석가모니 부처님을 찾아갑니다. 『대지도론』에 의하면 장조범지와 부처님의 첫 문답은 다음과 같이 시작합니다.

> 장조범지: 구담이시여, 나는 어떤 가르침도 인정하지 않습니다(一切法不受).
> 부처님: 장조야, 그대는 "어떤 가르침도 인정하지 않는다."고 하는데, 그렇다
>   면 그런 견해는 인정하는가?[70]

　부처님께서 장조범지를 역설(逆說)의 궁지로 몰아넣으신 겁니다. "어떤 가르침도 인정하지 않는다."는 것 역시 '가르침' 가운데 하나인데, 이것만은 인정한다고 하면 '어떤 것도'라는 범위에서 예외가 하나 있는 꼴이 되어 자신의 주장이 훼손되고, 이와 반대로 "어떤 가르침도 인정하지 않는다."는 자신의 가르침 역시 인정하지 않는다면 아무 주장도 없는 평범한 사람이 되고 맙니다. 이렇게 답할 수도 없고 저렇게 답할 수도 없는 궁지입니다. 이를 자각한 장조범지는 "눈치 채기 힘든 답을 하는 게 좋겠다."고 생각하면서 다음과 같이 문답을 이어갑니다.

> 장조범지: 구담이시여, 나는 어떤 가르침도 인정하지 않으며, 이 견해 또한
>   인정하지 않습니다.
> 부처님: 그대는 어떤 가르침도 인정하지 않으며, 그런 견해 역시 인정하지 않
>   는다고 하는데, 이는 아무것도 인정하는 게 없다는 꼴이 되니 [그대는] 일
>   반인들과 다를 것이 없는데 어째서 스스로 높이고 교만심을 내는가?[71]

---

70) "瞿曇 我一切法不受 佛問長爪 汝一切法不受 是見受不", 대정장25, 『대지도론』,
　　p.62a.

역설의 궁지에 빠진 장조범지가, 딜레마의 양 축 가운데 눈치 채기 힘든 쪽을 택하여 대답했지만, 부처님께서는 즉각 그런 대답의 문제점을 지적하십니다. 결국 장조범지는 부처님께 귀의하여 출가 사문이 되어 아라한의 지위에까지 올랐다고 합니다. 장조범지는 불전에 자주 등장하는 마하꼿티따(ⓈMahākoṭṭhita, ⓅMahākausṭhila) 존자입니다. 마하구치라(摩訶俱絺羅)라고 한역하기도 합니다. 부처님 10대 제자에는 들어가지 않지만, 중요한 제자 가운데 한 분입니다.

이렇게 부처님께서 장조범지를 교화하실 때 썼던 방식이 바로 역설입니다. 이는 과거 동아시아 불교계에서 선승들이 제자를 교화할 때 자주 사용했던 방식이기도 합니다. 교화대상을 오도 가도 못하게 중도의 궁지로 몰아버립니다.

불립문자의 자가당착

중관논리로 검토할 경우, 인간이 머리 굴려서 만든 모든 생각과 말들이 다 비판될 수 있습니다. 심지어 선불교, 선종에서 표방하는 격언들조차 말로 표현된 이상 논리적 오류를 범합니다. 선종에서 표방하는 대표적인 격언인 '불립문자(不立文字)'를 예로 들어 보겠습니다.

선불교에서는 언어와 문자를 떠난 마음의 경지를 추구합니다. 그래서 선어록에 불립문자, 개구즉착(開口即錯), 방하착(放下著)과 같은 성어(成語)들이 자주 등장합니다. 이 가운데 불립문자가 무슨 뜻일까요? "문자를 세우지 말라!"는 뜻입니다. "문자를 사용하여 공부하지 말라!"라는 뜻입니다. 그런데 이 말에 문제가 없을까요? 문자 세우지 말라는 말이 타당하려면 '불립문자'

---

71) "瞿曇 一切法不受 是見亦不受 佛語梵志 汝不受一切法 是見亦不受 則無所受 與眾人無異 何用自高而生憍慢", 위의 책.

라는 네 문자도 세우지 말아야 하겠죠? 그런데 이 말을 하는 당사자는 '불, 립, 문, 자'라면서 네 개의 문자를 세웁니다. 자가당착에 빠진 말을 하는 것입니다. "비가 내린다."는 문장을 "내리는 비가 내린다."고 이해하면 의미중복의 오류에 빠지듯이, "문자를 세우지 말라." 역시 문자이기에 의미중복의 오류에 빠집니다. 이와 반대로 "비가 내린다."라는 문장을 "내리지 않는 비가 내린다."라고 이해할 경우 사실위배의 오류에 빠지듯이 "문지를 세우지 말라."는 문자만은 문자에 속하지 않는다고 볼 경우 사실위배의 오류에 빠집니다. 이렇게 역설, 패러독스에서 발생하는 논리적 오류는 중관학의 반논리적 논법의 다섯 가지 공식 가운데 제1구 비판인 의미중복의 오류와 제2구 비판인 사실위배의 오류와 그 구조가 같습니다.

또 개구즉착(開口卽錯)을 논리적으로 분석해 보겠습니다. 개구즉착은 "입만 열면 그르친다."라는 뜻입니다. 선어록에 도처에서 볼 수 있는 말입니다. 그런데 "입만 열면 그르친다."면서 본인은 벙긋벙긋 입을 열면서 말을 합니다. 자가당착입니다. "사돈 남 말하네~"라고 비판할 수 있습니다.

제가 지금 선(禪)에서 가장 중시하는 이런 격언들의 논리적 문제점을 지적하고 있는데, 이런 지적이 절대로 비방이 아닙니다. 아무리 심오한 진리도 말로 표현하게 되면, 중관논리로 분석하여, 반드시 논리적 오류를 드러낼 수 있다는 점을 예시하는 것일 뿐입니다.

불립문자를 비판하는 혜능 스님

여러분 선종의 육조 혜능(慧能, 638-713) 스님에 대해 잘 아실 겁니다. 제6강에서 풍동, 번동, 심동의 일화에서 말씀 드린 바 있습니다. 선종에서 달마 스님 이후 법맥을 전수한 여섯 번째 스승이십니다. 이분의 삶과 사상과 가르침을 정리한 『법보단경(法寶壇經)』이라는 책이 있습니다. 『육조단경(六

祖壇經)』이라고 부르기도 합니다. 계단(戒壇)에서 즉, 계를 주는 단상에서 설한 가르침이기 '단(壇)'자가 들어가 있습니다. 또 부처님의 가르침에 대해서만 '경(經)'자를 붙이는데, 과거 조사 스님들의 어록 가운데 유일하게 '경'의 지위를 갖는 문헌이 바로 『법보단경』입니다. 『법보단경』은 총 10장으로 이루어져 있습니다. 그런데 마지막인 '제10 부촉(付囑)'의 장(章)에서, 제자들에게 앞날을 부탁하면서 다음과 같은 가르침을 내리십니다.

> [혜능] 스님께서는 다음과 같이 말씀하셨다.
> "… 공에 집착한 사람 중에는 경전을 비방하여 '문자를 쓰지 말라.'고 노골적으로 말하는 자가 있는데, [그 사람이] 이미 '문자를 쓰지 말라.'고 말했으니 그 사람 역시 자기의 말에 부합하지 않는다. 바로 그런 말이 문자의 모습을 하고 있을 뿐이다."
> 또, 다음과 같이 말씀하셨다.
> "'문자를 세우지 말라.'고 노골적으로 말하는데 '세우지 말라(不立).'는 바로 그 두 글자(= 不立)도 역시 문자니라. [이런 사람은] 남이 말하는 것을 보면 곧바로 그를 비방하면서 '문자에 집착한다.'고 말한다. 그대들은 다음과 같은 사실을 알 필요가 있느니라. 스스로 혼미한 것은 그럴 수 있겠지만, 게다가 불경까지 비방한다. 경전을 비방해서는 안 된다. 죄의 장애가 무수하니라."[72]

여기서 혜능 스님은 "문자를 쓰지 말라(不用文字)"는 말과 "문자를 세우지 말라(不立文字)"는 말이 범하는 자가당착을 지적합니다. '불용문자' 또는 '불립문자'라고 주장 하지만, '불용문자'나 '불립문자'라는 말도 문자이기에 자가당착에 빠진다는 지적입니다. 즉, 패러독스를 지적하는 것입니다. 혜능 스님이 선종의 스승이지만, 중관논리의 방식을 숙지하고 계셨던 것입니다.

---

72) "師言 … 執空之人有謗經 直言不用文字 既云不用文字 人亦不合語言 只此語言 便是文字之相 又云 直道不立文字 即此不立兩字 亦是文字 見人所說 便即謗他言 著文字 汝等須知 自迷猶可 又謗佛經 不要謗經 罪障無數", 『六祖大師法寶壇經』 (대정장48), p.360b.

출가 후 5조 홍인(弘忍, 601-674) 스님 문하에서 있었던, '신수(神秀, 606-7
06) 스님과의 게송 경쟁'에서는 다음에서 보듯이 불교 수행론의 통념을 뒤집
어엎으신 분이 혜능 스님이셨습니다.

신수의 계송	혜능의 반격
이 몸뚱이 그대로가 깨달음의 나무요 이 마음은 밝은 거울 받침대와 같으니 시시때때 부지런히 털어내고 닦아내어 먼지 한 톨 더럽히지 못하도록 할 지어다. 身是菩提樹 心如明鏡臺 時時勤拂拭 莫使染塵埃	깨달음엔 본래부터 나무란 게 전혀 없고 밝은 거울 역시 또한 받침대가 아니어서 본래부터 아무것도 존재하지 않는 건데 어느 곳에 먼지 한 톨 붙을 수가 있겠는가? 菩提本無樹 明鏡亦非臺 本來無一物 何處惹塵埃

마음을 갈고 닦는 것이 선 수행이라는 신수 스님의 집착을 뒤엎은 분이
혜능 스님이었는데, 『법보단경』, 제10장 「부촉(咐囑)」에서 보듯이 나중에는
문자에 대한 집착을 뒤엎는 격언인 '불용문자'나 '불립문자'라는 말을 함부로
쓰면 안 된다고 훈계하십니다. 일반적으로 육조 혜능 스님은 선종 역사에서
언어와 문자를 초월한 경지를 말씀하신 분으로 알고 있는데, 나중에는 언어
와 문자가 중요하다고 말씀하십니다. 불립문자라는 말을 함부로 쓰지 말라.
부처님의 말씀은 소중하다. 경전은 소중하다고 거꾸로 가르치십니다. 이런
분이 진정한 선승입니다. 세우면 눕히고, 누워있으면 다시 세우는 것, 살아
있으면 죽이고 죽으면 살리는 것. 이랬다저랬다 하는 것이 선의 활발발(活潑
潑)한 교화방식입니다. 혜능 스님께서는 그 분에 대한 통념과 달리, '불립문
자'라는 격언에 내재하는 패러독스, 즉 역설을 포착하여 "불립문자도 역시
문자다."라면서 자가당착을 지적하십니다. 여기서도 우리는 불교사상의 핵심
인 중도가 고정된 도그마가 아니라, 중화작용이라는 점을 알 수 있습니다.

"방하착!"과 "마음을 비워라!"의 자가당착

그 다음에 "방하착(放下著)"을 중관논리로 분석해 보겠습니다. 방하착은 "모든 것을 다 내려놓아라."라는 의미입니다. 탐욕, 분노, 어리석음, 교만 등 모든 번뇌를 그저 내려놓는 불교수행입니다. 항상 긴장하고 사는 사람들에게 "모든 것을 다 내려놔!"라는 선가의 격언이 큰 도움을 줍니다. 그러나 이 격언에서 패러독스를 지적해 보십시오. 왜 이 말이 틀렸을까요? "모든 것을 내려놔라."라는 이 말이 왜 틀렸을까요? 이런 말들에서 논리적 오류를 찾아내는 훈련을 많이 해 보아야 중관논리에 숙달할 수 있습니다. "모든 것을 다 내려놔."라고 했을 때, 우리는 탐욕, 분노, 어리석음 등의 번뇌를 다 내려놓습니다. 또 모든 잡념을 다 내려놓습니다. 모든 근심을 다 내려놓습니다. 그런데 결코 내려놓지 못하는 것이 딱 한 가지 있습니다. 그것이 무엇일까요? "모든 것을 다 내려놓는다."는 생각입니다. '방하착' 한다는 생각만은 내려놓지 않고 떠받들고 있습니다. 모든 것을 다 내려놓으려면 방하착도 내려놓아야 합니다. 그래서 방하착도 내려놓으면 방하착 할 것도 없어집니다. 그래서 '방하착' 역시 역설에 빠진 말입니다.

또 다른 예를 들어보겠습니다. "마음을 비워라." 이 말은 불교 밖의 다른 대부분의 종교에서도 공통적으로 하는 말일 겁니다. 기독교의 『성경』에서 "마음이 가난한 자가 복이 있나니 …"라는 구절의 '마음의 가난함'이 바로 '마음을 비움'에 다름 아닙니다. 그런데 이런 격언도 말로 표현된 이상 자가당착에 빠져 있습니다. 왜 그럴까요? "마음을 비워야지, 마음을 비워야지."라고 생각하는데, 이 때 "마음을 비우겠다."는 생각이 마음을 꽉 채우고 있습니다. 그 생각만은 비우지 못합니다. 진정으로 마음을 비우려면 "마음을 비우겠다."는 생각마저 다 비워버려야 합니다. 그래서 그 생각도 비워버리면, 마음을 비울 것도 없어집니다. 마음을 비우려고 할 때에도 이럴 수도 없고, 저럴 수도 없는 역설이 발생합니다.

"분별을 버려라!", "시비를 가리지 말라!"의 자가당착

'좋은 말'들을 몇 가지 더 검토해 보겠습니다. "분별을 버려라." 불교 수행할 때 이런 말을 많이 합니다. "수행할 때에는 분별 내지마!"라고 가르칩니다. 그런데 이 말이 왜 틀렸을까요? "분별을 내지 말라."고 하면서 본인은 분별을 하고 있기 때문입니다. 무엇을 분별하고 있을까요? '분별 내지 않는 것'과 '분별 내는 것'을 나눈 후 '분별 내지 않는 것'은 좋은 것이고, '분별 내는 것'은 나쁜 것이라고 분별합니다. 자가당착입니다.

또 선승들은 "시비(是非)를 가리지 말라."는 말도 많이 합니다. 시비는 '옳을 시(是)'자에 '그를 비(非)'자를 결합한 말로, "시비를 가리지 말라."는 것은 "옳고 그름을 가리지 말라."는 뜻입니다. 그러면 이 말이 왜 틀렸을까요? "시비를 가리지 말라."고 하면서 본인은 시비를 가리고 있기 때문입니다. '시비를 가리지 않는 것'은 시(是), 즉 옳은 것이고, '시비를 가리는 것'은 비(非), 즉 그른 것이라고, 자기가 시비를 가리고 있기 때문에 자가당착에 빠집니다.

모든 말은 자가당착에 빠진다.

이상에서 보듯이 불립문자, 개구즉착, 방하착, "마음을 비워라.", "분별을 버려라.", "시비를 가리지 말라."는 등의 격언들은 선불교에서 가장 중시해 온 말들인데 중관논리적으로 분석해 보니 모두 자가당착에 빠져 있습니다. 선의 격언이기 때문에 그런 게 아니라, 말로 표현된 것은 모두 자가당착에 빠져 있습니다. 그래서 논리적 오류를 범하지 않고는 어떤 말도 할 수 없습니다. 어떻게 할 수가 없습니다. 어떻게도 할 수 없는 궁지로 모는 것이 바로 중관논리입니다. 그런데 지금 이 말도 마찬가지예요. "어떻게도 할 수 없다."
고 말하면서 '어떻게' 하고 있죠? 자가당착입니다. 그래서 끝이 안 납니다.
이 역시 '끝이 안 난다'고 하면서 끝을 내려고 합니다. … 이 정도에서 그치겠
습니다. (이 역시 그치겠다고 하면서 그치지 않고 있습니다.) 중관논리를 이
용하여 말과 생각에서 오류를 드러내지만, 중관논리 역시 말과 생각을 통해
구사되기에, 중관논리를 표현한 말과 생각이 소재가 될 경우 이 역시 다시
중관논리적인 비판을 받을 수 있습니다.

　이런 과정을 통해 우리는 중관논리의 취지를 파악하게 됩니다. 사유의 한
계에 대해 알게 되는 것입니다. 우리의 생각에 한계가 있다는 것을 알았을
때, 생각을 버리고, 마음을 비우고, 아무 생각도 하지 말라는 얘기가 아닙니
다. 우리 생각의 논리적 한계를 자각하라는 것입니다. 물론 지금의 이 말도
틀린 말입니다. "생각에 논리적 한계가 있다."는 이 말만은 논리적 한계에서
벗어난 절대적인 명제인 것처럼 시늉을 했습니다. "생각에 논리적 한계가 있
다."는 것도 생각이기 때문에 논리적 한계가 있는 말이 되어서 보편타당한
진리가 될 수 없습니다. … 역시 끝이 안 납니다. 어쨌든 제가 지금까지 강의
한 것이 다 시늉한 겁니다. 다 여러분들을 속인 겁니다. 그러면 왜 모든 말들
이 이렇게 속이는 것임에도 불구하고, 온갖 말을 하면서 중관논리를 강의하
는 일이 어째서 유의미한지, 유효한지, 가치가 있는지에 대해서 말씀드리겠
습니다.

공사상의 역설에 대한 논적의 비판 -『회쟁론』

　앞에서 설명했듯이 역설이 봉착하는 논리적 딜레마는 중관논리의 제1, 2
구 비판 논법과 그 구조가 같습니다. 그런데 용수 스님이『중론』을 저술함으
로써 공의 논리인 중관논리가 널리 알려진 다음에, 거꾸로 중관논리적인 역

설을 사용해서 외도가 중관논리를 비방합니다. 다시 말해, 공사상을 비방하는 일을 벌입니다. 그런 비방과 이에 대한 용수의 반박이 실린 문헌이 바로 『회쟁론(廻諍論)』입니다. 제가 제2강에서 중관학을 공부할 때 중요한 문헌이 두 가지가 있는데, 하나는 『중론』이고 다른 하나는 『회쟁론』이라고 말씀드린 바 있습니다. 『중론』은 공이 무엇인지에 대해 구명한 저술이고, 『회쟁론』은 공사상의 자가낭착에 대한 논적의 비판과 그에 대한 용수 스님의 반박으로 이루어진 책입니다. 중관학에 대해 정확히 알기 위해서는 먼저 공이 무엇인지 구명하는 『중론』을 공부해야 하지만, 공에 대한 오해를 시정하는 『회쟁론』도 공부해야 합니다. 『회쟁론』은 총 71수의 게송과 그에 대한 용수 스님 자신의 주석으로 이루어져 있는데 전반부 20수의 게송은 공사상에 대한 외도의 비판으로 이루어져 있고 후반부 51수의 게송은 그런 비판 낱낱에 대한 용수 스님의 반박으로 이루어져 있습니다. 논적은 『회쟁론』 제1게와 제2게를 통해 다음과 같이 비판의 포문을 엽니다.

> 제1게: 모든 사물들의 자성이 그 어디에도 존재하지 않는다면/ 자성을 갖지 않는 그대의 [바로 그] 말은 결코 자성을 부정할 수 없다.//[73)

> 제2게: 만일 그 말이 자성을 갖고 있다면 앞에서의 그대의 주장은 파괴된다./ 그런 경우에 불일치가 있으며, 특별한 이유가 말해져야 하리라.//[74)

제1게는 "모든 사물들의 자성이 …"로 시작하는데 여기서 말하는 '자성'은 실체를 의미합니다. 요컨대 "모든 사물에 실체가 없다."면, "모든 사물에 실

---

73) sarveṣāṃ bhāvānāṃ sarvatra na vidyate svabhāvaścet/ tvadvacanamasvabhāv aṃ na nivartayituṃ svabhāvamalam//
74) atha sasvabhāvametadvākyaṃ pūrvā hatā pratijñā te/ vaiṣamikatvaṃ tasmin viśeṣahetuśca vaktavyaḥ//

체가 없다."는 바로 그 말도 실체가 없을 테니, 그 말로 다른 사물의 실체를 부정할 수 없다는 비판입니다. 즉, "모든 것이 공하다."면, "모든 것이 공하다."는 바로 그 말도 공하기에 자가당착에 빠진다는 비판입니다. 제2게는 "모든 것이 공하다."는 말만은 공하지 않다면 예외가 있는 꼴이 되어 일관성을 상실하니 그대의 주장이 무너지는데, 그럼에도 불구하고 "모든 것이 공하다."는 그대의 말이 옳다고 하려면 어떤 특별한 이유에서 그렇게 해야 하는 것인지 말해보라는 비판입니다.

중관논리의 양도논법이 널리 알려지고 나니까, 외도가 이 양도논법을 역이용하여 "모든 것이 공하다."거나 "모든 것에 자성이 없다."는 공사상을 비판하는 겁니다. 이 두 수의 게송을 통해 외도는 용수 스님을 딜레마의 궁지로 몹니다. 오도 가도 못하게 만드는 것입니다. "모든 것이 공하다."는 말도 공하다면 주장을 파괴하게 되고, "모든 것이 공하다."는 말만은 공하지 않다면 '모든 것'이라는 주어에 예외가 있는 꼴이 되어 주장이 파괴됩니다. 이럴 수도 없고 저럴 수도 없습니다. 외도는 제1게를 통해 공사상이 봉착하는 의미 중복의 오류를 지적하고, 제2게에서는 사실위배의 오류를 지적합니다. 공사상을 주장한 용수 스님에 대해서 거꾸로 공사상을 논증하는 중관논리의 제1, 2구 비판, 즉 양도논법을 가지고 공격하는 것입니다. 비유한다면 누군가가 담벼락에 '낙서금지'라는 글을 썼을 때, 그 글도 역시 낙서라고 비판하는 것이 제1게이고, 그 글만은 낙서가 아니라면 사실과 다르니 왜 낙서가 아닌지 해명해 보라는 것이 제2게입니다.

이에 대해 어떻게 반박해야 할까요? 공사상을 논증하기 위해서 개발된 중관논리에서는 역설을 이용하여 다른 여러 생각이나 말을 비판하는데, 외도가 역설을 이용하여 공사상을 비판하는 겁니다. 중관학이나 공사상 역시 말로 표현된 이상은 다 역설에 빠집니다. 비유하면, 낙서금지로 낙서를 예방할 수 있지만 낙서금지도 역시 낙서입니다.

역설과 중관논리의 구조적 공통점

그러면 이것을 어떻게 벗어날 지에 대해서 제가 말씀드리겠습니다. 앞에서 소개했던 "나는 그 어떤 이론도 인정하지 않는다."는 장조범지의 주장이 범하는 역설을 예로 들어서 분석하면 다음과 같습니다.

> * 원 주장 - "나는 그 어떤 이론도 인정하지 않는다."
> 1. 내포의 오류(의미중복의 오류) - 원 주장도 하나의 이론이기에 원 주장 역시 인정하지 않아야 한다.
> 2. 배제의 오류(사실위배의 오류) - 원 주장만은 이론이 아니라면 예외가 있는 꼴이 되어 원 주장이 파기된다.

먼저 "나는 그 어떤 이론도 인정하지 않습니다."라는 원 주장 역시 하나의 이론입니다. '이론' 속에 이 주장 역시 내포됩니다. 따라서 이 주장 역시 인정하지 않아야 하기에 주장이 무너집니다. 이 때 이 주장 역시 이론이라는 의미의 중복이 발생합니다. 이와 반대로 "나는 그 어떤 이론도 인정하지 않습니다."라는 원 주장만은 '이론'에 들어가지 않는다고 한다면 '그 어떤 이론'에서 원 주장을 배제한 것인데, 이 경우 예외가 있는 꼴이 되어 원 주장을 파괴합니다. 이렇게 이해할 수도 없고, 저렇게 이해할 수도 없습니다. "나는 그 어떤 이론도 인정하지 않습니다."라는 말이 얼핏 보기에 의미가 있는 말 같이 보이지만 사실은 의미가 정착하지 않는 무의미한 말입니다.

그런데 역설의 이런 딜레마적 구조가 중관논리와 같습니다. 『중론』 제2장 관거래품(觀去來品)에서 소재로 삼는 "가는 자가 간다."는 판단을 예로 들어서 설명해 보겠습니다. 이 판단이 범하는 논리적 오류는 다음과 같이 정리됩니다.

* 판단: 가는 자가 간다.
1. 내포의 오류(의미중복의 오류) - '가는 작용을 갖는 가는 자'가 간다고 이
해하면 가는 작용이 두 개 있게 되는 오류에 빠진다.
2. 배제의 오류(사실위배의 오류) - '가는 작용을 갖지 않는 가는 자'가 간다
고 이해하면 사실위배의 오류에 빠진다.

누군가가 걸어갈 때 걸어가는 주체는 '가는 자'입니다. 그리고 그가 하는
행위는 '간다'는 작용입니다. 이렇게 주체와 작용을 나눈 후, 우리는 "가는
자가 간다."고 말을 합니다. 이 때 내포의 오류, 즉 의미중복의 오류가 발생합
니다. '가는 작용을 갖는 가는 자'인데 그에 대해서 다시 '간다'라고 말을 붙
이기 때문에 '가는 작용'이 두 개가 있게 되는 오류에 빠지는 것입니다. 이와
반대로 '가는 작용을 갖지 않는 가는 자'가 어딘가에 있어서 '간다'는 작용을
한다고 이해할 경우에는 배제의 오류, 즉 사실위배의 오류가 발생합니다. '가
는 작용을 갖지 않는 가는 자'는 있을 수 없기 때문입니다.

여기서 보듯이 역설의 경우에도 내포의 오류와 배제의 오류가 발생하고,
중관논리에서 "가는 자가 간다."는 등의 일반적인 분별을 비판할 때에도, 그
런 분별이 범하는 내포의 오류와 배제의 오류를 지적합니다. 즉 내포가 범하
는 의미중복의 오류와 배제가 범하는 사실위배의 오류를 드러낸다는 점에서
역설과 중관논리는 그 방식을 같이합니다.

집합론의 역설

그러면 먼저 서구 학계에서 이러한 역설을 어떻게 해결하려고 했는지 검
토해보겠습니다. 학문적으로 역설을 처음 문제시했던 철학자는 버트란트 러
셀입니다. 앞에서 언급한 바 있지만, 러셀은 자신의 스승인 화이트헤드와 함
께 모든 수학이론을 수미일관한 논리기호로 대체하는 작업을 시작합니다. 그

런데 그 과정에서 난관에 봉착합니다. 집합론에 대해 연구하다가 이렇게 해석할 수도 없고, 저렇게 해석할 수도 없는 역설적 상황을 만난 것입니다. 그래서 수학이 정합적(整合的)이지 않다는 사실을 알게 됩니다.[75]

러셀은 독특한 고안을 통해 집합론에서 역설을 발생시킵니다. 러셀은 먼저 집합을 보통집합과 특수집합의 두 가지 종류로 구분합니다. 보통집합은 '자기 자신을 원소로 하지 않는 집합'이고 특수집합은 '자기 지신을 원소로 삼는 집합'입니다. 보통집합의 예로 '도시 이름'의 집합을 들 수 있습니다. '도시 이름'에는 '서울, 평양, 뉴욕, 베이징, 도쿄, 파리, 베를린 …' 등이 들어가는데, '도시 이름'이라는 말은 그 속에 포함되지 않습니다. 또, 특수집합의 예로 '도서목록'을 들 수 있습니다. 도서관에는 여러 가지 제목의 책들이 있습니다. '금강경, 철학개론, 죄와 벌, 한국통사 …' 등입니다. 그런데 이런 제목들을 모두 정리하여 '도서목록'이라는 이름을 붙인 한 권의 책으로 만들어서 도서관의 서가에 꽂아 놓을 수 있습니다. 그런데 이 책 역시 도서관의 장서 가운데 하나이기에 이 책을 펼치면 그 제목을 찾을 수 있습니다. 이 책의 제목 역시 도서목록 속에 포함됩니다. 보통집합과 특수집합의 이런 예를 집합 기호로 표현하면 다음과 같습니다.

보통집합: **도시 이름** = {서울, 평양, 뉴욕, 베이징, 도쿄, 파리, 베를린 …}

특수집합: **도서목록** = {금강경, 철학개론, 죄와 벌, 한국통사, **도서목록** …}

여기서 보듯이 보통집합에서 '도시 이름'은 그 자체가 특정 도시의 이름이 아니기에, 그 원소를 열거하는 {   } 괄호 속에 들어 있지 않습니다. 그러나

---

75) 이하, 아래에 이어지는 집합론의 역설에 대한 설명은, 본 강좌에는 들어있지는 않지만, 독자들의 이해를 돕기 위해서 추가한 것이다. 이하의 설명은 유튜브 강의 가운데 'STB청소년특강 마음자리 - 제3강 비가 내리는가? 꽃이 피는가?'의 요점을 정리한 것이다.

특수집합의 경우 '도서목록'이라는 이름의 책은 그 자체가 하나의 도서이기 때문에 그 원소를 열거하는 { } 괄호 속에 들어 있습니다. 러셀은 이렇게 모든 집합을 '보통집합'과 '특수집합'의 두 종류로 구분한 후 다음과 같은 문제를 냅니다.

"보통집합 전체의 집합은 보통집합일까, 특수집합일까?"

위에서는 보통집한 가운데 '도시의 집합' 한 가지만 예로 들었지만, 이 이외에도 '꽃이름의 집합', '나라이름의 집합' 등도 보통집합에 들어갈 겁니다. '꽃이름'이라는 말이 특정한 꽃의 이름이 아니고, '나라이름'이라는 말이 특정한 나라의 이름이 아니기 때문입니다. 즉, 자기 자신을 원소로 삼지 않는 집합들입니다. 이런 갖가지 보통집합들을 모아 놓은 것이 위의 문제에서 말하는 '보통집합 전체의 집합'입니다. 그런데 이런 '보통집합 전체의 집합'은 보통집합일까요, 아니면 특수집합일까요? 다시 말해 '보통집합 전체의 집합'이 그 원소에 포함되어 있을까요 아닐까요? 포함되어 있다고 가정을 하면 집합기호로 다음과 같이 표기할 수 있습니다.

보통집합 전체의 집합
= {도시 집합, 꽃이름의 집합, 나라이름의 집합, **보통집합 전체의 집합** …}

'보통집합 전체의 집합'이 보통집합이라고 했기에 위에서 보듯이 { } 괄호 속에 넣었는데, 이는 자기 자신을 원소로 하는 집합이기에 특수집합이 되고 맙니다. 다시 말해 보통집합 전체의 집합이 보통집합이라면 특수집합이 되고 마는 것입니다. 역설입니다.

이와 반대로 '보통집합 전체의 집합'이 특수집합이라고 가정을 하면 자기 자신이 원소가 되어서는 안 되기에 다음과 같이 표기할 수 있습니다.

보통집합 전체의 집합
= {도시의 집합, 꽃 이름의 집합, 나라 이름의 집합 …}

'보통집합 전체의 집합'이 특수집합이기에 그 원소에서 배제했는데, 위와 같이 자기 자신을 원소로 삼지 않는 집합이 되어 보통집합이 되고 맙니다. 다시 말해 보통집합 전체의 집합이 특수집합이라면 보통집합이 되고 마는 것입니다. 이 역시 역설입니다.

따라서 '보통집합 전체의 집합'을 보통집합이라고 할 수도 없고, 특수집합이라고 할 수도 없는 딜레마에 빠집니다. 러셀이 모든 집합을 보통집합과 특수집합의 두 가지로 구분한 다음에 "보통집합 전체의 집합은 보통집합일까, 특수집합일까?"라고 의문을 제기했는데, 이에 대해 확정적인 답을 할 수 없습니다. 논의가 안착하지 않는 것입니다. 이를 통해 집합론이 엄정한 학문이 아니라 허점이 있다는 점을 알게 됩니다. 그 전까지 수학이 진리의 학문인 줄 알았는데, 이를 통해 수학이 마치 장기 게임과 같은 약속체계이며, 그 체계 내에서도 정합적이지 않다는 사실을 알게 됩니다. 사람의 사유, 즉 따지는 힘에 대해 연구하는 학문이 수학인데, 그런 따지는 힘, 즉 합리성에 문제가 있다는 사실을 알게 되는 것입니다. 플라톤 이후 수학이 진리의 학문인 줄 알았는데, 이성에 대한 신뢰가 무너지고 마는 것입니다.[76]

역설의 원인 - '자기 지칭'보다 선행하는 '생각의 분할'

---

76) 앞의 각주에서 설명했듯이, 수학의 집합론의 문제점과 관계된 이상의 논의는 본 강의(유튜브의 중관학 10강) 중에는 포함되지 않지만, 집합론의 역설에 대한 독자의 이해를 돕기 위해서 추가한 것이다.

러셀은 이렇게 역설이 발생하는 이유는 '자기 지칭(Self reference)'에 있다고 보았습니다. '불립문자'를 예로 들면, "문자를 세우지 말라."고 얘기할 때, 겨냥했던 것은 '다른 여러 가지 문자들'이었는데, 그런 겨냥이 부메랑처럼 "문자를 세우지 말라."는 문자로 돌아옵니다. "문자를 세우지 말라."는 그 말 역시 문자에 포함된다는 자기 지칭이 발생한다는 것입니다.

그런데 중관학에서는 역설의 원인을 이와 다르게 분석합니다. 물론 역설이 발생할 때 자기 지칭이 일어납니다. 자기 지칭이 뭐냐 하면 바로 중관학의 사구비판 가운데 제2구 비판에서 지적하는 '의미중복의 오류'입니다. 그런데 이런 자기 지칭, 또는 의미중복의 오류가 발생하기 이전에 생각의 분할이 먼저 일어납니다.

예를 든다면, "비가 내린다."라고 할 경우에, '강우현상'이라는 하나의 사건을 먼저 '비'라는 주어와 '내림'이라는 술어의 두 사건으로 분할합니다. 비와 내림이 한 덩어리인 '강우현상'을 주어와 술어의 둘로 나눴기 때문에, 주어인 '비'에는 '내림'이 들어있고, 술어인 '내림'에는 '비'가 들어있습니다. 이렇게 내림이 들어 있는 '비'에 대해서 다시 내린다는 술어를 붙이니까 '내림을 갖는 비'가 다시 내리는 꼴이 되어 의미중복의 오류가 발생하는 것입니다. 이런 과정을 요약하면 다음과 같습니다.

①강우현상 → ②'비'와 '내림'의 분할 → ③"비가 내린다."는 발화 → ④ '내림을 갖는 비'인데 그것이 다시 내린다는 의미중복의 오류 발생

여기서 보듯이 ④의 '의미중복의 오류'가 발생하기 이전에 ②의 '분할'이 선행합니다. 즉, 하나의 사태를 우리의 생각에 의해서 둘로 나누는 것, 생각의 가위에 의해서 자르는 것, 즉 분별이 선행합니다.

'거짓말쟁이 역설'을 예로 들어 보겠습니다. 누군가가 "나의 모든 말은 거

짓말이다."라고 말했을 때, 역설이 발생하는데 러셀은 "'나의 모든 말'이라는 주어가, 자기가 속한 문장인 '나의 모든 말은 거짓말이다.'라는 문장 역시 지칭하기 때문에 역설이 발생한다."고 주장할 겁니다. 물론 "나의 모든 말은 거짓말이다."라는 말도 '나의 모든 말'에 들어갑니다. 그래서 자기 지칭이 일어난다는 것이 맞습니다. 그런데 중관학적으로 보면 그게 아니라 "나의 모든 말은 거짓말이다."라고 할 때, 바로 이 말만은 '나의 모든 말'에 포함되지 않는 것처럼 분할했기 때문에 자기 지칭이 일어나서 역설이 발생하는 것입니다. '자기 지칭'보다 선행하는 것이 '생각의 분할'입니다. 생각의 분할로 인해 자기 지칭이 일어나서 역설이 발생하는 것입니다. '생각의 분할'을 불교 용어로 '분별(分別, Vikalpa)'이라고 합니다.

자, 이제 역설과 중관논리의 구조가 같다는 점을 이해하실 수 있을 겁니다. 이럴 수도 없고 저럴 수도 없는 궁지로 몰리는 겁니다. "비가 내린다."고 할 때, 내리는 비가 내릴 수도 없고, 내림을 갖지 않는 비가 내릴 수도 없습니다. 또 '불립문자'를 따르려 '불립문자'라는 문자 역시 세우지 말아야 되고, 이와 반대로 '불립문자'만은 세워도 된다면 예외가 있기에 옳지 않습니다. 딜레마입니다. "비가 내린다."고 해도 우리의 사유가 딜레마에 빠지고, '불립문자'를 따르려고 할 때에도 딜레마에 빠집니다.

"비가 내린다.", "가는 자가 간다.", "꽃이 핀다.", '불립문자', "눈이 사물을 본다." 등등의 천차만별의 현상이지만 이를 이해할 때에는 우리의 생각이 같은 방식으로 작동하며, 생각이 작동할 때 일으키는 논리적 오류의 구조 역시 동일합니다. 의미중복의 오류와 사실위배의 오류입니다. 겉보기에는 우리가 다종다양한 일들을 이해하고 표현하는 것 같지만, 이를 사유하는 작동방식은 그 골격이 똑같습니다. 의미중복이든지 사실위배의 패턴, 둘 중 하나입니다.

러셀 - 계형이론을 통한 역설 해결

앞의 제8강에서 소개한 바 있지만, 러셀이 그 스승인 화이트헤드와 함께 저술한 책으로『수학원리(Principia Mathematica)』라는 게 있습니다. 이 책의 저술은 모든 수학이론을 논리기호로 대체하려기 위한 거대 작업이었는데, 위에서 설명한 '집합론의 역설'을 만나서 난관에 봉착합니다. 그래서 러셀은 이를 해결하기 위해서 '계형이론(階型理論, Type theory)'을 고안합니다. 예를 든다면, '불립문자'라는 문자는 역설에 빠지는데, '불립문자'라는 문자만은, 일반적인 모든 문자와 다른 한 단계 높은 문자로 간주하여 역설의 발생을 방지하는 겁니다. "문자를 세우지 말라!"라고 할 때, "문자를 세우지 말라!"는 문자만은 제외하고서 다른 문자를 세우지 말라는 뜻이라고 선을 긋는 겁니다. 미리 약속을 하는 거죠. 이것이 러셀의 계형이론입니다.

또 타르스키(Tarski, 1901-1983)라는 폴란드 출신의 논리학자는 대상언어(Object language)와 메타언어(Metalanguage)를 구분함으로써 역설을 해결하려고 했습니다. 예를 들어서 '불립문자'라고 할 때, 비판의 대상이 되는 일반적인 문자들은 모두 대상언어에 속하지만, '불립문자'만은 그런 대상언어에 대해 기술하는 메타언어입니다. 따라서 "문자를 세우지 말라!"는 말은 문자의 범위에서 벗어나 있기에 역설을 방지할 수 있다는 것입니다. '낙서금지'라는 글씨를 예로 들어서 설명해 보겠습니다. 담벼락에 온갖 낙서가 가득할 때, 그 위에 크게 '낙서금지'라고 씁니다. 이 때 다른 낙서들은 대상언어에 속하고, '낙서금지'는 메타언어이기에 역설이 방지된다는 것입니다.

계형이론의 문제점

러셀의 계형(Hierarchy of Types)이건, 타르스키의 메타언어(Metalanguage)든 이론은 정합적(整合的)입니다. 두 사람의 이론 모두 어떤 약속을 전제로 하는데, 그런 약속을 준수하는 한 문제가 발생하지 않습니다. 그러나 약속의 세계를 벗어난 자연의 세계, 일상의 세계에서는 통하지 않는 이론입니다. 예를 들어 보겠습니다. 저 먼 곳에 우리 집의 하얀 담벼락이 보이는데, 잘 보이지는 않지만 어떤 글이 적혀 있습니다. "어? 우리 집 담벼락에 누가 낙서 했네?"라고 생각하고서 달려가 보니까 '낙서금지'라고 적혀 있습니다. 그 때 내가 "아, 이건 낙서 아니라 한 단계 위에 있는 글이구나." 또는 "다른 낙서를 하지 말라는 메타(Meta)낙서구나."라고 생각하면서 안심하겠습니까? 그럴 리가 없습니다. 깨끗한 담벼락에 어떤 글을 써도 낙서는 낙서입니다. 즉, 러셀의 계형이론이나 타르스키의 메타언어 이론 모두 자연의 세계에서는 통하지 않는 이론입니다. 현대 영국의 철학자 수잔 하크(Susan Haak, 1945-)는 "이와 같은 해결책은 형식적 해결책은 될지언정 철학적인 해결책은 아니다. 즉, 그 유용성은 있다고 하더라도, 이와 같은 해결이 직관적으로 정당화될 수 있을지는 의문스럽다."[77]라고 비판한 바 있습니다. 당연히 그렇습니다. 러셀이 화이트헤드와 함께 집필한 『수학원리』가 대단한 저술이긴 하지만, 집합론의 역설을 자의적(恣意的)으로 해결한 후 구축했다는 점에서 큰 결함을 갖습니다.

역설에 대한 용수의 해결

앞에서 인용한 바 있지만, 『회쟁론』제1게와 제2게에서 논적은 공사상에 대해 다음과 같이 비판의 포문을 엽니다.

> 제1게: 모든 사물들의 자성이 그 어디에도 존재하지 않는다면/ 자성을 갖지 않는 그대의 [바로 그] 말은 결코 자성을 부정할 수 없다.//

---

77) 수잔 하크, 김효명 역, 『논리철학』, 종로서적, 1993, p.187.

제2게: 만일 그 말이 자성을 갖고 있다면 앞에서의 그대의 주장은 파괴된다./
그런 경우에 불일치가 있으며, 특별한 이유가 말해져야 하리라.//

제1게는 공사상을 언표하는 말이 자가당착을 범한다는 지적이고, 제2게
는 공사상을 언표하는 말만은 자가당착에서 벗어난다면 일관성을 잃게 되는
데, 왜 그래야 하는지 특별한 이유를 말해 보라는 지적입니다. 용수 스님의
저술을 통해서 중관논리를 알게 된 논적이, 중관논리를 동원하여 "모든 것은
자성이 없다.", 즉 "모든 것은 공하다."는 반야중관학의 가르침을 비방하는
겁니다. "모든 것이 공하다."고 할 경우 "모든 것이 공하다."는 이 말도 '모든
것' 속에 포함되니까 자가당착에 빠져있지 않느냐? 이와 달리 "모든 것이 공
하다."는 이 말만은 모든 것 속에 들어가지 않기에 공하지 않다면 예외가 있
는 꼴이 되어 일관성을 상실하고 맙니다. 논적은 공사상을 이렇게 해석할 수
도 없고 저렇게 이해할 수도 없는 궁지로 몰아붙입니다. 공사상에 대한 비판
입니다.

수레, 옷감, 항아리의 비유

용수 스님께서는 『회쟁론』 제21게 이후 위와 같은 논적의 비판에 대해 반
박하는데, 제22게의 주석에서 "모든 것은 자성이 없다."는 언표를 다음과 같
이 비유합니다.

"또, 연기성(緣起性)이기 때문에 자성이 공한 수레와 옷감과 항아리 등도 각
각의 작용인 나무와 풀과 흙을 운반하는 경우에, 꿀과 물과 우유를 담는 경우
에, 추위와 바람과 더위를 막는 경우에 역할들을 한다. 이와 같이 이러한 연기
성이기 때문에 무자성한 나의 말도 사물들의 무자성성을 증명하는 역할을 한
다. 이런 상황에서, '무자성성이기 때문에 그대의 말은 공성이라고 말했던 것,

> 또 그것이 공성이기 때문에 그것에 의해 모든 존재의 자성을 부정함은 성립
> 되지 않는다.'고 [그대가] 말했던 것, 그것은 옳지 않다."
>
> — 『회쟁론』, 제22게 주석 —

'연기성(緣起性)이기 때문에 …' 여러 가지 조건들이 모여서 이루어지는 것을 연기(緣起)라고 합니다. '자성이 공한 수레 …' 실체가 없는 수레라는 뜻입니다. 수레가 뭡니까? 수레에 실체가 없습니다. 수레는 손잡이, 바퀴, 축 이런 것들이 모여서 수레가 되는데, 바퀴도 수레가 아니고, 손잡이도 수레가 아닙니다. 어디에도 수레 그 자체가 없지요. 그렇지만 나무와 풀을 운반할 수 있습니다. 또, 옷감의 경우도 실을 짜서 만들기에 연기한 것입니다. 그래서 실체가 없습니다. 그리고 항아리의 경우도 진흙을 물레 위에 놓고서 빚은 후 가마에 넣어 구워내는데, 이렇게 여러 조건들이 모여서 만들어지기 때문에 실체가 없습니다. 다른 예를 든다면, 지금의 제 목소리도 여러 가지 조건이 모여서 만들어진 것입니다. 허파의 바람, 성대의 떨림, 그리고 혓바닥의 움직임, 공기의 진동, 여러분들의 귀 등 여러 조건들이 모여서 제 목소리가 들리는 것입니다. 이 가운데 어느 것 하나만 제거해도 제 목소리가 사라집니다. 이렇게 모든 게 연기(緣起)합니다. 연기는 부처님 가르침의 핵심입니다. 세상만사는 다 조건이 모여서 형성된 것입니다. 즉, 연기한 겁니다. 위에 인용한 『회쟁론』의 주석에서 거론하는 수레, 옷감, 항아리의 세 가지가 다 연기한 것들입니다. '연기한 것', 즉, '조건이 모여 만들어진 것'을 불교전문용어로 유위법(有爲法)이라고 부릅니다. 연기한 것은 실체가 없습니다. 수레, 옷감, 항아리가 모두 실체가 없으며 공합니다. 그런데 이렇게 실체가 없는데도 불구하고 수레는 나무나 풀, 흙을 운반하는 작용을 합니다. 또 실체가 없는 항아리에는 꿀이나 물, 우유를 담을 수가 있습니다. 또 실체가 없는 옷감이 추위와 바람과 더위를 막는 효용을 갖습니다.

이와 마찬가지로 "모든 것이 자성이 없다."거나 "모든 것이 공하다."는 말도 연기한 것이기 때문에 실체가 없는 말이긴 하지만 다른 여러 사물에 자성이 없다는 점을 증명하는 역할을 한다는 설명입니다. 실체가 없지만, 즉 "자가당착에 빠져 있지만 작용을 한다, 역할을 한다."는 뜻입니다. 따라서 "무자성성이기 때문에 그대의 말은 공성이라고 말했던 것, 또 그것이 공성이기 때문에 그것에 의해 모든 존재의 자성을 부정함은 성립되지 않는다."라는 논적의 비판은 옳지 않다는 설명입니다.

러셀이든지, 타르츠키는 자가당착에 빠진 말을 한 차원 위로 올려서 역설에서 벗어나게 합니다. 그러나 앞에서 말했듯이 이는 자의적 해결입니다. 용수 스님의 해결방식은 이들과 다릅니다. "모든 게 공하다."는 그 말도 공하지 않는가?"라고 논적이 비판하면, 용수는 "맞다. 자가당착에 빠진 말이다."라고 일단 논적의 비판을 인정합니다. 그러나 '공(空)한 수레'가 물건을 나르고, '공한 옷감'이 추위와 더위를 막아주며, '공한 항아리'가 물을 담을 수 있듯이, "모든 게 공하다."는 말도 공하긴 하지만 사물에 실체가 있다는 착각을 시정해 주는 공능이 있다고 답변합니다.

꼭두각시와 허깨비의 비유

이어서, 용수 스님은 『회쟁론』 제23게에서 다음과 같은 예를 듭니다.

꼭두각시가 다른 꼭두각시를 제압하고 허깨비가 스스로의 마술로 만들어낸 다른 허깨비를 제압하듯이, 이런 부정도 그와 같으리라.[78]

갑자기 꼭두각시 혹은 허깨비가 나타났는데, 그것을 실제로 살아있는 존재

---

78) nirmitako nirmitakaṃ māyāpuruṣaḥ svamāyayā sṛṣṭam/ pratiṣedhyeta yadvat pratiṣedho 'yaṃ tathaiva syāt//

로 착각합니다. 그때 마술사가 다른 허깨비를 만들어내서 그걸 사라지게 합니다. 허깨비를 동원하여 그것이 허깨비임을 보여주는 겁니다. 이와 마찬가지로 "모든 게 공하다."는 말도 실체가 없는 공한 말이긴 하지만 "사물에 실체가 있다."는 착각을 제거해주는 역할을 합니다. 실체를 부정하는 공능이 있습니다. 또, 『회쟁론』 제27게에서는 "모든 것이 공하다."거나 "모든 것에 실체가 없다."는 말의 공능을 다음과 같이 비유합니다.

> 혹은, 만일 누군가가 허깨비 여인을 [진짜] 여인이라고 그릇되게 포착하는 것을 [다른] 허깨비가 타파한다면, 이는 그와 같으리라.[79]

마술사가 진짜 사람과 똑같은 허깨비 여인을 만들었습니다. 그런데 어떤 사내가 그것을 보고서 "참으로 아름다운 여인이구나!"라고 생각하면서 애욕을 느낍니다. 그때 부처님께서 다른 허깨비 인간을 만들어서 그 여인을 '펑!' 하고 사라지게 만듭니다. 그러면 그 사내는 "아, 진짜 인간이 아니라 허깨비였구나!" 하고 알게 됩니다. 이렇게 허깨비가 허깨비를 제압하듯이, "모든 것이 공하다."는 허깨비 같은 말은 "모든 것에 실체가 있다."는 잘못된 생각을 제거해주는 역할을 합니다. 이것이 중관논리의 패러독스에 대한 용수 스님의 해결 방안입니다.

이런 허깨비의 비유를 통해 우리가 알 수 있는 것은 "모든 것은 공하다."라는 말이 중관학파의 '주장'으로 제시되는 게 아니란 점입니다. 위에 인용한 『회쟁론』의 비유에서 허깨비가 나타난 다음에 다른 허깨비가 그를 제압하듯이, "모든 것에 실체가 있다."라는 착각이 선행할 때에 한하여, 그것을 시정하기 위해서 비로소 "모든 것이 공하다."라는 말을 하는 것입니다.

공사상에는 "공도 역시 공하다."라는 가르침이 있습니다. 공의 가르침을

---

79) athavā nirmitakāyāṃ yathā stryāṃ strīyamityasadgrāham/ nirmitakaḥ pratiha nyāt kasyacidevaṃ bhavedetat//

통해 잘못된 생각을 제거하는데, 잘못된 생각이 사라지면 공하다는 생각 역시 파기합니다. 공의 의미에 대해 설명하는 지금의 제 강의 역시 마찬가지입니다. 본 강의 서두에 말씀드렸듯이, 공에 대해 설명하는 제 말 역시 모두 역설에 빠진 말입니다. 그러나 공이 무엇인지, 가르침을 주는 공능이 있으며, 역할을 합니다. 제 강의 역시 실체가 없고 자가당착에 빠진 말이긴 하지만, 공이 무엇인지 알려준다는 점에서 유용한 강의입니다.

용수의 해결 - 논리적 정당방위

　다음의 인용문은 「역설과 중관논리」라는 제목의 제 논문 가운데 결론부에서 발췌한 것입니다. 한 번 읽어보겠습니다.

> 　공성의 교설은 그 이전에, 비판의 대상이 되는 발화가 선행하는 상태에서, 도구와 같이 구사되는 것이기에 자가당착의 모습을 띰에도 불구하고 무의미하지 않을 수 있는 것이다. 중관논리의 이러한 성격을 논리적 정당방위(Logically legitimate self-defence)라고 부를 수 있을 것이다.[80]

　이것이 결론입니다. 공의 교설은 정당방위(正當防衛)와 같습니다. 여러분 정당방위 아시죠? 물론 우리나라의 형법에서는 정당방위라고 해도 상대에게 해를 끼쳤으면 그에 해당하는 처벌을 받습니다. 그러나 미국에서는 폭력을 행사했어도, 정당방위라면 처벌하지 않습니다. 예를 들어서 누가 나를 총으로 쏘려고 할 때, 내 총을 꺼내서 그를 쏘면 설혹 살인을 했다고 해도 죄가 되지 않습니다. 이게 정당방위입니다. 중관학의 방식이 바로 이와 같습니다.
　중관논사가 "모든 것이 공하다."라고 먼저 주장을 하면 옳지 않습니다. 또 불립문자라고 먼저 말하면 자가당착에 빠집니다. 이는 마치 깨끗한 담벼락에

---

80) 김성철, 『역설과 중관논리』, 도서출판 오타쿠, 2019, p.59 참조.

페인트로 '낙서금지'라고 적는 것과 마찬가지로 자가당착에 빠진 발화일 뿐입니다. 그러나 사람들이 '문자'에 집착하면서 불교를 공부하고 수행하는 잘못된 풍토가 만연되어 있을 때 '불립문자'라고 말할 경우, 문자만 중시하는 풍토를 시정할 수 있습니다. 또, 누군가가 "사물에는 실체가 있다. 사물들 하나하나가 다 독특한 성질을 갖고 있다."라고 말할 때, "아니다. 모든 것은 공하다"라고 말한다면, 이 말은 효력을 가질 수 있습니다.

중관학을 공부하는 사람들은, 공사상을 소재로 삼아서 토론이나 논쟁을 벌일 때, 상대방보다 먼저 얘기를 꺼내면 안 됩니다. 상대방이 어떤 주장을 할 때까지 가만히 기다려야 합니다. 그러다가 상대방이 실체론적 사고방식으로 어떤 이론을 말하면, 그때 가서 대응을 하는 것입니다. 이것이 중관학입니다. 이렇게 나중에 발화해야지만 모순에 빠지지 않습니다. 미국 형법의 정당방위와 같습니다. 선행하는 잘못이 있을 경우에 그때 가서 이를 시정해주는 작용으로써 발화하는 것이 중관학입니다. 중관학의 이러한 방식을 논리적 정당방위(Logically legitimate self-defence)라고 부를 수 있을 것입니다.

쫑카빠의 비유

지금부터 600여 년 전, 티벳에 쫑카빠(Tsong Kha Pa, 1357-1419)라는 스님이 계셨습니다. 티벳 불교인들의 신앙심이 대단한데, 그런 신앙심의 교학적 토대를 완성한 분이 바로 쫑카빠 스님입니다. 티벳인들 사이에서 가장 존경받는 스님입니다. 티벳 스님 방에 가면 스님 세 분의 초상(肖像)이 걸려 있다고 합니다. 한 분은 아띠샤(Atiśa, 982-1054) 스님으로 서력기원 후 1,000년 경 인도에서 들어와 티벳불교를 계율 중심으로 개혁한 분입니다. 또 한 분은 빠드마삼바바(Padmasambhāva, 8세기) 스님으로 티벳불교 초전기에 전통 샤머니즘을 제압한 분입니다. 그리고 다른 한 분이 바로 쫑카빠 스님입

니다. 현재 티벳불교 최대의 종파로 달라이라마 스님이 이끄는 겔룩파(Gelug
派)의 기초를 놓은 분입니다. 많은 티벳스님들이 이 세 분의 초상을 방에 모
시고 있는데, 쫑카파 스님의 초상이 제일 클 뿐만 아니라, 가운데 모셔져 있
다고 합니다. 그 좌우에 빠드마삼바바 스님과 아띠샤 스님이 모셔져 있고요.
빠드마삼바바 스님과 아띠샤 스님도 어마어마한 분들인데 그 분들보다도 훨
씬 더 추앙받는 분이 바로 쫑카빠 스님입니다. 이 분은『보리도차제론』에서
다음과 같은 우화를 통해 공(空)의 진정한 의미를 설명합니다.

> 티벳에서 겨울에 어떤 나그네가 산길을 걷고 있었는데 밤이 됐습니다. 어둡고
> 날이 너무나 춥습니다. 그냥 길에서 자면 얼어 죽을 것 같았습니다. 먼 언덕
> 위에 집이 하나 보입니다. 많이 다니던 길이기에 잘 아는데 그 집은 귀신이
> 나온다는 집이기에 들어가기가 망설여집니다. 그러나 밖에서 자다가는 얼어
> 죽을 게 분명하기에 그 집으로 들어갑니다. 집에 들어가서 추위는 피했지만
> 귀신이 나올까 봐 무서워서 잠이 안 옵니다. 그래서 뜬눈으로 밤을 새는 데,
> 문이 열리면서 다른 여행객이 들어왔습니다. 좀 위안은 되었지만, 새로 들어
> 온 사람에게 이 집이 귀신이 나오는 집이니 조심해야 한다고 얘기합니다. 그
> 랬더니 새로 들어온 그 사람이 "나도 잘 아는데, 귀신이 나오는 집은 이 집이
> 아니라 저기 언덕 위에 있는 다른 집입니다."라고 말합니다. 그 말을 듣자 순
> 식간에 공포감이 사라지고 마음이 편안해집니다. (번안 요약)

산 길을 가던 나그네는 언덕 위의 집에 원래 귀신이 없는데, 있다고 착각하
고 있었습니다. 너무나 무서워서 잠을 이루지 못하고 있는데, 다른 사람이
들어와서 이 집에는 귀신이 없다고 알려줍니다. 그러자 순식간에 마음이 편
안해집니다.

원래 어떤 것에도 실체(자성)가 없습니다. 큰 방도 원래 없고, 작은 방도
원래 없습니다. 아름다움도 원래 없고 추함도 없습니다. 부유함도 없고 가난
함도 원래 없습니다. 그런데 큰 방이 있다거나 못생김이 있다거나 추함이 있

다거나 부유함이 있다고 착각할 때, 그런 것이 원래 없는 것이라고 알려주는
것, 그런 꿈같은 생각에서 깨게 해 주는 것이 공의 가르침입니다. 위의 우화
에서 귀신이 원래 없는데, 나그네가 있다고 착각할 때, 다른 사람이 없다고
알려주어 마음을 편안하게 해주는 것과 마찬가지입니다. 공의 가르침에서는
"아무것도 없다."거나 "모든 것이 공하다."는 점을 주장하지 않습니다. 원래
아무것도 없는데, 누군가가 무엇이 있다고 착각할 때, 그런 착각을 시정해
주는 것이 공의 가르침입니다.

공에 대한 허무주의적 이해의 위험성

"아무 것도 없다."는 것을 주장하는 것은 허무주의입니다. 자칫하면 공사
상을 허무주의로 오해할 수 있어요. 앞의 강의에서 말씀드렸듯이 공사상을
부정(否定)의 사상으로 오해해서 가치판단 상실 상태에 빠진 수행자들이 적
지 않았습니다. 아주 열심히 오래 수행한다고 해도 공을 오해할 경우 자기를
해칩니다. 심지어 폐인이 될 수도 있습니다. 티벳 불교계에서도 그런 사람이
많았고요. 이런 사람을 크레이지 라마(Crazy Lama), 즉 '미친 라마'라고 부
릅니다. 위에서 소개했던 아띠샤 스님이 티벳으로 들어오기 이전의 일입니
다. 동아시아 불교계에서도 공에 대한 오해로 인해 막행막식하는 수행자가
가끔 나타났습니다. 막행막식이란, 계를 무시하여 아무 행동이나 하고 아무
것이나 먹는 것을 의미합니다. 이렇게 가치판단 상실 상태에 빠지는 것이 공
부를 게을리 하거나 행동이 문란해서가 아닙니다. 공을 체득하기 위해서 너
무나 열심히 공부했는데, 공을 '주장'으로 오해하여 자신의 생활신조로 삼다
보니까, 가치판단을 상실하여 파계(破戒)의 나락에 떨어진 것이라고 볼 수
있습니다. 용수 스님께서도 이에 대해 경계(警戒)의 말씀을 하셨는데, 다음
강의에서 이에 대해 보다 상세하게 설명하겠습니다.

낙서금지의 비유

공사상과 이를 논증하는 중관논리는 선행(先行)하는 잘못이 있는 경우에 한하여 그런 잘못을 씻어줍니다. '낙서금지'라는 글을 예로 들 때, 이에 대해 보다 쉽게 이해를 할 수 있습니다. 어떤 사람이 집을 깨끗하게 새로 지은 후 담벼락도 하얗게 페인트칠을 했습니다. 그런데 가만히 생각해 보니까 좀 걱정이 됩니다. 누가 와서 하얀 벽을 어지럽힐 것 같아요. 그래서 다음날 빨간 페인트를 구해서 담벼락에 '낙서금지'라는 글씨를 씁니다(①). 이는 올바른 행동일까요? 당연히 말도 안 되는 행동입니다. 아무도 낙서하지 않는데 집주인 스스로 '낙서금지'라는 낙서를 해서 자기 집 담벼락을 더럽혔기 때문입니다. 패러독스에 빠진 행동입니다.

그러면 '낙서금지'라는 글을 절대로 쓸 수가 없을까요? 어떻게 해야 할까요? '낙서금지'라는 글을 쓸 수 있는 경우가 있습니다. 집을 깨끗하게 지은 후 담벼락에 하얗게 페인트칠을 해 놓았는데(②), 다음 날부터 동네 아이들이 와서 좋은 칠판이 생겼다고 기뻐하면서 마구 낙서를 합니다. 온갖 그림도 그리고 글씨도 씁니다(③). 나중에 아이들이 돌아가고 난 뒤에야 비로소 이것을 목격한 주인이 화가 나서, 그 담벼락에 붉은 페인트로 '낙서금지'라고 씁니다(④). 낙서금지라는 말은 좀 온건하니까 "낙서하는 놈, 가만 안 놔둔다. 확!" 이런 식으로 위협적인 글을 씁니다. 그러면 그 다음날부터 동네 아이들이 무서워서 낙서를 못합니다. 이와 같은 것이 바로 공사상입니다. 선행하는 낙서가 있을 때, '낙서금지'라는 글을 쓰면 앞으로 발생할 낙서가 방지되듯이, "사물에 실체가 있다."고 잘못 생각할 때에 한하여 "모든 게 공하다."고 말하는 것입니다. 이런 식의 교화를 불교전문용어로 응병여약(應病與藥)이라고 부릅니다. "질병에 따라서 약을 준다."는 뜻입니다. 동네 아이들의 낙서와 같은 선행하는 잘못이 질병에 해당하고, 이를 목격하고서 담벼락에 쓴 '낙서금지'

또는 "낙서하는 놈, 가만 안 놔둔다. 확!"과 같은 글이 약에 해당합니다.

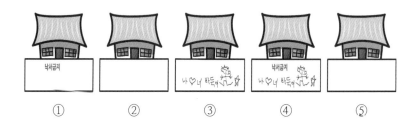

약은 병에 걸렸을 때만 써야 합니다. 설사를 많이 하는 사람에게는 설사를 멈추는 지사제(止瀉劑)를 처방하고, 기침을 많이 하면 진해거담제(鎭咳鎭咳 祛痰劑)를 주고, 변비가 있는 사람에게는 통변약(通便藥)을 줍니다. 질병의 종류에 따라서 약의 종류도 달라지지만, 반드시 질병이 있어야만 약을 쓸 수 있는 겁니다. 이와 마찬가지로 "사물에 실체가 있다."는 잘못된 생각이 선행할 때 자가당착에 빠졌음에도 불구하고 "모든 사물은 공하다."라는 가르침의 약을 주어 잘못된 생각을 시정해주는 것입니다. 이를 통해 실체에 대한 집착이 사라지면, 공의 가르침 역시 버립니다. 비유하면, '낙서금지'라는 낙서를 통해 낙서가 방지되면, 다른 낙서는 물론이고 '낙서금지'라는 낙서도 모두 지워서 담벼락을 깨끗하게 만드는 것(⑤)과 마찬가지입니다. 이게 바로 공사상의 효능입니다. "모든 것이 공하다."는 말이 자가당착, 역설에 빠짐에도 불구하고 유의미할 수 있는 이유입니다.

제10강
불립문자의 효용, 공의 위험성과 실천, 성철 스님

이제 중관학특강을 마무리할 시간이 되었습니다. 쉽지 않은 내용인데, 첫 강의부터 오늘까지 계속 들으신 분은 상근기입니다. 불교에서는 수행자를 하근기(下根機), 중근기, 상근기로 구분합니다. 수행의지가 투철하고 심지(心志)가 강한 분들이 상근기입니다. 끝까지 경청하신 분이라면 "아, 나는 불교 수행에서 상근기로구나."라고 생각하셔도 될 것 같습니다.

지난 강의 요약과 오늘 강의 예고

오늘 강의를 마무리를 하겠는데요, 중관학이 과거의 학문이 아니고 우리 한국불교계에서 지금도 살아 숨 쉬고 있는 학문입니다. 스님들의 수행에 중관학적인 통찰이 그대로 활용되고 있다는 말입니다. 즉, 우리 불교의 간화선 수행의 원천이 바로 중관학입니다. '인도 중관학→ 동아시아 삼론학→ 남종선(南宗禪)→ 간화선'으로 중관학의 통찰이 전승되었습니다.

지난 시간에 서양의 철학, 수학에서 말하는 집합론의 역설과 불교의 중관논리의 구조가 같다는 점에 대해서 설명했습니다. 서양 수학의 역사에서 러셀(Russell)이 집합론의 패러독스를 발견하면서 수학에 한계가 있다는 점을 알게 됩니다. 수학이 합리적 사유의 정상을 점하지만, 정합성을 결여한 약속체계일 뿐이며, 세상에서 일어난 일과 무관할 수 있다는 자각을 한 것입니다. 이를 계기로 수학의 토대를 연구하는 '수학기초론(數學基礎論)'이라는 학문이 성립합니다. 집합론의 역설이나 괴델의 불완전성 정리뿐만 아니라 무한(無限)의 문제 등이 수학기초론의 소재가 됩니다.

중관학이 인도에서 발생한 학문이지만, 수학기초론과 마찬가지로 인간 이성의 한계를 다룹니다. 중관학과 수학기초론은 서로 다른 전통에서 독자적으로 성립하였지만 그 도착점, 궁극적인 도달점은 같았습니다. 러셀은 집합론에서 역설적 상황을 찾아냈는데 그 이후에 괴델(Gödel)이라는 세기적(世紀的)인 천재가 나타나서 러셀이 발견한 집합론의 역설을 가장 단순한 수학체계인 자연수체계에 적용하여 그조차 정합적이지 않다는 점을 증명힙니다. 그런 증명의 결론이 바로 불완전성정리(Incompleteness theorems)입니다. 물리학에서 하이젠베르크(Heisenberg)의 불확정성원리(Uncertainty principle)라든지 아인슈타인의 상대성원리(Relativity principle) 들어 보셨을 겁니다. 이런 이론에 버금가는 위대한 발견이 바로 괴델의 불완전성정리입니다. 요점만 이야기한다면 어떤 수학적 약속체계(공리계)도 완벽 하지 않다는 것입니다. 괴델은 다음과 같은 두 가지 정리를 공표합니다.

> 제1 불완전성정리: 어떤 공리계(公理界, Axiomatic system)에서든, 진리이지만 증명도 안 되고 반증도 안 되는 명제가 반드시 존재한다.

> 제2 불완전성정리: 어떤 공리계에 모순이 없다면, 그렇게 모순이 없다는 사실은 그 체계 내의 논리로는 증명할 수 없다.

어떤 수학적 체계 내에서 진리인 명제 모두를 우리의 합리적 사유로 증명하거나 반증할 수 있는 것이 아니며(제1정리), 그 체계 전체의 무모순성 역시 그 체계 내의 논리로 증명할 수는 없다(제2정리)는 것입니다. 요컨대 어떤 수학체계도 우리의 합리적 사유가 그 진리성을 완벽하게 증명할 수 없다는 것입니다. 인간의 합리적 사유의 한계를 증명하는 괴델의 불완전성정리는 수학은 물론이고 다른 철학 분야에까지 큰 영향을 끼칩니다.

서양에서는 플라톤 이후 근 2천년 이상 수학을 진리의 학문으로 간주하다가 근세에 이르러서야 그 문제점을 파악하기 시작했는데, 불교 혹은 인도종교에서는 발생 당시부터 인간의 합리적 사유에 문제가 있다는 점을 자각하고 있었습니다. 자각 정도가 아니라, 그런 자각이 불교사상의 핵심이었습니다. 그리고 이런 자각을 학문화 한 것이 바로 공(空)의 논리학 또는 반(反)논리학이라고 부르는 중관학이었습니다.

또, 인도의 중관학이 동아시아에 들어와서 삼론학으로 재탄생하였고, 삼론학의 교학적 토대 위에서 선불교가 성립합니다. 따라서 우리나라 조계종단의 간화선 수행 역시 그 사상의 원천(源泉)이 바로 중관학입니다. 그래서 오늘 강의 말미에는 평생을 간화선 수행으로 일관하셨던 성철(性徹, 1912−1993) 스님의 행적과 말씀에 대해 중관학적으로 분석해 보겠습니다.

불립문자의 효용성

지난 시간에 역설에 대한 설명을 모두 다 끝냈습니다. 역설에 대한 설명을 시작할 때, 선가(禪家)의 여러 가지 격언들을 예로 들면서 그 모두 자가당착에 빠진 명제라는 점을 지적한 바 있습니다. 예를 들어 불립문자(不立文字), 즉 "문자를 세우지 말라!"고 하지만, 이 말 자체가 문자이기 때문에 자가당착에 빠집니다. 불립문자라는 말도 문자니까 불립문자가 옳기 위해서는, 즉 "문자를 세우지 말라!"는 말이 보편타당한 진리이기 위해서는 불립문자라는 문자도 쓰지 말아야 합니다. 또 개구즉착(開口即錯), 즉 "입만 열면 그르친다." 라고 가르치지만, "입만 열면 그르친다."라는 말도 입을 열어 말한 것이기 때문에 자가당착에 빠집니다. 역설이 발생하는 것입니다. 물론 불립문자, 개구즉착, 방하착 등 선가의 격언들은 모두 다 훌륭한 말들입니다. 그러나 지난 시간 전반에는 이런 말들조차 중관논리적으로 분석할 때 어째서 패러독스에 빠지는지 설명했고, 후반에는 이 말들이 유용할 수 있는 상황에 대해 소개했습니다.

불립문자의 경우, 불전에 적힌 문자에 의해서만 공부하고, 수행하는 풍토가 성행했을 때 등장한 가르침입니다. 실제로 동아시아에 달마 스님께서 들어오시면서 선이 처음 전해질 때, 불립문자라는 말이 유행하기 시작했습니다. 달마 스님 이전의 동아시아 불교는 대개 문자불교였습니다. 경론을 읽고, 주석하면서 불교를 공부하는 풍토가 성행했습니다. 그런 풍토를 비판하기 위해서 "마음으로 마음에 전하니, 문자를 세우지 말라(以心傳心 不立文字)"고 가르치는 선종(禪宗)이 탄생했던 것입니다. '달을 가리키는 손가락'에 비유하면, 불전의 문자는 오직 손가락일 뿐입니다. 문자 공부에 경도되었던 그 당시 동아시아 불교계의 수행 풍토에서 '불립문자'는 응병여약(應病與藥)과 같은 효용이 있었습니다. 마치 특정 질병에 걸린 환자에게 알맞는 약을 주듯이, '불립문자'의 가르침은 '문자공부'라는 그 시대의 병을 치료하는 명약과 같았습니다. 아이들이 담벼락에 낙서를 할 때 "낙서하지마!"라고 글을 써서 낙서를 방지하듯이, 문자공부만 성행할 때는 불립문자가 아주 훌륭한 방편입니다. 그렇지만 '불립문자'라는 글을 액자나 족자로 만들어 벽에 걸어 놓고서 불교 공부의 지침으로 삼으면 안 됩니다. 불립문자를 선불교의 도그마(Dogma)로 생각하면 큰일 납니다. '낙서금지'가 그렇듯이 선행하는 잘못이 있을 때에만 쓸 수 있는 말일 뿐입니다. 지금 우리나라 불교계에서는 불립문자라는 말을 중시하면 안 됩니다. 왜 그럴까요? 선불교의 오랜 영향으로, 불전을 읽고 이를 지침으로 삼아서 불교수행하는 풍토가 거의 사라졌기 때문입니다. 이 시대에는 아마 필립문자(必立文子), 즉 "반드시 문자를 세워라."라는 표어를 내세우고서 불교수행을 해야 할 것 같습니다. 『법보단경』, 「부촉」의 장(章)에서 혜능 스님께서 중시하셨듯이 문자로 가득한 경전은 불교 수행에서 지도(地圖)의 역할을 합니다.

세웠다가 눕히고, 죽였다가 살리는 식으로 자유자재한 것이 불교적 교화

방식입니다. 병에 따라서 약을 주듯이, 어떤 땐 세우기도 하고, 어떤 땐 눕히기도 합니다. 설사 환자에게는 지사제를 주고, 변비 환자에게는 통변제를 처방해야 합니다. 약을 바꿔서 먹으면 큰일 납니다. 무위정법(無爲正法)이란 말이 있습니다. 불교의 바른 가르침은 어디에도 고착되어 있지 않다는 격언입니다. 불교는 내용이 없는 종교입니다. 불교의 가르침은 도그마가 아니기 때문에 교화대상이 어디에 병이 들어 있느냐, 교화대상이 어디에 고착되어 있느냐, 상대방의 입각점이 어디냐, 상대방이 절대 요지부동하게 붙들고 있는 인생관이 무엇인가에 따라서 그것이 질병임을 자각하게 하여 해소시켜주는 그런 역할을 합니다. 그래서 사람에 따라서, 상대방에 따라서 교화방식이 다릅니다. 그런 식의 교화를 대기설법(對機說法)이라고 합니다.

부처님의 대기설법

부처님께서는 교화대상의 근기에 맞추어 설법하셨다고 합니다. 어떤 때에는 무아(無我), 즉 "자아가 없다."라고 말씀하셨는데, 다른 때에는 "자아가 있어서 윤회한다."고 말씀하시기도 했다가, 나중에서는 유아(有我)인지 무아인지 여쭈어도 답을 하지 않고 침묵하시기도 했습니다. 왓짜곳따(Vacchagotta)라는 사문이 부처님께 "자아가 있습니까?"하고 여쭈니까 답을 하지 않고 가만히 계십니다. 그래서 "자아가 없습니까?"라고 여쭈어도 침묵하십니다. 젊은 스님이 돌아가고 난 다음에 옆에 있던 아난(阿難, Ānanda) 존자가 부처님께 침묵하신 이유를 여쭈니까, 부처님께서는 "내가 저 사문에게 유아라고 대답하면 상견(常見)에 빠지고 무아라고 대답하면 단견에 빠진다. 여래는 상견과 단견을 배격한 중도에 의해 설법한다."라고 대답하신 후 십이연기의 교설을 베푸셨습니다.[81]

---

81) 『잡아함경』(대정장2), p.245b ; *Saṃyutta Nikāya*, 44.10.

불교에서 무아(無我)와 무상(無常)을 가르치지만 상주한다거나, 자아가 있다고 착각하는 사람에 대해서만 효용이 있는 말입니다. 후대의 대승불교에서는 여래장(如來藏)이나 진아(眞我)와 같은 자아를 이야기합니다. 동아시아의 선불교에서는 '참나'를 말합니다. 그러나 여래장이나, 진아, 참나가 외도들이 주장하는 아뜨만이 아닙니다. 공사상과 무아설이 오해 되어 허무주의적 불교관이 퍼져있기에 이를 타파하기 위한 가르침입니다. 당시의 시대 상황에 맞추어 잘못된 이해를 시정해 주는 가르침입니다. 불교는 이렇게 시대에 따라서도 대기설법과 같이 가르침을 달리 하고, 교화상대의 사고방식에 따라서도 대기설법을 합니다. 마치 병에 따라 약을 주듯이 ….

불립문자는 대(對)-시대적 대기설법

불립문자(不立文字), 개구즉착(開口即錯) 등 선가의 격언들은 그 시대에 맞는 아주 훌륭한 가르침들이었습니다. 불립문자는 달마스님께서 동아시아에 오셨을 때, 문자에 의한 불교공부를 타파하기 위해서 나왔던 말이고, 개구즉착은 송대(宋代)에 선(禪)이 유행을 할 때 나온 말입니다. 소위 '선학(禪學)의 전성시대'가 되니까, 누구든지 선사 흉내를 냅니다. 냉소적인 의미에서 이런 흉내내기 선을 구두선(口頭禪)이라고 부릅니다. 그러니까 입으로 하는 선은 진정한 선이 아니라는 의미에서 "입만 열면 그르친다."고 가르치는 것입니다. 방하착(放下著)이란 격언도 너무도 유용합니다. 편집증 환자처럼 집착이 강해서 항상 무언가를 붙들고 있는 사람에게는 "모든 걸 다 내려놔(방하착)!"라는 가르침이 유효합니다. 이런 말들은 상황에 따라서, 교화대상의 문제점에 맞추어 옳게 쓰일 경우에는 기사회생의 명약으로 너무나 훌륭한 말이 될 수 있습니다. 그렇지만 금과옥조(金科玉條)의 도그마로 간주하면 안 될 것입니다.

  지난 시간에 공사상이 봉착하는 역설에 대해 소개한 후, 이렇게 공사상이 역설에 빠짐에도 불구하고 교화의 공능, 효능이 있다고 말씀드린 바 있습니다. "모든 것이 공하다."라는 말이 자가당착에 빠져 있지만 효능과 공능이 있습니다. 사물의 자성에 대한 집착, 모든 사물에 실체가 있다는 착각이 선행할 경우에 공이라는 말로 그런 집착과 착각을 시정합니다. 마치 아이들이 죄책감 없이 담벼락에 낙서를 할 때, '낙서금지'라는 글을 써서 앞으로 발생할 낙서를 방지하는 것과 같습니다.

  공사상의 이러한 효용, 공능을 알게 되면 우리는 이제부터 그 어떤 말이든 방편으로써 쓸 수가 있습니다. 『유마경』을 보면 '유마의 침묵'이라는 유명한 일화가 있습니다. 문병을 온 여러 보살들에게 유마거사가 불이법문(不二法門)에 대해 묻자 서른 두 분의 보살들이 제각각 소견을 얘기하였는데, 종국에 가서 문수보살이 유마의 생각을 묻자 유마거사는 대답을 하지 않고 침묵합니다. 그러자 문수보살이 "언어의 설명[語言]까지도 전혀 없는 이것이야말로 진실로 불이의 경지에 깨달아 들어가는 법문입니다."라고 말하며 찬탄합니다. 그런데 이러한 유마의 침묵도 중요하지만, 침묵의 끝까지 가면 거꾸로 마음대로 말을 할 수 있어야 합니다. 침묵보다 더 중요한 것은 부처님의 팔만사천법문(八萬四千法門)입니다. 왜 그럴까요? 말이 말이 아니기 때문입니다. 침묵도 하나의 의사표시이기에 말과 다르지 않고 그 어떤 말도 실재와 무관하기에 침묵입니다. 이런 통찰의 끝에 이르면, 교화를 위해서 모든 말을 다 할 수 있습니다. 말을 버릴 때는 끝까지 버리지만, 쓸 때는 끝까지 쓸 수 있어야 합니다. 이게 불교입니다.

  앞의 강에서는 선불교에서 쓰는 여러 격언들이 범하는 자가당착에 대해 지적했지만, 여기서는 그런 격언들이 어떤 경우에 훌륭한 가르침이 될 수 있고, 어떤 상황에서 쓰일 수 있는 말인지에 대해서 설명했습니다.

공사상의 위험성 - 가치판단 상실

제가 강의 중간중간에 공을 오해할 경우 가치판단을 상실할 수 있다고 말
씀드린 적이 있습니다. 공사상은 참으로 위험할 수 있습니다. 불전 도처에
이를 경계(警戒)하는 가르침이 많습니다. 아래는 공에 대한 집착의 위험성을
경계하는 『중론』 제13장 관행품(觀行品) 제9게입니다.

> 한역: 위대한 성인께서는 갖가지 견해에서 벗어나게 하시려고 공의 진리를
> 말씀하셨다. [그러나] 만일 다시 "공이 있다."고 생각한다면 어떤 부처님도
> [그런 자는] 교화하지 못하신다.[82]

> 범문: 공성이란 일체의 견해(見解)에서 벗어나는 것이라고 여러 승자(勝者)
> 들에 의해 교시되었다. 그러나 공성의 견해를 가진 사람들은 구제불능이라고
> 말씀하셨다.[83]

'공이 있다는 생각', 즉 공견은 "모든 것이 공하다."는 점을 인생관, 세계관
으로 삼는 것을 말합니다. '공'은 온갖 세계관, 인생관을 세척해주는 도구였
는데 그런 도구, 효능, 방편을 망각하고서 공이 하나의 주장인 것으로 착각합
니다. 그래서 "아, 공이 옳구나."라고 생각하고서 자기 인생관으로 삼습니다.
그때 가치판단상실 상태에 빠집니다. 왜 그럴까요? "모든 것이 공하기에, 선
(善)도 악(惡)도 없다."는 것을 소신으로 삼고서 행동하기 때문입니다. 나도
너도 없고, 선도 악도 없고, 위도 없고 아래도 없으며, 옳은 것도 없고 그른
것도 없습니다. 그래서 막행막식을 합니다. 계율을 지킬 것도 없다고 생각합
니다. 그런데 이게 바로 공견(空見)입니다. 공을 오해하여 자기의 인생관, 세

---

82) 大聖說空法 爲離諸見故 若復見有空 諸佛所不化.
83) śūnyatā sarvadṛṣṭīnāṃ proktā niḥsaraṇaṃ jinaiḥ/ yeṣāṃ tu śūnyatādṛṣṭistāna
    sādhyān babhāṣire//

계관으로 삼을 경우에, 이런 일이 벌어지기에 위의 게송을 통해 용수 스님께서는 이런 사람은 그 어떤 부처님이 출현하셔도 구제하지 못한다고 경고하십니다. 이 게송에 대해 청목의 주석에서는 다음과 같이 설명합니다.

> 위대한 성인께서는 육십이 가지 삿된 견해들[84]과 무명, 갈애(渴愛) 등 모든 번뇌들을 타파하기 위해 공을 말씀하신 것이다. 그러나 만일 어떤 사람이 그런 공을 또 다른 견해로써 갖게 되면 이 사람은 교화가 불가능하다. 비유하여 말한다면 병이 들었을 때 그 병에 따라 약을 복용하면 치료할 수가 있는데 그 약으로 다시 병이 생긴다면 더이상 치료할 수 없는 것과 같다. 또 장작에 불이 붙었을 때는 물을 뿌리면 끌 수 있지만, 물에 불이 났으면 도대체 무엇으로 그 불을 끌 수 있겠느냐?[85]

병에 걸리면 약으로 치료하지만, 약 때문에 병이 나면 치료할 수 없는 것과 같고, 장작에 불이 붙으면 물로 끌 수 있지만, 물에 불이 나면 어떤 것으로도 끌 수 없듯이 공에 집착한 사람은 구제불능이라는 것입니다.

또 동아시아 삼론학의 중흥조인 고구려 승랑(僧朗, 450-530경) 스님의 직제자인 승전(僧詮, 5세기말-558) 스님은 그 문하생들에게 공에 대해 가르치신 후 이 가르침을 바깥에 나가서 함부로 알리지 말라고 경고하셨습니다. 근기가 무르익지 못한 사람에게는 오히려 해가 될 수 있기 때문입니다.

공은 최상의 분별로 구현된다 - 묘관찰지와 전식득지

반야 공사상을 공부할 때 우리가 명심해야 할 것은 일상생활 속에서는 철

---

84) 62견: 緣起의 實相에 대한 無知로 인해 外道들이 형이상학적 문제에 대해 갖는 62가지 견해로 常在論(4), 一分常在論(4), 邊無邊論(4), 詭辯論(4), 無因論(2), 死後論(32), 斷滅論(7), 現在涅槃論(5)으로 분류할 수 있다. 『梵網六十二見經』 참조.
85) 용수 보살 저, 김성철 역주, 『중론 개정본』, 도서출판 오타쿠, p.251.

저하게 분별을 내면서 살아야 한다는 점입니다. 공의 세척을 거친 사람들은 모든 고정관념에서 벗어나서 마음이 열려 있기 때문에 항상 창의적인 생각을 할 수 있습니다. 살아가면서 여러 가지 갈등이 일어날 때 이를 해결하는 기상천외한 발상을 할 수 있는 능력을 갖게 됩니다. 앞의 강의에서 '소떼 북송 이벤트'에 대해 얘기한 적이 있습니다. 정주영씨가 한국 소 1,001마리를 북한에 기증하면서 남북 간의 육로를 개척했던 역사적 사건을 소개했는데, 그와 같은 것이 바로 반야지혜를 체득한 사람, 생각이 열린 사람이 사회 속에서 살아가는 모습입니다. 누군가에게 반야지혜가 열렸는지 아닌지 판가름하는 기준은 자신의 삶을 얼마나 잘 꾸려 나가느냐, 혹은 자기가 속한 조직 속에서 그 조직을 얼마나 잘 이끄느냐에 있습니다. 그 조직의 리더가 될 필요는 없습니다. 가장 지위가 낮아도 상관없습니다. 자기가 처한 곳이 바른 방향으로 가게 만들고, 자기 주변의 모든 사람에게 행복을 주는 최선의 판단을 하면서 살아가는 것이 공의 지혜가 열린 사람의 처신입니다. 공의 지혜가 열린 사람은 "모든 것이 공하다."거나 "이것도 좋고 저것도 좋다."는 식으로 살아가는 사람이 아니라, 가정에서든 사회에서든 발생하는 모든 문제를 최고의 분별을 내어 해결하는 사람입니다. 공의 지혜는 실천 속에서 최고의 분별로 나타납니다.

불교전문용어를 그런 지혜를 묘관찰지(妙觀察智)라고 부릅니다. '절묘하게 관찰하는 지혜'라는 뜻입니다. 모든 것을 '마음'이라는 단일 원리에 의해 해석하는 유식학(唯識學)의 가르침입니다. 유식학에서는 우리의 마음(識)을 여덟 가지로 구분합니다. 안, 이, 비, 설, 신근의 다섯 감각기관으로 들어온 마음을 전오식(前五識)이라고 부르고, 이에 대해 알고 사유하는 마음이 제6 의식(意識)이며, 이기심과 자의식과 교만심의 구심점이 되는 마음을 제7 마나식(末那識), 나의 일거수일투족의 행위가 씨앗처럼 저장되는 마음을 제8 아뢰야식(阿賴耶識)이라고 부릅니다. 아뢰야는 산스끄리뜨어 알라야(ālaya)

의 음사어로 '쌓임'이라는 뜻입니다. 히말라야산의 히말라야는 '추위와 눈'을
의미하는 히마(Hima)와 '쌓인 곳, 저장소'를 의미하는 알라야(Ālaya)가 결합
한 단어로 '눈 쌓인 산'을 의미합니다. 이와 마찬가지로 아뢰야식은 '[업 종자
가] 쌓여 있는 마음'입니다. 업종자가 저장되어 있다는 의미에서 장식(藏識)
이라고도 부릅니다. 불교에서는 인과응보를 이야기합니다. 악행을 하면 나중
에 괴로움이 오고 착한 일을 하면 나중에 여러 가지 즐거운 일이 생깁니다.
그런데 내가 아무도 모르게 악행을 했어도 반드시 그에 따른 고통의 과보를
받습니다. 왜냐하면 그걸 본 목격자가 있기 때문입니다. 누굴까요? 바로 나
입니다. 내가 나의 행동을 봤습니다. 내가 무엇을 행하는지 모두 다 내가 압
니다. 그렇게 내가 한 행위를 내가 목격했기에 그 행위가 씨앗처럼 변하여
내 마음 속에 남게 되는데 바로 그 마음이 아뢰야식입니다. 나의 행위를 다른
누구도 보지 않았지만 내가 보았기에 내 마음속에 그런 행위의 씨앗들이 저
장되며, 악행을 했을 경우 언젠가 내가 나를 처벌합니다. 정신분석의 창시자
지그문트 프로이드가 말하는 '자기처벌(Self-punishment)'입니다. 무의식적
으로 내가 나를 불행으로 몰고 갑니다. 인과응보에 대한 합리적 해석입니다.
이와 반대로 내가 착한 일을 했습니다. 내가 너무나 좋은 일을 했습니다. 그
러나 이를 본 사람이 아무도 없습니다. 그렇지만 내 마음에는 뿌듯함과 보람
이 있습니다. 이때는 나의 무의식이 나를 보상합니다. '자기보상(Self-rewar
d)'라고 불러도 좋을 겁니다. 바로 이런 게 인과응보입니다.[86] 자업자득(自
業自得)의 인과응보입니다. 어떤 절대자가 있어서 "어, 나쁜 일을 했구나. 내
가 봤어."라고 말하며 기록해 놓았다가 나중에 벌을 내리는 게 아닙니다. 사
회적 동물인 인간의 유전자 속에는 '양심의 코드(Code)'가 각인되어 있는데,
내가 나의 악행을 봤기 때문에 내 무의식 속의 양심이 나를 처벌하고, 나의
선행을 내가 봤기 때문에 무의식에서 내가 나에게 상을 줍니다. 그래서 자업

---

86) 붓다의 과학이야기 아닐허나 | ;ㄹㅎㄹㅎㅎ어

자득(自業自得)입니다. 물론 이런 처벌과 보상의 과정을 내가 의식하지는 못합니다. 어쨌든 나의 모든 행위의 씨앗들이 저장되는 마음이 아뢰야식입니다. 가장 깊은 마음입니다.

이상과 같이 전오식, 제6 의식, 제7 마나식, 제8 아뢰야식이 일반 사람들의 마음(識)인데, 부처님이 되면 이런 네 종류의 마음이 모두 다 지혜(智)로 전환됩니다. 이를 전식득지(轉識得智)라고 부릅니다. "식을 전환하여 지혜를 얻는다."는 뜻입니다.

먼저 '안, 이, 비, 설, 신'의 전오식, 즉 오감을 통한 마음은 성소작지(成所作智)로 바뀝니다. 성소작지는 '하는 바를 다 이루는 지혜'입니다. 쉽게 말하면 부처님의 신통력과 같은 것입니다. 전오식은 '눈, 귀, 코, 혀, 몸'의 다섯 가지 감관을 통해 들어온 지각입니다. 보통사람들은 눈으로 보고, 귀로 듣는데, 성소작지의 경지에서는 눈으로 듣기도 하고, 귀로 보기도 합니다. 다섯 감관을 바꿔서 쓰는 것입니다. 이를 '오근호용(五根互用)'이라고 합니다.

그 다음에 제6 의식은 지금 우리가 얘기하는 묘관찰지(妙觀察智)로 바뀝니다. 절묘하게 관찰하는 지혜입니다. 깨달음을 얻어서 공의 지혜가 열리면 분별없이 살거나 생각을 비우고서 사는 것이 아니고, 살아가면서 닥치는 문제마다 언제나 최고의 분별을 내어 해결하면서 살아갑니다.

그리고 제7 마나식은 평등성지(平等性智)로 전환합니다. 나와 남을 차별하지 않는 평등한 지혜입니다. 깨닫기 전에는 이기심과 자의식의 원천인 마나식이 있었기 때문에 나를 위해서 살아갔습니다. 좋다고 생각되는 것을 나를 향해 잡아 끄는 마음이 탐욕이고, 싫은 것을 나로부터 배척하는 마음이 분노입니다. 그런데 이 두 가지 번뇌의 핵심은 동일합니다. "내가 존재한다."는 우치(愚癡)의 마음입니다. 따라서 탐욕과 분노와 우치의 삼독심은 그 성격이 동일합니다. "내가 있다."는 치심 때문에 좋은 것을 나를 향해 잡아 끄는 탐욕이 발생하고 싫은 것은 나로부터 밀어버리는 분노가 발생하는 것입니다. 그런데 부처님이 될 경우에는 무아를 체득하기 때문에 나와 남이 평등한 자타평등의 경지가 됩니다. 이를 평등성지라고 부르는 것입니다. 깨닫기 전에는 남의 고통에는 별 관심이 없고 나의 고통만 해결하면서 살았는데, 평등성지가 열리면 이쪽이든 저쪽이든 고통이 있는 경우 이를 해결하면서 살아갑니다. 보살의 삶입니다. 어디든지 누구든지 힘들어 하는 중생이 있으면 그의 고통을 제거하여(발고) 행복하게 해 주는(여락) 삶을 사는 것입니다 발고여락(拔苦與樂)하는 자비의 삶입니다.

마지막으로 제8 아뢰야식은 대원경지(大圓鏡智)로 전환합니다. '크고 둥근 거울 같은 지혜'라는 뜻입니다. 그의 가장 깊은 마음인 아뢰야식은 크고 원만한 거울과 같이 변하는데, 그 마음에 세상만사가 있는 그대로 다 드러납니다. 그 전까지는 나의 마음, 나의 일거수일투족만 내 마음에 담았습니다. 그러나 깨닫고 나니까 모든 것이 내 마음에 다 담깁니다. 다 비칩니다. 나의 수많은 전생도 다 알지만, 남의 전생도 다 알고 그 행위를 보고서 내생도 짐작합니다. 부처님의 마음입니다.

공성을 체득하여 반야지혜가 열렸을 때 시비를 가리지 않고 살고, 분별없이 사는 게 아니라, 생활 속에서는 철저하게 절묘한 분별을 내면서 살아가며, 그런 분별이 부처의 사지보리(四智菩提) 가운데 '묘관찰지'와 같다는 점을 설명하기 위해서 나머지 세 가지 지혜인 성소작지, 평등성지, 대원경지까지 간략히 소개했습니다. 요컨대 공을 아는 사람은 '매사에 대해 가장 정확히 분별할 수 있는 사람'이라는 점을 명심하시기 바랍니다.

부처님의 분별적 가르침 - 율장

실제 부처님께서 가장 절묘하게 분별하신 일화만 모아놓은 문헌이 있습니다. 경(經), 율(律), 논(論) 삼장 가운데 율장(律藏)입니다. '삼장법사'라는 호칭을 누구나 아실 겁니다. 삼장법사란 원래 경, 율, 논 삼장에 통찰한 분을 가리키는 말입니다. 삼장(三藏)은 뜨리삐따까(Tripiṭaka)의 번역어로 장(藏, Piṭaka)은 바구니를 의미합니다. 옛날에 불전을 바구니에 담았기 때문에 장이라고 부르는 것입니다. 그런데 바구니의 종류에 경장, 율장, 논장의 세 가지가 있습니다. 경은 부처님의 가르침이고, 율은 승단의 규범이며, 논은 경과 율에 대한 체계적인 해석, 철학적 해석입니다.

기독교에 십계명이 있듯이 불교에는 재가불자가 지켜야 할 오계(五戒), 십계(十戒)가 있고 출가하신 스님이 지켜야 할 비구 250계, 비구니 348계가 있습니다. 이 가운데 비구 250계, 비구니 348계가 바로 승단의 규범인 율입니다. 이런 율과 관련된 부처님의 가르침을 집대성한 문헌이 바로 율장입니다. 그런데 율장에는 "공(空)하다."는 말이 단 한마디도 안 나옵니다. 율장은 "이렇게 하면 안 된다.", "저렇게 해라."와 같이 부처님께서 판정하신 시비분별(是非分別)로 가득합니다. 현대의 법체계에 비교하면 율장의 250계 또는 348계 조항은 형법(刑法)과 형사소송법(刑事訴訟法)에 해당합니다. 그리고 형법의 각 조항과 관련하여 다양한 판례(判例)가 있듯이, 율장의 250계, 348계목과 관련하여 범계(犯戒), 지계(持戒) 여부에 대한 부처님의 판례가 있습니다. 이를 지범개차(持犯開遮)라고 부릅니다. 율장의 각 계목의 준수와 관련된 다양한 사례에 대해서, 부처님께서 무엇을 지키는 것이라고 하셨고(持) 무엇을 범하는 것이라고 하셨으며(犯), 어느 경우에 허용하셨고(開) 어느 경우에는 금지하셨는지(遮) 기록한 것입니다. 고려시대의 보조국사 지눌 스님께서 『계초심학인문』에서 "무릇 처음 발심한 사람은 악한 친구를 멀리 하고 어질고 착한 친구를 가까이 해야 한다. 오계와 십선계 등을 받되 '지범개차'를 잘 알아야 하는데, 다만 금구성언에만 의지하며 천박하고 거짓된 말을 따라서는 안 된다."[87]고 훈계하시면서 거론하신 지범개차의 주어는 내가 아니

---

87) "夫初心之人 須遠離惡友親近賢善 受五戒十戒等 善知持犯開遮 但依金口聖言

라 부처님이라는 점을 명심해야 합니다.

　비구 250계 가운데 243가지 계목(戒目)은 형법에 해당합니다. 이를 어기면 일정 기간 격리 생활 후 참회를 통해 승단에 복귀하기도 하지만, 중죄를 지었을 경우 승복을 벗기고 추방하기도 합니다. 또 식사 중 음식물 씹는 소리를 크게 내거나, 승복의 소매를 걷어붙이고 다니는 등의 가벼운 파계는 이를 자각한 순간 스스로 참회하여 청정성을 회복합니다. 이렇게 파계에 대한 처벌이 있긴 하지만, 그 경중에 따라서 처벌의 방식이 다양한 일종의 '명예형'입니다. 그리고 비구 250계 가운데 나머지 7가지 계목은 멸쟁법(滅諍法)이라고 부릅니다. 스님들은 정기적으로 모여서, 지계와 범계 여부를 점검하는 포살(布薩, poṣadha)이라는 법회를 개최하는데, 계율을 어긴 적이 있는 사람은 이를 고백하고 처벌을 받아야 합니다. 또는 누군가가 계를 어겼다는 사실을 알게 된 사람이 이를 보고할 수 있습니다. 그런데 범계를 했다고 고발을 당한 당사자가 "나는 그런 일을 한 적이 없다."고 부인할 수가 있습니다. 이럴 경우 누가 옳은지 재판을 해야 하는데, 그런 재판의 방식을 적어 놓은 것이 7가지 멸쟁법입니다. 문자 그대도 '싸움(諍)'을 소멸(滅)시키는 가르침(法)'입니다. 그래서 멸쟁법은 형사소송법에 해당한다고 볼 수 있습니다.

　또 비구계에서 멸쟁법을 제외한 243가지 계목 가운데 "살인하지 말라."는 조항이 있습니다. 살인은 승단에서 추방을 당하며, 재출가도 금지되는 중죄입니다. 사람을 죽이는 것은 당연히 큰 죄이기에 승단에서 추방해야 하는데, '사람'의 범위와 '죽임'의 고의성(故意性)에 따라서 "살인하지 말라."는 계목을 어긴 것인지 아닌지 애매한 경우가 많습니다. 예를 들어 보겠습니다. 부처님 당시에 어떤 비구니스님이 임신한 여인의 부탁으로 낙태를 도왔습니다. 부처님께서 이를 아시고 이는 살인이라고 판정하십니다. 그 비구니 스님이 낙태가 살인인지 아닌지 몰랐고, 아직 율을 제정하지 않았기 때문에 추방하

莫順庸流妄說.", 『誡初心學人文』(대정장48), p.1,004b.

지 않지만, 앞으로 스님으로서 낙태를 도우면 추방한다고 말씀하십니다. '지범개차'에서 살인과 관련된 '차(遮, 금지)'의 판례가 율장에 추가된 것입니다. 다른 예를 들어 보겠습니다. 어떤 비구 스님이 지붕을 수리하다가 실수로 기와를 떨어뜨렸는데, 밑에서 지나가던 사람의 머리에 맞아 죽었어요. 이에 대해서는 고의가 없었기 때문에 죄가 되지 않는다고 판정하면서 추방하지 않으셨습니다. 현대법에서는 '과실치사'라고 하면 처벌하겠지만, 율장은 사회법과 다릅니다. 승단의 기본 규범에 덧붙여 이런 부처님의 판례까지 포함되어 있는 불전이 율장입니다. 현대법에도 판례가 있죠. 낱낱의 법조항보다 판례가 훨씬 더 많습니다. 불교의 율장도 마찬가지입니다. 비구계의 경우 계목은 250가지 밖에 없는데, 낱낱의 계목에 대해 부처님께서 내리신 판례의 양이 방대합니다.

다시 정리하겠습니다. 율장의 부처님께서 그러셨듯이 공성을 체득하여 반야의 지혜가 생긴 사람은 세속에서 "무엇이 옳다, 무엇이 그르다, 이렇게 하면 된다, 이렇게 하면 안 된다." 하면서 철저하게 시비(是非)와 선악(善惡)을 분별하면서 살아갑니다. 공을 공부한 다음에는 공에 대한 지식을 다 놓아버리고서 자신의 삶 속에서, 자신이 사는 사회 속에서 닥치는 모든 문제마다 최선의 판단으로 해결하면서 살아갑니다. 반야의 지혜가 진정으로 열린 사람이라면 그래야 합니다.

공의 위험성 - 독사와 주술의 비유

『중론』제24장 관사제품, 제11게에서도, 용수 스님께서는 공에 대한 오해가 얼마나 위험한지 다음과 같이 경고합니다.

한역: 공을 올바로 관(觀)할 수 없어서 둔근기는 스스로를 해친다. 잘못된 주

술이나 잘못 잡은 독사와 같이.88)

　범문: 잘못 파악된 공성은 지혜가 열등한 자를 파괴한다. 마치 잘못 잡은 뱀
이나 잘못 닦은 주술과 같이.89)

　공을 오해하면 자기를 해친다는 가르침입니다. 독사 잡을 때 엄지와 검지
로 목의 양쪽을 눌러 잡으면 물리지 않습니다. 그런데 허리를 잡으면 몸을
틀어서 나를 뭅니다. 또 집안에 우환이 생겼을 때, 용한 무당을 불러서 푸닥
거리를 잘하면 우환이 사라집니다. 그런데 "선무당이 사람 잡는다."는 속담
이 의미하듯이, 어설픈 무당은 오히려 우환을 불러들입니다. 이와 마찬가지
로 주문을 잘 외면 집안에 복락이 가득하지만, 잘못 욀 경우 재난이 닥칩니
다. 공성에 대한 공부 역시 이와 마찬가지라는 겁니다. 공사상을 제대로 이해
하면 기사회생의 명약과 같이 나를 깨달음에 이르게 하지만, 공사상을 오해
할 경우 잘못 복용한 명약이 독약이 되듯이 나의 삶에 큰 해악을 끼칩니다.

공병을 극복하는 방법

　위에서 보았듯이 『중론』 제13 관행품 제8게에서 공견(空見)을 갖는 사람
은 제불(諸佛)이 출세해도 구제불능이라고 경고하며, 제24장 관사제품 제11
게에서는 공을 오해할 경우 자기를 해친다고 경계합니다. 공견에 빠져서 공
병(空病)에 들었음에도 이를 자각하지 못할 경우 그럴 수 있을 겁니다. 그러
나 자신이 공병에 들었음을 자각한 사람이라면 소생할 수 있는 방법이 있습
니다. 그것은 진제와 속제의 이제(二諦) 가운데 속제를 적극적으로 실천하는

---

88) 不能正觀空 鈍根則自害 如不善呪術 不善捉毒蛇.
89) vināśayati durdṛṣṭā śūnyatā mandamedhasaṃ/ sarpo yathā durgṛhīto vidyā
　　vā duṣprasādhitā//

것입니다. 공에 대한 오해로 인해서 과거에 지었던 악업을 참회하면서, 행동이든 말이든 물건이든 남에게 많이 베풀고(보시), 항상 자신을 낮추고(하심), 남이 보든 안 보든 윤리와 도덕을 철저하게 지키며(지계), 맡은 일에 책임을 다하면서(정진) 살아가는 것입니다. 그럴 경우 과거에 지었던 악업의 종자가 서서히 말라버리며, 새로운 선업의 종자가 차곡차곡 쌓이면서, 어둠이 걷히고 미래가 밝아질 수 있습니다. 진제와 속제의 이제 가운데 속제를 무시하고 진제만 추구할 경우 공견이라는 사견(邪見)에 빠져서 가치판단상실 상태가 되기 쉽습니다. 공견의 사견에서 벗어나는 방법은 속제, 즉 참회, 보시, 하심, 지계, 인욕, 정진과 같은 세속적 가르침을 적극적으로 실천하는 것입니다.

'조문도석사가의'와 범천의 권청

부처님께서는 보리수 아래에 앉아서 깨달음을 얻으신 후, 세속에 나가서 가르침을 펴려고 하시지 않으셨습니다. 본생담 계열의 『과거현재인과경』에 의하면 이때 부처님의 마음 속에 다음과 같은 생각이 떠올랐다고 합니다.

> "나는 이곳에 있으면서 모든 번뇌를 다 소진시키고 할 일을 모두 끝냈으며 보살의 본원을 모두 이루었다. 내가 얻은 진리는 아주 심오하여 이해하기 힘들어서 오직 부처와 부처만이 이를 알 수 있다. 모든 중생들은 오탁악세에서 탐욕, 분노, 우치, 사견, 교만, 아첨 등에 가려서 박복하고 근기가 하열하며 지혜가 없는데 어찌 내가 얻은 진리를 이해할 수 있겠는가? 지금 내가 만일 법륜을 굴리면 그들은 반드시 미혹하여 믿고 수용할 수 없기에 비방하게 되니 반드시 삼악도에 떨어져 온갖 고통을 받을 것이다. 나는 차라리 침묵하면서 대열반에 들겠다."[90]

---

90) "我在此處 盡一切漏 所作已竟 本願成滿 我所得法 甚深難解 唯佛與佛 乃能知之 一切眾生 於五濁世 為貪欲 瞋恚 愚癡 邪見 憍慢 諂曲之所覆障 薄福鈍根 無有智慧 云何能解我所得法 今我若為轉法輪者 彼必迷惑 不能信受 而生誹謗 當墮惡

부처님께서 깨닫고 나서 "내가 깨달았으니까 이제 가르침을 펴야지."라고 생각하지 않으셨다는 겁니다. 보리수 밑에 앉아서 그냥 열반에 들려고 하셨다는 겁니다. 왜 그럴까요? 부처님 당신께서 출가하실 때, 그 동기가 되었던 '죽음'의 문제를 다 해결하셨기 때문입니다. 이 일화에서 우리는 불교의 순수성을 읽을 수 있습니다. 불교를 공부하면서, 내 공부가 순수한가 순수하지 못한가 판별하는 방법이 있습니다. 내가 공부하다가 알게 된 내용을 남에게 가르치고 싶은가, 아닌가 반성해 보면 됩니다. 남에게 가르치고 싶으면 순수하지 않은 겁니다. 내가 잘난 체하기 위해서 공부한 겁니다. 내가 공부하다가 알게 된 내용을 나 혼자만 알고서 죽어도 좋다면 그 공부는 순수하다고 볼 수 있습니다. 싯다르타 태자께서는 태어난 모든 생명체는 왜 죽어야 하는지 너무나 궁금해서 그 답을 구하기 위해서 출가, 구도의 길로 들어서신 것이지, "내가 도를 닦아서 깨달음을 얻으면 불교 교단을 만들어서 그 지도자가 되겠다."는 마음에서 출가하신 게 아니란 말입니다. 이렇게 순수한 의문을 풀기 위해서 출가, 구도하셨기에 그 답을 얻으신 후에 "당장 죽어도 좋다."는 마음, 즉 "대열반에 들어가겠다."는 마음을 내실 수 있었던 겁니다. 공자님도 『논어』에서 말씀하셨습니다. "조문도(朝聞道)면, 석사가의(夕死可矣)라." "아침에 도를 들으면 저녁에 죽어도 좋다."는 뜻입니다. 그런 게 '깨달음'입니다.

삶과 죽음에 대한 순수한 의문에서 출가, 구도의 길을 떠나셨는데, 결국 그 답을 알았기에 죽어도 여한이 없습니다. 그래서 인근의 보리수 아래로 자리를 옮기면서 일주일씩 앉아서 깨달음의 열락을 음미하신 후 그냥 대열반에 들려고 하셨습니다. 그때 천신이 내려옵니다. 사함빠띠(Sahampati)라는 이름의 범천(梵天)입니다. 범천의 세계에서 천신이 빛을 내면서 내려와서 절을 하면서 이 세상에는 부처님의 가르침을 수용할 중생이 있을 테니 설법해주십사 간절히 청을 합니다. 그러니까 부처님께서는 비로소 설법을 시작하셨습니

道 受諸苦痛 我寧默然 入般涅槃", 『過去現在因果經』(대정장3), p.642c.

다. 이것을 범천권청의 일화라고 말합니다.

　열반이 해체법이기 때문에 일반 사람들은 무서워합니다. 탐욕과 분노, 교만 등이 동물적 힘인데 이를 다 제거하는 열반을 감당하지 못합니다. 왜 그럴까요? 대부분의 사람들은 먹이와 섹스를 좋아하고, 돈과 권력을 추구하는데, 이를 다 버리는 가르침이기 때문입니다. 그래서 법을 설하시지 않죠. 그런데 범천이 하늘에서 내려와 간청하니까 비로소 설법을 시작하십니다.

　이러한 것이 공사상입니다. 지금까지 내가 추구하던 게 다 무너지는 게 공사상입니다. 그러나 공의 가르침이 일상생활에서는 이와 반대로 철저한 분별로 나타나야 한다는 점을 명심하시기 바랍니다.

공의 실천 - 육바라밀

　대승불교의 가르침에는 공의 실천을 아예 하나의 지침으로 만들어 놓은 것이 있습니다. 성불을 향한 보살행의 지침인 육바라밀(六波羅蜜)입니다. 보시, 지계, 인욕, 정진, 선정, 반야의 여섯 바라밀다(波羅蜜多)입니다. 바라밀다는 산스끄리뜨어 빠라미따(pāramitā)의 음사어인데, '빠람(pāram)'은 '저 멀리'라는 뜻이고 '성불의 경지'를 의미합니다. '이따(itā)'는 '가다'라는 뜻입니다. 따라서 바라밀다는 '저 멀리 감', '부처의 경지에 도달함', '완전한 깨달음의 세계로 감'이라는 뜻입니다.

보시바라밀

　남에게 베푸는 보시만으로도 성불할 수 있습니다. 다만 보시가 바라밀다가 될 경우에 한하여 그렇습니다. 단순한 '보시'와 '보시바라밀다'는 다릅니다. 보시는 단지 베푸는 것만을 의미합니다. 남에게 베풀고 나서 좀 잘난 체를 해도 됩니다. 베풀고 나서 흐뭇한 마음이 들어도 됩니다. 고아원이나 양로원과 같은 사회복지시설에 거금이나 좋은 물건을 기부하고 나서 기념 촬영을 하는 것도 좋습니다. 모두 참으로 훌륭한 보시입니다. 그런데 불전에서는 이렇게 티를 내는 보시, 상을 내는 보시를 부정시(不淨施)라고 부릅니다. '깨끗하지 못한 보시'라는 뜻입니다. 내가 누군가를 도와주고 나서, 남이 알든 나만 알든 나에게 흐뭇한 마음이 들면 벌써 보상을 받은 겁니다. 불전에서는 이런 보시는 마치 상거래와 같다고 비판합니다. '기브앤드테이크(Give & Take)'란 말입니다. 그러나 참된 보시는 베풀고 나서 흐뭇한 마음도 들지 않습니다. 베풀고 나서도 가슴이 아파야지만 진정한 보시입니다.『대반열반경』에서는 마치 어머니가 다친 자식을 보살피듯이 남을 도와야 한다고 가르칩니다.『금강경』에서 가르치는 무주상보시(無住相布施)가 바로 보시바라밀다입니다. 남에게도 티를 내지 않지만 나에게도 티가 나지 않는 보시입니다. 왜 그럴까요? 도움을 주는 자와 도움을 받는 자가 한 몸이기 때문입니다. 내가 내 몸의 상처를 치료했을 때, 흐뭇하고 뿌듯할 리가 없습니다. 요컨대 공성의 조망이 결합한 보시가 보시바라밀다입니다. 바라밀다에는 두 가지 의미가 있습니다. 지적(知的)으로는 공성에 대한 통찰이고, 감성적으로는 중생에 대한 대자비심입니다. 즉, 공성과 자비가 함께 하는 것이 바라밀다입니다. 지금까지 배웠던 공의 논리, 중관논리는 세속에서 착하게 살아갈 때, 착한 일을 했다는 나의 교만심을 씻어주는 역할을 합니다.

지계바라밀

육바라밀 가운데 두 번째가 지계바라밀(持戒波羅蜜)입니다. 지계란 윤리적, 도덕적으로 사는 것을 의미합니다. 그런데 단순한 '지계'와 보살행으로서의 '지계바라밀'는 다릅니다. '지계'는 철저하게 윤리, 도덕을 지키면서 사는 것을 의미합니다. 불교적으로는 "살생하지 말라, 도둑질하지 말라, 삿된 음행하지 말라, 거짓말하지 말라, 술을 마시지 말라."와 같은 오계나 십선계(十善戒)91) 등을 지키면서 사는 것입니다. 그러나 지계바라밀은 '계를 지킨다는 의식이 없지만 그 행동이 모두 윤리, 도덕에 어긋나지 않는 지계행'을 의미합니다. 조직폭력배에 대한 조크가 하나 소개하겠습니다. 소위 조폭들은 대개 팔뚝에 문신을 새긴다고 합니다. "같은 파의 구성원들이 한 마음으로 단결하자."는 의미에서 '일심(一心)'이라고 적기도 하고, 큐피드의 화살이 꽂힌 하트를 그리기도 합니다. 그런데 가장 무서운 조직폭력배는 '차카게 살자'라고 써놓은 사람이라고 합니다. 평소에 하루 종일 나쁜 짓만 하면서 사는데 "하루에 한번이라도 착하게 살자."는 다짐을 적은 것이랍니다. 그런데 너무나 무식해서 맞춤법도 틀렸습니다. 이런 문신을 보면 사람들은 더 큰 공포심을 느낀다고 합니다. 윤리, 도덕을 지키는데 "아, 지켜야지!"라는 마음이 드는 사람은 진짜 착한 사람이 아닙니다. '차카게' 사는 사람일 뿐입니다. 착하다는 생각이 없이 그냥 성품 자체가 너무나 선해서 어떤 행동을 해도 윤리, 도덕에 어긋나지 않습니다. 이런 삶이 바로 지계바라밀입니다. 말하자면, 윤리바라밀다입니다. 지계바라밀는 무상계(無相戒)입니다. 윤리, 도덕을 지킨다는 티가 나지 않는 지계입니다. 공자님은 나이 40에 불혹(不惑), 50에 지천명(知天命), 60에 이순(耳順), 그리고 70세에 종심(從心)의 경지가 되었다고 합니다. 종심은 '종심소욕불유구(從心所慾不踰矩)'의 약자입니다. "마음으로부터 욕구하는 바가 세속의 잣대를 넘어가지 않더라."는 뜻입니다. 여기서 말하는 '세속의 잣대'는 윤리, 도덕을 의미합니다. 속을 남에게 다 내보이고 살아도 부끄러울 게 없을 정도로 윤리, 도덕에 어긋난 행동을 하려는 마음이 전혀

---

91) ①불살생(不殺生), ②불투도(不偷盜), ③불사음(不邪淫), ④불망어(不妄語), ⑤불기어(不綺語), ⑥불악구(不惡口), ⑦불양설(不兩舌), ⑧불탐욕(不貪欲), ⑨부진에(不瞋恚), ⑩불사견(不邪見).

나지 않는다는 말입니다. 지계바라밀에 다름 아닙니다. 성인(聖人)으로 추앙받는 공자님께서 돌아가시기 몇 년 전이 되어서야 오르신 경지입니다.

인욕바라밀

인욕바라밀(忍辱波羅蜜)의 인욕은 참는 것을 의미합니다. 그런데 인격이 출중한 사람의 경우 남이 나를 비난하거나 심지어 남이 나를 때리는 것은 참을 수 있습니다. 그런 것을 참는 것이 올바른 것이라고 윤리 교과서를 통해서 배웠기 때문입니다. 그런데 남이 칭찬하는 것은 잘 못 참습니다. 남이 비방하는 것은 참는데, 남이 나를 칭송하는 것은 인욕하기 어렵습니다. "야, 오늘 어떻게 이렇게 신수가 훤하냐." 아니면 저 같은 경우는 "참 강의 잘하십니다." 이런 얘기 들으면 집에 가서도 자꾸 그 말이 생각납니다. 열 번은 더 생각납니다. 그게 뭐예요? 인욕이 안 되었기 때문입니다. 그래서 진짜 인욕은 남의 비방도 참지만, 칭찬도 참는 것입니다. 이것이 진정한 인욕입니다.

정진바라밀

정진바라밀(精進波羅蜜)에서 '정진'은 부지런한 것을 의미합니다. 부지런하면 좋습니다. 좋긴 좋은데 너무 일을 많이 할 경우에는 몸이 감당을 못하여 과로사 할 수 있습니다. '40대 과로사'라는 말을 들어보셨을 겁니다. 단순히 정진만 하면 과로하게 되어 건강을 해칠 수 있습니다. 그런데 '정진바라밀'은 이와 다릅니다. 부지런하게 일을 아주 많이 함에도 불구하고 힘들어하지 않습니다. 왜냐하면 사람의 몸이 하나이기 때문에 매순간 한 가지 일밖에 못합니다. 아무리 일이 많더라도 한꺼번에 두세 가지 일에 주의를 기울일 수 없습니다. 이런 사실을 자각하고서, 항상 지금 내가 하는 일에 집중할 경우에는 힘들지 않습니다. 그런데 이 일 하면서 다른 일을 생각하고, 그 마음이 이리 왔다, 저리 갔다 하니까 에너지가 탕진되어서 지치게 되는 것입니다. 정진바라밀다가 되면 항상 지금 내가 하는 일 한 가지에만 집중하면서 살아가기에 힘들이지 않고 많은 일을 할 수 있습니다.

선정바라밀

선정바라밀(禪定波羅蜜)에 대해 말씀드리겠습니다. 일반적으로 가부좌 틀고 앉아서 하는 집중하는 수행을 선정(禪定)이라고 부릅니다. 그러나 엄밀히 보면 우리는 항상 선정의 상태에 있습니다. 선정에서 정(定)은 삼매를 의미하는데, 우리는 항상 삼매의 상태에 있습니다. 왜 그럴까요? 예를 들어서 책을 읽을 때는 독서삼매에 들어갑니다. 책에서 내가 읽고 있는 내용 집중하는 겁니다. 지금과 같이 강의를 들을 때에는 청강삼매에 들어가 있습니다. 그런데 실제로는 일거수일투족이 다 삼매입니다. 내가 강의를 듣다가 딴 생각이 납니다. 어제 있었던 일이 생각이 나서 그 생각에 집중합니다. 그러면 잡념삼매에 든 것입니다. 간혹 졸음이 옵니다. 그러면 졸음삼매에 들어갑니다. 밥을 먹을 때는 식사삼매, 친구와 얘기할 때는 잡담삼매, 저녁에 잠자리에 들어가면 수면삼매에 빠집니다. 엄밀히 보면 우리는 매 순간 내가 하는 일에 집중합니다. 그것이 공부든, 잡념이든, 졸음이든, 독서든 삼매 아닌 게 없습니다. 집중하지 않는 때 없습니다. 우리가 집중이라고 말할 때, 집중과 집중 아닌 것을 구분하기 때문에, 즉 집중과 집중 아닌 것 사이에 선을 긋기 때문에, 집중이 따로 있는 줄 압니다. 그런데 집중이 무엇인지 집요하게 추구해 들어가면 모든 것이 다 집중이라는 점을 알게 됩니다. 앞에서 제4강에서 갖가지 '개념의 실체성'을 화엄학의 '일즉일체'의 이치로 논파한 바 있는데, '집중' 역시 이런 이치로 그 의미의 테두리가 무너집니다. "집중이 무엇인가?"라고 캐물어 들어가면, "우리는 항상 집중하고 있다."는 결론에 도달합니다. 이렇게 "모든 것이 집중이다." 또는 "모든 것이 선정이다."라는 공성의 통찰을 갖고서 가부좌 틀고 앉아서 선을 닦는 것이 선정바라밀다입니다.

반야바라밀

육바라밀 가운데 가장 중요한 보살행이 마지막의 반야바라밀(般若波羅蜜)입니다. 다른 바라밀다와 마찬가지로 반야바라밀다 역시 반야와 그 의미가 다릅니다. 반야는 산스끄리뜨어로는 쁘라즈냐(prajñā), 빠알리어(Pāli語)로는 '빤냐(paññā)'라고 쓰는데, 초기불전이나 남방상좌부 문헌에서 말하는 반야, 즉 빤냐는 무상(無常)과 무아(無我)를 체득하는 아공(我空)의 지혜를 의미합니다. 그런데 대승불전에서 말하는 반야바라밀다는, 단순한 빤냐와 의미가 다릅니다. 자아도 없지만, 자아를 이루고 있는 구성요소인 색, 수, 상, 행, 식의 오온과 같은 법들도 실체가 없다는 통찰이 반야바라밀입니다. 즉 아공(我空)에 대한 통찰인 빤냐에서 한 단계 더 들어가서 '법공(法空)'에 대한 통찰이 함께 하는 것이 반야바라밀입니다.

대승 보살은 이상의 여섯 가지 바라밀다를 행하면서 성불의 길을 갑니다. '보시, 지계, 인욕, 정진, 선정'만 행할 경우 내생에 인천(人天)의 과보는 받을 수 있어도 아라한이 되거나 성불하지 못합니다. 무상과 무아의 '반야'만 체득할 경우 아라한은 될 수 있어도 성불하지 못합니다. '보시, 지계, 인욕, 정진, 선정, 반야'의 여섯 가지 실천에 공성의 조망과 대자비의 마음이 함께해야 바라밀이 됩니다. 성불을 향한 보살행인 육바라밀입니다.

깨달음의 사회적 실천

그러면 중관학 공부를 통해서 일말의 깨달음을 얻었을 때, 이를 사회 속에서 어떻게 실천할 수 있는지에 대해 말씀드리겠습니다. 우리 불교계에서 깨달음을 견성(見性)이라고 부릅니다. 견성은 견불성(見佛性)의 준말로 "불성을 봄"을 의미합니다. 누구든지 마음속에 부처님의 마음인 불성이 있습니다. 그런데 대부분의 사람들은 자기 마음속에 부처님 마음이 계시다는 것을 모르고 살아갑니다. 다시 말해 못난 체하고 삽니다. 그러다가 수행을 통해서, 또는 불전을 보다가 자기 마음속의 불성을 발견할 수 있는데 이것을 견성이라고 합니다.

그러면 불성이 무엇일까요? 바로 중도(中道)입니다. 지금 제가 불성이 중도라고 말하지만 중도불성론이 천하통일하기 전까지 동아시아 불교계에서 불성의 정체에 대한 다양한 이론이 제기되었습니다. 불성과 관련하여 삼론학 관련 문헌에 10가지 또는 12가지 이론이 소개되어 있습니다. 불성은 진여(眞如)라고 주장하는 스님도 있었고, 유명한 양무제는 진신(眞神)이 불성이라고 주장했습니다. 아뢰야식(阿賴耶識), 중생심(衆生心), 고통을 피하고 즐거움을 구하는 마음인 피고구락성(避苦求樂性), 누구든 언젠가 반드시 불과를 얻게 된다는 당과불성(當果佛性) 등 갖가지 이론들이 있었는데, 이들 모든 이론들을 제압하고 중도(中道)가 불성이라고 천명한 분이 바로 우리 고구려 출신의 승랑(僧朗) 스님입니다. 이 분이 남북조 시대에 양(梁)나라에 내려가서 중도불성론(中道佛性論)을 가르칩니다. 중도불성론이란 쉽게 얘기해서 이분법에서 벗어난 중도, 즉 탈이분법(脫二分法)의 중도가 불성이라는 가르침입니다. 그리고 후대에 발생한 천태학과 남종선(南宗禪)에서 이 중도불성론을 그대로 수용합니다. 승랑 스님은 삼론학의 중흥조라고 불리는데, 삼론학이 토대가 되어 남종선이 발생합니다. 앞의 제7강과 제9강에서 소개했던 육조 혜능 스님의 선을 말합니다.

견성은 견불성이고, 불성은 중도이기에, 선불교의 깨달음인 견성은 견중도, 즉 중도에 대한 자각입니다. 요새 말로 푼다면 견성은 내 마음이 이분법에서 벗어나는 것입니다. 쉽게 말하면 내 마음이 흑백논리의 굴레에서 벗어나는 것입니다. 지금까지의 중관학 강의 전체가 흑백논리 타파, 즉 중도를 자각하기 위한 훈련이었습니다. 그러면 깨달음에서 만나는 중도의 자각이 실천적으로 어떻게 나타나는지 말씀드리겠습니다. 다음과 같이 다섯 가지로 정리할 수 있을 것 같습니다.

① 탈이분법의 중도를 자각한 수행자는 삶과 죽음의 이분법을 타파했기에 종교적 번민에서 해방됩니다.

② 나와 남이 다르다고 보는 자타(自他)의 이분법이 사라졌기에 지치고 어려운 이웃을 향하여 동체대비(同體大悲)의 감성을 실천합니다.

③ 사회적으로는 빈부(貧富)의 이분법, 강자와 약자의 이분법이 극심해지지 않도록 권력과 금력의 횡포를 감시하고 견제합니다. 바로 정의감입니다. 맹자가 얘기한 사단(四端) 가운데 수오지심(羞惡之心), 즉 악을 싫어하는 마음이 바로 불성에서 나오는 마음입니다.

④ 종교적으로는 내 종교와 남의 종교 사이에 그어진 '구분의 선'을 지우는 일에 적극 나섭니다.

⑤ 한반도의 경우 남과 북으로 갈라진 분단의 이분법을 타파하는 일 역시 불이중도의 사회적 실천입니다. 즉, 통일운동입니다. 원래는 하나의 민족이 있는데 둘로 갈라졌습니다. 분단을 방관하지 못하는 마음이 있어야만 중도 불성을 자각한 사람, 견성한 사람이라고 볼 수 있습니다.

이렇게 사회 속에서 중도를 실천하는 모습을 보여야만 진정으로 깨달은 사람이라고 말할 수 있겠습니다.

성철 스님의 열반송에 대한 중관학적 해석

그러면 마지막으로 이상과 같은 중도의 가르침이 체화(體化)되어서 그 삶 속에 스며든 스님을 한 분 소개하겠습니다. 아마 많이 아실 겁니다. 1980년 대, 90년대에 조계종 종정을 역임하셨던 퇴옹(退翁) 성철(性徹, 1912-1993) 스님입니다. 이 분이 돌아가시기 전에 남기신 열반송(涅槃頌)이 있는데, 그 내용 때문에 당시에 크게 센세이션(Sensation)이 일어났습니다. 다음과 같습 니다.

> 평생 남녀의 무리를 속였으니
> 하늘을 넘치는 죄업이 수미산을 넘는구나.
> 산채로 아비지옥에 떨어져 그 한이 만 갈래인데
> 둥근 바퀴 하나가 붉은 빛을 토하며 푸른 산에 걸렸네.
> 生平欺狂男女群(생평기광남녀군)
> 彌天罪業過須彌(미천죄업과수미)
> 活陷阿鼻恨萬端(활함아비한만단)
> 一輪吐紅掛碧山(일륜토홍괘벽산)

문자 그대로 해석하면 참으로 기괴한 열반송이 아닐 수 없습니다. 가장 청 정하게 살면서 구도에 전념한 최고의 수행승인데, 돌아가시기 직전에 "내가 평생 거짓말만 하여 너무나 큰 죄를 지었기에 무간지옥에 떨어지게 되었으니 후회가 막심하다."고 말씀하시는 겁니다. 그런데 이 분이 평생을 간화선(看 話禪) 수행에 몰두했던 선승이었다는 점을 상기하면, 이 열반송은 우리나라 사람 모두에게 내리신 선물(膳物)과 같은 화두(話頭)라는 점을 알게 됩니다. 얼핏 보기에는 의미가 있는 말 같지만, 의미가 안착하지 못하는 말입니다. 다시 말해서, 생각이 들어가지 않은 말이고 분별로 이해할 수 없는 말입니다. 역설(逆說), 즉 패러독스(Paradox)를 일으키기 때문입니다.

먼저 "평생 남녀의 무리를 속였으니"라고 썼는데, 이는 소위 '거짓말쟁이 역설'입니다. 이 열반송을 쓰는 순간은 당신께서 생존해 계실 때입니다. 그럼 이 열반송도 속인 말이 됩니다. 따라서 "평생 남녀의 무리를 속였"다는 것 역시 속인 것이 되기에 "평생 남녀의 무리를 속"이지 않았다는 말이 됩니다. 그렇다면 이 열반송은 진실이 됩니다. 즉 "평생 남녀의 무리를 속"인 것이 진실입니다. 그렇다면 다시 "평생 남녀의 무리를 속"인 게 됩니다. … 논의가 안착하지 못합니다. 앞의 제9강에서 설명했던 역설과 그 구조가 같습니다. 입니다.

이어서 "하늘을 넘치는 죄업이 수미산을 넘는구나. 산채로 아비지옥에 떨어져 그 한이 만 갈래"라고 쓰고 있는데, 이는 감성의 역설입니다. 사람이 가장 숭고해질 때가 참회의 순간입니다. 참회는 나를 가장 낮추는 종교적 행위입니다. 이렇게 나를 가장 낮출 때가 종교적으로 가장 높아지는 순간이란 말입니다. 나를 낮추는데 내가 높아집니다. 역설입니다.

이렇게 성철 스님의 열반송은 "평생 남녀의 무리를 속였"다는 인지의 역설과 "하늘을 넘치는 죄업이 수미산을 넘는"다는 감성의 역설이 결합되어 있습니다. 통상적인 생각으로 이해할 수 없는 인지와 감성을 결합한 노래입니다. 상투적인 생각이 들어갈 수 없는 노래입니다.

그런데 이 분의 열반송뿐만 아니라 이 분의 삶 자체가 역설적입니다. 성철 스님은 철저한 간화선 수행자로서 가장 은둔했던 분입니다. 이 분을 만나 뵈려면 법당에 가서 3,000번 절을 해야 합니다. 이런 식으로 대중과 거리를 두고서 생활하셨고, 우리 사회의 문제점에 대해서도 전혀 관여하지 않았습니다. 성철 스님 당시는 민주화운동이 한창이던 1980년대였는데 다른 종교 지도자들 중에는 민주화운동에 앞장선 분들이 많이 있었습니다. 그런데 성철 스님은 그냥 절에만 계셨기에 비판도 많이 받으셨습니다. 어쨌든 성철 스님은 가시적 사회참여를 전혀 하지 않은 분이었는데, 나중에 돌아가시자 문상

객이 인산인해를 이루었습니다. 다비식이 있던 날, 해인사 인근에 수십만 명의 인파가 모였습니다. 그 후 얼마 있다가 모 신문사에서 여론조사를 했는데 "해방 이후에 한국사회에 영향을 가장 크게 끼친 분이 누구냐?"라는 설문에서 성철 스님이 1등을 하셨습니다. 즉, 사회로부터 가장 멀리 떨어져 은둔한 분이었는데, 우리 사회에 가장 영향이 컸던 분으로 평가받았던 것입니다. 패러독스, 역설입니다.

또 이 분 생전에, MBC TV 기자들이 해인사 백련암을 찾아와서 대담을 요청한 적이 있습니다. 한 기자가 "스님, 한 말씀 해주십시오."라고 청했더니, 대뜸 "나 거짓말쟁이야, 나 사기꾼이야."라고 말씀하시면서 대담을 거부하시는 모습이 그대로 방영되었습니다. 전형적인 '거짓말쟁이 역설'입니다. 혹자는 '거짓말쟁이, 사기꾼'이라는 이 분의 말씀을 듣고는 독특하긴 하지만 이 분 참으로 겸손한 분이라고 생각할지도 모릅니다. 그러나 이 분의 말씀이 의미가 있는 말이 아닙니다. 이 분의 말씀 한 마디, 한 마디가 다 화두(話頭)이기 때문입니다. 이 분의 한 말씀, 한 말씀이 생각이 들어가지 않는 말입니다.

성철 스님의 열반송은 전 국민의 가슴에 대못처럼 박아놓은 화두입니다. 화두가 갖추어야 할 세 가지 조건이 있습니다. 대신근(大信根), 대분지(大憤志), 대의단(大疑團)의 셋입니다. 좋은 화두는 그것을 받는 순간부터, 이것이 심오한 의미를 갖는 말이라는 확신이 들어야 하고(대신근), 그 의미가 무엇인지 참으로 궁금하여 큰 의심이 들어야 하며(대의단). 그리고 기필코 그 의미를 풀어내고야 말겠다는 강한 의지가 작동해야 합니다(대분지). 성철 스님의 열반송은 이 세 가지 요건을 모두 갖춘 화두입니다. 불교인들 가운데 다른 스님들의 열반송은 기억 못해도, 성철 스님의 열반송을 기억하는 분들이 많습니다. 심지어 다른 종교인들도 이를 기억하고서, 지하철 선교에서 활용합니다.

간화선사 퇴옹은 '역설의 화신(化身)'이셨습니다. 성철 스님의 삶이 역설이었고, 이 분의 말씀 한 마디 한 마디가 역설이었으며, 이 분의 행동이 역설이었고, 삶의 끝자락에 남긴 이 분의 열반송이 역설이었습니다.[92]

　동서고금의 성인(聖人)의 말씀 중에는 역설적인 게 많습니다. 노자의 『도덕경』이 어떻게 시작합니까? "도가도 비상도(道可道 非常道)", 즉 "도를 도라고 하면 진정한 도가 아니다."라는 문구로 시작합니다. 역설입니다. 『신약성경』의 예수님 말씀 중에 "마음이 가난한 자가 복이 있나니."라는 문구가 있습니다. 비워야 채워진다는 역설입니다. 이순신 장군님은 "죽으려고 하면 살 것이요, 살려고 하면 죽을 것이다."라고 말씀하셨죠. 이 역시 역설입니다. 또, 어릴 때 집밖에서 싸우다가 얻어맞고 들어오면 어머니가 "지는 것이 이기는 거다."라고 위로해주셨습니다. 역설입니다. 이런 여러 예에서 보듯이 우리 생각의 끝은 물론이고 이 세상의 끝에서도 우리는 역설과 만납니다.

　지금까지 중관학에 대해 강의했지만, 범위를 넓히면 중관논리는 역설과 그 구조를 같이 하며, 인지의 끝, 세상의 끝으로 우리를 인도합니다.

---

92) '김성철, 「현대 한국 사회와 퇴옹성철의 위상과 역할」, 성철 스님 탄신 100주년 기념 학술대회, 백련불교문화재단, 2011' 참조.

중관학특강 - 색즉시공의 논리

초판 1쇄 2022년 4월 19일
초판 3쇄 2024년 11월27일

지은이 김성철
펴낸이 김용범
펴낸곳 도서출판 오타쿠

(우)04374 서울특별시 용산구 이촌로 18길 21-6 이촌상가 2층 203호

☎ 02-6339-5050 otakubook@naver.com www.otakubook.org

출판등록 2018.11.1 등록번호 2018-000093
ISBN 979-11-976180-6-2 (93220)

가격 25,000원 [eBook (가격: 15,000원)으로도 판매합니다]

이 도서의 국립중앙도서관 출판예정도서목록(CIP)은 서지정보유통지원시스템
홈페이지(http://seoji.nl.go.kr)와 국가자료종합목록 구축시스템(http://kolis-
net.nl.go.kr)에서 이용하실 수 있습니다.

※ 이 책에는 네이버 글꼴이 적용되어 있습니다.